Poche VISUEL

MAXI VOLUME

OUVRAGE ALIÉNÉ

SUD
005.3
EXC

Excel, Word PowerPoint, Access 2013

AF853707

VILLE DU MANS
MEDIATHEQUE
LOUIS ARAGON

WILEY
John Wiley & Sons, Inc.

FIRST
Interactive

Excel, Word, PowerPoint, Access 2013 Poche Visuel Maxi Volume

Publié par
John Wiley & Sons, Inc.
10475 Crosspoint Boulevard
Indianapolis, IN 46256, États-Unis
www.wiley.com

Copyright © 2013 par John Wiley & Sons, Indianapolis, Indiana, États-Unis

Titre de l'édition originale : *Teach Yourself VISUALLY Office 2013*

Édition française publiée en accord avec John Wiley & Sons, par :

© Éditions First-Gründ, 2013
60, rue Mazarine
75006 Paris – France
Tél. 01 45 49 60 00
Fax 01 45 49 60 01
E-mail : firstinfo@efirst.com
Web : www.editionsfirst.fr

ISBN : 978-2-7540-5208-5
Dépôt légal : juin 2013
Imprimé en France par IME, 3 rue de l'Industrie, 25112 Baume-Les-Dames
Auteur : Elaine Marmel
Traduction : Laurence Chabard et Bénédicte Volto
Mise en page : MADmac

Tous droits réservés. Toute reproduction, même partielle, du contenu, de la couverture ou des icônes, par quelque procédé que ce soit (électronique, photocopie, bande magnétique ou autre) est interdite sans autorisation par écrit de John Wiley & Sons, Inc.

Limites de responsabilité et de garantie. L'auteur et l'éditeur de cet ouvrage ont consacré tous leurs efforts à préparer ce livre. John Wiley & Sons, Inc. et l'auteur déclinent toute responsabilité concernant la fiabilité ou l'exhaustivité du contenu de cet ouvrage. Ils n'assument pas de responsabilités pour ses qualités d'adaptation à quelque objectif que ce soit, et ne pourront être en aucun cas tenus responsables pour quelque perte, profit ou autre dommage commercial que ce soit, notamment mais pas exclusivement particulier, accessoire, conséquent, ou autres.

Marques déposées. Toutes les informations connues ont été communiquées sur les marques déposées pour les produits, services et sociétés mentionnés dans cet ouvrage. John Wiley & Sons, Inc. et les Éditions First-Gründ déclinent toute responsabilité quant à l'exhaustivité et à l'interprétation des informations. Tous les autres noms de marques et de produits utilisés dans cet ouvrage sont des marques déposées ou des appellations commerciales de leur propriétaire respectif. John Wiley & Sons, Inc. n'est lié à aucun produit ou vendeur mentionné dans ce livre. Wiley, le logo Wiley et autres marques y afférent sont des marques déposées ou enregistrées de John Wiley and Sons, Inc. et/ou de ses partenaires aux États-Unis et/ou dans d'autres pays. Utilisation contrôlée avec autorisation.

Original English language edition Copyright © 2013 by John Wiley & Sons, Inc. All rights reserved including the right of reproduction in whole or in part in any form. This translation published by arrangement with John Wiley & Sons, Inc. Wiley, the Wiley logo and related trade dress are trademarks or registered trademarks of John Wiley and Sons, Inc. and/or its affiliates in the United States and/or other countries. Used by permission.

TABLE DES MATIÈRES

OFFICE 2013

1 DÉCOUVREZ OFFICE

2 MANIPULEZ DES FICHIERS

3 INSÉREZ DES IMAGES DANS VOS FICHIERS

WORD 2013

4 SAISISSEZ DU TEXTE

EXCEL 2013

8

9 MANIPULEZ LES FEUILLES DE CALCUL

10 UTILISEZ DES FORMULES ET DES FONCTIONS

POWERPOINT 2013

ACCESS 2013

DÉMARREZ ET QUITTEZ UNE APPLICATION OFFICE

Office 2013 fonctionne sur un processeur x86 ou x64 bits de 1 gigahertz (GHz) ou plus, avec 1 ou 2 Go de RAM, selon la vitesse du processeur. Votre système doit exécuter Windows 7, Windows 8, Windows Server 2008 R2 ou Windows Server 2012. La configuration système requise est détaillée à l'adresse `http://technet.microsoft.com/en-us/library/ee624351%28v=office.15%29.aspx`.

DÉMARREZ ET QUITTEZ UNE APPLICATION OFFICE

1 Dans l'écran d'accueil de Windows, cliquez ▬ pour effectuer un zoom arrière.

Note. *Vous pouvez commencer à taper le nom du programme, puis passer à l'étape **3**.*

Cette section montre comment ouvrir un programme – Access dans l'exemple – à partir de l'écran d'accueil de Windows 8. Une fois le programme Office ouvert, son écran d'accueil s'affiche et vous aide à retrouver un document récemment utilisé ou à créer un document. Pour découvrir d'autres moyens d'ouvrir ou créer un document, reportez-vous au chapitre 2.

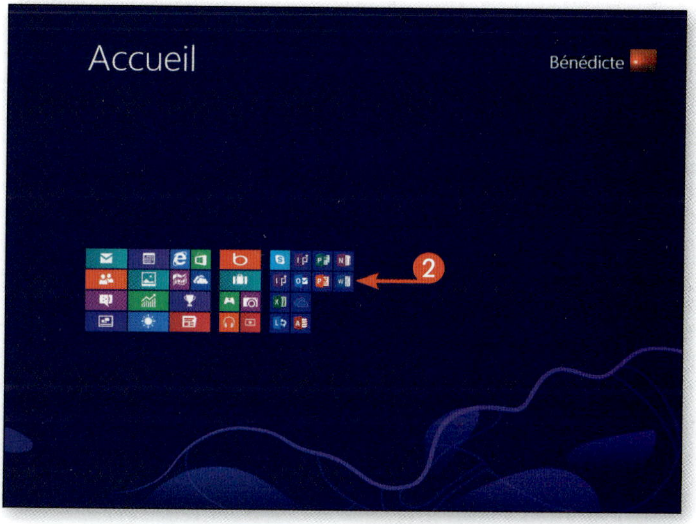

Windows effectue un zoom arrière de manière à présenter toutes les vignettes des programmes installés.

2 Cliquez une vignette de programme située dans la partie droite de l'écran d'accueil.

DÉMARREZ ET QUITTEZ UNE APPLICATION OFFICE

Vous pouvez créer un raccourci vers une application Office que vous placez sur votre Bureau Windows. Cependant, il est plus simple d'épingler le programme à la barre des tâches Windows et d'y accéder ainsi, car il suffit alors de cliquer le bouton de la barre des tâches pour ouvrir le programme. Dans l'écran d'accueil, cliquez du bouton droit la vignette du programme à épingler. Dans la barre d'application, cliquez Épingler à la barre des tâches.

DÉMARREZ ET QUITTEZ UNE APPLICATION OFFICE (SUITE)

Windows effectue un zoom avant et présente les vignettes à leur taille normale.

3 Cliquez la vignette du programme à ouvrir.

Note. *Le programme Access est utilisé dans cet exemple.*

Pour ouvrir le programme, affichez le Bureau et cliquez sa vignette dans la barre des tâches.

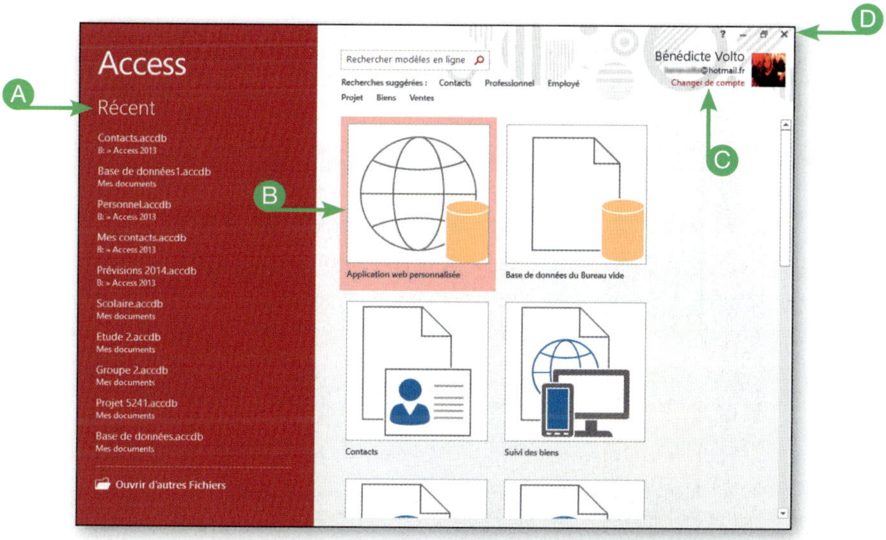

Windows affiche le Bureau et ouvre le programme, à sa page d'accueil, pour vous aider à ouvrir des documents existants ou à en créer. Reportez-vous au chapitre 2 pour découvrir d'autres moyens d'ouvrir des documents.

A Utilisez ce volet pour ouvrir un document existant.

B Créez un document à partir de cette section.

C Cette section indique si vous êtes connecté à Office 2013.

D Pour quitter le programme, cliquez le bouton **Fermer** (×) après avoir fermé tous les documents.

DÉCOUVREZ UNE FENÊTRE DE PROGRAMME

Tous les programmes Office ont la même apparence et certains partagent des fonctionnalités comme les barres de défilement, le Ruban et une barre d'outils Accès rapide. Vous avez la possibilité de personnaliser ces deux derniers. Les techniques sont les mêmes pour tous les programmes Office.

Si vous êtes novice dans l'utilisation d'Office, prenez le temps de vous familiariser avec les éléments que vous allez rencontrer.

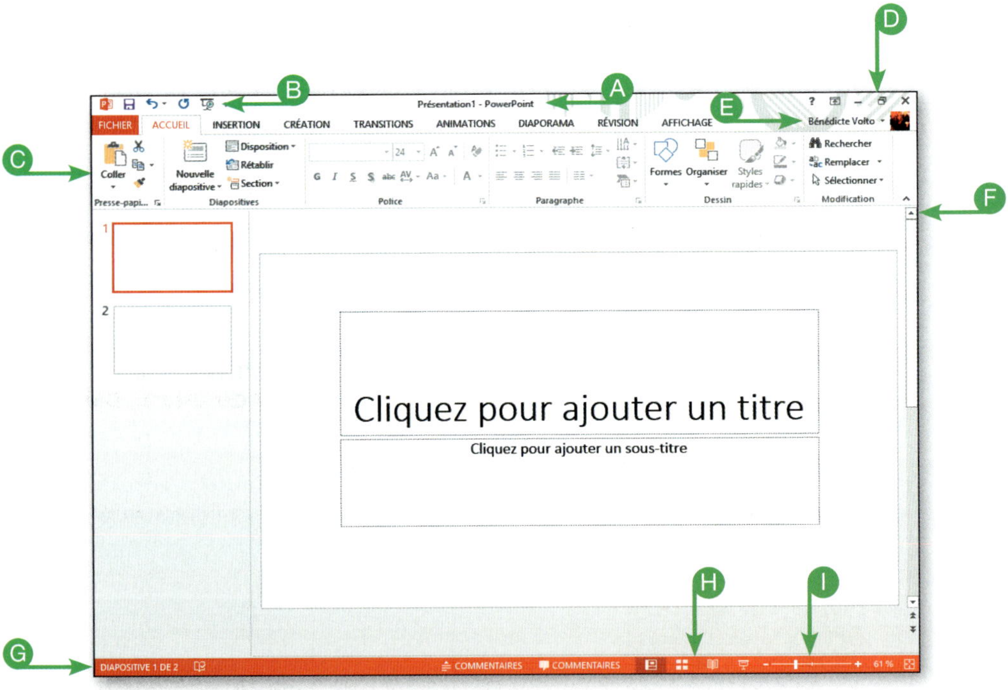

A Barre de titre

Affiche le nom du fichier ouvert et du programme Office.

B Barre d'outils Accès rapide

Affiche les boutons d'accès rapide aux commandes Enregistrer, Annuler et Répéter.

C Ruban

Affiche des commandes regroupées dans des onglets. Chacun d'eux contient des boutons pour effectuer des tâches courantes.

D Commandes de la fenêtre du programme

Utilisez ces boutons pour afficher le programme en plein écran, avec uniquement des barres de défilement, réduire la fenêtre du programme, la restaurer à sa taille maximale ou la fermer.

E Indicateur de connexion à Office 2013

Si votre nom apparaît, cela signifie que vous êtes connecté à Office 2013. Cliquez ▼ pour afficher un menu et changer de photo, gérer votre compte Microsoft ou changer de compte. Si vous n'êtes pas connecté, cette section propose le lien Connectez-vous pour tirer pleinement parti d'Office.

F Barre de défilement

Utilisez les barres de défilement verticale et horizontale pour vous déplacer dans l'élément affiché dans la zone de travail, par exemple un document ou une feuille de calcul.

G Barre d'état

Affiche des informations sur la feuille de calcul ou le fichier actif.

H Modes d'affichage

Choisissez le mode d'affichage de votre document.

I Contrôle de zoom

Utilisez cette fonction pour effectuer un zoom sur une partie du document.

UTILISEZ LE MODE BACKSTAGE

Cliquez l'onglet Fichier pour passer au mode Backstage, similaire à un menu, et gérer vos documents ou modifier les paramètres du programme. Vous disposez alors d'une liste d'actions, ou commandes, qui permettent, par exemple, d'ouvrir, d'enregistrer, d'imprimer, de distribuer des documents et de supprimer des informations sensibles, ainsi que de définir les options par défaut du programme.

UTILISEZ LE MODE BACKSTAGE

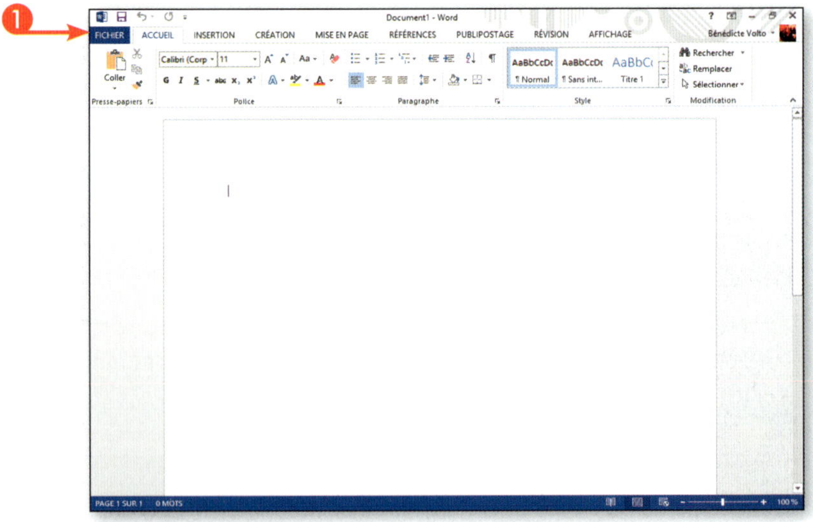

1 Cliquez l'onglet **Fichier** pour passer en mode Backstage.

Vous pouvez également choisir l'emplacement du disque dur ou de votre réseau où stocker vos documents et gérer votre compte Office.

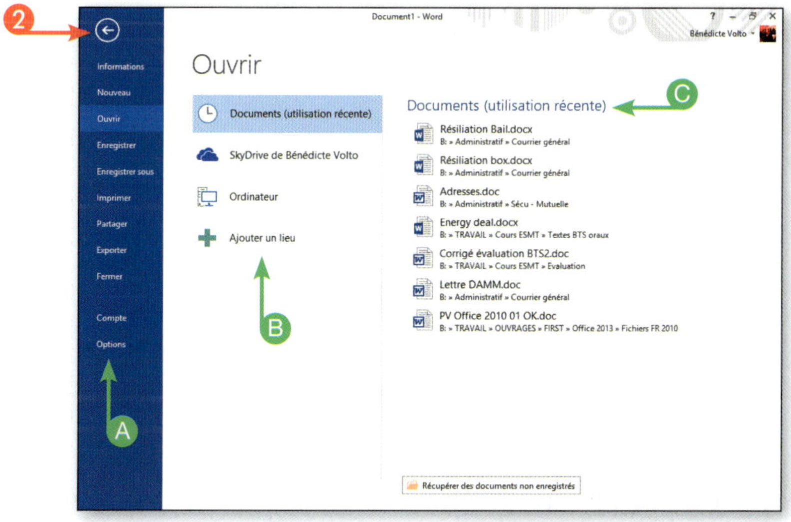

A Les commandes courantes pour gérer le fichier et le programme apparaissent ici.

B La liste des options disponibles apparaît ici.

C Les informations associées aux options apparaissent ici. Elles dépendent de l'option sélectionnée.

Note. *Les commandes Nouveau, Fermer et Options ne présentent pas d'options ou d'informations, mais entraînent d'autres actions. Reportez-vous au chapitre 2 pour plus de détails.*

2 Cliquez ici pour revenir au document ouvert.

Le Ruban d'Office 2013 est constitué d'onglets dans lesquels sont regroupées des commandes. Chaque bouton donne accès à une tâche courante. Certains onglets apparaissent uniquement lorsqu'ils sont nécessaires, par exemple, si vous sélectionnez une image, le Ruban présente l'onglet Outils Image.

UTILISEZ LE RUBAN

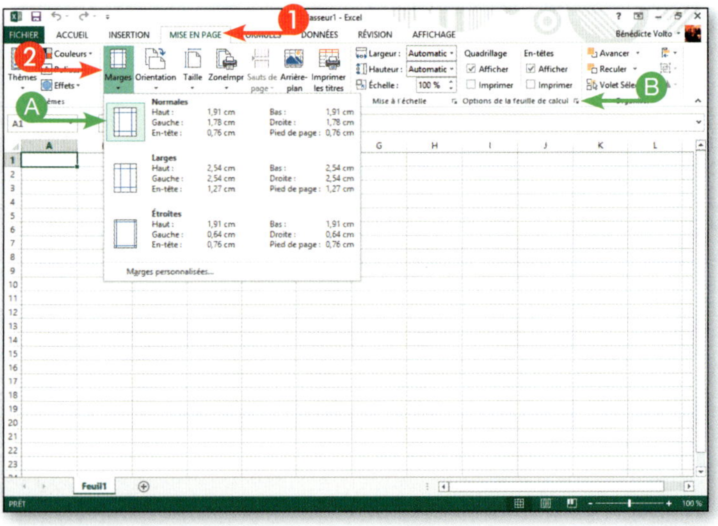

❶ Cliquez l'onglet contenant la commande à exécuter.

❷ Cliquez la commande.

Ⓐ Les boutons avec des flèches (▼) proposent des commandes supplémentaires.

Ⓑ Cliquez ⌞ pour afficher une boîte de dialogue avec des paramètres complémentaires.

Tous les programmes Office permettent de personnaliser le Ruban : créez votre propre onglet avec les boutons que vous utilisez le plus. Vous n'aurez plus besoin de passer d'un onglet à l'autre pour rechercher vos commandes.

CRÉEZ UN ONGLET SUR LE RUBAN

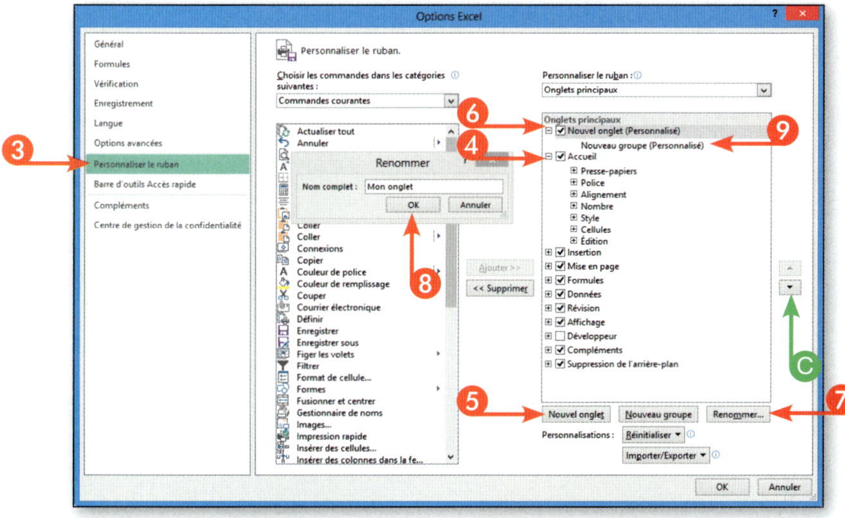

1 Cliquez l'onglet **Fichier**.

2 Cliquez **Options** pour afficher la boîte de dialogue Options.

3 Cliquez **Personnaliser le ruban**.

4 Cliquez l'onglet à gauche duquel insérer le nouvel onglet.

5 Cliquez **Nouvel onglet**.

C Le programme crée un nouvel onglet avec un nouveau groupe. Pour le déplacer, cliquez-le, puis cliquez les flèches.

6 Cliquez **Nouvel onglet (Personnalisé)**.

7 Cliquez **Renommer** pour afficher la boîte de dialogue Renommer.

8 Nommez votre onglet et cliquez **OK**.

9 Cliquez **Nouveau groupe (Personnalisé)** et répétez les étapes **7** et **8** pour renommer le groupe.

Inutile d'attribuer un raccourci clavier à un bouton ajouté au groupe, le programme s'en charge à votre place, selon les touches déjà attribuées aux commandes de l'onglet contenant votre groupe.

AJOUTEZ DES BOUTONS

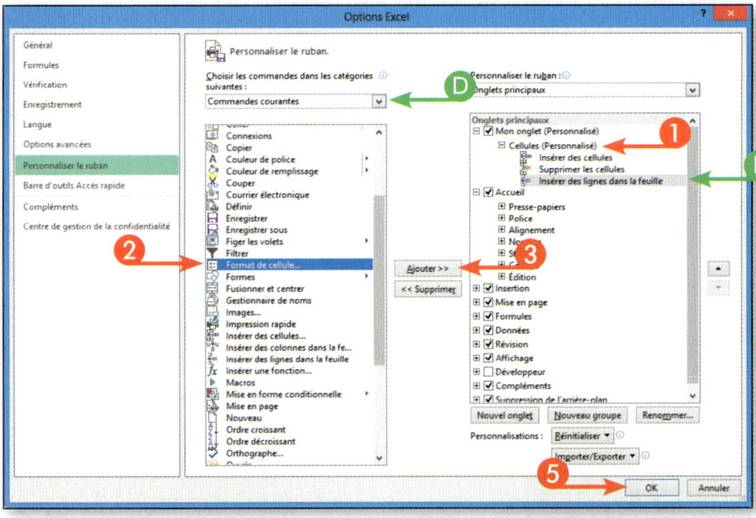

1 Cliquez le groupe de l'onglet que vous venez de créer.

2 Cliquez une commande.

D Si la commande ne figure pas dans la liste, cliquez la flèche ⌄ et choisissez **Toutes les commandes**.

3 Cliquez **Ajouter**.

E La commande apparaît sous le groupe que vous avez créé.

4 Répétez les étapes **2** et **3** pour chaque bouton à ajouter au groupe.

5 Cliquez **OK**.

Pour supprimer un onglet personnalisé du Ruban, ouvrez la boîte de dialogue Options et supprimez la coche de la case en regard de l'onglet créé (☑ devient ☐), puis cliquez **OK**.

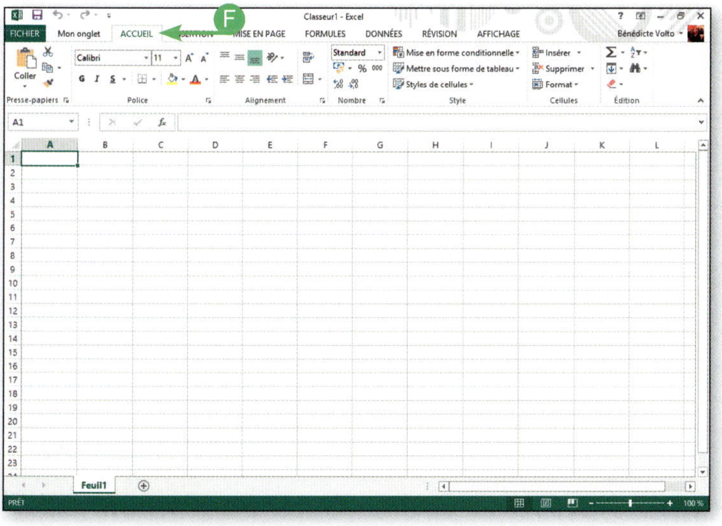

F Le nouvel onglet apparaît sur le Ruban. Si vous l'avez placé en première position, il apparaîtra chaque fois que vous ouvrirez le programme.

PERSONNALISEZ LA BARRE D'OUTILS ACCÈS RAPIDE

La barre d'outils Accès rapide, placée dans le coin supérieur gauche de la fenêtre du programme, au-dessus des onglets Fichier et Accueil, offre un accès rapide aux commandes Enregistrer, Annuler et Répéter. Vous personnalisez cette barre d'outils et y placez d'autres commandes, par exemple, pour imprimer rapidement.

PERSONNALISEZ LA BARRE D'OUTILS ACCÈS RAPIDE

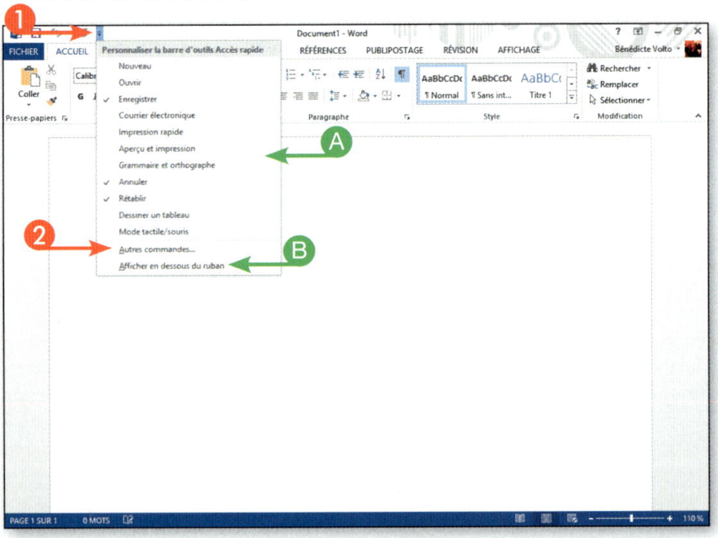

❶ Cliquez ▾.

Ⓐ Vous pouvez cliquer n'importe quelle commande courante pour l'ajouter à la barre d'outils.

Ⓑ Cliquez **Afficher en dessous du ruban** si vous souhaitez déplacer la barre d'outils.

❷ Cliquez **Autres commandes**.

Vous pouvez aussi choisir d'afficher la barre d'outils Accès rapide au-dessus ou en dessous du Ruban.

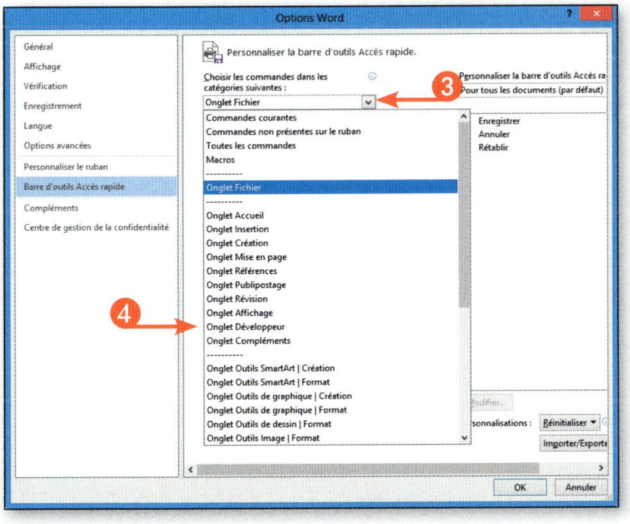

La boîte de dialogue Options apparaît.

3 Cliquez la flèche ⌄ de **Choisir les commandes dans les catégories suivantes**.

4 Cliquez un groupe de commandes.

PERSONNALISEZ LA BARRE D'OUTILS ACCÈS RAPIDE

Pour supprimer un bouton de la barre d'outils Accès rapide, ouvrez la boîte de dialogue Options en suivant les étapes de cette section. Cliquez le nom de la commande à supprimer dans la liste de droite. Cliquez Supprimer, puis OK.

PERSONNALISEZ LA BARRE D'OUTILS ACCÈS RAPIDE (SUITE)

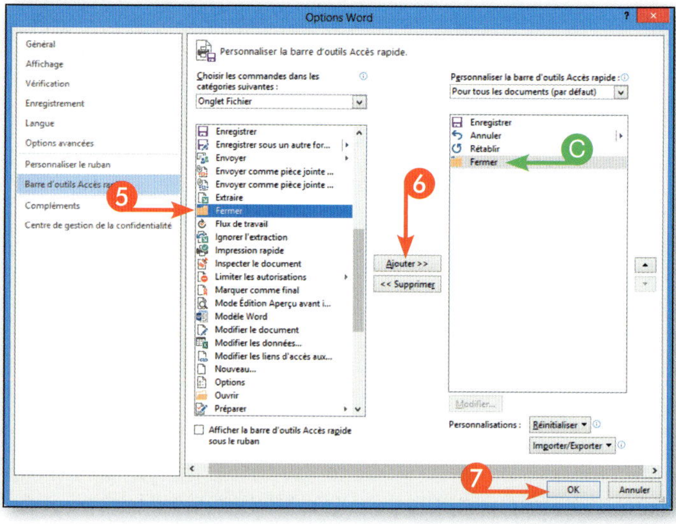

5 Cliquez la commande que vous souhaitez ajouter à la barre d'outils.

6 Cliquez **Ajouter**.

C Office ajoute la commande.

Répétez les étapes **3** à **6** pour ajouter des boutons à la barre d'outils.

7 Cliquez **OK**.

Pour ajouter des commandes à la barre d'outils Accès rapide directement depuis le Ruban, dans l'onglet contenant la commande souhaitée, cliquez du bouton droit sur cette dernière, puis cliquez **Ajouter à la barre d'outils Accès rapide**.

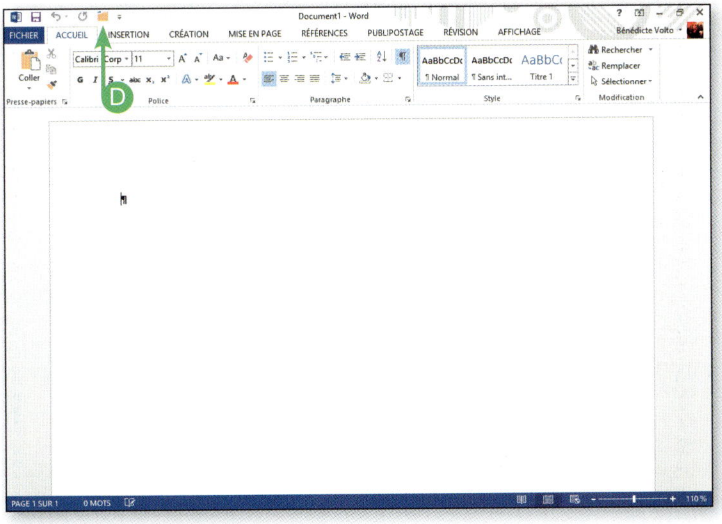

D La nouvelle commande apparaît dans la barre d'outils Accès rapide.

EXÉCUTEZ UN PROGRAMME OFFICE SUR UNE TABLETTE

L'utilisation d'Office 2013 sur une tablette Windows 8 nécessite de connaître certains mouvements tactiles de base, très intuitifs et faciles à apprendre, dans la mesure où Windows 8 a été conçu pour les tablettes.

DÉMARREZ UN PROGRAMME

Note. *Cette section utilise Word à titre d'exemple.*

1 Placez votre doigt ou le stylet à un emplacement vide vers le bas de l'écran d'accueil de Windows 8.

2 Déplacez rapidement votre doigt ou le stylet de droite à gauche de l'écran.

Sur une tablette, vous utilisez vos doigts (parfois un stylet, s'il est fourni) pour exécuter des applications, sélectionner des éléments et manipuler des objets à l'écran. Il suffit d'un peu de pratique pour rendre cette nouvelle expérience naturelle et aisée.

Windows 8 affiche les vignettes de la partie droite de l'écran d'accueil.

3 Touchez la vignette Word pour afficher l'écran d'accueil de Word dans le Bureau.

Pour fermer un programme, placez votre doigt ou le stylet en haut de l'écran de la tablette et glissez vers le bas. Tout d'abord, la barre d'application du programme s'affiche, alors poursuivez le mouvement. À mi-chemin, l'application devient une petite fenêtre que vous faites glisser vers le bas de l'écran, avant de relâcher votre doigt.

EFFLEUREZ L'ÉCRAN

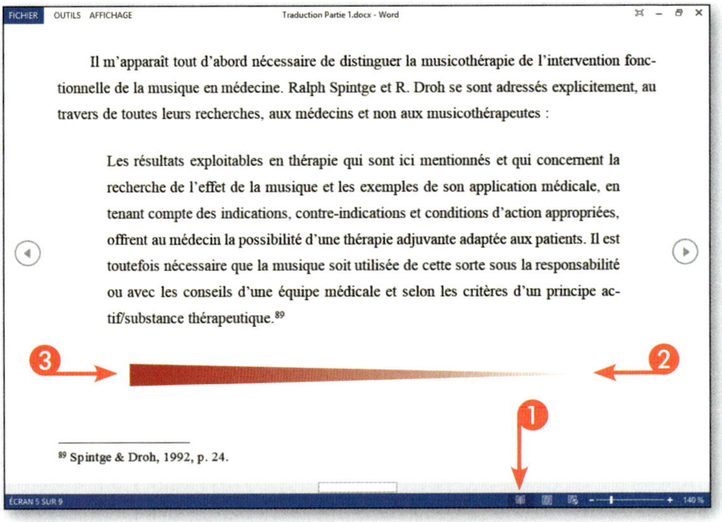

1 Cliquez (icône) pour passer en mode Lecture.

2 Effleurez l'écran de droite à gauche pour afficher la page suivante.

3 Effleurez l'écran de gauche à droite pour afficher la page précédente.

Pour revenir à l'écran d'accueil à partir du Bureau, vous pouvez soit fermer ce dernier à l'aide de la technique décrite ci-contre, soit effleurer l'écran vers la gauche pour afficher la barre d'icônes et toucher l'icône **Accueil**.

ACTIVEZ LE MODE TACTILE

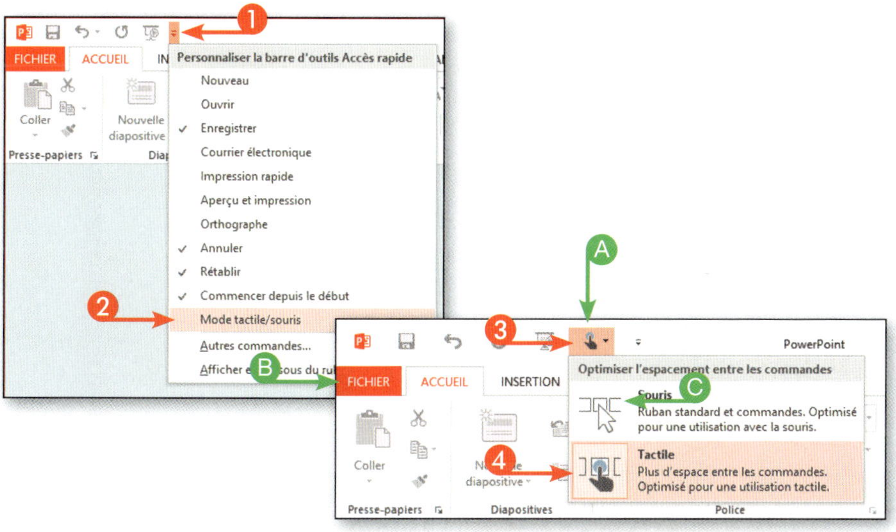

Note. *Cette tâche utilise PowerPoint à titre d'exemple.*

1 Placez votre doigt ou le stylet sur ⊽.

2 Touchez **Mode tactile/souris**.

A Une icône apparaît dans la barre d'outils Accès rapide.

3 Touchez l'icône .

4 Touchez **Tactile** pour activer le mode tactile

B La fenêtre du programme passe en mode tactile : les menus et boutons s'agrandissent et s'écartent afin de faciliter la sélection au toucher.

C Pour désactiver le mode tactile, répétez l'étape **3** puis touchez **Souris**.

CRÉEZ UN NOUVEAU FICHIER

Lorsque vous ouvrez un programme Office (à l'exception d'Outlook), l'écran d'accueil s'affiche. Pour créer un document Word, un classeur Excel, une présentation PowerPoint ou une base de données Access, affichez le mode Backstage. Vous avez alors la possibilité de créer un fichier vierge ou d'utiliser un modèle.

CRÉEZ UN FICHIER WORD, EXCEL, POWERPOINT OU ACCESS

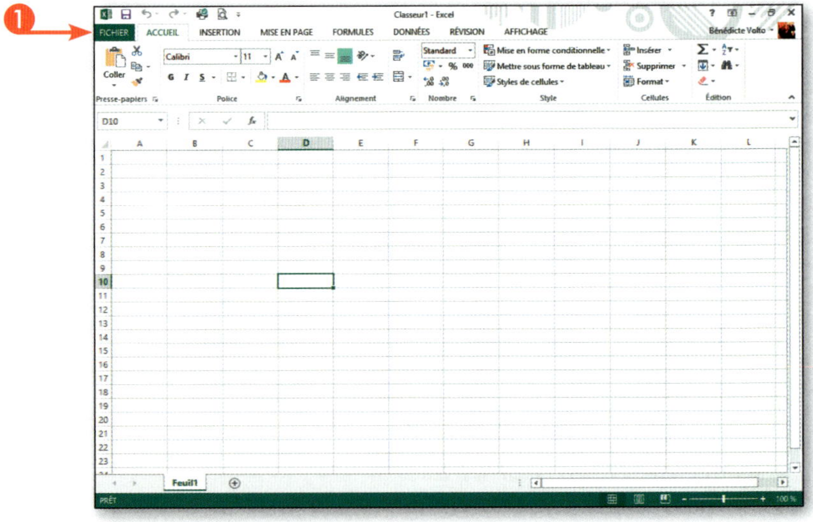

1 Cliquez l'onglet **Fichier**.

Outlook ouvre par défaut la Boîte de réception. Pour créer un message électronique, un événement du calendrier, un contact ou une nouvelle tâche, utilisez le Ruban.

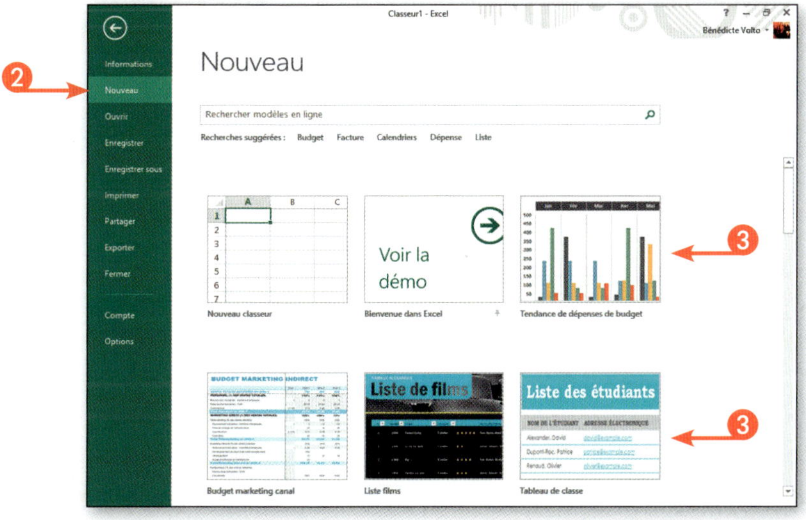

Le mode Backstage s'affiche.

2 Cliquez **Nouveau**.

L'écran Nouveau apparaît.

3 Cliquez le type de fichier que vous souhaitez créer.

Si vous cliquez un modèle, un aperçu s'affiche ; s'il vous convient, cliquez **Créer** pour ouvrir le nouveau fichier.

Si vous cliquez un document vierge, un document vide s'ouvre, sans aperçu.

Un modèle est un fichier contenant des paramètres prédéfinis servant de base pour votre document, ce qui évite de créer vous-même les paramètres. Word, Excel, PowerPoint et Access 2013 proposent une grande variété de modèles dans l'écran d'accueil et à la création d'un nouveau document.

CRÉEZ UN ÉLÉMENT DANS OUTLOOK

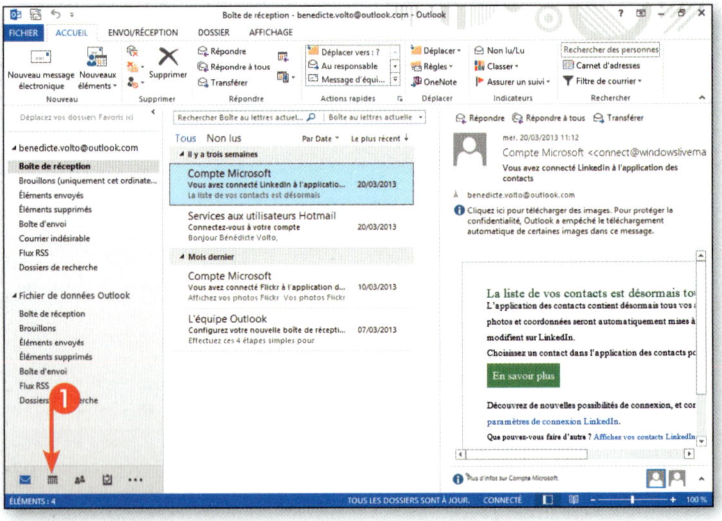

1 Dans la barre de navigation, au bas de la fenêtre d'Outlook, cliquez le type d'élément à créer – **Courrier**, **Calendrier**, **Contacts** ou **Liste des tâches**.

D'autres modèles sont disponibles en ligne. En haut de l'écran d'accueil du programme ou dans l'écran Nouveau, cliquez dans le champ Rechercher modèles en ligne, décrivez le type de modèle recherché, puis cliquez 🔎.

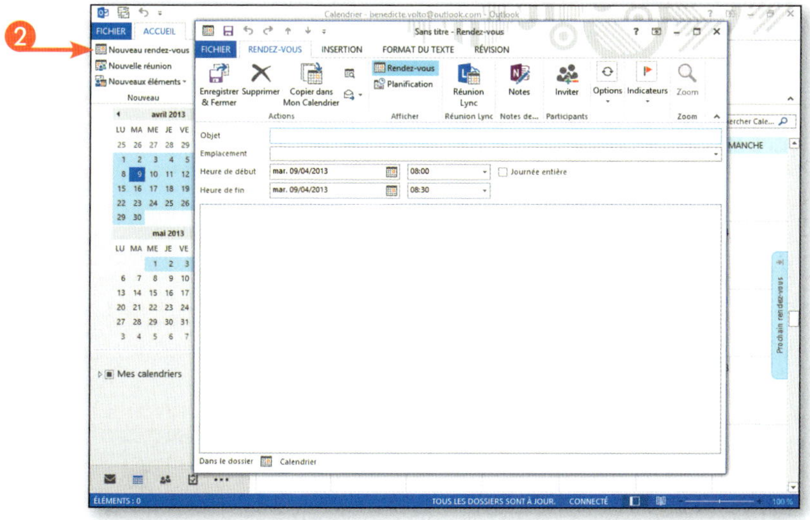

2 Cliquez le bouton **Nouveau** de l'élément approprié. Par exemple, dans la section Courrier, cliquez **Nouveau message électronique**. Dans le Calendrier, cliquez **Nouveau rendez-vous**, **Nouvelle réunion**, *etc*.

Le nouvel élément apparaît.

ENREGISTREZ UN FICHIER

Enregistrez vos fichiers afin de pouvoir les ouvrir ultérieurement. Lorsque vous enregistrez un fichier, vous lui donnez un nom unique et le stockez dans le dossier ou le lecteur de votre choix.

ENREGISTREZ UN FICHIER

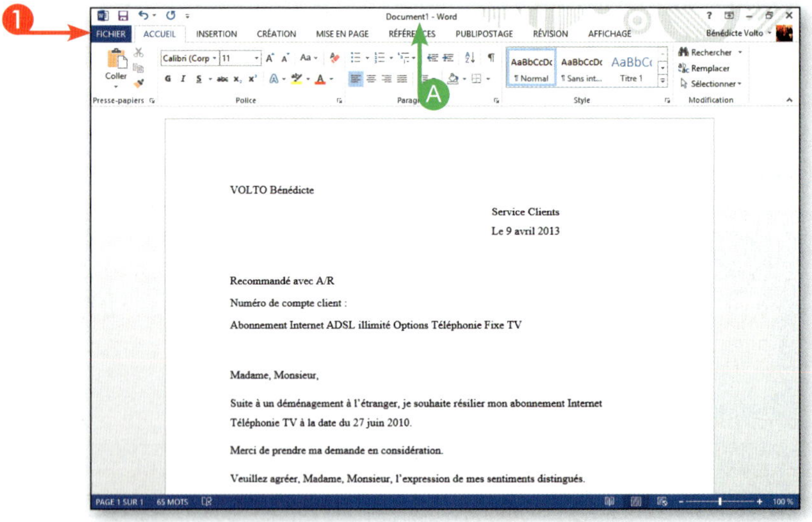

Ⓐ Tant que le document n'a pas été enregistré, le programme affiche un nom générique dans la barre de titre.

❶ Cliquez l'onglet **Fichier**.

La première fois que vous enregistrez un document, vous devez le nommer. Ensuite, cliquez le bouton Enregistrer de la barre d'outils Accès rapide pour l'enregistrer sous le même nom.

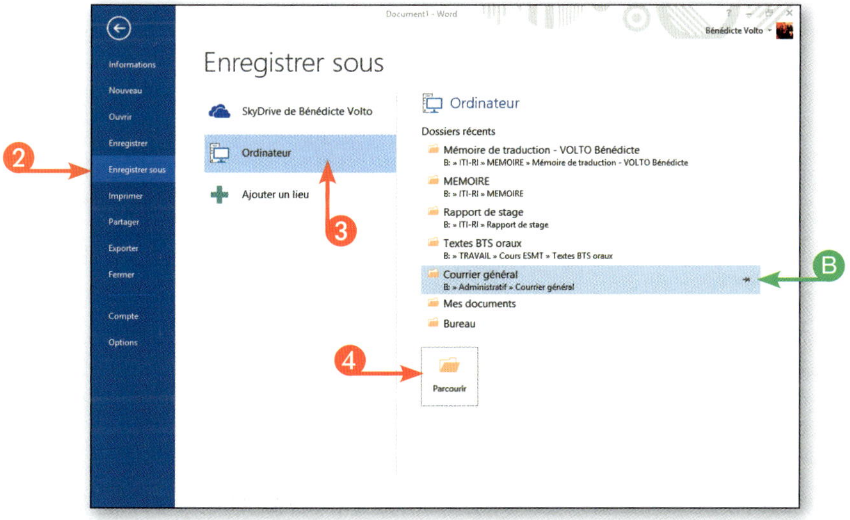

Le mode Backstage s'affiche.

2 Cliquez **Enregistrer sous**.

3 Cliquez **Ordinateur**.

B Si le dossier où enregistrer le document apparaît ici, cliquez-le et passez à l'étape **5**.

4 Cliquez **Parcourir**.

ENREGISTREZ UN FICHIER

Chaque programme Office enregistre en utilisant un format par défaut. Par exemple, un document Word utilise un format de fichier DOCX et Excel utilise le format de fichier XLSX. Si vous souhaitez enregistrer le fichier sous un format compatible avec une ancienne version d'Office, vous devez utiliser un format approprié comme Document Word 97-2003.

ENREGISTREZ UN FICHIER (SUITE)

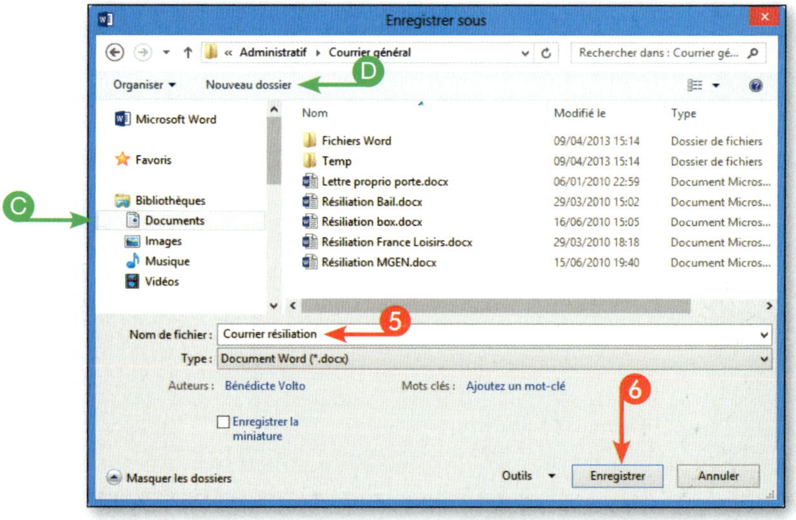

La boîte de dialogue Enregistrer sous s'affiche.

5 Saisissez le nom du fichier dans le champ **Nom de fichier**.

C Cliquez ici pour choisir où enregistrer le document.

D Cliquez **Nouveau dossier** pour créer un nouveau dossier où stocker le document.

6 Cliquez **Enregistrer**.

Pour enregistrer sous un autre format, cliquez **Type** (▾) dans la boîte de dialogue Enregistrer sous, puis choisissez le format souhaité.

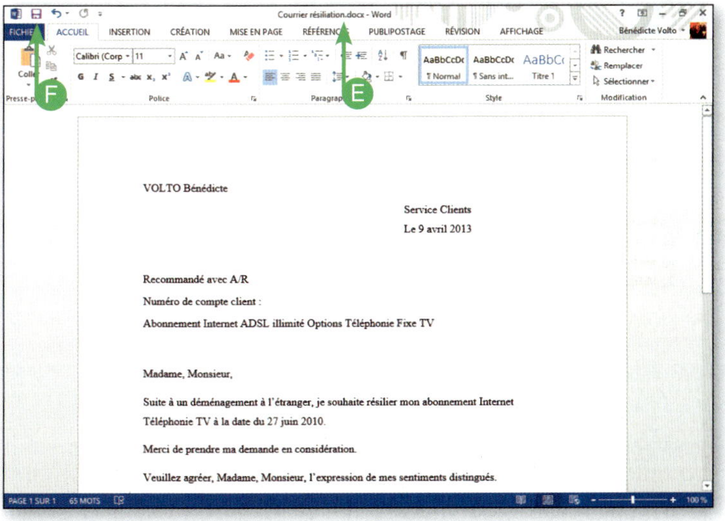

Ⓔ Word enregistre le document et le nouveau nom du fichier apparaît dans la barre de titre.

Ⓕ Pour les prochains enregistrements, cliquez **Enregistrer** (💾) dans la barre d'outils Accès rapide.

OUVREZ UN FICHIER

Vous pouvez ouvrir des fichiers que vous avez créés et enregistrés précédemment afin de pouvoir ajouter des données ou modifier celles existantes.

OUVREZ UN FICHIER

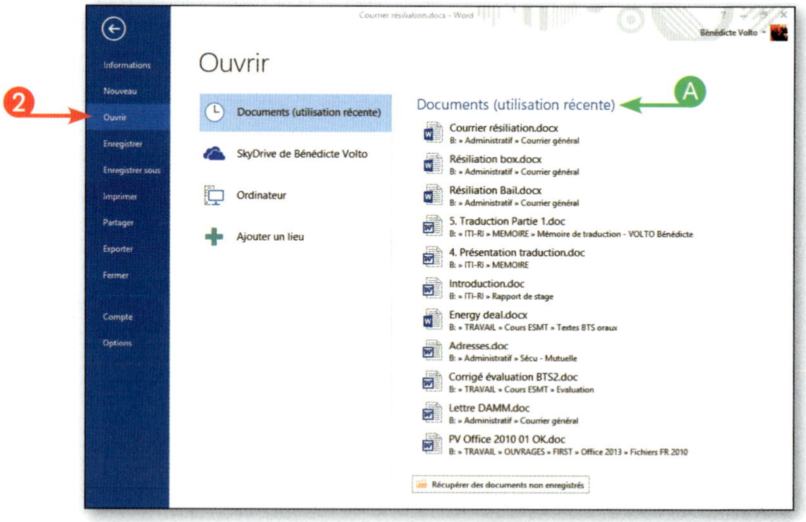

❶ Cliquez l'onglet **Fichier**.

Le mode Backstage s'affiche.

❷ Cliquez **Ouvrir**.

Ⓐ Si le fichier que vous souhaitez ouvrir se trouve dans la liste Documents (utilisation récente), cliquez-le pour l'ouvrir.

Word 2013 permet d'ouvrir et de modifier des fichiers PDF. Cela dit, il est plus efficace d'y modifier un fichier PDF si vous l'avez créé dans Word. Si vous avez utilisé un autre programme pour créer le fichier, vous constaterez que Word conserve difficilement la mise en forme originale.

3 Cliquez l'emplacement où devrait se trouver le document. Ordinateur est utilisé dans cet exemple.

B Si le dossier contenant le fichier que vous souhaitez ouvrir se trouve dans la liste Dossiers récents, cliquez-le et passez à l'étape 5.

4 Cliquez **Parcourir**.

Si vous ne savez plus où vous avez enregistré le fichier, utilisez la zone Rechercher dans le coin supérieur droit de la boîte de dialogue Ouvrir. Retrouvez et ouvrez le dossier où devrait se trouver le fichier et tapez son nom dans cette zone.

OUVREZ UN FICHIER (SUITE)

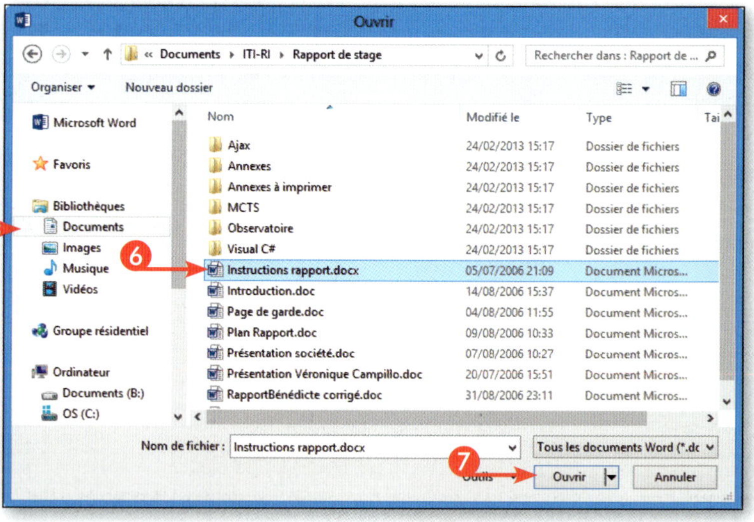

La boîte de dialogue Ouvrir s'affiche.

5 Cliquez la bibliothèque dans laquelle a été enregistré le document à ouvrir.

6 Cliquez le document que vous souhaitez ouvrir.

7 Cliquez **Ouvrir**.

Les fichiers contenant le terme de recherche apparaissent, ainsi que ceux dont le nom se rapproche de votre recherche.

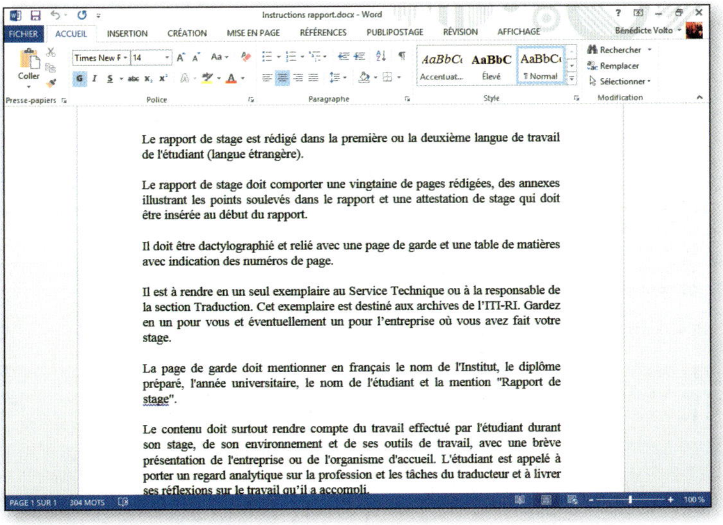

Le fichier s'ouvre dans la fenêtre du programme.

Note. *Pour fermer un fichier, cliquez* × *dans le coin supérieur droit. Si vous n'avez pas enregistré le fichier, le programme vous invite à l'enregistrer.*

IMPRIMEZ UN FICHIER

Si une imprimante est connectée à votre ordinateur, vous pouvez imprimer vos fichiers Office. Par exemple, vous pouvez distribuer des impressions d'un fichier lors d'une réunion.

IMPRIMEZ UN FICHIER

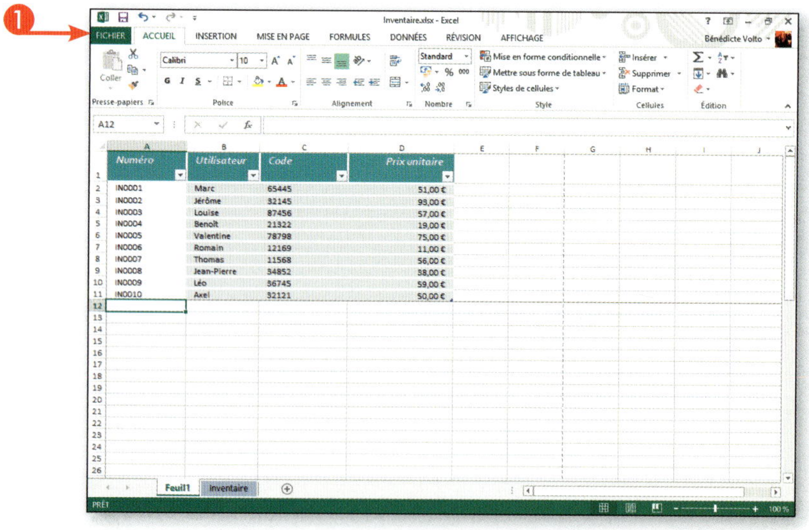

1 Cliquez l'onglet **Fichier**.

Vous envoyez un fichier directement à l'imprimante en utilisant les paramètres par défaut ou vous ouvrez la boîte de dialogue Imprimer pour modifier les paramètres (différents selon le programme Office). Par exemple, vous pouvez imprimer une partie du fichier, choisir une autre imprimante, imprimer plusieurs copies d'un fichier, assembler des impressions, *etc.*

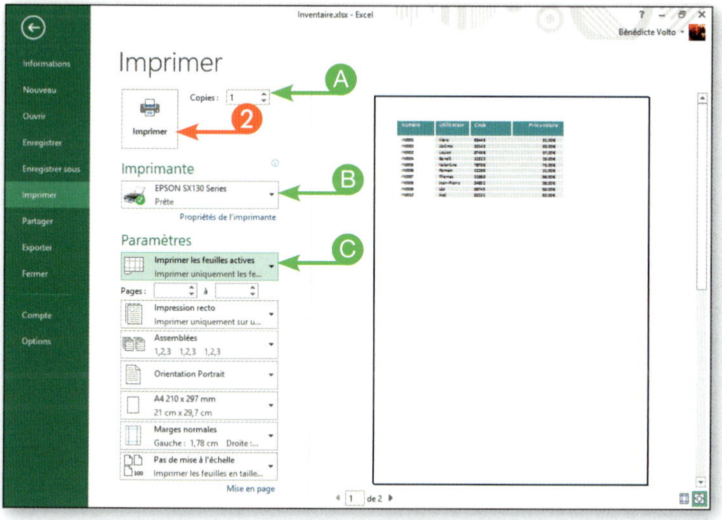

Le mode Backstage s'affiche.

2 Cliquez **Imprimer**.

A Indiquez le nombre de copies dans la zone Copies.

B Choisissez une imprimante dans la liste Imprimante (si plusieurs imprimantes sont disponibles).

C Choisissez ce que vous souhaitez imprimer à l'aide de la liste dans la section Paramètres.

IMPRIMEZ UN FICHIER

Pour imprimer en utilisant les paramètres par défaut, cliquez le bouton Impression rapide ( ) de la barre d'outils Accès rapide. Si le bouton ne s'y trouve pas, cliquez à droite de la barre d'outils, puis Impression rapide.

IMPRIMEZ UN FICHIER (SUITE)

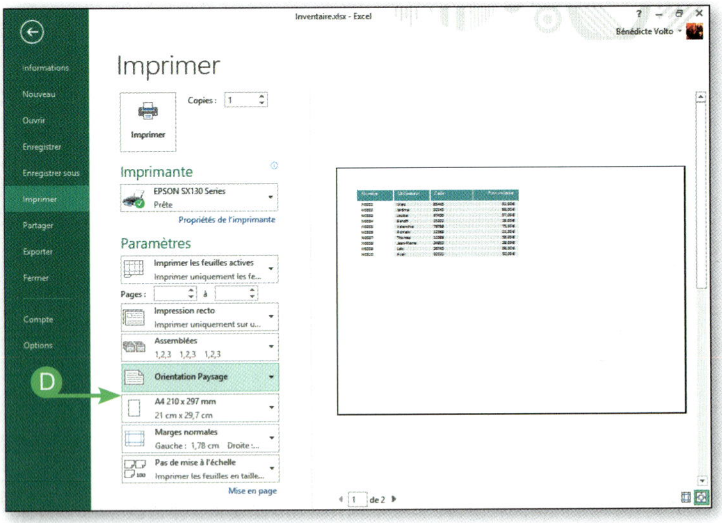

D La zone Paramètres propose d'autres options d'impression. Par exemple, cliquez ici pour choisir la taille du papier et définir l'orientation Paysage ou Portrait.

Vous pouvez également ajouter le bouton Aperçu et Impression dans la barre d'outils Accès rapide, afin d'afficher en un clic l'écran Imprimer.

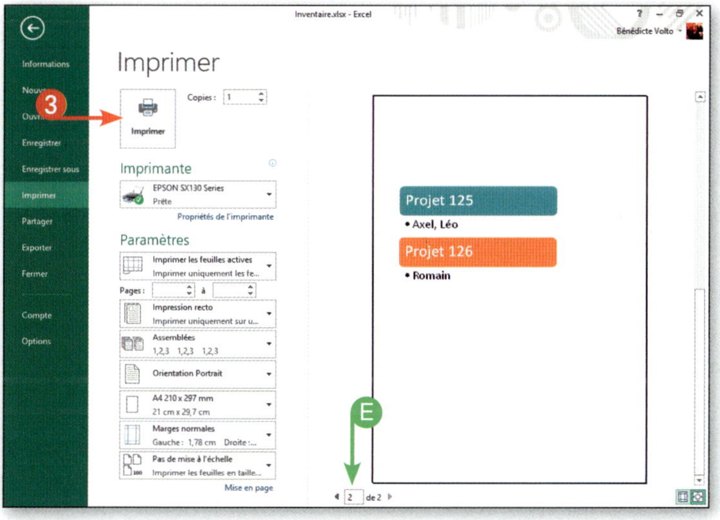

Ⓔ Cliquez ici pour afficher un aperçu des différentes pages.

③ Cliquez **Imprimer**.

Le programme Office envoie le fichier à l'imprimante pour l'imprimer.

SÉLECTIONNEZ DES DONNÉES

Vous sélectionnez des données pour effectuer différentes tâches, comme mettre en forme ou copier/coller. Les données sélectionnées sont mises en surbrillance.

SÉLECTIONNEZ DES DONNÉES DANS WORD OU POWERPOINT

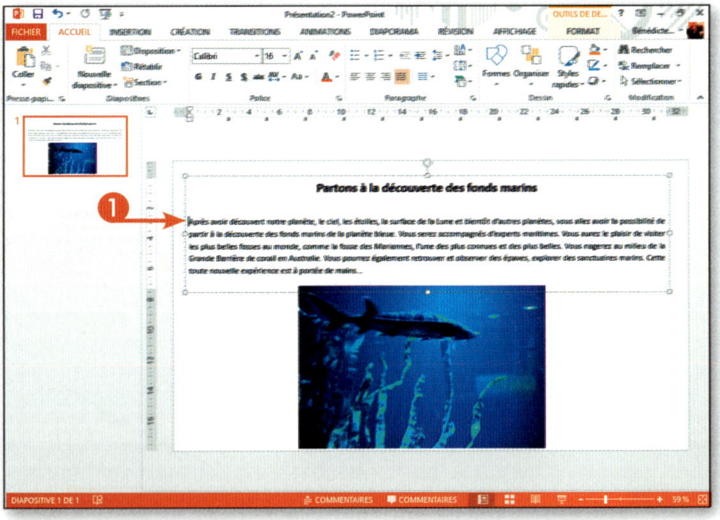

Note. *Cette technique fonctionne pour sélectionner des caractères, des mots, des phrases et des paragraphes.*

① Cliquez un des côtés du mot ou du caractère à sélectionner.

Selon le programme que vous utilisez, les techniques de sélection diffèrent. Par exemple, dans Word, PowerPoint et Outlook, vous pouvez sélectionner un caractère, un mot, une phrase, un paragraphe ou toutes les données du fichier. Dans les tableaux Excel et Access, vous sélectionnez généralement des cellules. Dans OneNote, utilisez la technique appropriée au type de données à sélectionner.

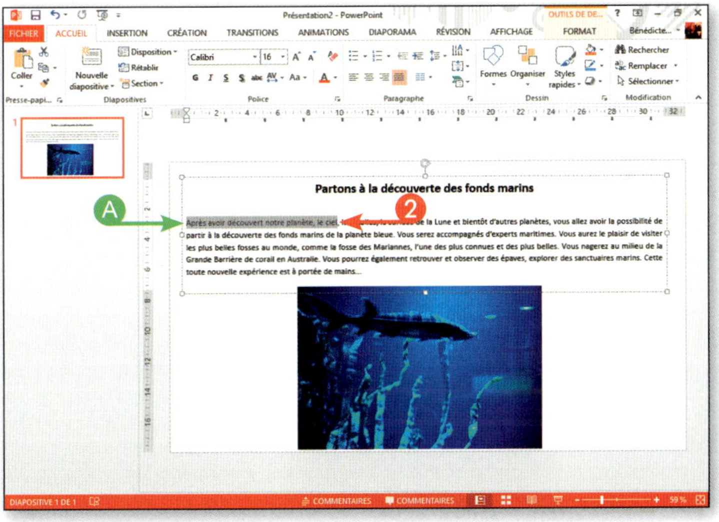

2 Faites glisser le pointeur sur le texte que vous souhaitez sélectionner.

A Le programme met en évidence les caractères sélectionnés.

Pour désélectionner le texte, cliquez n'importe où à l'extérieur du texte ou appuyez sur l'une des flèches de direction du clavier.

SÉLECTIONNEZ DES DONNÉES

Pour sélectionner du texte ou des cellules à gauche ou à droite du pointeur, appuyez sur Ctrl + Maj + ← ou Ctrl + Maj + →. Pour sélectionner un paragraphe ou des cellules au-dessus ou en dessous du pointeur, appuyez sur Ctrl + Maj + ↑ ou Ctrl + Maj + ↓.

SÉLECTIONNEZ DES DONNÉES DANS EXCEL OU ACCESS

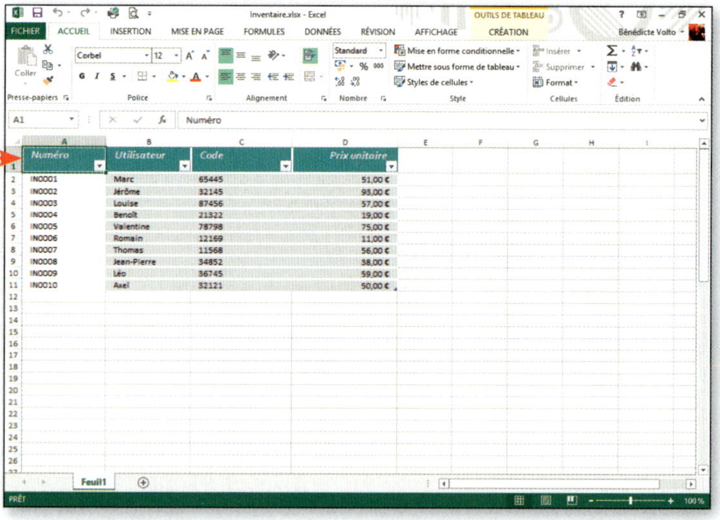

1 Cliquez la cellule en haut à gauche de la plage de cellules à sélectionner.

Pour sélectionner tout le texte ou toutes les cellules à partir du pointeur, appuyez sur Ctrl + Maj + Fin. Pour sélectionner tout le texte ou toutes les cellules au-dessus du pointeur, appuyez sur Ctrl + Maj + Début. Pour sélectionner tout le texte ou toutes les cellules contenant des données dans le fichier, appuyez sur Ctrl + A.

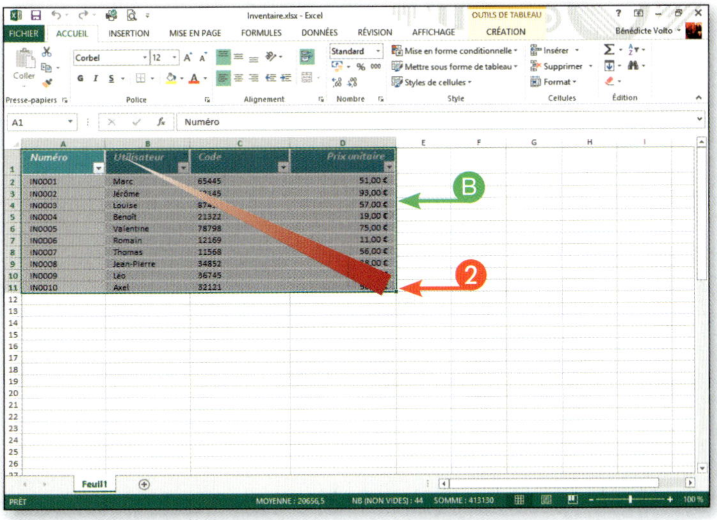

2 Faites glisser le pointeur sur les cellules à sélectionner.

B Le programme met en évidence les caractères sélectionnés.

Pour annuler une sélection, cliquez n'importe où à l'extérieur du texte ou appuyez sur l'une des flèches de direction du clavier.

COUPEZ, COPIEZ ET COLLEZ DES DONNÉES

Utilisez les commandes Couper, Copier et Coller pour déplacer ou copier des données dans un programme ou vers un autre programme. Par exemple, copiez du texte ou une image de Word et déplacez ces éléments dans le même document, dans un autre document Word ou dans une diapositive PowerPoint.

COUPEZ, COPIEZ ET COLLEZ DES DONNÉES DANS WORD, POWERPOINT OU OUTLOOK

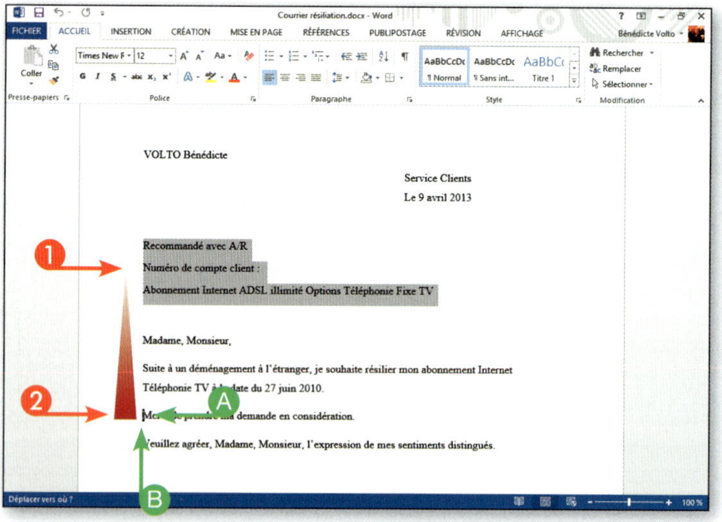

1 Sélectionnez les données que vous souhaitez couper ou copier. Cet exemple montre comment couper du texte.

2 Cliquez et faites glisser les données vers leur nouvel emplacement.

A ↖ devient ↖.

B Pour copier les données lorsque vous les faites glisser, maintenez la touche Ctrl enfoncée ; ↖ devient alors ↖.

La commande Copier réalise une copie des données sélectionnées alors que la commande Couper supprime les données de leur emplacement d'origine. Il existe deux méthodes pour copier ou couper des données : les boutons du Ruban, illustrés ici dans Excel, ou le glisser-déposer, montré dans Word.

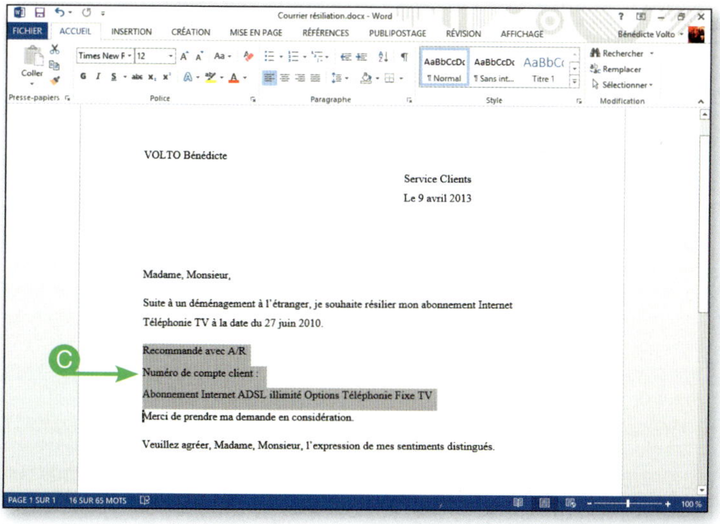

3 Relâchez la souris pour déposer les données.

C Les données apparaissent à leur nouvel emplacement.

Lorsque vous collez des données, le bouton Options de collage ((Ctrl)) s'affiche et propose différentes options, qui dépendent du programme et de l'emplacement où vous collez les données. Cliquez l'une de ces options ou ignorez le bouton, qui finira par disparaître.

COUPEZ, COPIEZ ET COLLEZ DES DONNÉES DANS EXCEL OU ACCESS

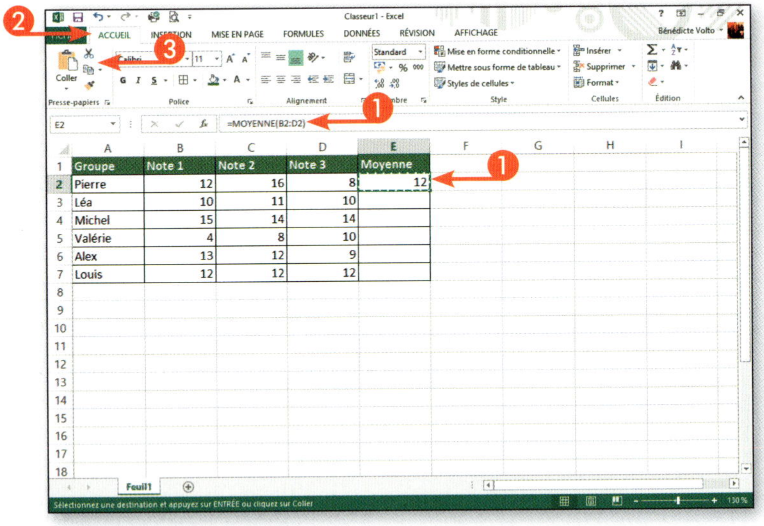

1 Sélectionnez la ou les cellules que vous souhaitez couper ou copier. Cet exemple montre comment copier une formule.

2 Cliquez l'onglet **Accueil**.

3 Cliquez le bouton **Couper** (✂) pour déplacer les données ou **Copier** () pour les copier.

***Note.** Vous pouvez aussi appuyer sur Ctrl + X pour couper ou sur Ctrl + C pour copier.*

La ou les cellules sont entourées d'un cadre en pointillés et les données sont stockées dans le Presse-papiers.

Le Presse-papiers peut contenir jusqu'à 24 éléments que vous copiez dans l'ordre que vous souhaitez. Pour l'afficher, cliquez l'icône du groupe Presse-papiers de l'onglet Accueil, puis sélectionnez et collez tous les éléments de votre choix.

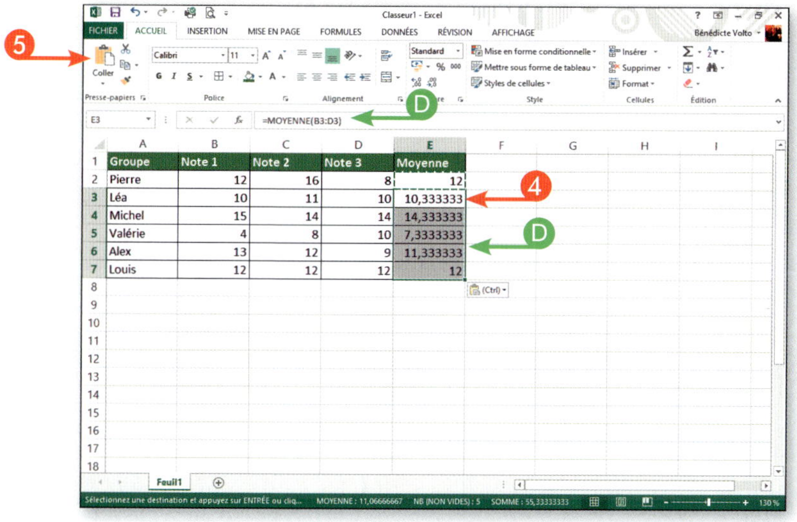

4 Sélectionnez les cellules où insérer les données coupées ou copiées.

Note. *Vous pouvez également ouvrir un autre fichier dans lequel vous collez les données.*

5 Dans l'onglet Accueil, cliquez le bouton **Coller**. Pour avoir un aperçu avant de coller les données, cliquez la flèche vers le bas sous le bouton Coller puis placez le pointeur de la souris sur les boutons qui s'affichent.

Note. *Vous pouvez aussi utiliser* Ctrl + V *pour coller les données.*

D Les données apparaissent au nouvel emplacement.

ORGANISEZ LES FENÊTRES

Vous pouvez afficher plusieurs fichiers en même temps. Par exemple, vous pouvez afficher côte à côte deux documents Word pour comparer leur contenu ou afficher deux classeurs Excel pour comparer les données. Si les fichiers sont particulièrement volumineux, activez l'option Défilement synchrone pour parcourir les deux fichiers simultanément.

AFFICHEZ PLUSIEURS FICHIERS

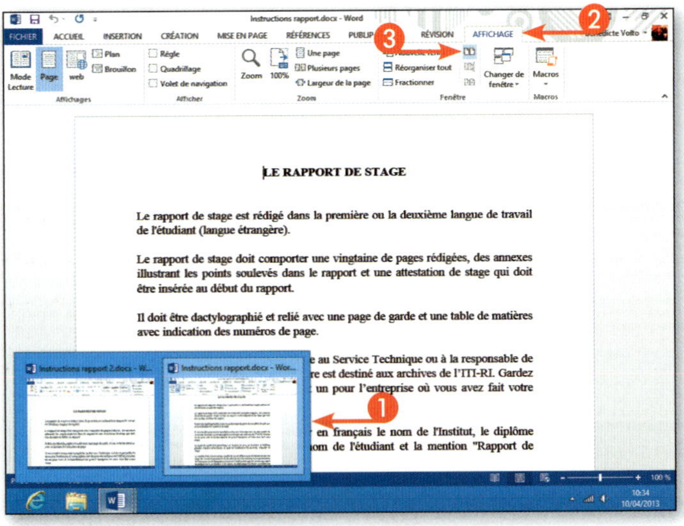

1 Ouvrez un ou plusieurs fichiers.

2 Cliquez l'onglet **Affichage**.

3 Cliquez **Côte à côte**.

De plus, vous pouvez partager de longs fichiers en deux volets pour afficher différentes parties de ce fichier et comparer, par exemple, leur mise en forme.

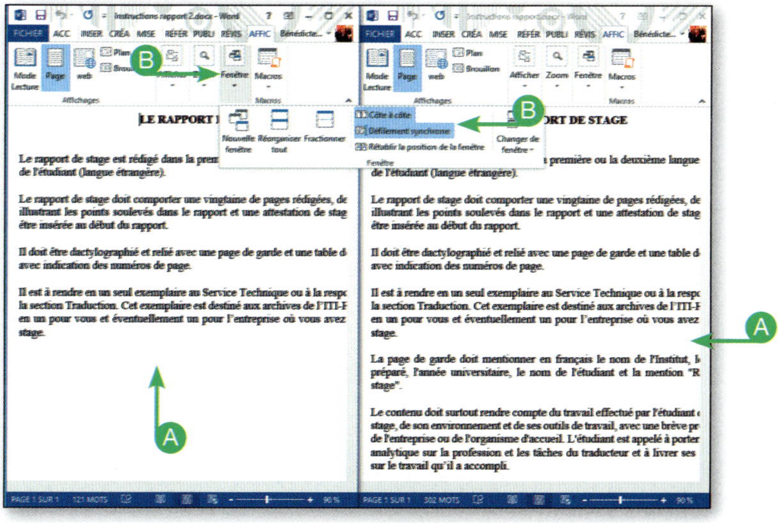

Ⓐ Les deux fichiers apparaissent côte à côte.

Ⓑ Cliquez le bouton **Fenêtre**, puis **Défilement synchrone** pour faire défiler les deux fichiers en même temps.

Si vous avez ouvert plusieurs fichiers, cliquez le bouton Changer de fenêtre pour voir la liste des fichiers ouverts dans le programme Office en cours, puis choisissez le fichier à afficher.

AFFICHEZ PLUSIEURS FICHIERS (SUITE)

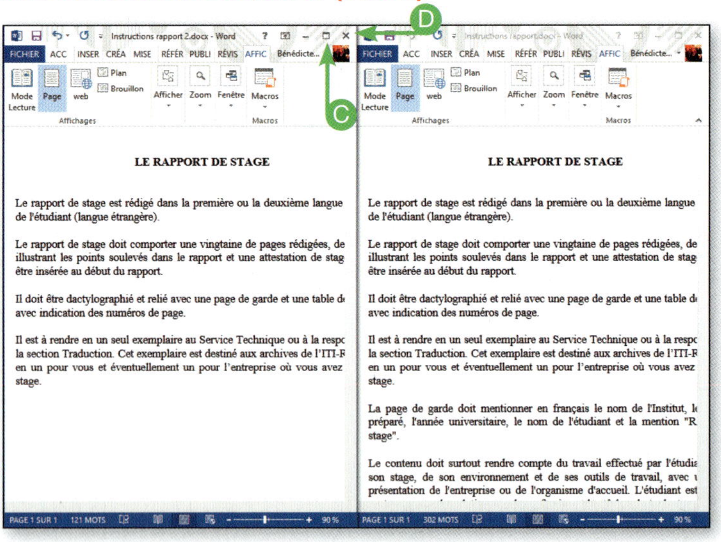

C Cliquez le bouton **Agrandir** (☐) pour afficher la fenêtre à sa taille maximale.

D Cliquez le bouton **Fermer** (×) pour fermer un fichier.

Pour afficher deux fichiers Excel l'un au-dessus de l'autre, cliquez l'onglet **Affichage**, puis le bouton **Réorganiser tout**. Dans la boîte de dialogue Réorganiser, choisissez comment afficher les fenêtres : horizontalement, verticalement, en mosaïques (chaque fenêtre dans un volet) ou en cascade (chaque fenêtre l'une derrière l'autre).

DIVISEZ UNE FENÊTRE

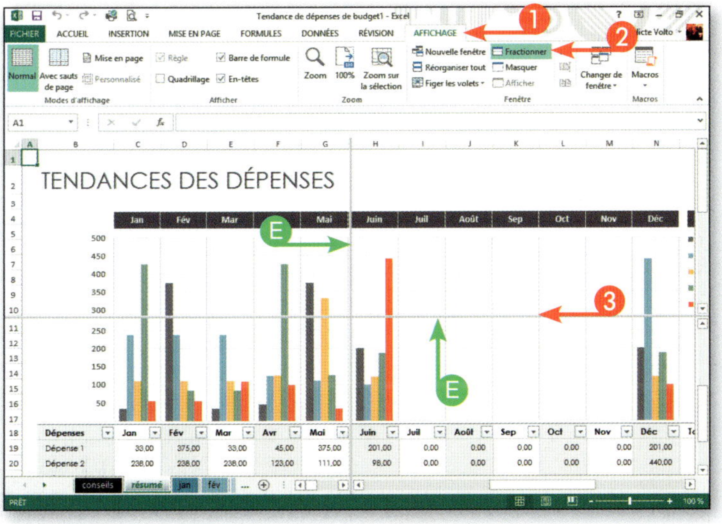

❶ Pour partager un fichier unique en volets, cliquez l'onglet **Affichage**.

❷ Cliquez le bouton **Fractionner**.

Ⓔ Des barres horizontale et verticale apparaissent sur le fichier.

❸ Faites glisser les barres pour régler la taille des volets comme vous le souhaitez et cliquez pour confirmer la taille.

Pour revenir au document complet, cliquez de nouveau le bouton **Fractionner**.

INSÉREZ UNE IMAGE

Vous pouvez illustrer vos fichiers Office avec des images que vous stockez sur votre ordinateur. Par exemple, si vous possédez une photo ou un fichier graphique en rapport avec vos données Excel, vous l'insérez dans la feuille de calcul.

INSÉREZ UNE IMAGE

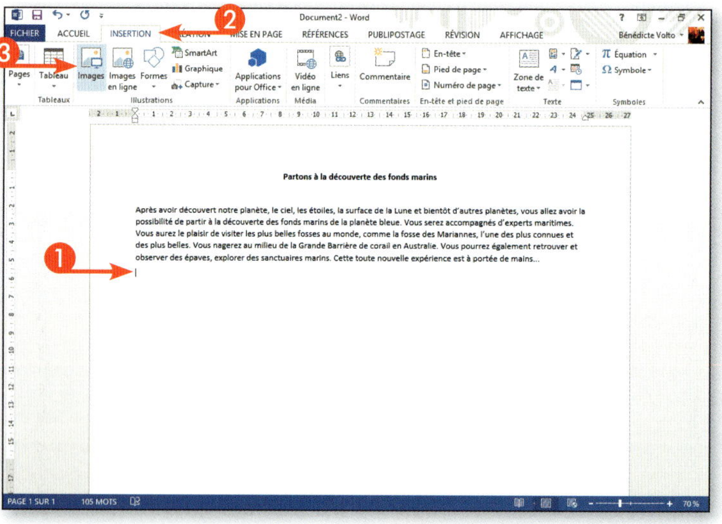

1 Cliquez à l'emplacement où vous souhaitez insérer l'image.

Note. *Vous pouvez déplacer l'image après l'avoir insérée (reportez-vous à la section « Redimensionnez ou déplacez un objet »).*

2 Cliquez l'onglet **Insertion**.

3 Cliquez **Images**.

Lorsque vous avez inséré une image, vous pouvez la redimensionner et la repositionner, mais également effectuer d'autres types de modifications.

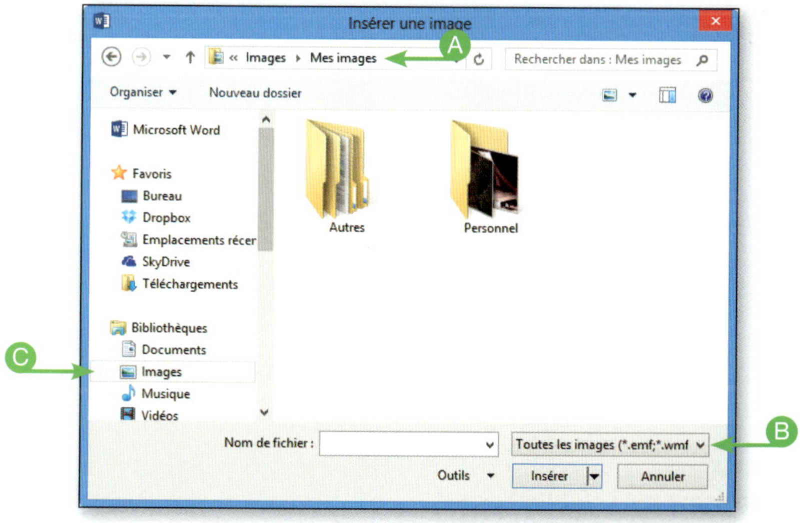

La boîte de dialogue Insérer une image s'affiche.

Ⓐ Le dossier que vous visionnez apparaît ici.

Note. *Les fichiers images existent sous différents formats, dont GIF, JPEG et PNG.*

Ⓑ Pour choisir un type de fichier précis, cliquez ⌄ puis sélectionnez un format de fichier.

Ⓒ Parcourez les bibliothèques susceptibles de contenir des images.

INSÉREZ UNE IMAGE

Si vous partagez vos fichiers avec d'autres personnes, vous pouvez compresser les images pour réduire la taille des fichiers. Cliquez l'image, cliquez l'onglet Format du Ruban, puis le bouton Compresser les images ( ) dans le groupe Ajuster. Dans la boîte de dialogue Compresser les images, effectuez le réglage souhaité puis cliquez sur OK.

INSÉREZ UNE IMAGE (SUITE)

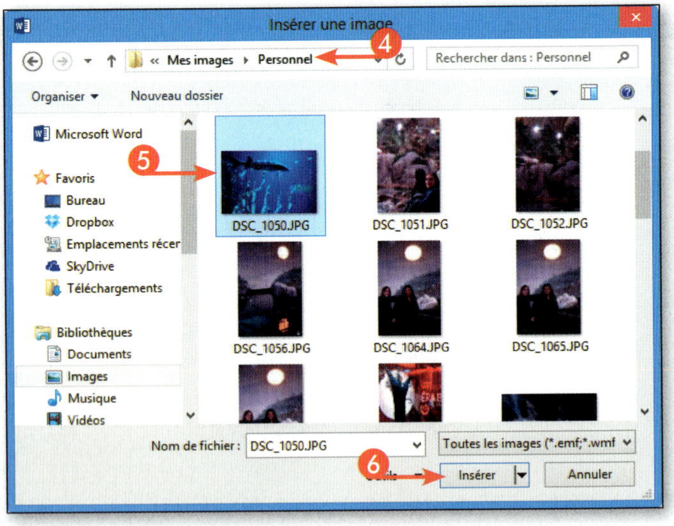

4 Retrouvez le dossier contenant l'image à ajouter au document.

5 Cliquez le fichier que vous souhaitez ajouter.

6 Cliquez **Insérer**.

Si, après avoir modifié une image, vous voulez rétablir les paramètres d'origine, cliquez le bouton **Rétablir l'image** (-).

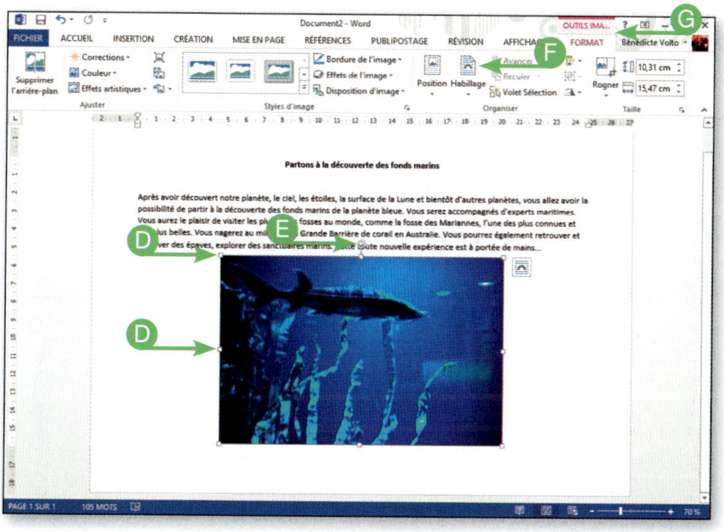

D L'image s'ajoute au fichier, sélectionnée et entourée de poignées (et).

E Faites glisser pour faire pivoter l'image (devient).

F Dans l'onglet Format, cliquez **Habillage** pour définir la disposition du texte par rapport à l'image.

G Les outils Image apparaissent sur le Ruban et permettent de modifier la mise en forme des images.

Pour supprimer une image, cliquez-la puis appuyez sur Suppr.

INSÉREZ UNE IMAGE EN LIGNE

Outre les images stockées sur votre ordinateur, insérez des images ou cliparts en ligne dans vos documents Office pour les rendre plus intéressants. Soyez attentif quant au choix de vos images sur Internet et assurez-vous qu'elles appartiennent au domaine public ou d'avoir les autorisations écrites pour les utiliser.

INSÉREZ UNE IMAGE EN LIGNE

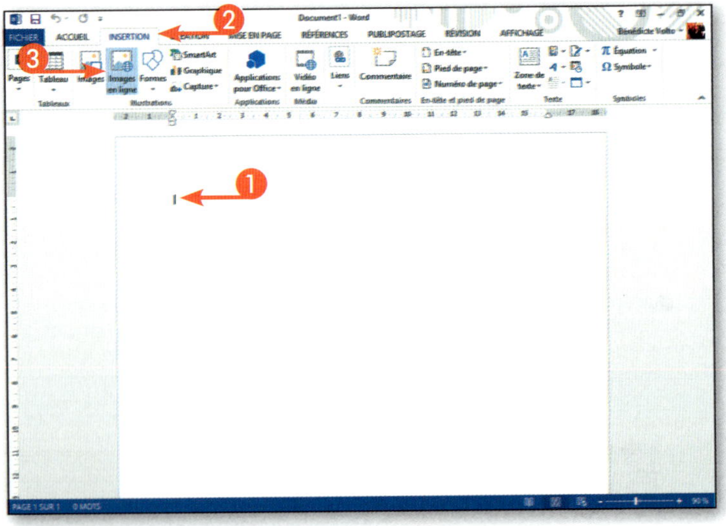

Note. *Si vous travaillez dans Word ou Excel, activez l'affichage Page.*

1 Cliquez à l'emplacement où vous souhaitez insérer l'image.

Note. *Vous pouvez déplacer l'image après l'avoir insérée (reportez-vous à la section « Redimensionnez ou déplacez un objet »).*

2 Cliquez l'onglet **Insertion**.

3 Cliquez **Images en ligne**.

Note. *Si le bouton Images en ligne n'apparaît pas directement dans l'onglet Insertion, cliquez **Illustrations**.*

Les images et cliparts disponibles à l'adresse Office.com relèvent tous du domaine public et sont libres de droits. Aucune des applications Office 2013 ne fournit de clipart préinstallé, contrairement aux versions antérieures.

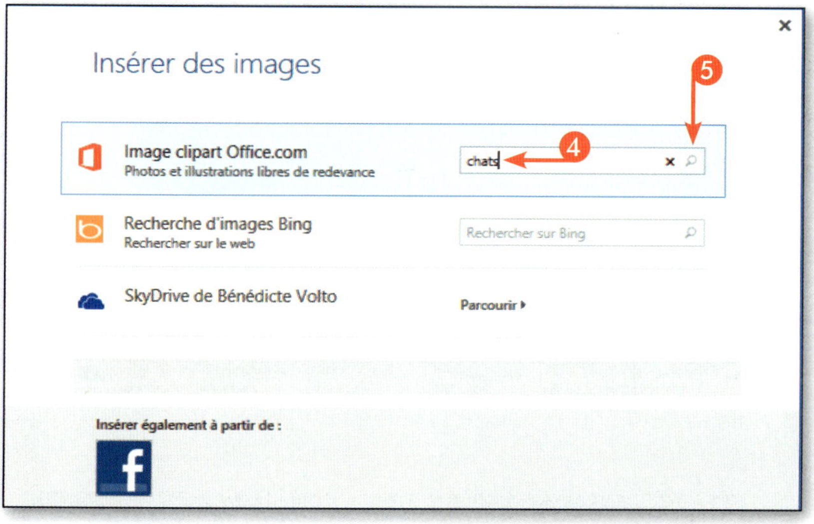

La fenêtre Insérer des images s'ouvre.

4 Dans la zone Rechercher sur Office.com, décrivez le type d'image souhaité.

5 Cliquez 🔍.

Les images qui appartiennent au secteur privé ne sont souvent disponibles qu'à la condition de payer des droits et/ou de créditer leur propriétaire. Les images du domaine public s'exploitent sans droits d'auteur et sans autorisation de leur propriétaire.

INSÉREZ UNE IMAGE EN LIGNE (SUITE)

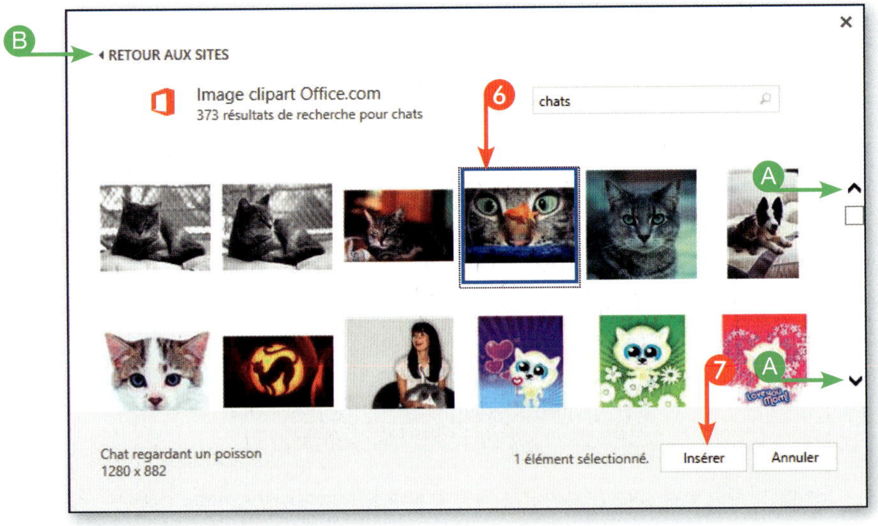

Les résultats de votre recherche apparaissent.

A Utilisez la barre de défilement pour parcourir les résultats.

B Cliquez le lien **Retour aux sites** pour afficher la fenêtre Insérer des images et rechercher une autre image.

6 Cliquez l'image à insérer dans le document.

7 Cliquez **Insérer**.

Lorsque vous recherchez une image avec Bing, vous obtenez également les images du secteur privé. Un message indique que les résultats sont des images sous licence Creative Commons et que vous devez consulter la licence de chaque image pour vous assurer de la respecter.

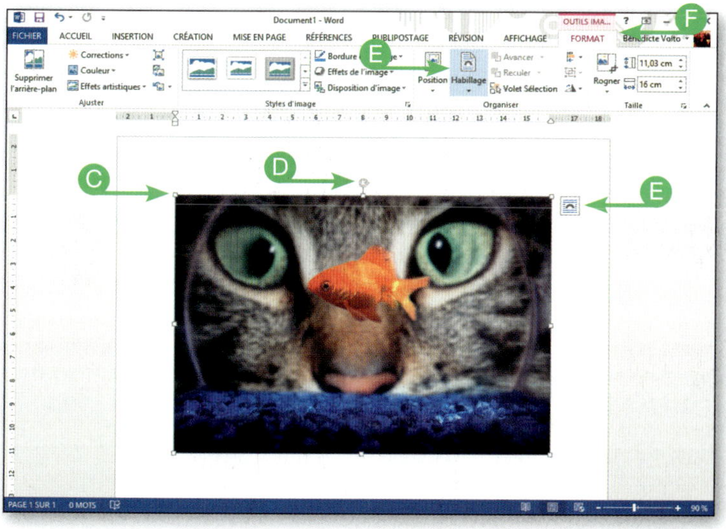

C L'image s'ajoute au fichier, sélectionnée et entourée de poignées ( ).

D Faites glisser pour faire pivoter l'image.

E Cliquez **Habillage** ou pour définir la disposition du texte par rapport à l'image.

F Les outils Image apparaissent sur le Ruban et permettent de modifier la mise en forme de l'image.

Pour désélectionner l'image, cliquez n'importe où dans la zone de travail.

REDIMENSIONNEZ OU DÉPLACEZ UN OBJET

Les images sont également appelées objets. Lorsque vous sélectionnez un objet dans Office, des poignées l'entourent et permettent de le dimensionner ou de le déplacer.

DÉPLACEZ UN OBJET

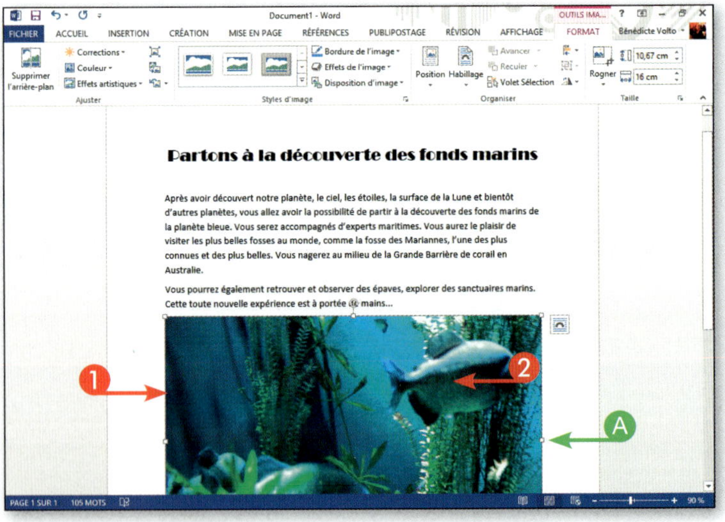

1 Cliquez l'objet à déplacer.

A Des poignées (◻) entourent l'objet.

2 Placez le pointeur sur un objet ou au bord d'une zone de texte (I≡, I ou ✥ devient ✥).

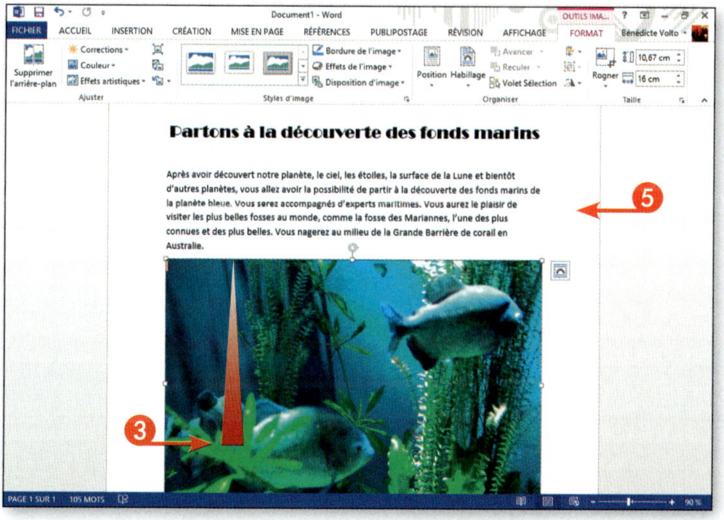

3 Faites glisser l'objet à son nouvel emplacement.

4 Relâchez le bouton de la souris.

L'objet apparaît au nouvel emplacement.

5 Cliquez hors de l'objet pour le désélectionner.

REDIMENSIONNEZ OU DÉPLACEZ UN OBJET

Pour placer le texte autour d'un objet dans Word, contrôlez l'habillage du texte. Cliquez l'objet, puis . Choisissez le style souhaité dans le menu qui s'affiche.

REDIMENSIONNEZ UN OBJET

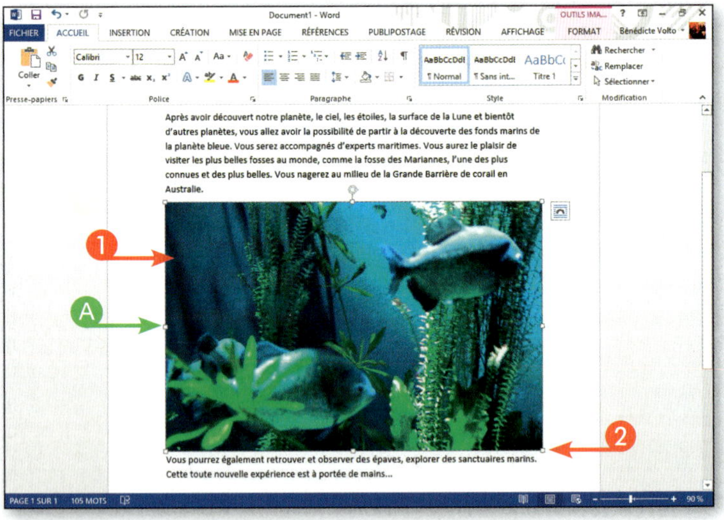

1 Cliquez l'objet à redimensionner.

A Des poignées ( ) entourent l'objet.

2 Placez le pointeur sur l'une des poignées (, ou devient , , ou).

Si vous faites glisser les poignées situées dans les coins de l'objet, vous conservez ses proportions. Les poignées situées au milieu des quatre bords de l'objet ne redimensionnent que la longueur ou la largeur et déforment l'objet, en particulier s'il s'agit d'une image ou d'une vidéo.

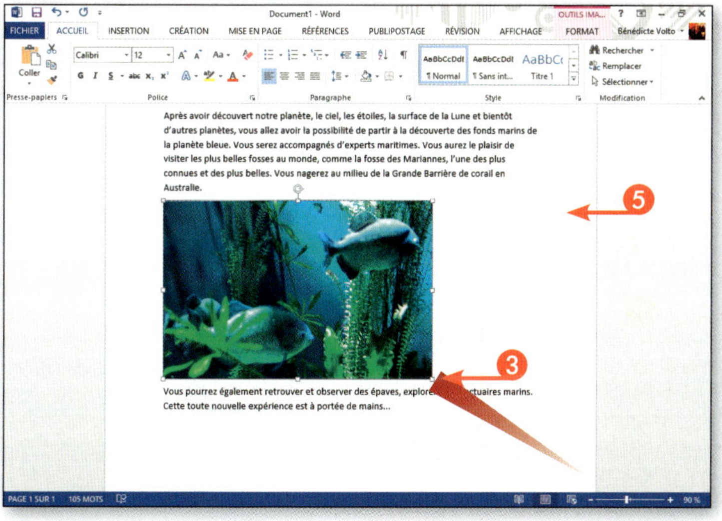

3 Faites glisser vers l'intérieur ou l'extérieur pour redimensionner l'objet (⤡, ↕, ⤢ ou ⟺ devient +).

4 Relâchez le bouton de la souris.

L'objet est redimensionné.

5 Cliquez hors de l'objet pour le désélectionner.

Note. *Pour conserver les proportions de l'objet, faites glisser l'une des poignées placées dans les coins.*

APPRENEZ À MODIFIER DES OBJETS

En plus d'insérer, de déplacer et de redimensionner des images, vous pouvez ajouter et modifier d'autres types d'objets – des formes, des captures d'écran, des objets SmartArt, WordArt et des graphiques – dans tous vos fichiers Office, sauf dans Access. Les différents objets, disponibles dans l'onglet Insertion, varient selon le programme. Les techniques pour les ajouter sont essentiellement les mêmes que pour les images.

Recadrez une image

Utilisez l'outil Rogner pour recadrer une image afin d'en adapter la taille ou pour vous concentrer sur une de ses zones importantes. Il s'applique à une image, une capture d'écran ou un clipart. Placé dans l'onglet Format, il vous permet de supprimer les parties d'une image que vous ne souhaitez pas conserver.

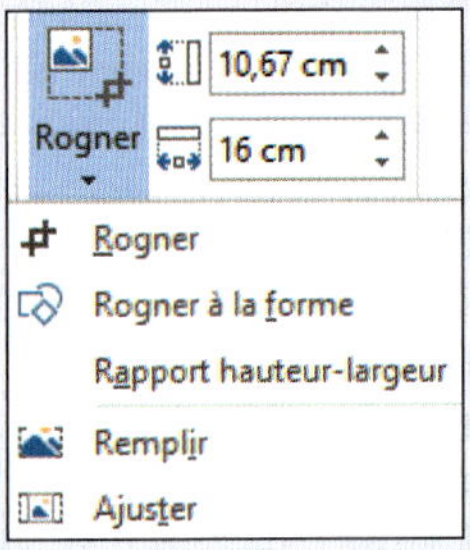

Faites pivoter ou retournez un objet

Lorsque vous insérez un objet comme un clipart ou une photo dans un document Word, il arrive que l'objet apparaisse à l'envers ou inversé. Heureusement, Word vous permet de le faire pivoter ou de le retourner facilement. Par exemple, vous pouvez retourner un clipart ou une flèche pour l'orienter dans une autre direction ou pour obtenir un effet particulier. Il est en revanche impossible de faire pivoter des zones de texte.

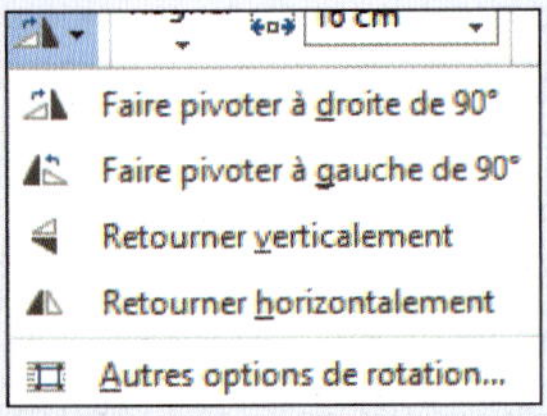

L'onglet Outils du Ruban s'adapte à l'objet sélectionné et contient de nombreux boutons pour modifier un objet.

Retouchez des images

Réglez la luminosité, le contraste et la netteté d'une image, d'un clipart ou d'une capture d'écran pour l'améliorer. Si, par exemple, l'image que vous avez insérée dans votre fichier Word, Excel ou PowerPoint est un peu floue ou manque de contraste, utilisez les outils de correction de l'onglet Format des Outils Image, qui apparaissent lorsque vous cliquez l'objet à retoucher.

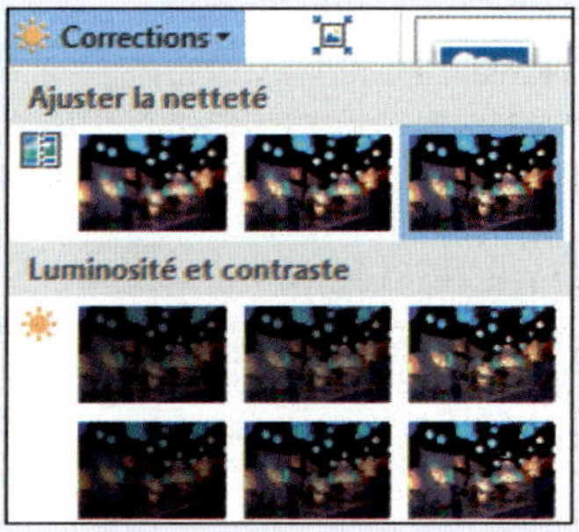

Réglez les couleurs

Réglez la couleur d'une image, d'une capture d'écran ou d'un clipart en augmentant ou en diminuant la saturation ou la tonalité des couleurs. Vous pouvez aussi recolorer un objet pour créer un effet intéressant.

La saturation des couleurs définit la quantité de rouge et de vert dans une photo, alors que la tonalité des couleurs définit la quantité de bleu et de jaune.

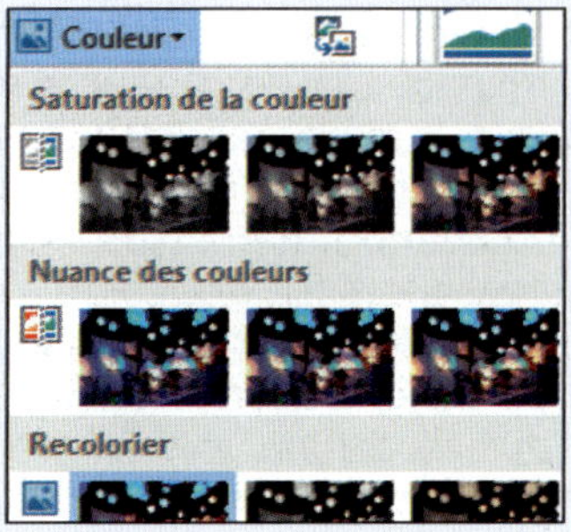

Supprimez l'arrière-plan d'une image

Vous pouvez supprimer l'arrière-plan d'une image, d'une capture d'écran, ou d'un clipart. Par exemple, si vous insérez une capture d'écran d'un graphique Excel dans un document Word, l'image va inclure le Ruban Excel. Utilisez l'outil Supprimer l'arrière-plan de l'onglet Format des Outils Image pour supprimer le Ruban et attirer l'attention sur le graphique.

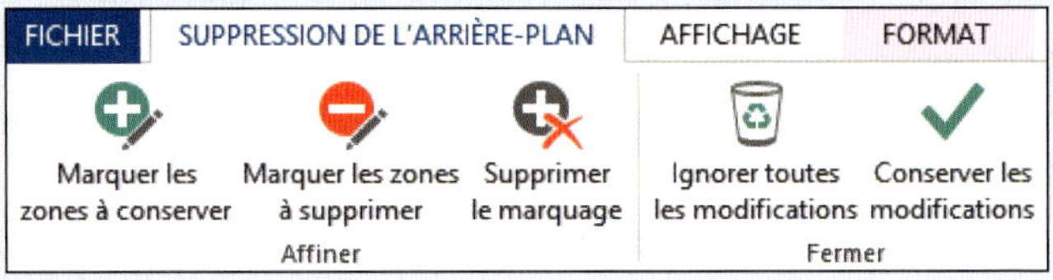

Ajoutez un effet

Appliquez une ombre, un effet miroir, une lueur, adoucissez les contours, ajoutez un biseau ou générez un effet de rotation 3D. Ces effets sont regroupés dans l'onglet Format du Ruban, qui apparaît lorsque vous sélectionnez l'objet à modifier.

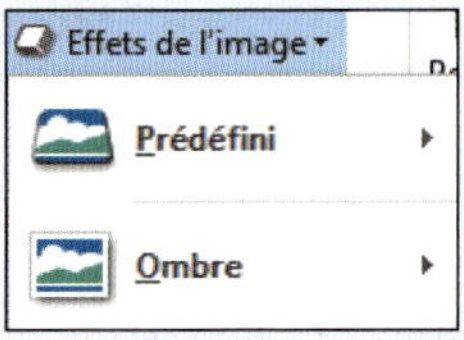

Appliquez un style à un objet

Appliquez un style prédéfini à une forme, une zone de texte, un objet WordArt, une image ou un clipart. Les styles contiennent des couleurs et des effets prédéfinis et permettent de rendre facilement les objets plus intéressants. L'application d'un style supprime tous les autres effets appliqués, tels que l'ombre ou le biseau. Des exemples de styles apparaissent dans l'onglet Format des Outils Image ou Outils de dessin, lorsque vous cliquez dans le groupe Styles d'images ou Styles de formes.

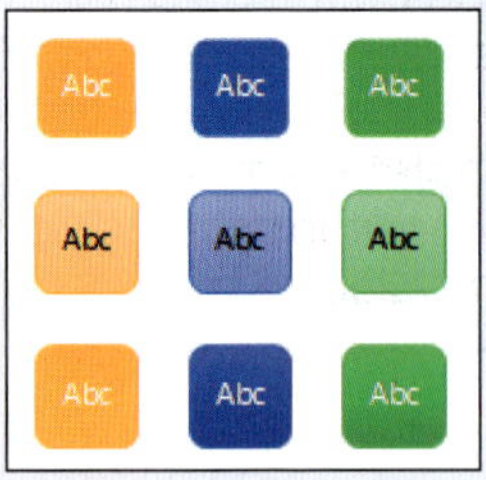

Ajoutez une bordure à l'image ou encadrez un dessin

Ajoutez une bordure à une image, une forme, une zone de texte, un objet WordArt, un clipart ou une capture d'écran. Utilisez l'outil Bordure de l'image ou Contour, pour une forme, qui apparaît dans l'onglet Format des Outils Image ou Outils de dessin, pour contrôler l'épaisseur de la bordure, définir son style – continu ou en pointillés – et changer sa couleur.

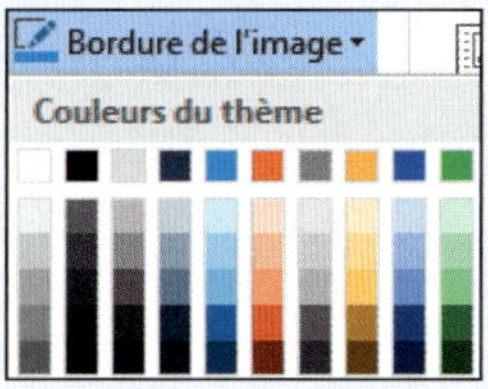

Appliquez des effets artistiques

Appliquez des effets artistiques aux images, captures d'écran et cliparts afin de les rendre plus vivants. Par exemple, une image peut sembler avoir été dessinée au marqueur, au crayon, à la craie ou à la peinture. D'autres effets rappellent la mosaïque, le grain de film ou le verre. Le bouton Effets artistiques se trouve dans l'onglet Format des Outils Image, qui apparaît lorsque vous sélectionnez l'objet à modifier.

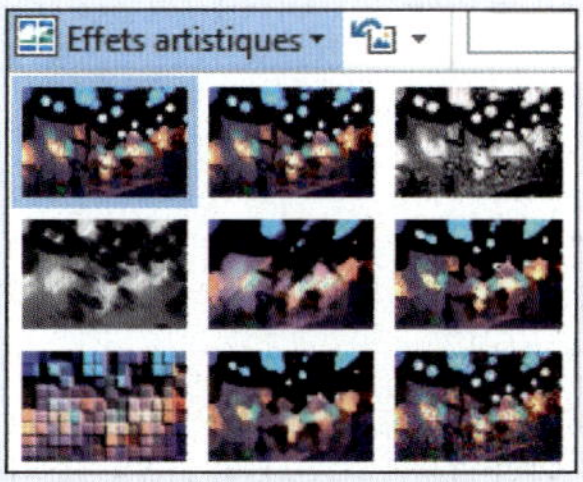

SAISISSEZ ET MODIFIEZ DU TEXTE

Que vous rédigiez une lettre, une brève note ou un rapport de plusieurs pages, Word vous servira à taper et à modifier facilement le texte.

SAISISSEZ DU TEXTE

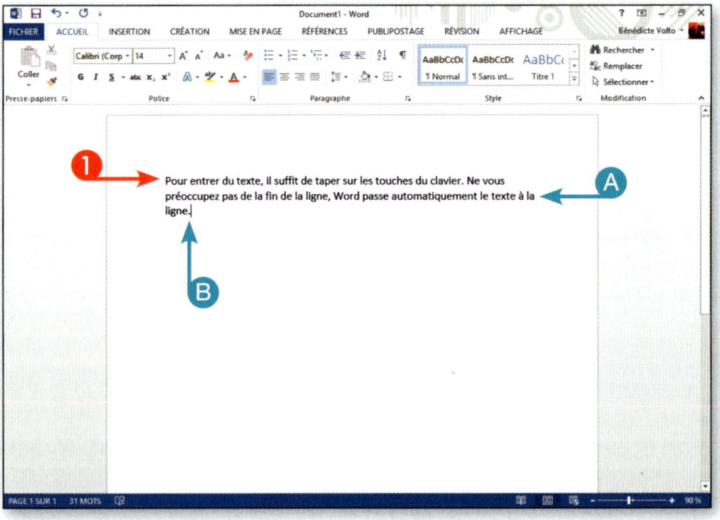

1 Commencez à taper votre texte.

A Le texte continue automatiquement sur la ligne suivante quand il atteint la marge droite.

B Le point d'insertion, ou curseur, indique la position où apparaîtra le prochain caractère tapé. Le texte saisi s'inscrit à gauche du point d'insertion.

Inutile de vous demander où commencer une nouvelle ligne dans un paragraphe. Il est très simple de démarrer de nouveaux paragraphes et de supprimer du texte.

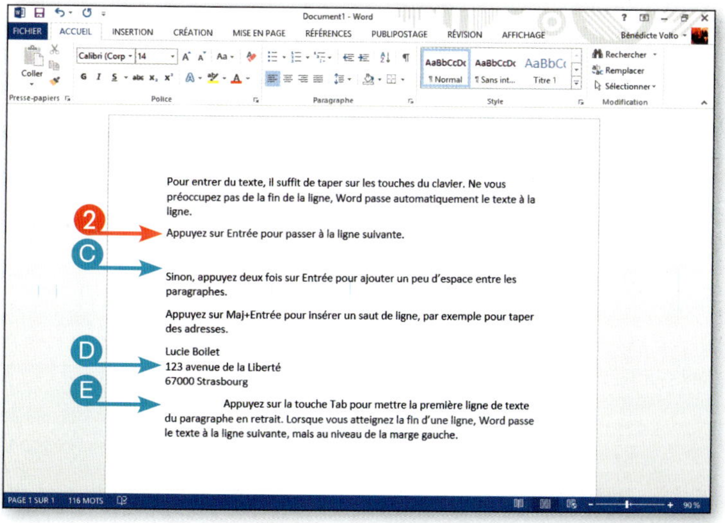

2 Appuyez sur la touche **Entrée** pour commencer un nouveau paragraphe.

C Appuyez deux fois sur **Entrée** pour ajouter de l'espace supplémentaire entre les paragraphes.

D Appuyez sur **Maj**+**Entrée** pour insérer un saut de ligne et commencer une nouvelle ligne lorsque votre texte n'a pas atteint la marge droite. Les sauts de ligne sont très pratiques pour taper des adresses, par exemple.

E Appuyez sur la touche **Tab** pour mettre la ligne de texte en retrait.

SAISISSEZ ET MODIFIEZ DU TEXTE

Par défaut, Word fonctionne en mode Insertion : quand vous placez le curseur dans le texte et tapez, le texte ajouté s'intercale à l'emplacement choisi et le texte existant se décale vers la droite. Si vous activez le mode Refrappe, le nouveau texte remplace une à une les lettres qui se trouvent à sa droite.

MODIFIEZ LE TEXTE

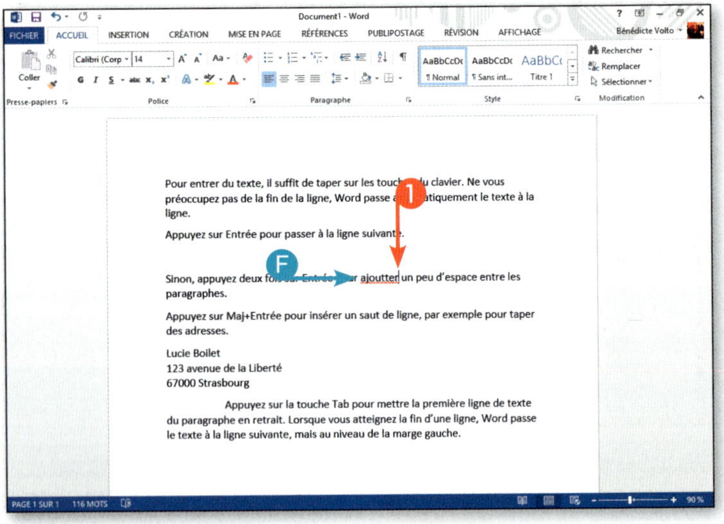

F Si vous faites une faute d'orthographe, Word la corrige automatiquement ou souligne le mot en rouge.

1 Cliquez à droite d'un caractère à effacer.

2 Appuyez sur la touche **Retour arrière** pour supprimer les caractères à gauche du point d'insertion.

On bascule d'un mode à l'autre en appuyant sur la touche Inser à condition que cette fonction soit activée. Pour ce faire, cliquez l'onglet **Fichier ➜ Options ➜ Options avancées**. Dans les Options d'édition, cochez la case **Utiliser la touche Inser pour contrôler le mode Refrappe**, puis cliquez **OK**.

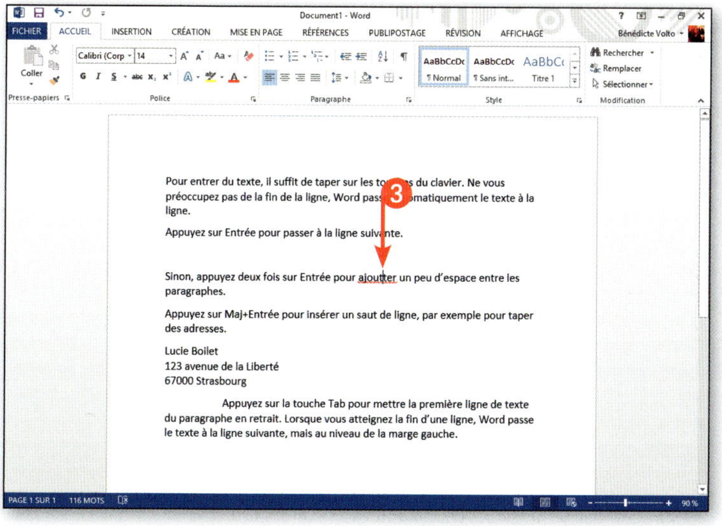

3 Cliquez à gauche d'un caractère à effacer.

4 Appuyez sur la touche Suppr pour supprimer les caractères à droite du point d'insertion.

Note. *Vous pouvez supprimer la portion de texte sélectionnée en appuyant sur* Suppr.

INSÉREZ UN SYMBOLE

Vous aurez parfois besoin d'insérer des symboles ou des caractères spéciaux dans vos documents Word. Les symboles les plus usités sont directement accessibles dans la palette Symboles. Vous y trouverez des symboles mathématiques et de devises.

INSÉREZ UN SYMBOLE

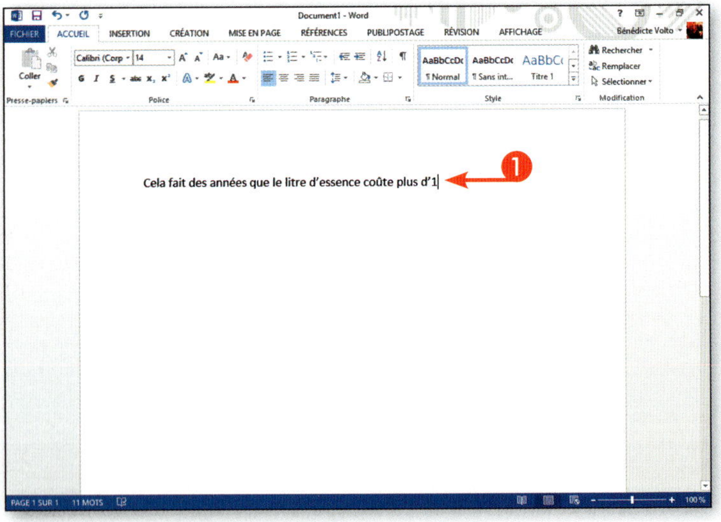

1 Cliquez pour placer le point d'insertion à l'endroit où vous voulez insérer un symbole.

Pour accéder à d'autres symboles, passez par la boîte de dialogue Caractères spéciaux.

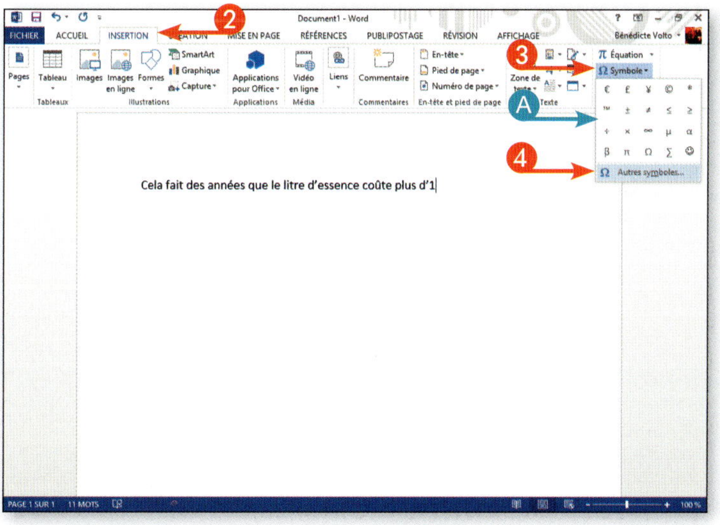

2 Cliquez l'onglet **Insertion**.

3 Cliquez **Symbole**.

A Si le caractère à insérer apparaît dans la palette Symbole, cliquez-le et passez les étapes suivantes.

4 Cliquez **Autres symboles**.

INSÉREZ UN SYMBOLE

Pour insérer un caractère spécial, ouvrez la boîte de dialogue Caractères spéciaux et cliquez l'onglet Caractères spéciaux. Cherchez dans la liste le caractère voulu, sélectionnez-le, cliquez Insérer, puis Fermer pour fermer la boîte de dialogue.

INSÉREZ UN SYMBOLE (SUITE)

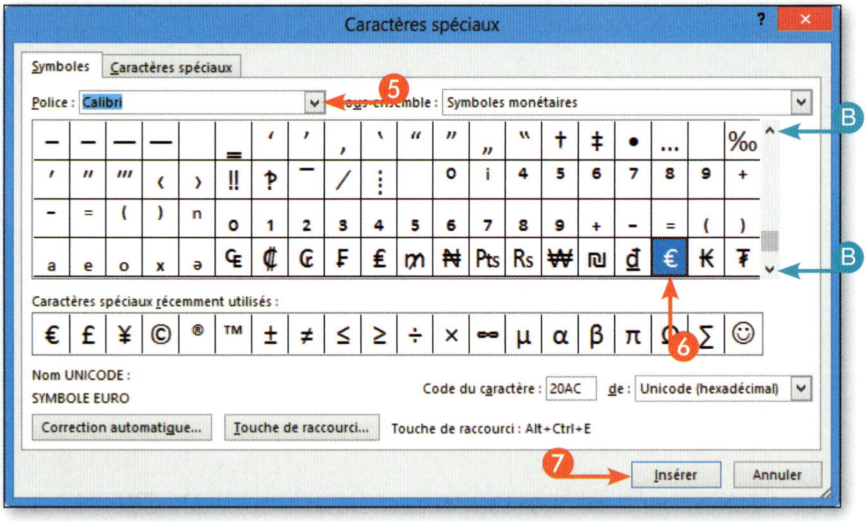

La boîte de dialogue Caractères spéciaux apparaît.

5 Cliquez ⌄ pour choisir la police du caractère.

Les symboles disponibles dépendent de la police sélectionnée.

B Cliquez ⌃ et ⌄ pour parcourir les symboles disponibles.

6 Cliquez un caractère.

7 Cliquez **Insérer**.

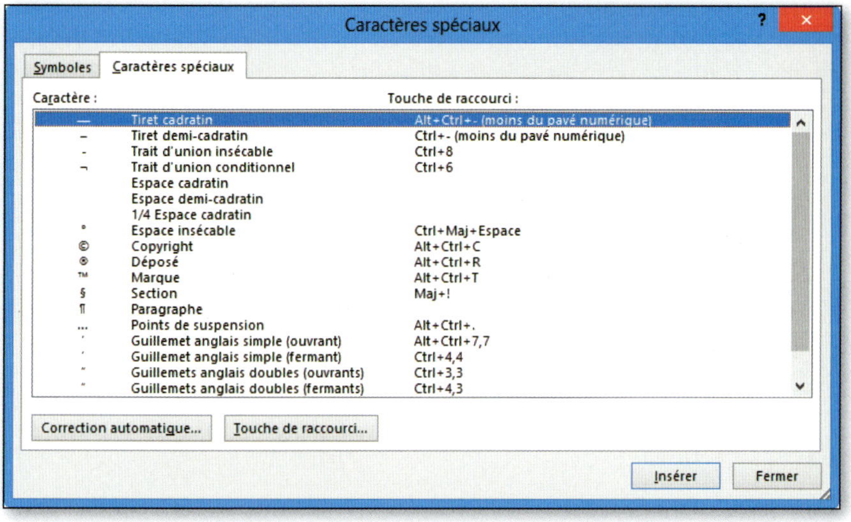

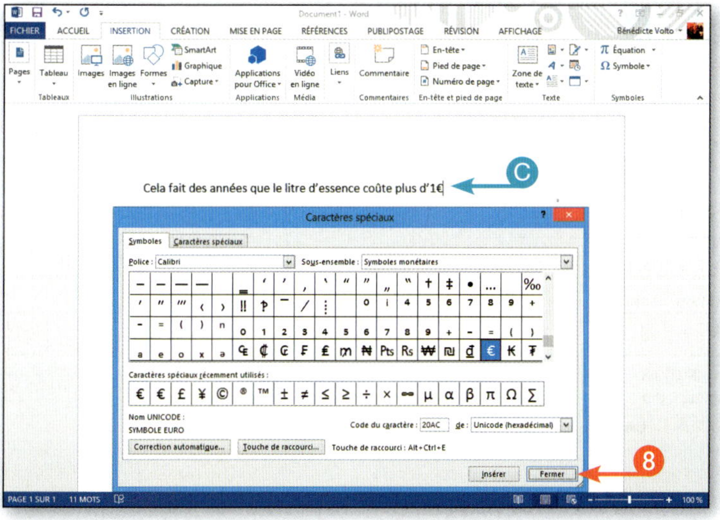

Ⓒ Le caractère inséré apparaît dans le document à l'emplacement du point d'insertion.

Note. *La taille d'un caractère spécial se modifie de la même manière que le texte. Reportez-vous au chapitre 5 pour plus d'informations.*

❽ Quand vous avez terminé, cliquez **Fermer**.

METTEZ EN FORME LES CARACTÈRES

Par défaut, le texte des nouveaux documents que vous créez dans Word 2013 apparaît dans la police Calibri en 11 points. Vous pouvez changer la mise en forme du texte, c'est-à-dire sa police, sa taille et sa couleur pour modifier son apparence.

CHANGEZ LA POLICE

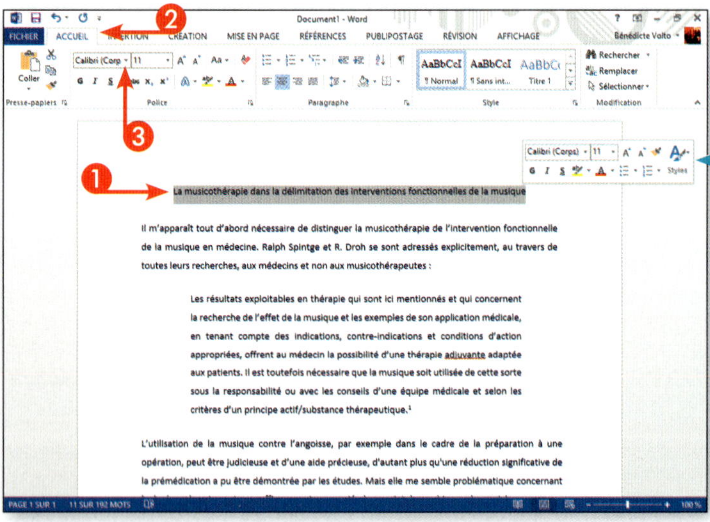

❶ Sélectionnez le texte à mettre en forme.

Ⓐ Si vous faites glisser le pointeur pour sélectionner, la mini barre d'outils apparaît avec les commandes de mise en forme.

❷ Pour utiliser le Ruban, cliquez l'onglet **Accueil**.

❸ Cliquez la flèche ▼ du menu **Police**.

Vous pouvez ainsi afficher vos titres dans une couleur différente pour les faire ressortir. En outre, vous pouvez changer rapidement la mise en forme du texte grâce aux commandes de base – Gras, Italique, Souligné, Barré, Indice et Exposant. Enfin, il est possible de changer la police appliquée par défaut au corps du document.

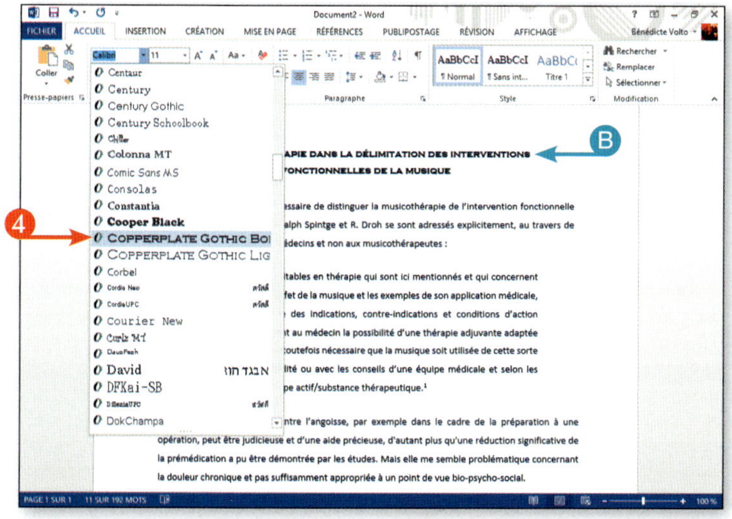

Note. *Grâce à l'aperçu instantané, vous pouvez voir l'effet d'une police sur le texte sélectionné en pointant simplement le nom d'une police dans la liste.*

4 Cliquez le nom d'une police.

B Word applique la nouvelle police à la portion de texte sélectionnée.

METTEZ EN FORME LES CARACTÈRES

Pour appliquer une mise en forme au texte, sélectionnez les caractères, cliquez l'onglet Accueil, puis le ou les boutons Gras (G), Italique (I), Souligné (S), Barré (abc), Indice (x₂) ou Exposant (x²).

CHANGEZ LA TAILLE

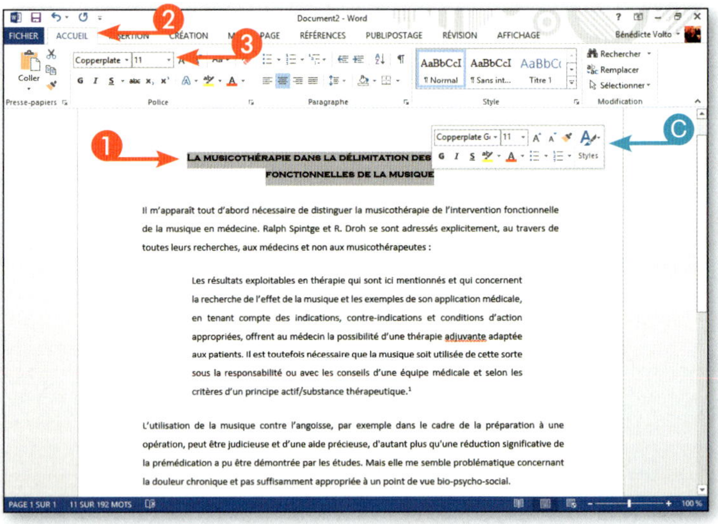

❶ Sélectionnez le texte dont vous voulez changer la taille.

Ⓒ Si vous faites glisser le pointeur pour sélectionner, la mini barre d'outils apparaît avec les commandes de mise en forme.

❷ Pour utiliser le Ruban, cliquez l'onglet **Accueil**.

❸ Cliquez la flèche ▼ du menu **Taille de police**.

Note. *Grâce à l'aperçu instantané, vous pouvez voir l'effet d'une taille de police sur le texte sélectionné en pointant simplement un nombre dans la liste.*

La mini barre d'outils qui apparaît lorsque vous sélectionnez le texte facilite l'accès vers les commandes usuelles de mise en forme. Elle apparaît aussi quand vous cliquez du bouton droit du texte sélectionné. Pour utiliser l'un des outils à disposition, il suffit de le cliquer ; si vous ne faites rien, la barre d'outils disparaît d'elle-même.

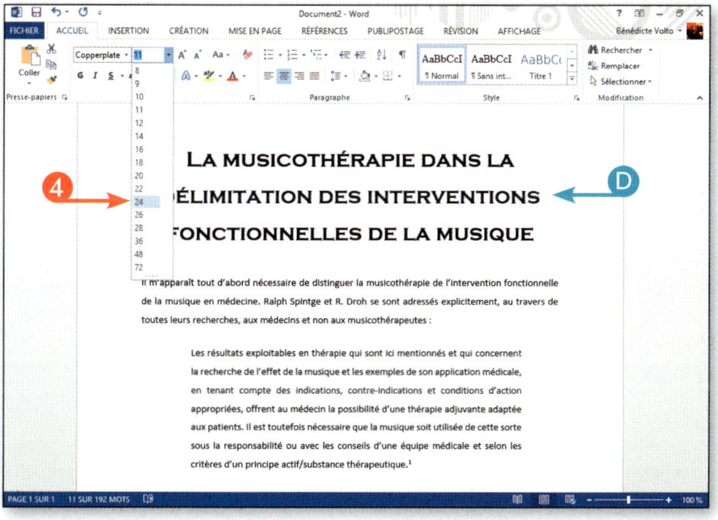

4 Cliquez un nombre de points.

D Word change la taille du texte sélectionné.

Cet exemple définit une taille de 24 points.

Note. *Pour changer la taille de police, vous disposez aussi des boutons* ***Agrandir la police et Réduire la police*** *(A˄ et A˅) dans l'onglet Accueil. Chaque clic sur le bouton définit la taille de police supérieure ou inférieure.*

Choisir une couleur différente pour une portion de texte est une méthode très efficace pour la mettre en évidence.

CHANGEZ LA COULEUR

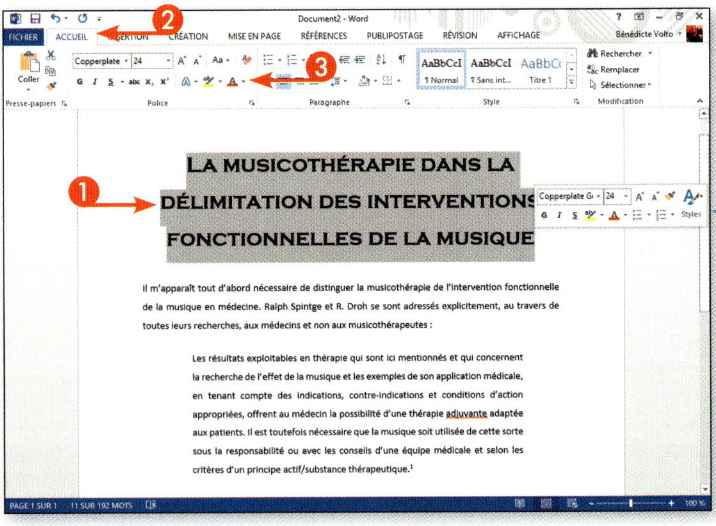

1 Sélectionnez le texte dont vous voulez changer la couleur.

E Si vous faites glisser le pointeur pour sélectionner, la mini barre d'outils apparaît avec les commandes de mise en forme.

2 Pour utiliser le Ruban, cliquez l'onglet **Accueil**.

3 Cliquez la flèche ▼ du bouton **Couleur de police** (A ▾) et pointez une couleur.

Quand vous composez une invitation, par exemple, vous pouvez mettre la description de l'événement dans une couleur fantaisie de sorte qu'elle se détache bien du reste du texte. Vous éviterez évidemment de choisir une couleur qui nuit à la lisibilité du texte.

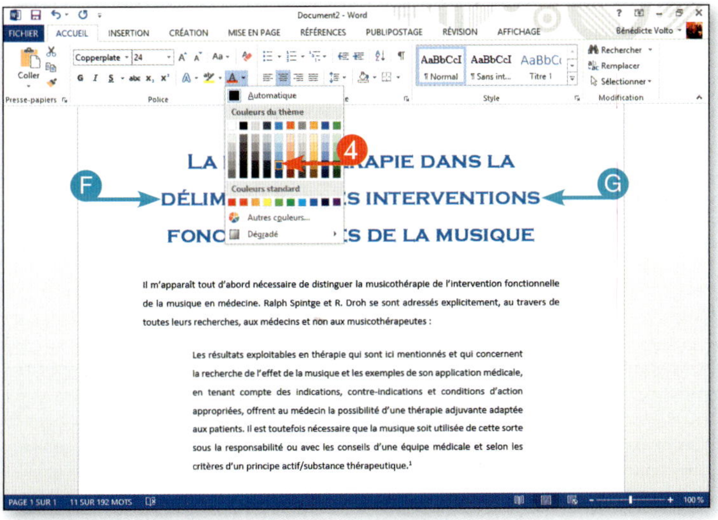

F Word affiche le texte sélectionné avec la couleur choisie.

4 Cliquez une couleur.

G Word applique la nouvelle couleur à la portion de texte sélectionnée.

Cet exemple met le texte en bleu.

METTEZ EN FORME LES CARACTÈRES

Il est possible de changer la mise en forme par défaut pour les nouveaux documents. Dans la boîte de dialogue Police, sélectionnez la police et la taille à utiliser par défaut, puis cliquez Définir par défaut.

UTILISEZ LA BOÎTE DE DIALOGUE POLICE

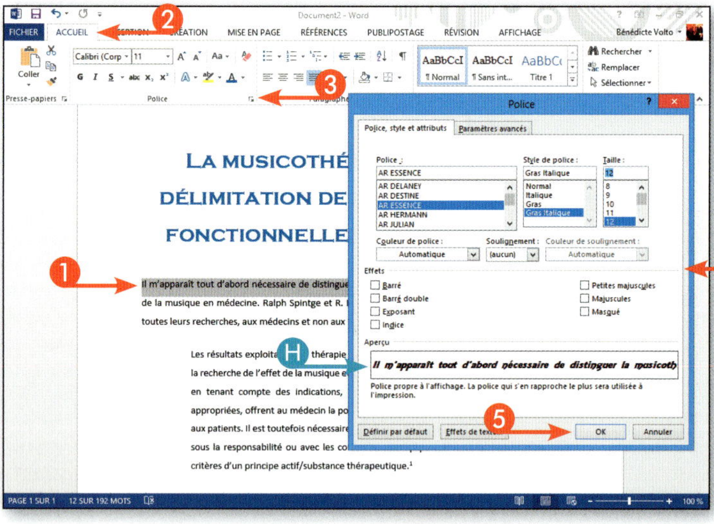

❶ Sélectionnez le texte que vous voulez mettre en forme.

❷ Cliquez l'onglet **Accueil** dans le Ruban.

❸ Cliquez la petite flèche dans l'angle du groupe Police.

La boîte de dialogue Police apparaît.

❹ Cliquez la police, le style, la taille, la couleur, le style de soulignement ou les effets à appliquer.

Ⓗ Un aperçu de vos choix s'affiche ici.

❺ Cliquez **OK**.

Indiquez si le changement doit s'appliquer à ce document seulement ou à tous ceux créés avec le modèle en cours avant de cliquer deux fois **OK**. Vos prochains documents utiliseront la police et la taille que vous venez de choisir.

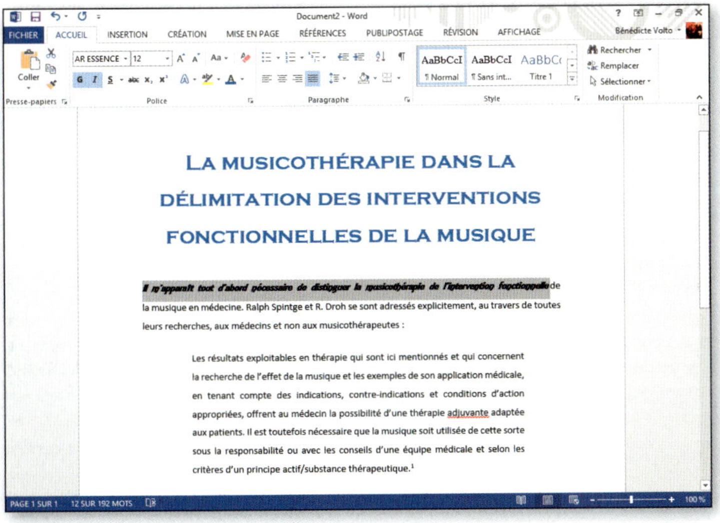

Word change les attributs de mise en forme.

Les commandes d'alignement de Word servent à définir la manière dont le texte se répartit horizontalement.

ALIGNEZ LE TEXTE

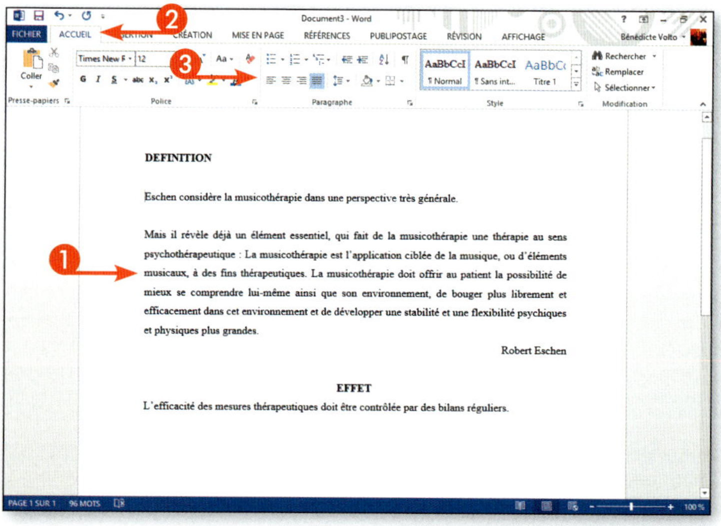

1 Cliquez dans le paragraphe à aligner ou sélectionnez les paragraphes et objets que vous voulez aligner.

2 Cliquez l'onglet **Accueil**.

3 Cliquez un bouton d'alignement.

Cliquez **Aligner à gauche** (≡) pour aligner à gauche.

Cliquez **Centrer** (≡) pour centrer le texte dans la page.

Cliquez **Aligner à droite** (≡) pour aligner à droite.

Cliquez **Justifier** (≡) pour obtenir un bord régulier à gauche et à droite.

Par défaut, le texte s'aligne sur la marge gauche de la page. Vous pouvez aussi l'aligner à droite, le centrer dans la page ou le justifier de sorte que les bords soient réguliers des deux côtés.

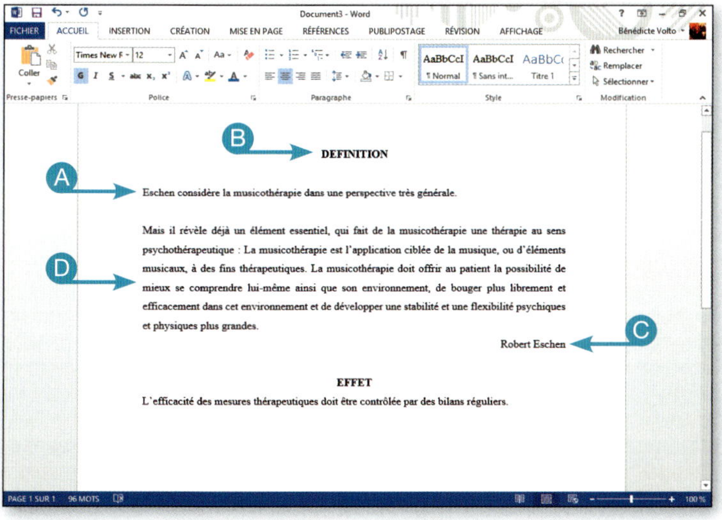

Word aligne le texte.

A Ce texte est aligné à gauche.

B Ce texte est centré dans la largeur de la page.

C Ce texte est aligné à droite.

D Ce texte est justifié.

Il est possible de régler l'espacement entre les lignes d'un paragraphe. Vous pourriez, par exemple, définir un interligne de 2,5 pour permettre l'ajout de notes manuscrites sur les pages imprimées du document ou de 1,5 pour faciliter la lecture du texte. L'interligne par défaut des nouveaux documents est 1,15.

DÉFINISSEZ L'INTERLIGNE

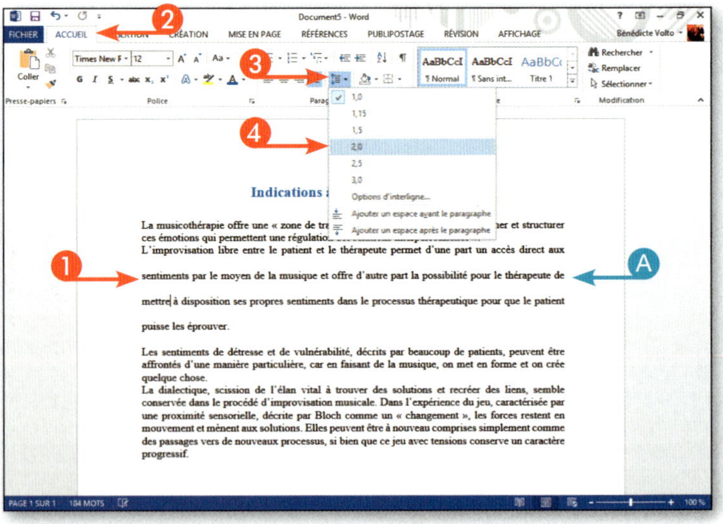

1 Cliquez dans le paragraphe que vous voulez mettre en forme.

Note. *Pour modifier plusieurs paragraphes, sélectionnez-les.*

2 Cliquez l'onglet **Accueil**.

3 Cliquez le bouton **Interligne** (‡≡ ▾).

4 Cliquez une valeur d'interligne.

A Word applique le nouvel interligne.

Cet exemple définit un interligne de 2,0.

Vous pouvez également définir l'espacement avant et après un paragraphe pour le distinguer des autres.

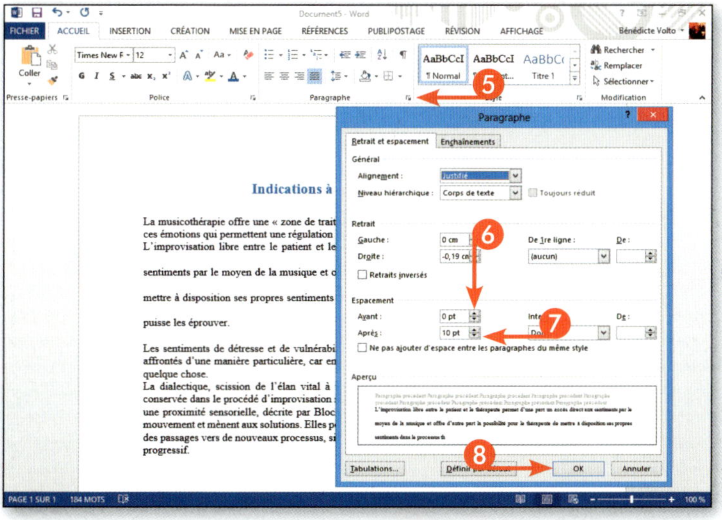

5 Pour définir l'espacement avant et après un paragraphe, cliquez la petite flèche dans l'angle du groupe Paragraphe.

La boîte de dialogue Paragraphe apparaît.

6 Dans le champ **Avant**, définissez quel espacement appliquer avant le paragraphe.

7 Dans le champ **Après**, définissez quel espacement appliquer après le paragraphe.

8 Cliquez **OK**.

INDENTEZ LE TEXTE

Indenter consiste à mettre une ligne ou un paragraphe en retrait par rapport à la marge gauche. Le retrait peut servir à distinguer un paragraphe du reste du texte. On l'utilise notamment pour les citations.

APPLIQUEZ UN RETRAIT RAPIDE

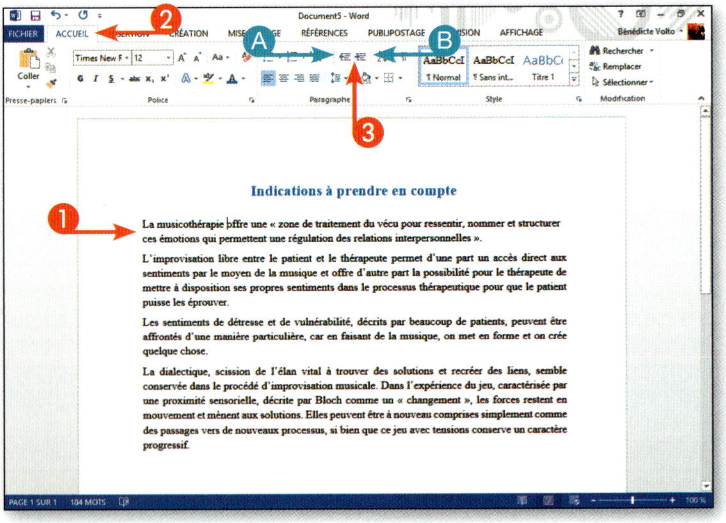

1 Cliquez dans le paragraphe que vous voulez mettre en retrait.

2 Cliquez l'onglet **Accueil**.

3 Cliquez un bouton de retrait.

A Le bouton **Diminuer le retrait** (⇤) rapproche le texte de la marge gauche.

B Le bouton **Augmenter le retrait** (⇥) positionne le retrait plus à droite, à hauteur de la prochaine tabulation dans la règle.

Vous pouvez mettre en retrait la totalité d'un paragraphe, mais également sa première ligne ou encore toutes les lignes *sauf* la première. Il existe trois méthodes pour procéder : le Ruban, la boîte de dialogue Paragraphe et la règle.

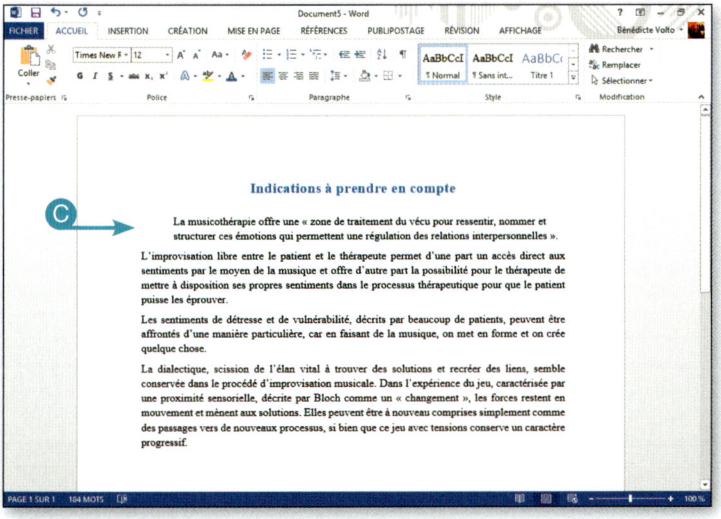

Ⓒ Word met le paragraphe en retrait.

INDENTEZ LE TEXTE

Il est possible de définir des retraits en faisant glisser les indicateurs de retrait dans la règle. Pour afficher la règle, cliquez l'onglet Affichage et cochez la case Règle.

DÉFINISSEZ UN RETRAIT PRÉCIS

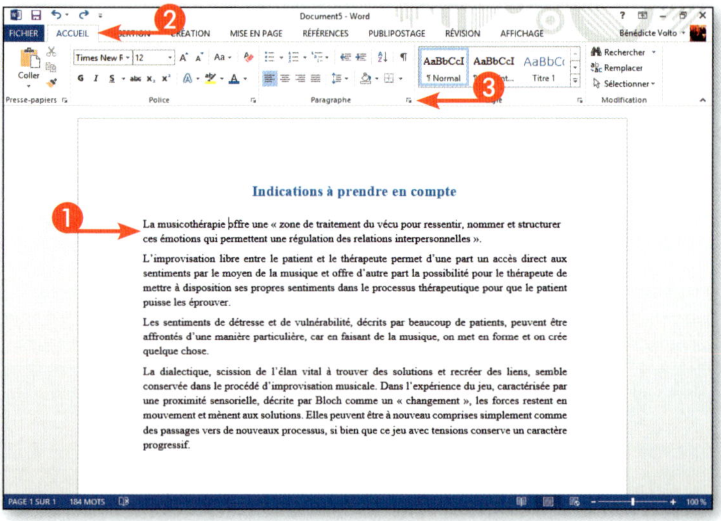

❶ Cliquez dans le paragraphe ou sélectionnez le texte que vous voulez mettre en retrait.

❷ Cliquez l'onglet **Accueil**.

❸ Cliquez la petite flèche dans l'angle du groupe Paragraphe.

La règle contient des curseurs qui définissent le retrait à gauche, le retrait négatif, le retrait de première ligne et le retrait à droite. Pointez chaque curseur de retrait pour voir son nom en info-bulle.

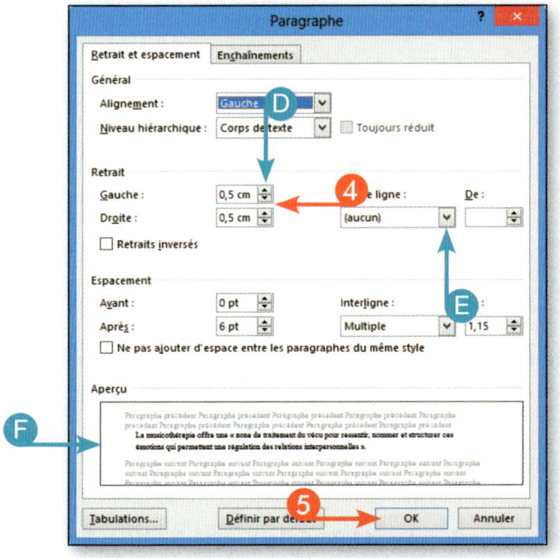

La boîte de dialogue Paragraphe apparaît.

4 Tapez une valeur dans les champs Gauche et Droite du groupe Retrait.

D Vous pouvez aussi cliquer ⬍ pour modifier la valeur de retrait.

E Pour décaler la première ligne, sélectionnez une option dans la liste De 1re ligne.

F L'aperçu en bas présente l'effet des retraits définis.

5 Cliquez **OK**.

Word met le texte en retrait.

DÉFINISSEZ DES TABULATIONS

Les tabulations servent à aligner des colonnes de texte dans un document. Chaque fois que vous appuyez sur la touche Tab, le texte se décale jusqu'au prochain taquet de tabulation.

DÉFINISSEZ DES TAQUETS DANS LA RÈGLE

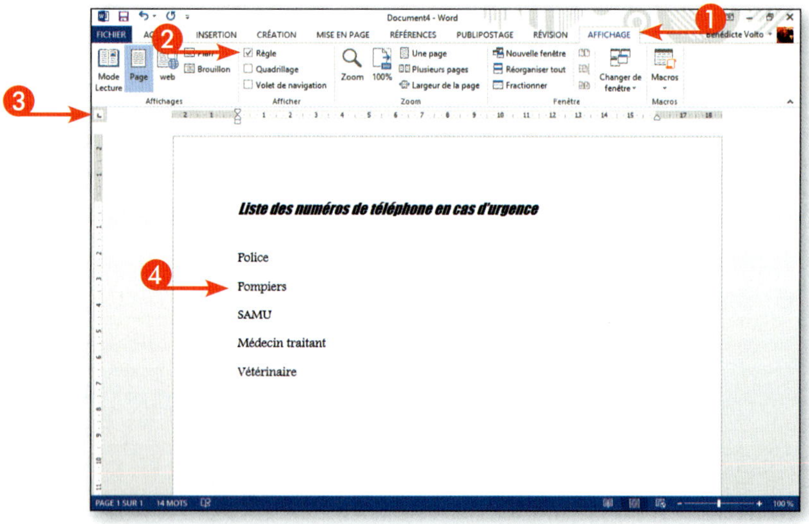

1. Cliquez l'onglet **Affichage**.
2. Cochez l'option **Règle**.
3. Cliquez l'indicateur de tabulation pour faire défiler les différents types de taquets de tabulation.

⌊ définit une tabulation gauche (le texte démarre à droite de la tabulation).

⊥ définit une tabulation centrée (le texte est centré par rapport à la tabulation).

⌋ définit une tabulation droite (le texte se termine à gauche de la tabulation).

⊥. définit une tabulation décimale (pour aligner des nombres par rapport à la virgule décimale).

| définit une tabulation barre (pour insérer une ligne verticale entre les colonnes).

4. Sélectionnez les lignes auxquelles ajouter une tabulation.

Les tabulations par défaut dans Word sont espacées de 1,25 cm. Vous définissez des tabulations dans la règle ou dans la boîte de dialogue Tabulations. Vous pouvez changer la manière dont le texte s'aligne par rapport au taquet de tabulation et définir un écart précis entre les taquets.

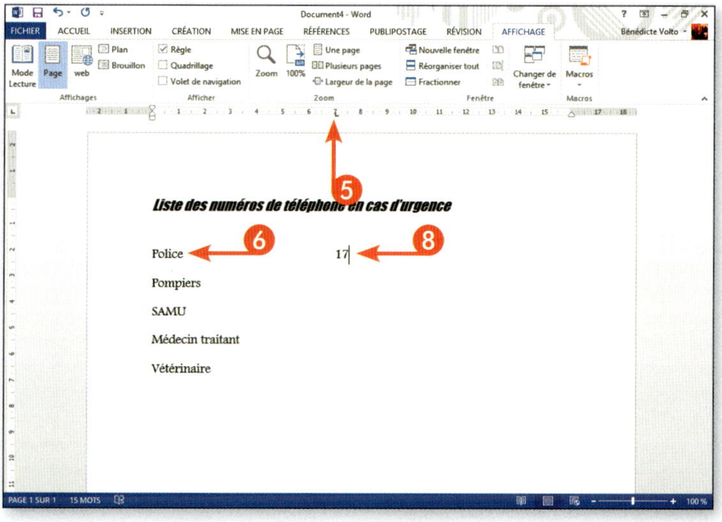

5 Cliquez dans la règle à l'endroit où vous voulez placer un taquet de tabulation.

Word ajoute une tabulation à chaque emplacement cliqué, sur chaque ligne sélectionnée.

6 Positionnez le point d'insertion derrière la portion de texte après laquelle vous voulez insérer une tabulation.

7 Appuyez sur la touche Tab.

8 Tapez le texte à aligner dans la colonne suivante.

DÉFINISSEZ DES TABULATIONS

Pour supprimer des taquets de tabulation que vous avez définis, faites-les glisser hors de la règle avec la souris.

DÉFINISSEZ DES TABULATIONS PRÉCISES

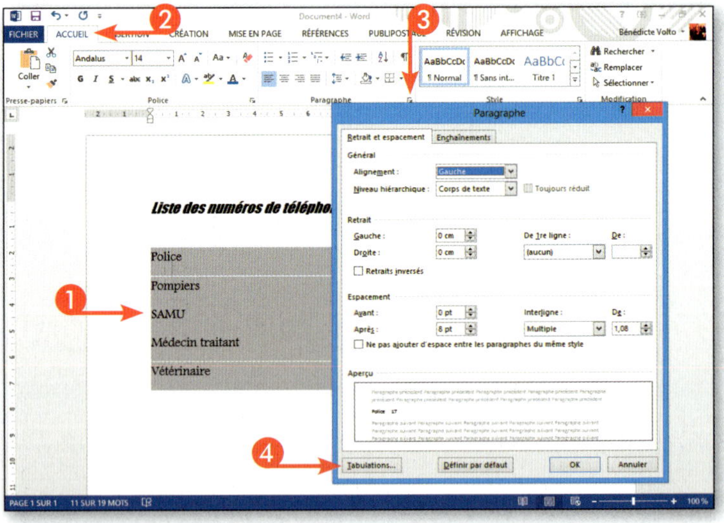

❶ Sélectionnez les lignes auxquelles ajouter une tabulation.

❷ Cliquez l'onglet **Accueil**.

❸ Cliquez la petite flèche dans l'angle du groupe Paragraphe.

La boîte de dialogue Paragraphe apparaît.

❹ Cliquez **Tabulations** dans l'onglet Retrait et espacement.

Pour supprimer un taquet dans la boîte de dialogue Tabulations, sélectionnez-le dans la liste Position et cliquez le bouton **Effacer**. Pour éliminer tous vos taquets, cliquez **Effacer tout**.

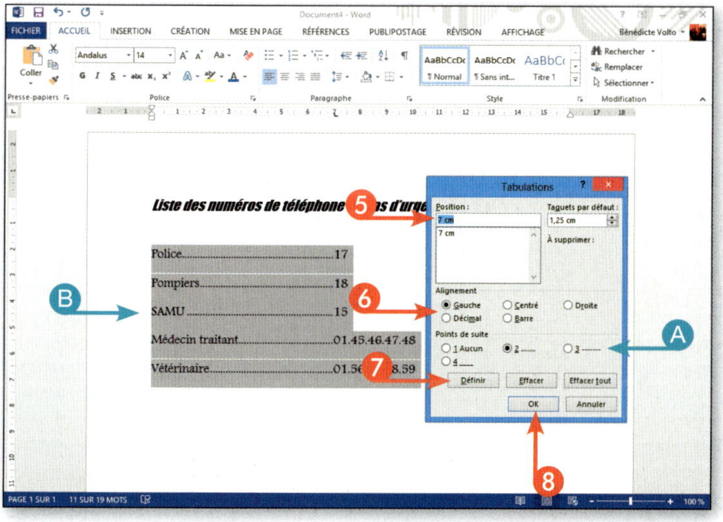

La boîte de dialogue Tabulations apparaît.

5 Cliquez dans le champ Position et tapez une valeur en centimètres par rapport à la marge gauche.

6 Cliquez pour définir l'option d'alignement.

A Vous pouvez aussi ajouter des points de suite (qui facilitent le suivi d'une colonne à l'autre).

7 Cliquez **Définir**.

8 Cliquez **OK**.

B Word ferme la boîte de dialogue et vous pouvez utiliser votre nouveau taquet de tabulation.

RÉGLEZ LES MARGES

Il est possible de régler les marges des pages des documents. Les nouveaux documents ont une marge par défaut de 2,5 cm sur les quatre bords. Vous pouvez réduire les marges pour faire tenir plus de texte dans la page ou les augmenter pour obtenir des pages moins denses.

DÉFINISSEZ LES MARGES DANS L'ONGLET MISE EN PAGE

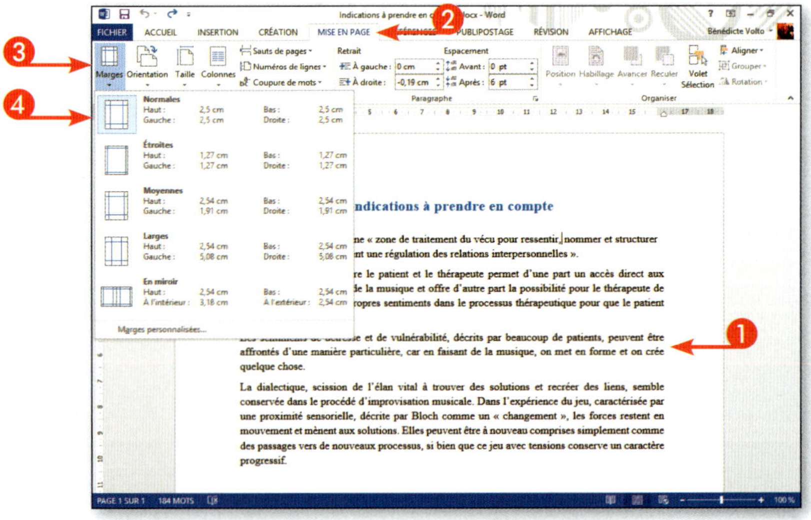

1 Positionnez votre point d'insertion dans le document.

2 Cliquez l'onglet **Mise en page**.

3 Cliquez le bouton **Marges**.

4 Cliquez une option de marges prédéfinies.

Vous appliquez vos modifications au document ouvert ou les définissez comme paramètre par défaut pour tous les futurs documents.

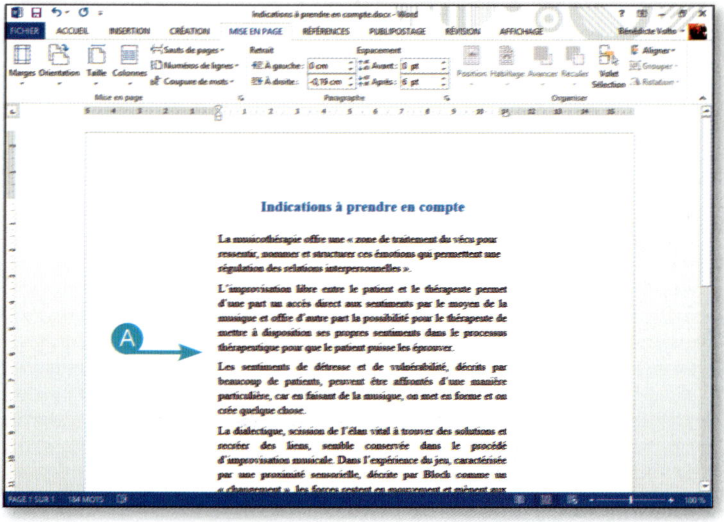

A Word modifie les marges du document.

RÉGLEZ LES MARGES

Pour changer la valeur des marges par défaut des futurs documents, apportez les modifications nécessaires dans l'onglet Marges de la boîte de dialogue Mise en page et cliquez Définir par défaut avant de cliquer OK.

DÉFINISSEZ DES MARGES PERSONNALISÉES

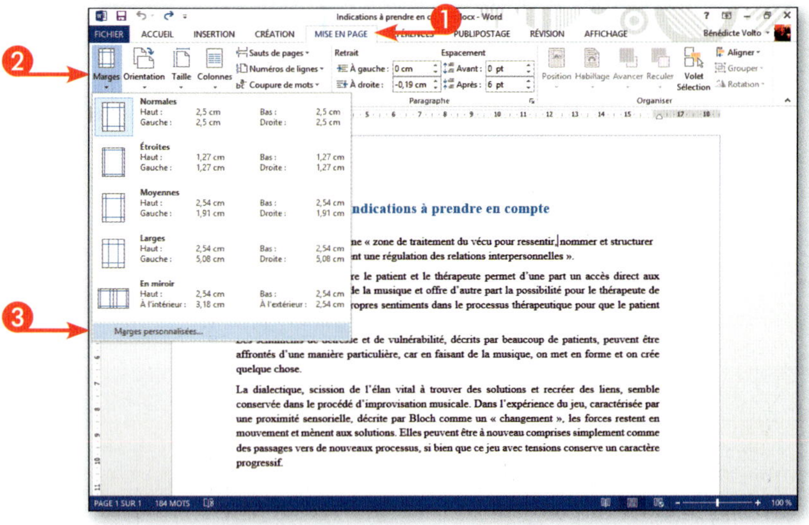

1 Cliquez l'onglet **Mise en page**.

2 Cliquez le bouton **Marges**.

3 Cliquez **Marges personnalisées**.

Il se peut que votre imprimante n'applique pas les marges que vous avez définies. Les imprimantes ont généralement besoin d'une marge minimale autour de la page, où rien ne peut être imprimé. Il s'agit le plus souvent d'une marge d'environ 6 mm. La marge minimale dépend du modèle d'imprimante. Consultez la documentation du fabricant pour vérifier ce détail.

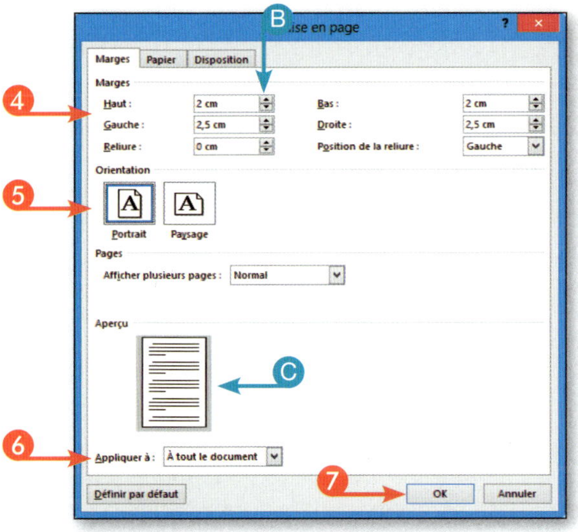

La boîte de dialogue Mise en page s'ouvre sur l'onglet Marges.

4 Tapez des valeurs dans les champs **Haut**, **Bas**, **Gauche** et **Droite**.

B Vous pouvez aussi cliquer ⁝ pour modifier une valeur de marge.

5 Choisissez l'orientation des pages.

C Vérifiez l'effet des marges dans l'aperçu.

6 Cliquez le menu **Appliquer à** et choisissez si les marges s'appliquent au document entier ou seulement à partir de cette page.

7 Cliquez **OK**.

Word modifie aussitôt les marges du document.

CRÉEZ DES LISTES

Vous pouvez définir des listes à puces ou numérotées pour présenter certains éléments de façon claire dans vos documents. Dans une liste à puces, un petit élément graphique se place devant chacun des éléments de la liste ; dans une liste numérotée, chaque ligne commence par un numéro ordonné.

CRÉEZ UNE LISTE EN SAISISSANT LE TEXTE

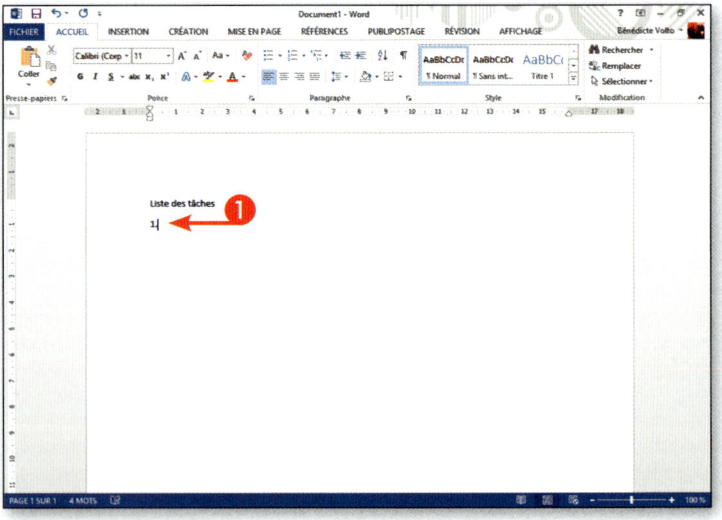

❶ Tapez **1.** pour créer une liste numérotée ou * pour une liste à puces.

❷ Appuyez sur Espace ou Tab.

Créez votre liste à mesure que vous tapez le texte ou une fois la saisie terminée.

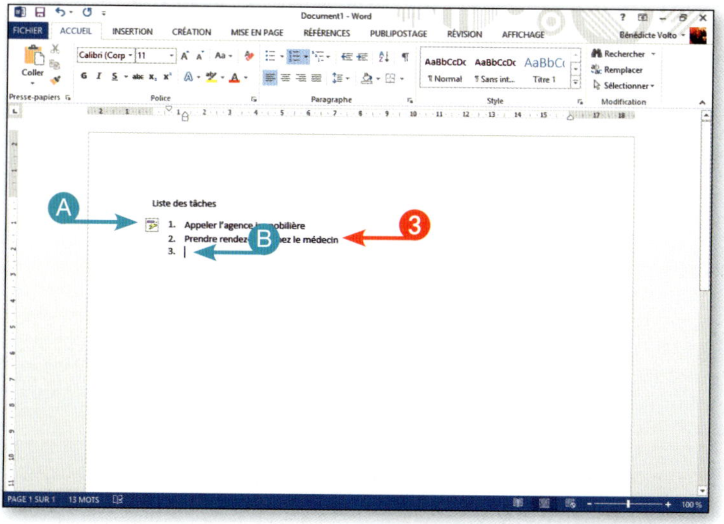

A L'entrée se transforme automatiquement en élément de liste. Le bouton Options de correction automatique ( ) vous permet d'annuler ou d'arrêter la création automatique de la liste numérotée.

3 Tapez l'élément de liste.

4 Appuyez sur **Entrée** pour passer à l'élément suivant.

B Word ajoute une ligne précédée d'une puce ou du numéro suivant.

5 Répétez les étapes **3** et **4** pour ajouter des éléments à la liste.

Pour terminer la liste, appuyez deux fois sur **Entrée**.

CRÉEZ DES LISTES

Pour créer une liste à puces ou numérotée avec des retraits, cliquez le bouton Liste à plusieurs niveaux (), puis choisissez une mise en forme et tapez le texte de votre liste. Appuyez sur Entrée pour passer à l'élément suivant sans changer de niveau et sur Tab pour placer un nouvel élément en retrait. Appuyez sur Maj+Tab pour supprimer le retrait.

CRÉEZ UNE LISTE À PARTIR D'UN TEXTE EXISTANT

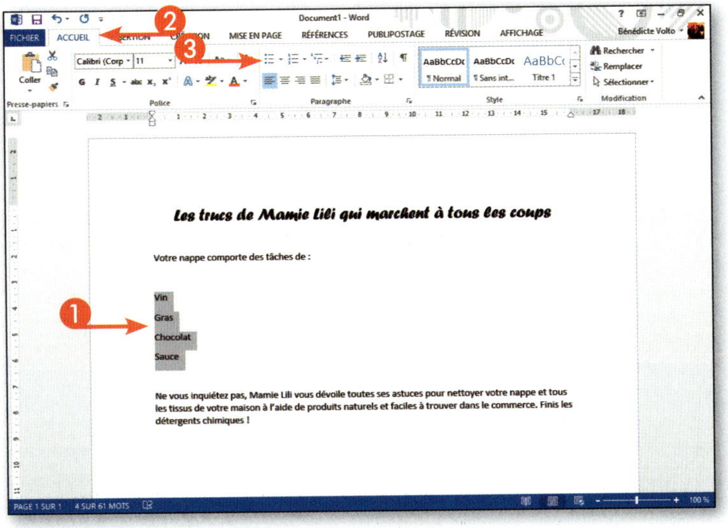

❶ Sélectionnez le texte à présenter sous la forme d'une liste.

❷ Cliquez l'onglet **Accueil** dans le Ruban.

❸ Cliquez le bouton **Numérotation** () ou **Puces** ()..

Cet exemple présente une liste à puces.

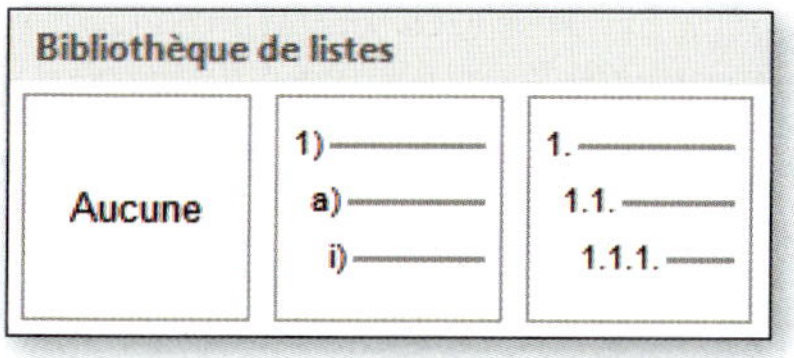

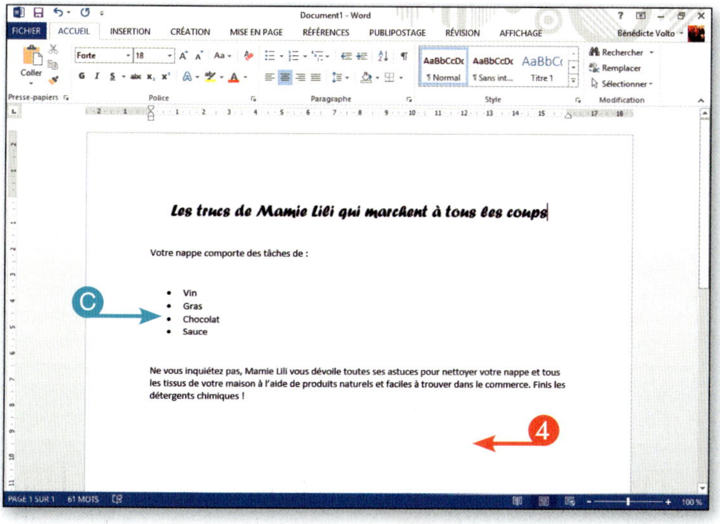

Ⓒ Word forme une liste à partir du texte sélectionné.

④ Cliquez hors de la sélection pour continuer à travailler.

VILLE DU MANS MEDIATHEQUE LOUIS ARAGON

REPRODUISEZ UNE MISE EN FORME

Si vous avez appliqué plusieurs attributs de mise en forme à un paragraphe pour obtenir une présentation particulière, vous pouvez facilement recopier tous ces attributs ailleurs dans le document sans avoir à les redéfinir un à un.

REPRODUISEZ UNE MISE EN FORME

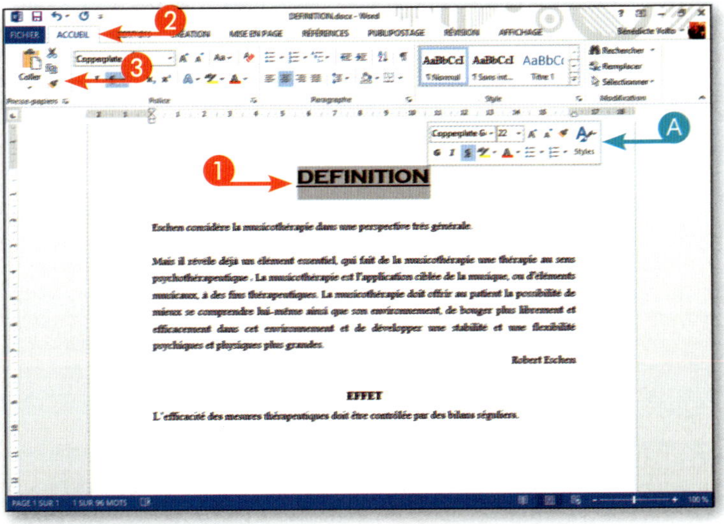

❶ Sélectionnez le texte qui possède la mise en forme que vous voulez copier.

Ⓐ Si vous faites glisser le pointeur pour sélectionner, la mini barre d'outils apparaît.

❷ Pour utiliser le Ruban, cliquez l'onglet **Accueil**.

❸ Cliquez le bouton **Reproduire la mise en forme** ( ).

Vous disposez pour cela de l'outil Reproduire la mise en forme.

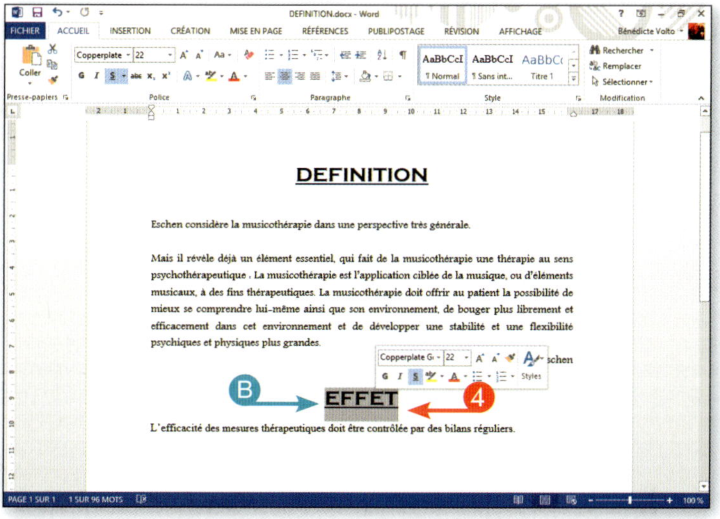

Le pointeur de la souris devient 🖌I.

4 Cliquez et faites glisser le pointeur sur le texte auquel vous voulez appliquer la même mise en forme.

B Word copie la mise en forme sur la portion désignée.

Pour copier la même mise en forme en plusieurs endroits, double-cliquez le bouton **Reproduire la mise en forme** (🖌).

Ensuite, vous appuierez sur Echap pour désactiver la fonction de copie de mise en forme.

SUPPRIMEZ UNE MISE EN FORME

Si vous estimez avoir surchargé votre texte d'attributs de mise en forme ou si vous voulez recommencer, appliquez l'outil Effacer la mise en forme de l'onglet Accueil pour éliminer les attributs de mise en forme.

SUPPRIMEZ UNE MISE EN FORME

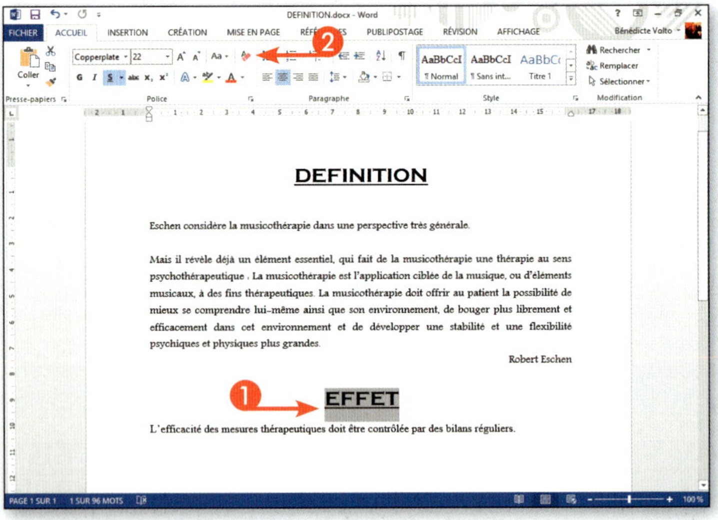

❶ Sélectionnez le texte qui possède la mise en forme que vous voulez effacer.

Note. *Si vous ne sélectionnez pas de texte, Word supprime la mise en forme de la totalité du document.*

❷ Cliquez le bouton **Effacer la mise en forme** ( ).

Word restaure alors les attributs de mise en forme par défaut.

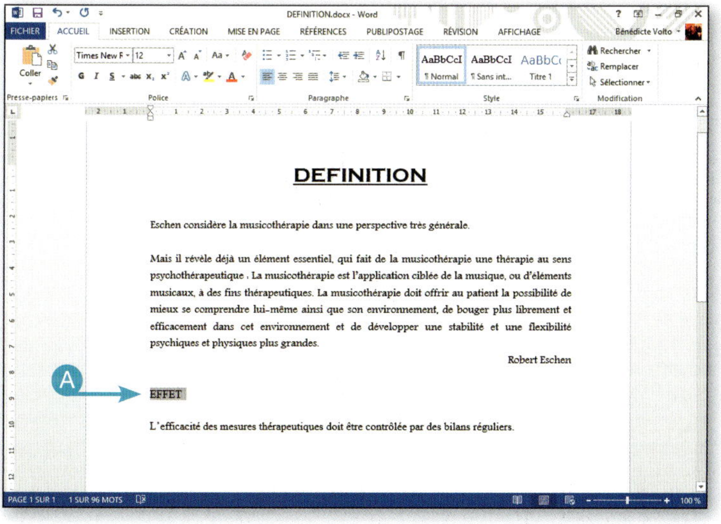

Ⓐ Word efface aussitôt la mise en forme appliquée au texte et restaure les paramètres par défaut.

METTEZ EN FORME À L'AIDE DE STYLES

Il se peut que votre entreprise impose une présentation particulière pour les titres dans les rapports ou bulletins que vous rédigez. Au lieu de toujours définir les mêmes attributs de mise en forme, vous pouvez créer un style qui regroupe tous ces attributs et vous contenter d'appliquer le style. Un *style* est un ensemble de caractéristiques de mise en forme, comme la police, la taille, la couleur, l'alignement, l'espacement, *etc*.

DÉFINISSEZ UN STYLE RAPIDE

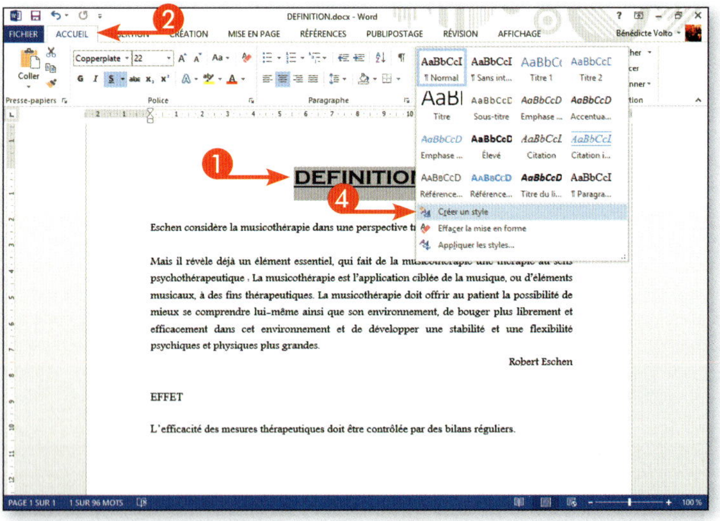

1 Appliquez une mise en forme particulière, puis sélectionnez le texte qui possède cette mise en forme.

2 Cliquez l'onglet **Accueil** dans le Ruban.

3 Cliquez le bouton **Autres** (▾) dans le groupe Style.

4 Cliquez **Créer un style**.

En plus des styles que vous aurez créés, vous pouvez appliquer les styles prédéfinis de Word.

La boîte de dialogue Créer un style à partir de la mise en forme apparaît.

5 Attribuez un nom au style.

6 Cliquez **OK**.

Word ajoute le style à la liste de styles d'accès rapide.

Il est facile de supprimer un style devenu inutile. Affichez en entier la galerie de styles dans l'onglet Accueil, cliquez du bouton droit le style inutile et cliquez Supprimer de la galerie de styles rapides.

APPLIQUEZ UN STYLE RAPIDE

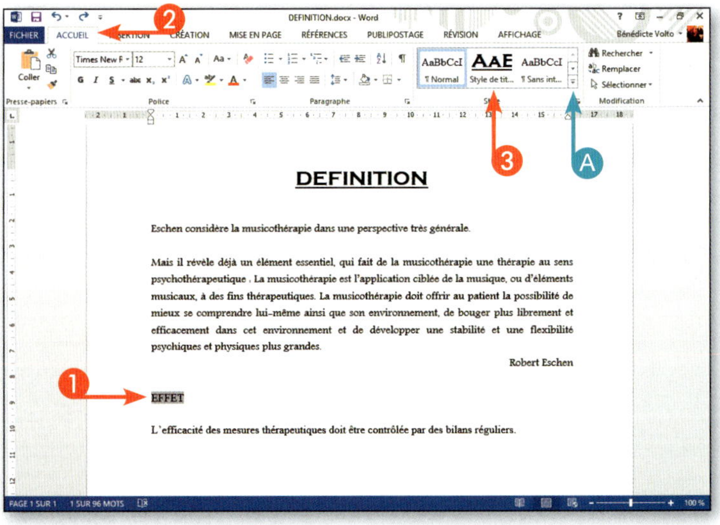

1 Sélectionnez le texte à mettre en forme.

2 Cliquez l'onglet **Accueil** dans le Ruban.

3 Cliquez un style dans la galerie de styles.

A Si nécessaire, cliquez le bouton **Autres** (▾) pour voir la liste complète de styles rapides disponibles.

Pour modifier un style, sélectionnez une portion de texte contenant le style, cliquez le bouton Modifier les styles, pointez une catégorie d'attributs (Couleurs, Polices, *etc.*) et cliquez un nouvel attribut de mise en forme.

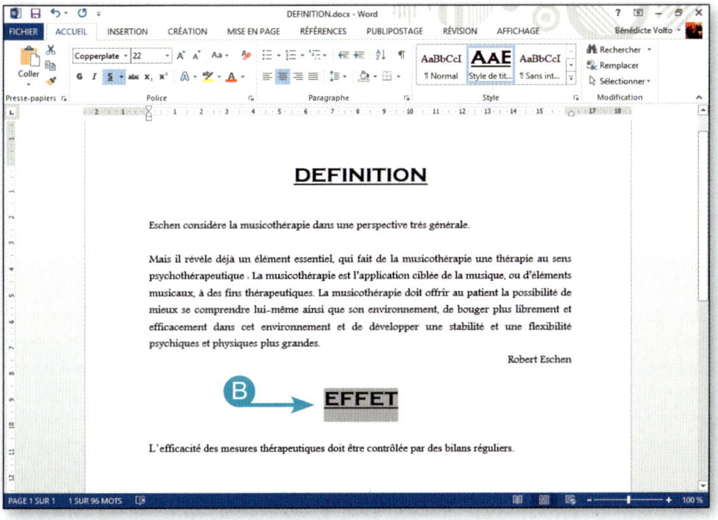

B Word applique la mise en forme du style.

APPLIQUEZ UN THÈME

Un *thème* est une combinaison prédéfinie de couleurs et de polices, qui donne au document un fini professionnel. Du fait que les thèmes sont communs aux programmes Office, vous pouvez appliquer le même thème à vos documents Word et aux feuilles de calcul que vous créez dans Excel ou aux diapos composées dans PowerPoint.

APPLIQUEZ UN THÈME PRÉDÉFINI

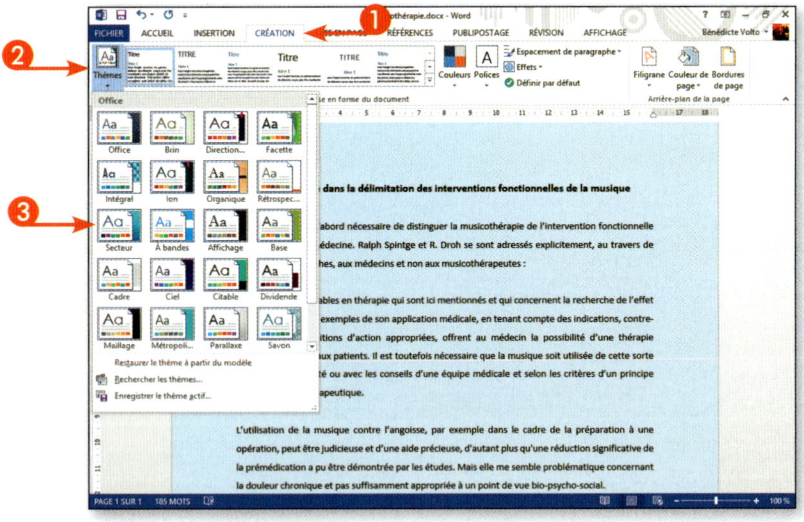

1 Cliquez l'onglet **Création** dans le Ruban.

2 Cliquez le bouton **Thèmes**.

Note. *Pointez chaque thème pour en voir un aperçu sur votre document.*

3 Cliquez un thème.

L'effet se remarque davantage si vous avez attribué des styles comme des titres au document. Les effets des thèmes sont même encore plus prononcés si la page possède un arrière-plan.

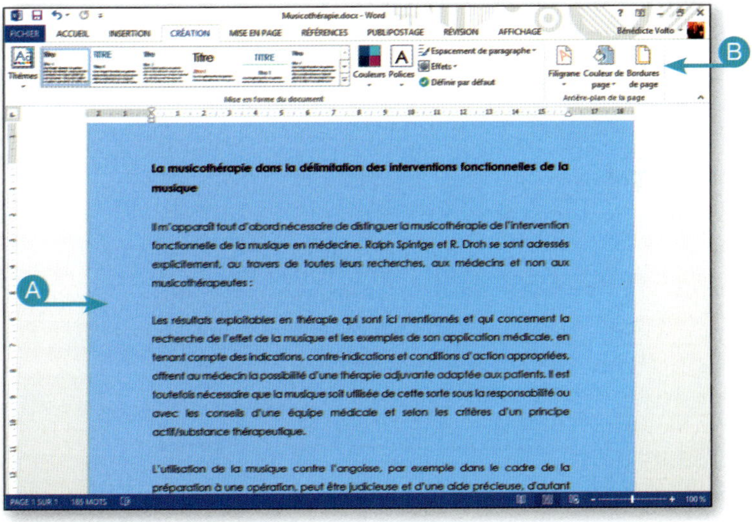

A Word applique aussitôt le thème au contenu du document.

B Ces outils servent également à modifier les attributs de mise en forme du thème : couleurs, polices, espacement entre les paragraphes et effets.

APPLIQUEZ UN THÈME

Après l'application d'un thème, les changements ne sont pas évidents dans le document. Pour voir l'effet du thème, appliquez des styles de titres et une couleur de fond. Pour ajouter une couleur de fond, cliquez l'onglet Création dans le Ruban et cliquez le bouton Couleur de page dans le groupe Arrière-plan de la page. Cliquez une couleur dans la palette, et Word l'applique à toutes les pages du document.

CRÉEZ UN THÈME PERSONNALISÉ

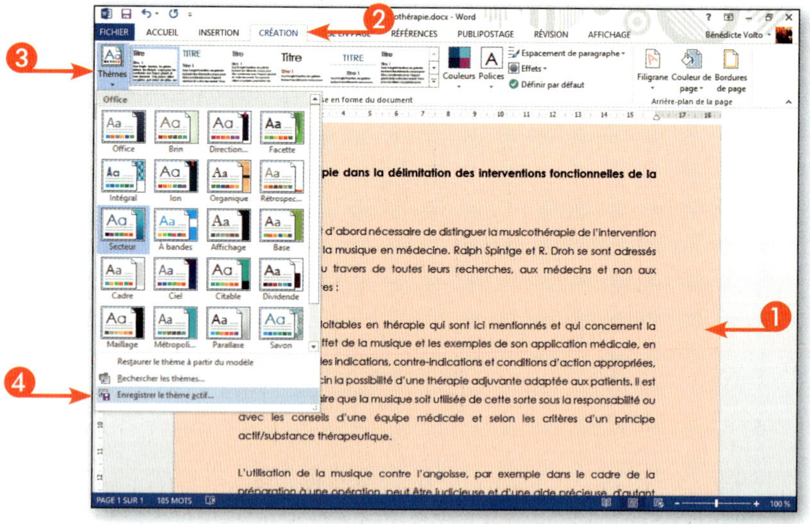

1 Appliquez un thème prédéfini et modifiez ses attributs de mise en forme pour le transformer selon vos besoins.

2 Cliquez l'onglet **Création** dans le Ruban.

3 Cliquez le bouton **Thèmes**.

4 Cliquez **Enregistrer le thème actif**.

Pour appliquer un style de titre, reportez-vous au chapitre 5.

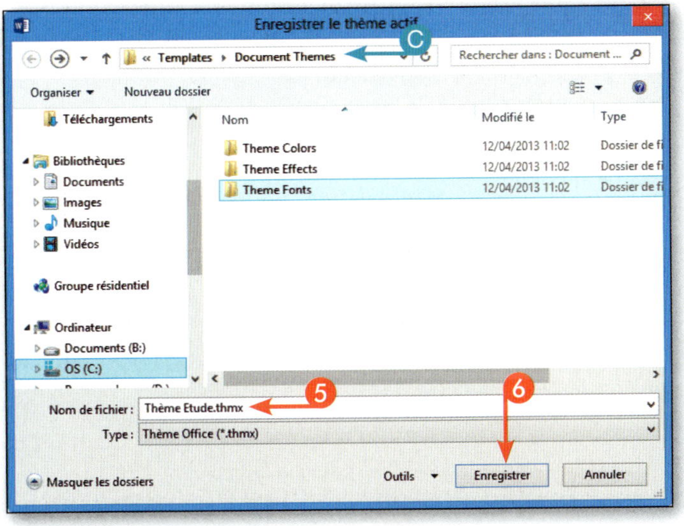

La boîte de dialogue Enregistrer le thème actif apparaît.

5 Attribuez un nom à votre thème.

C Par défaut, Word enregistre le thème dans le dossier Document Themes afin qu'il soit accessible dans la galerie de thèmes.

6 Cliquez **Enregistrer**.

Word enregistre le thème et l'ajoute à la liste de thèmes disponibles.

AJOUTEZ DES BORDURES

Vous pouvez ajouter des bordures dans vos documents pour mettre un passage en relief ou pour orner les pages. Il est possible d'encadrer un seul mot ou paragraphe ou de placer une bordure autour de toutes les pages.

ENCADREZ UN PARAGRAPHE

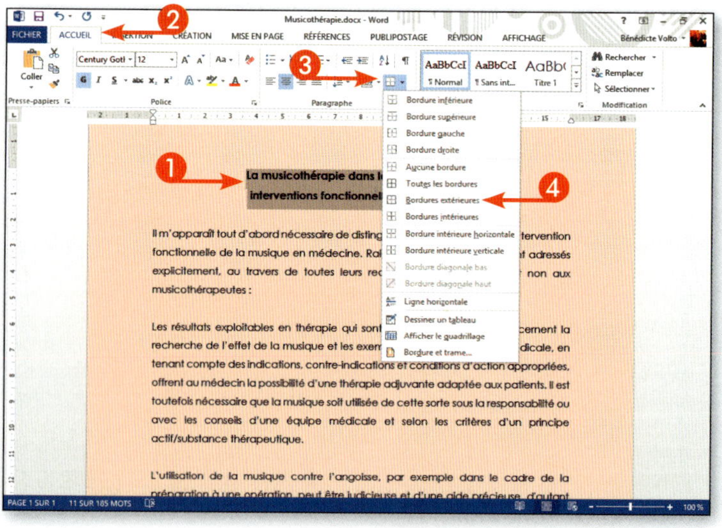

❶ Sélectionnez le texte à encadrer.

❷ Cliquez l'onglet **Accueil** dans le Ruban.

❸ Cliquez le bouton **Bordures** (▾).

❹ Cliquez une bordure.

N'abusez pas des bordures qui risquent d'alourdir la présentation et de nuire à la lisibilité des documents.

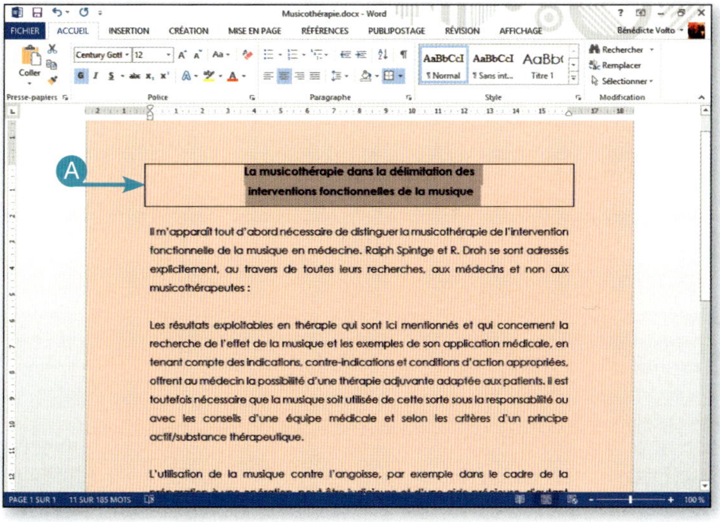

Ⓐ Word applique la bordure au texte.

AJOUTEZ DES BORDURES

Au lieu d'encadrer le texte, vous pourriez le mettre dans un pavé de couleur. Il suffit de sélectionner le texte et de choisir une couleur dans la palette de l'outil Trame de fond (-).

AJOUTEZ UNE BORDURE DE PAGE

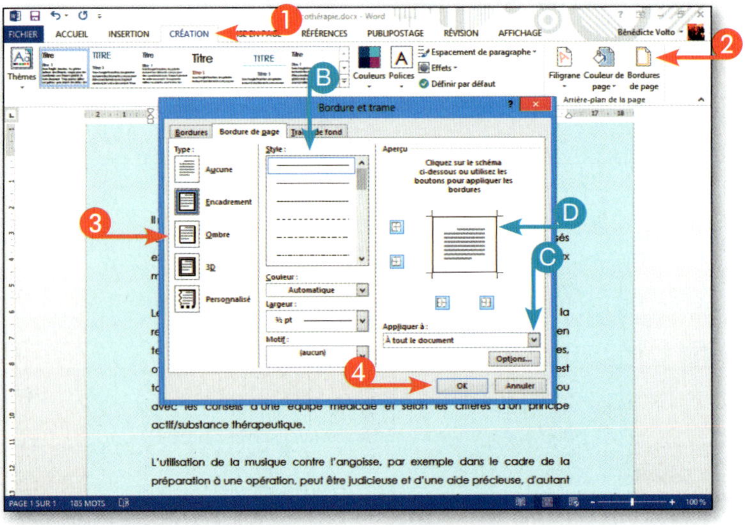

1 Cliquez l'onglet **Création** dans le Ruban.

2 Cliquez le bouton **Bordures de page**.

La boîte de dialogue Bordure et trame s'ouvre sur l'onglet Bordure de page.

3 Cliquez le type de bordure à ajouter.

B Choisissez ici le style, la couleur et l'épaisseur de la bordure.

C Cliquez la flèche du menu **Attribuer à** et choisissez à quelle partie du document attribuer la bordure.

D L'effet de la bordure est visible dans l'aperçu.

4 Cliquez **OK**.

Pour personnaliser une bordure, sélectionnez le texte à encadrer et ouvrez la boîte de dialogue Bordure et trame. Dans l'onglet Bordures, cliquez **Personnalisé**, choisissez les paramètres de la première bordure, puis cliquez dans l'aperçu à droite pour la positionner. Répétez ces instructions pour les autres côtés du cadre, puis cliquez **OK**.

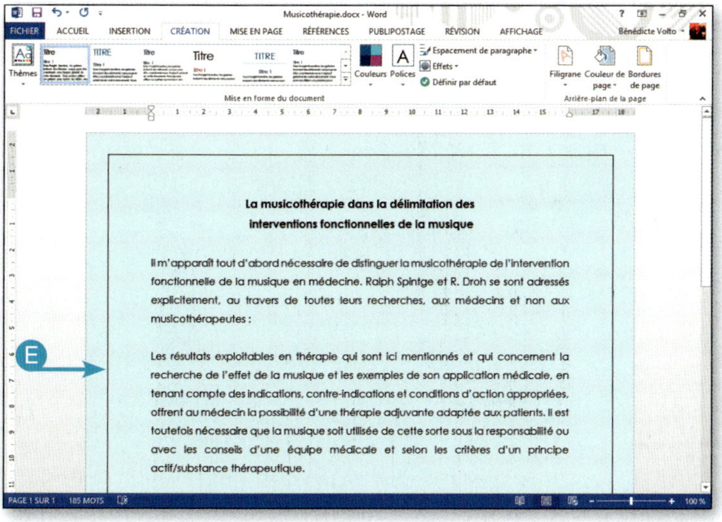

E La bordure apparaît autour de la page.

DISPOSEZ LE TEXTE EN COLONNES

Dans vos documents Word, vous pouvez disposer le texte en colonnes comme dans les pages d'un journal ou d'un magazine. Quand vous définissez cette présentation, le texte se répartit automatiquement d'une colonne à l'autre.

DISPOSEZ LE TEXTE EN COLONNES

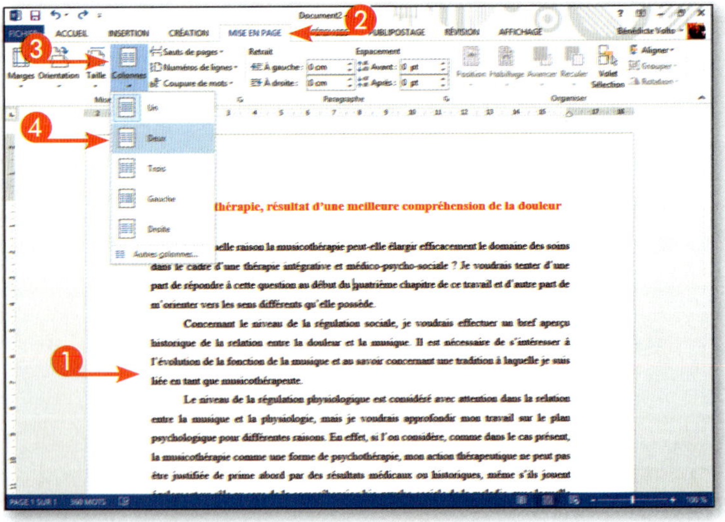

❶ Sélectionnez le texte à mettre en colonnes.

Note. *Pour disposer tout le texte du document dans des colonnes, il est inutile de le sélectionner.*

❷ Cliquez l'onglet **Mise en page** dans le Ruban.

❸ Cliquez le bouton **Colonnes**.

❹ Cliquez le nombre de colonnes à obtenir.

Utilisez les colonnes prédéfinies pour créer deux ou trois colonnes ou personnalisez vos colonnes, en choisissant leur nombre, en définissant vous-même leur largeur, en insérant une ligne entre les colonnes, *etc.*

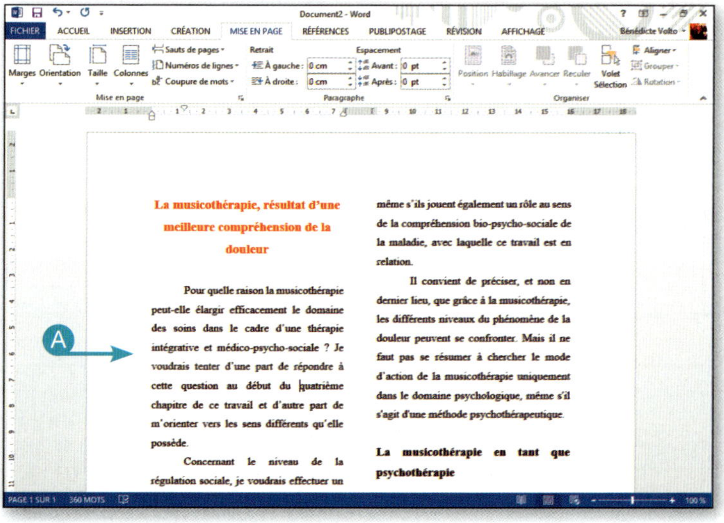

A Word répartit le texte sélectionné, ou la totalité du document si vous avez passé l'étape **1**, dans le nombre de colonnes choisi.

DISPOSEZ LE TEXTE EN COLONNES

Pour forcer le texte à commencer dans la colonne suivante, insérez un saut de colonne en appuyant sur Ctrl+Maj+Entrée. Pour supprimer un saut de colonne, il suffit de le sélectionner et d'appuyer sur Suppr.

DÉFINISSEZ DES COLONNES PERSONNALISÉES

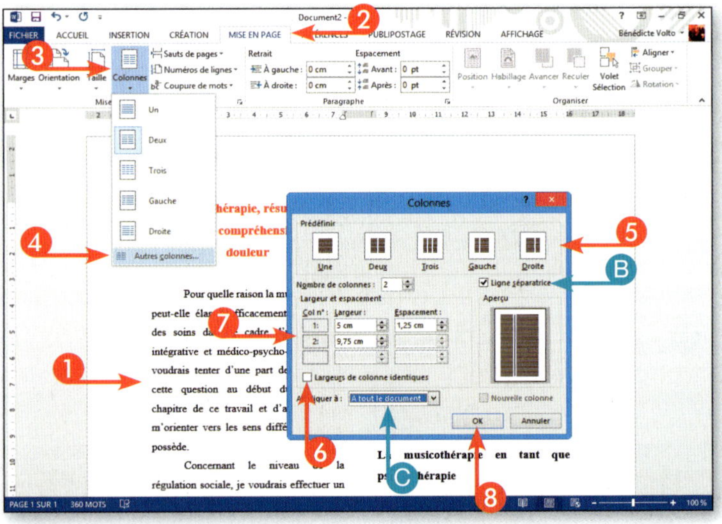

1 Sélectionnez le texte à mettre en colonnes.

Note. *Pour disposer tout le texte du document dans des colonnes, il est inutile de le sélectionner.*

2 Cliquez l'onglet **Mise en page** dans le Ruban.

3 Cliquez le bouton **Colonnes**.

4 Cliquez **Autres colonnes**.

La boîte de dialogue Colonnes apparaît.

5 Choisissez une disposition de colonnes dans la zone Prédéfinir.

B Cochez la case **Ligne séparatrice** pour ajouter une ligne verticale entre les colonnes.

6 Supprimez la coche de la case **Largeurs de colonne identiques** pour définir vous-même la largeur de chaque colonne.

7 Définissez la largeur et l'espacement de chaque colonne.

C Choisissez ici si les colonnes s'appliquent à la portion sélectionnée ou à tout le document.

8 Cliquez **OK**.

Pour retrouver la disposition habituelle sans colonne, cliquez le bouton **Colonnes** dans l'onglet Mise en page et sélectionnez l'option **Un**.

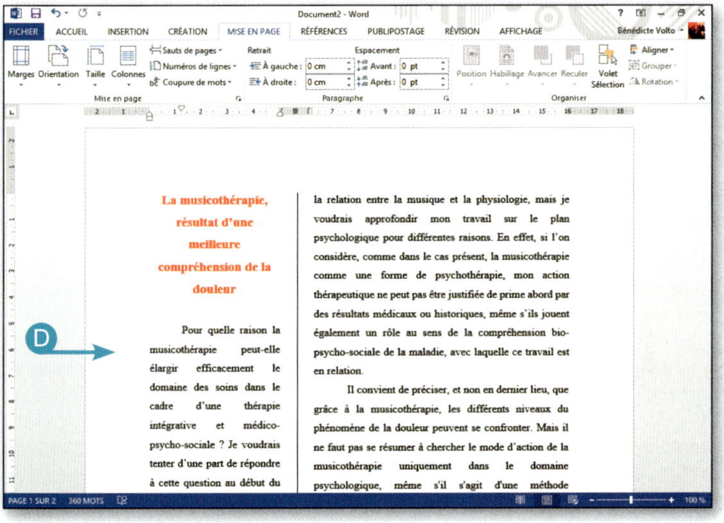

D Word applique la disposition de colonnes que vous venez de définir.

CRÉEZ UN TABLEAU

Les tableaux servent à présenter les données de façon nette et ordonnée. Vous pourriez ainsi insérer un tableau pour présenter une liste d'éléments (horaires, tarifs, résultats scolaires, *etc.*). Les tableaux se composent de colonnes et de lignes dont l'intersection forme des *cellules*. Les cellules peuvent contenir toutes sortes de données : texte, image ou autre.

INSÉREZ UN TABLEAU

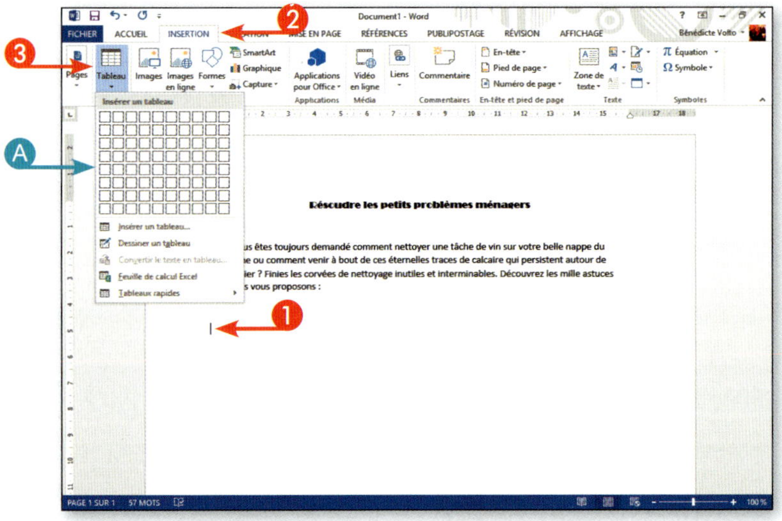

1 Cliquez dans le document à l'emplacement où va apparaître le tableau.

2 Cliquez l'onglet **Insertion** dans le Ruban.

3 Cliquez le bouton **Tableau**.

A Word affiche une grille de tableau.

Lorsque vous tapez dans une cellule, le texte passe automatiquement à la ligne. Appuyez sur Tab pour passer à la cellule suivante. Sélectionnez des cellules, lignes et colonnes pour les modifier et les mettre en forme.

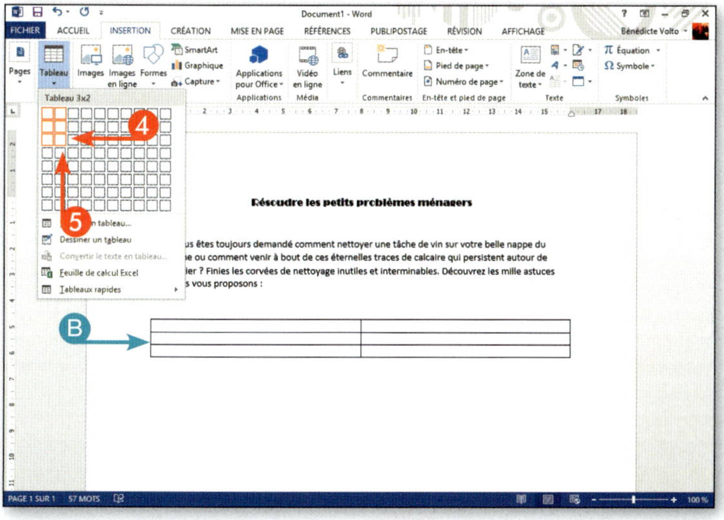

4 Faites glisser le pointeur en diagonale pour sélectionner le nombre de colonnes et de lignes du tableau.

B Word affiche un aperçu du futur tableau pendant que vous faites glisser le pointeur.

5 Cliquez le carré correspondant à la cellule en bas à droite de votre tableau.

Pour ajouter des lignes au bas du tableau, cliquez dans la dernière cellule et appuyez sur Tab. Pour ajouter une ligne à un autre endroit, utilisez les boutons du groupe Lignes et colonnes de l'onglet Disposition.

INSÉREZ UN TABLEAU (SUITE)

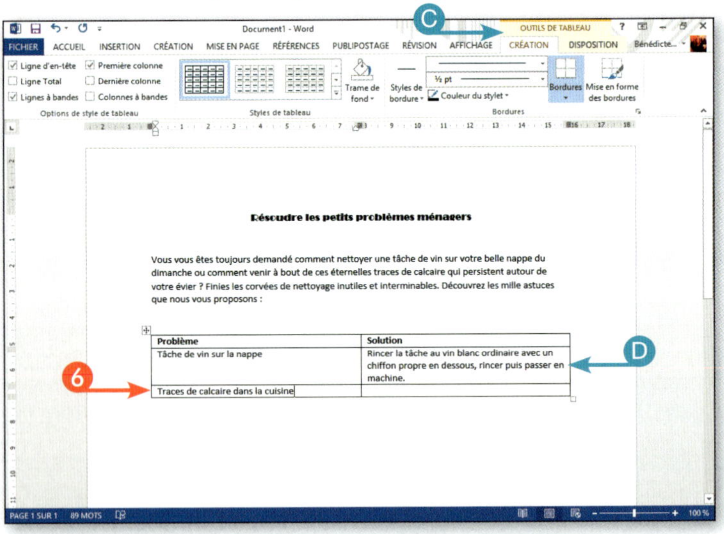

Le tableau apparaît dans le document.

C Les Outils de tableau apparaissent dans le Ruban.

6 Cliquez dans une cellule et tapez le texte.

D Si nécessaire, Word agrandit la ligne pour y faire entrer le texte.

Appuyez sur Tab pour passer à la cellule suivante.

Pour créer manuellement un tableau, cliquez le bouton **Tableau** dans l'onglet Insertion, puis **Dessiner un tableau**. Faites glisser l'outil en diagonale dans la page pour tracer les contours du tableau, puis tracez les bordures internes du tableau.

SUPPRIMEZ UN TABLEAU

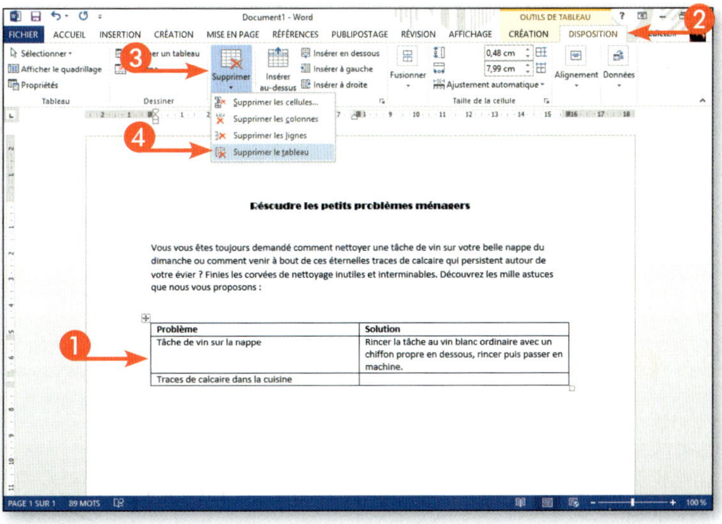

1 Cliquez dans le tableau à supprimer.

2 Cliquez l'onglet **Disposition**.

3 Cliquez **Supprimer**.

4 Cliquez **Supprimer le tableau**.

Word supprime le tableau et son contenu.

AJOUTEZ UN EN-TÊTE ET UN PIED DE PAGE

Pour faire apparaître en haut ou en bas de toutes les pages du document une mention qui indique le titre du document, le nom de l'auteur, la date ou le numéro de page, vous utiliserez un en-tête ou un pied de page. Le texte de l'en-tête est reporté en haut de toutes les pages, dans la marge supérieure, et celui du pied de page apparaît au bas des pages.

AJOUTEZ UN EN-TÊTE ET UN PIED DE PAGE

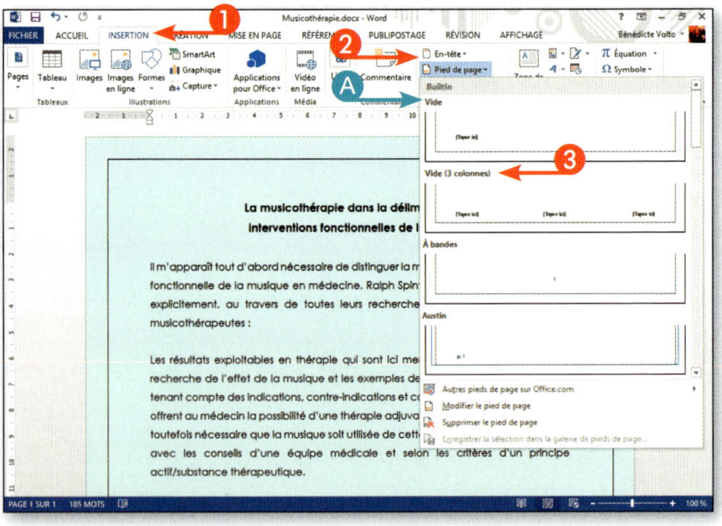

❶ Cliquez l'onglet **Insertion**.

❷ Cliquez le bouton **En-tête** pour ajouter un en-tête ou **Pied de page** pour ajouter un pied de page.

Cet exemple insère un pied de page.

Ⓐ La galerie d'en-têtes ou de pieds de page s'affiche.

❸ Cliquez le type d'en-tête ou de pied de page que vous voulez.

Pour pouvoir voir le texte d'un en-tête ou d'un pied de page, vous devez afficher le document en mode Page, option disponible dans l'onglet Affichage. Double-cliquez ensuite en haut ou en bas de la page pour afficher l'en-tête ou le pied de page.

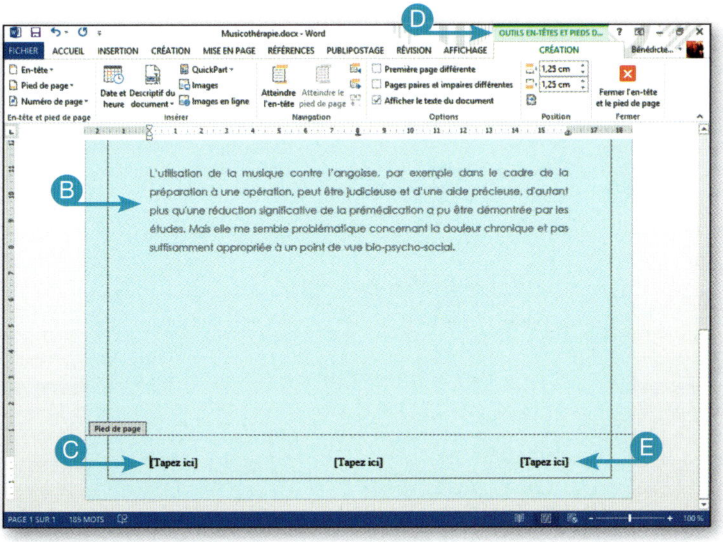

Word ajoute le pied de page et affiche l'onglet Outils En-têtes et pieds de page.

B Le texte du document est grisé.

C Le point d'insertion apparaît dans la zone Pied de page.

D Le Ruban contient l'onglet Outils En-têtes et pieds de page.

E Certains pieds de pages contiennent des zones de saisie.

Pour ne pas afficher le texte d'en-tête ou de pied de page dans la première page du document, dans l'onglet Insertion, cliquez En-tête ou Pied de page, puis Modifier l'en-tête ou Modifier le pied de page. Cochez ensuite l'option Première page différente dans l'onglet Outils En-têtes et pieds de page. Pour afficher un texte d'en-tête ou de pied de page différent dans les pages paires et impaires, cochez l'option Pages paires et impaires différentes.

AJOUTEZ UN EN-TÊTE ET UN PIED DE PAGE (SUITE)

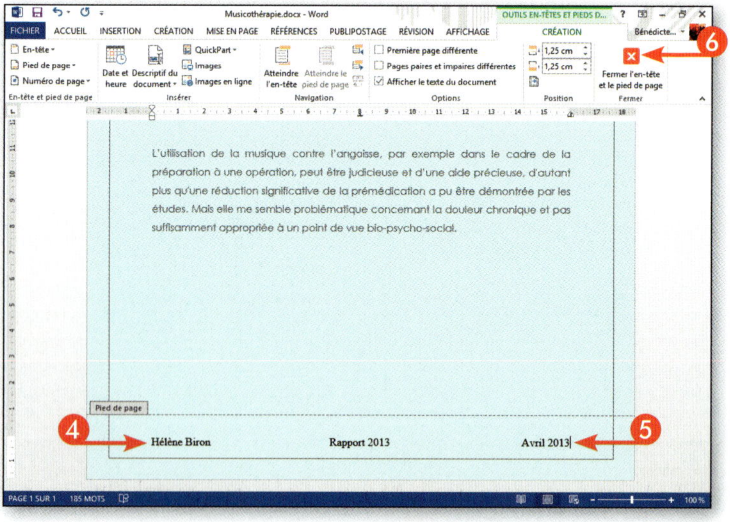

4 Cliquez ou sélectionnez une zone de saisie.

5 Tapez les informations appropriées.

6 Cliquez le bouton **Fermer l'en-tête et le pied de page**.

Pour supprimer un en-tête ou un pied de page, cliquez le bouton **En-tête** ou **Pied de page** dans l'onglet Insertion, puis cliquez **Supprimer l'en-tête** ou **Supprimer le pied de page** au bas du menu.

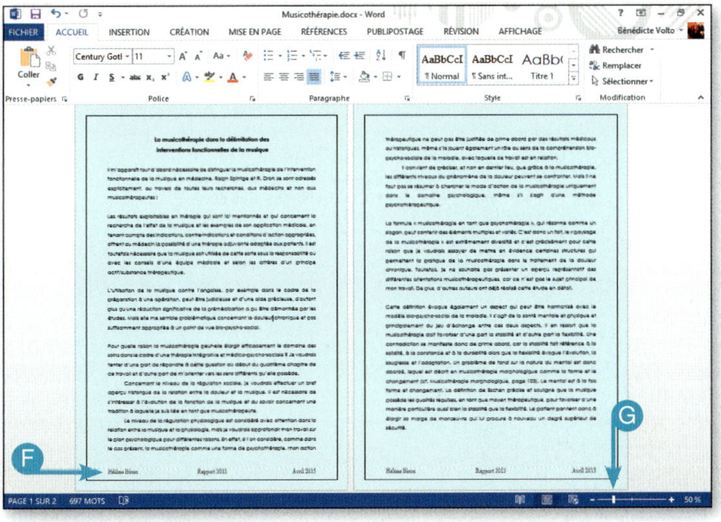

F Word ferme l'onglet Outils En-têtes et pieds de page et affiche l'en-tête ou le pied de page dans la page.

G Utilisez le zoom arrière pour visionner l'en-tête ou le pied de page sur plusieurs pages du document.

Note. *Pour modifier un en-tête ou un pied de page, cliquez l'onglet **Insertion**, le bouton **En-tête** ou **Pied de page**, puis **Modifier l'en-tête** ou **Modifier le pied de page**.*

INSÉREZ DES NOTES DE BAS DE PAGE ET DES NOTES DE FIN

Insérez des notes de bas de page ou des notes de fin dans vos documents pour identifier des sources ou ajouter des références à d'autres contenus. Un petit numéro ou autre caractère apparaît alors en regard du texte associé. La note de bas de page ou de fin apparaît quant à elle au bas de la page ou à la fin du document.

INSÉREZ UNE NOTE DE BAS DE PAGE

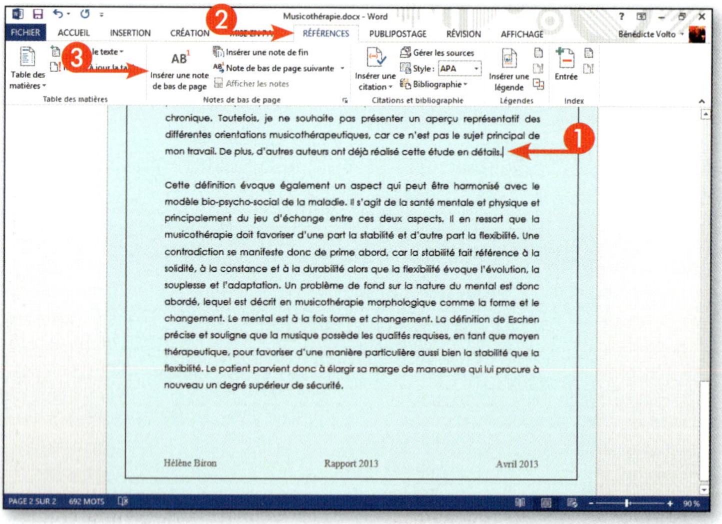

❶ Cliquez pour placer le point d'insertion à l'endroit où vous voulez insérer la note de bas de page.

❷ Cliquez l'onglet **Références**.

❸ Cliquez le bouton **Insérer une note de bas de page**.

Word numérote automatiquement les notes. Si vous ajoutez, supprimez et déplacez du texte, toutes les notes associées sont ajoutées, supprimées, déplacées et renumérotées en conséquence.

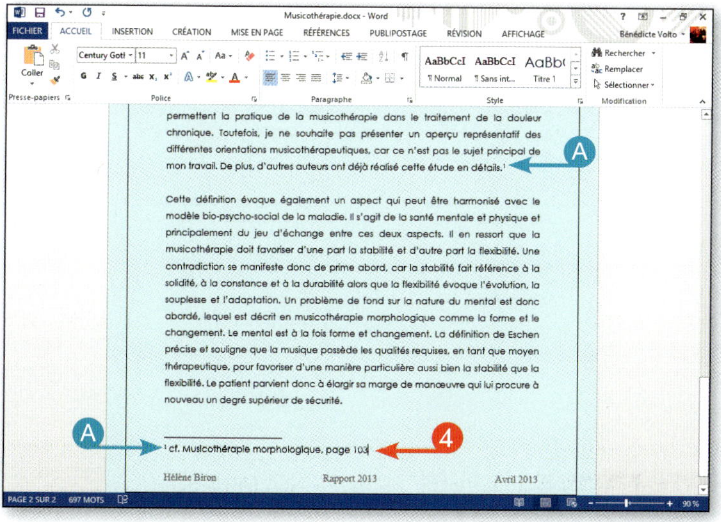

Ⓐ Word insère le numéro de la note dans le texte et au début de la note au bas de la page.

④ Tapez le texte de la note.

Double-cliquez le numéro de la note ou appuyez sur Maj + F5 pour renvoyer le point d'insertion là où est insérée la note.

INSÉREZ DES NOTES DE BAS DE PAGE ET DES NOTES DE FIN

Pour changer le premier numéro des notes de bas de page ou notes de fin, si, par exemple, vous travaillez sur un nouveau chapitre en souhaitant poursuivre la numérotation du chapitre précédent, cliquez l'onglet Références, puis la petite flèche du groupe Notes de bas de page.

INSÉREZ UNE NOTE DE FIN

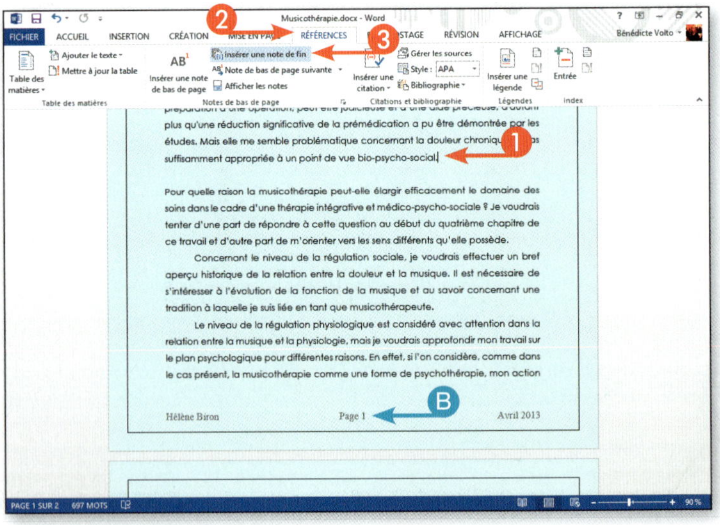

1 Cliquez pour placer le point d'insertion à l'endroit où vous voulez insérer la note de fin.

B Dans cet exemple, le numéro de la note de fin apparaît en page 1.

2 Cliquez l'onglet **Références**.

3 Cliquez le bouton **Insérer une note de fin**.

Dans la boîte de dialogue Note de bas de page et de fin de document, utilisez le bouton ⬍ de la zone **À partir de** pour définir un nombre, puis cliquez **Appliquer**.

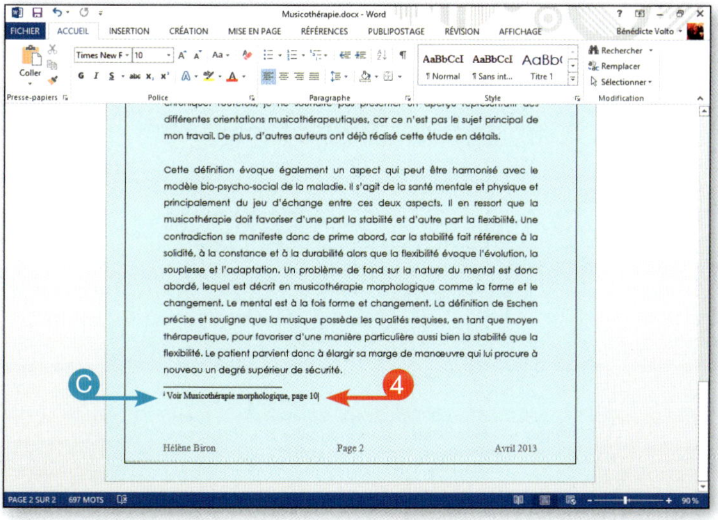

Word insère dans le texte le numéro de la note de fin.

Ⓒ Word ajoute la note de fin à la fin du document et affiche le point d'insertion au début de la note, au bas de la dernière page du document.

④ Tapez le texte de la note de fin.

Double-cliquez le numéro de la note ou appuyez sur Maj + F5 pour renvoyer le point d'insertion là où est insérée la note.

INSÉREZ DES NUMÉROS DE PAGES ET DES SAUTS DE PAGES

Les numéros de pages permettent de mieux s'y retrouver dans un document, notamment après son impression. Ils s'insèrent en haut, en bas, en marge de la page ou à l'endroit où est positionné le point d'insertion.

INSÉREZ DES NUMÉROS DE PAGES

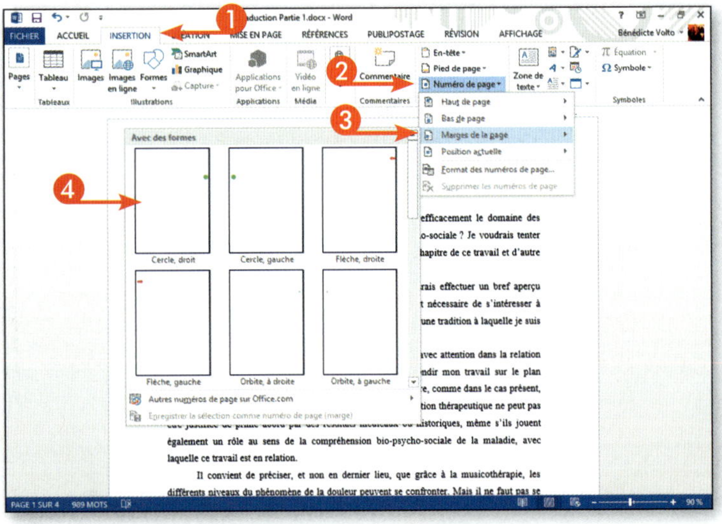

❶ Cliquez l'onglet **Insertion**.

❷ Cliquez le bouton **Numéro de page**.

Les options de disposition des numéros de pages s'affichent.

❸ Cliquez une option de disposition.

Les options d'alignement et de mise en forme des numéros de pages apparaissent.

❹ Choisissez une option.

Les sauts de pages aident à disposer le texte là où vous le souhaitez. Par exemple, un saut de page en fin de chapitre permet de placer le texte du chapitre suivant sur une nouvelle page.

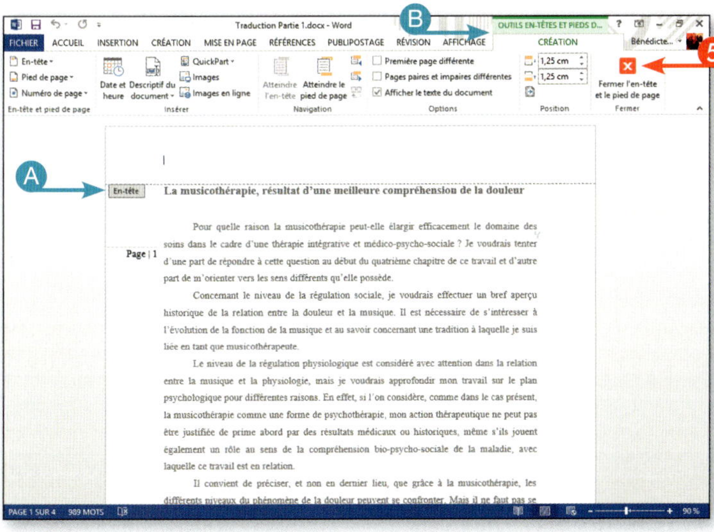

A Word insère le numéro de page dans l'en-tête ou le pied de page.

B Les Outils En-têtes et pieds de page apparaissent dans le Ruban.

5 Cliquez **Fermer l'en-tête et le pied de page** pour revenir au texte du document.

Note. *Reportez-vous à la section « Ajoutez un en-tête et un pied de page » pour en savoir plus à ce sujet.*

INSÉREZ DES NUMÉROS DE PAGES ET DES SAUTS DE PAGES

Pour changer le style du numéro de page, cliquez le bouton Numéro de page de l'onglet Insertion, puis Format des numéros de page. Modifiez alors le style de numérotation à votre guise. Vous pouvez même inclure le numéro de chapitre aux numéros des pages.

INSÉREZ UN SAUT DE PAGE

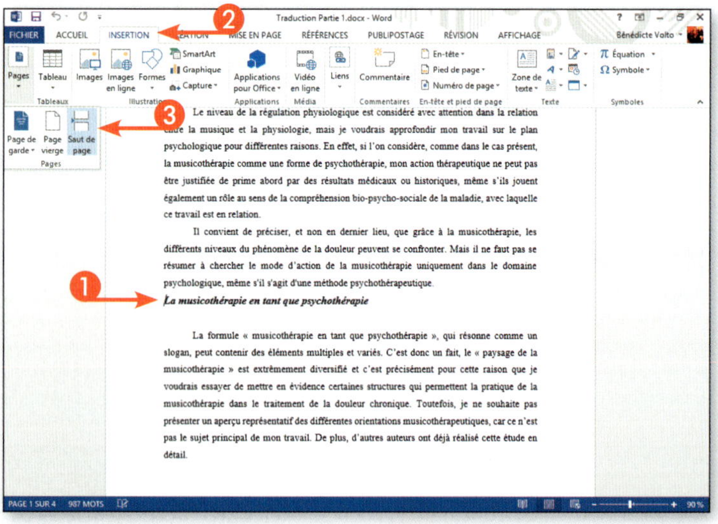

1 Cliquez pour placer le point d'insertion à l'endroit où vous voulez insérer un saut de page.

2 Cliquez l'onglet **Insertion**.

3 Cliquez le bouton **Saut de page**.

Pour insérer rapidement un saut de page, appuyez sur Ctrl+Entrée. Pour un saut de ligne, appuyez sur Maj+Entrée.

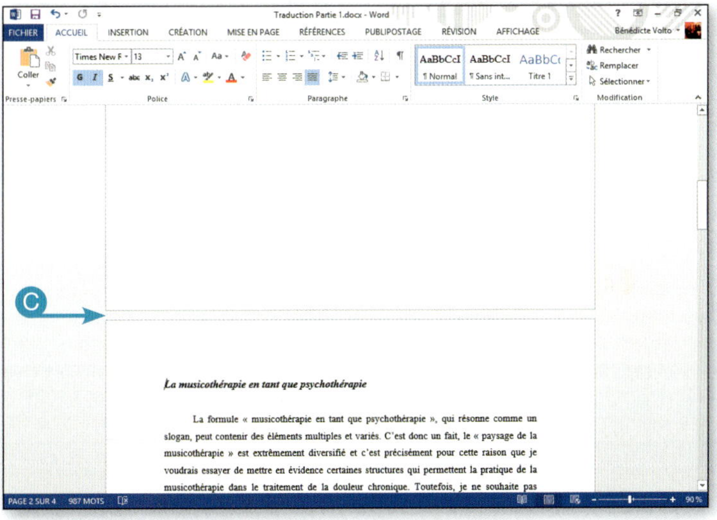

C Word insère un saut de page et déplace tout le texte suivant le saut de page à la page suivante.

RECHERCHEZ ET REMPLACEZ DU TEXTE

La fonction Rechercher de Word sert à trouver dans un document les occurrences d'un mot ou d'une suite de mots. Elle se combine à la fonction Remplacer pour remplacer un mot par un autre de manière sélective ou dans toutes ses occurrences.

RECHERCHEZ DU TEXTE

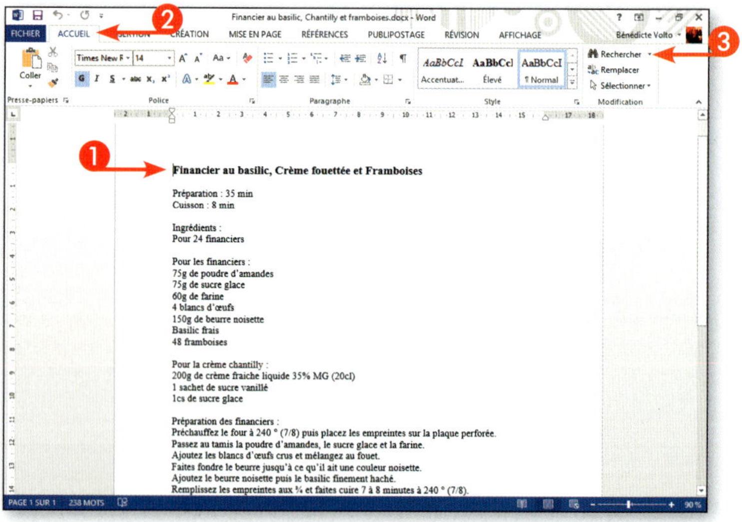

1 Cliquez au début du document.

2 Cliquez l'onglet **Accueil** dans le Ruban.

3 Cliquez le bouton **Rechercher**.

Cette fonction est très utile, par exemple, quand il faut corriger partout dans le document un nom propre mal orthographié.

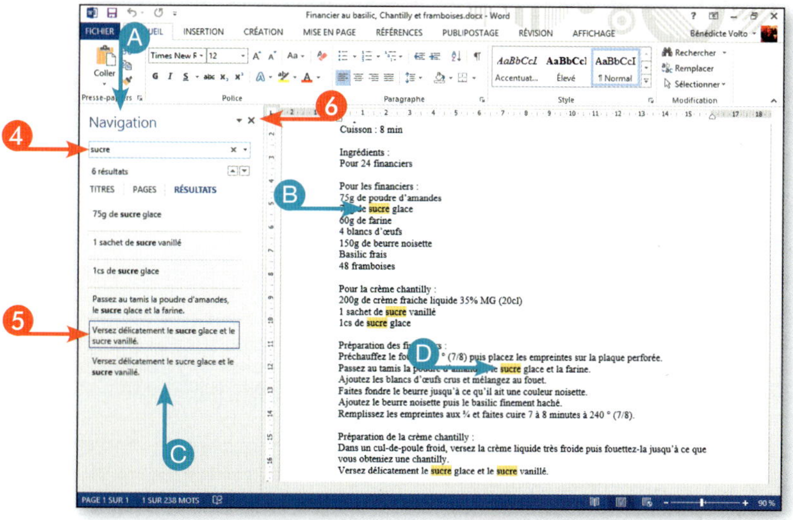

A Le volet Navigation apparaît.

4 Tapez le texte à chercher.

B Word examine le contenu du document et met en surbrillance les occurrences du texte.

C Le volet Navigation présente la liste de toutes les occurrences du texte recherché.

5 Cliquez une entrée dans le volet Navigation.

D Word sélectionne le texte correspondant dans le document.

Quand vous avez terminé, cliquez le bouton × du volet Navigation.

RECHERCHEZ ET REMPLACEZ DU TEXTE

La fonction Rechercher et remplacer peut vous servir à supprimer toutes les occurrences d'un mot dans le document. Tapez le mot à supprimer dans le champ Rechercher et laissez vide le champ Remplacer. Quand vous cliquez le bouton Remplacer, Word supprime le mot sans le remplacer par un autre.

REMPLACEZ DU TEXTE

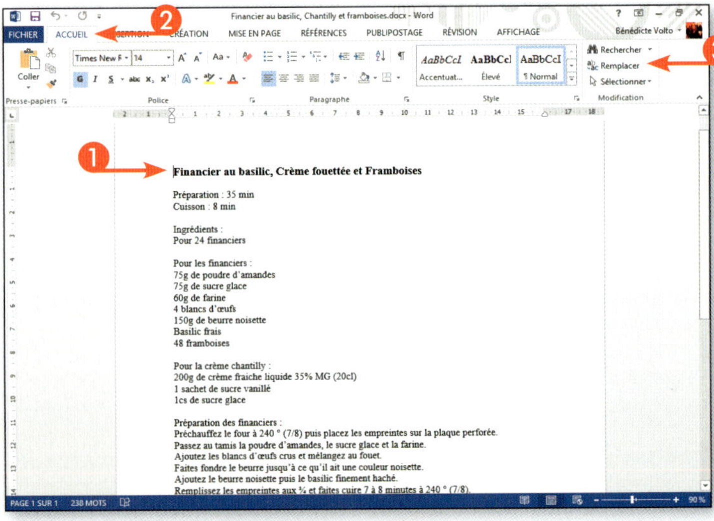

1. Cliquez au début du document.
2. Cliquez l'onglet **Accueil** dans le Ruban.
3. Cliquez le bouton **Remplacer**.

Le bouton Plus donne accès à des options permettant de cibler la recherche ou de définir une recherche spéciale portant sur la mise en forme.

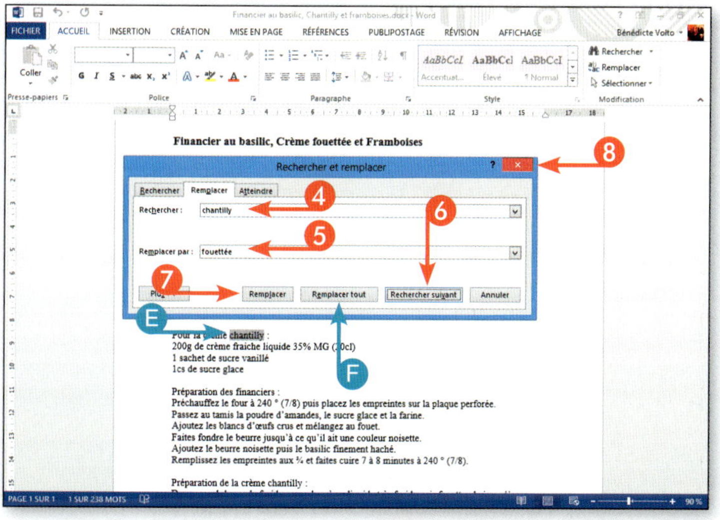

La boîte de dialogue Rechercher et remplacer s'ouvre sur l'onglet Remplacer.

4 Tapez le texte à remplacer dans le champ Rechercher.

5 Tapez le texte de remplacement dans le champ Remplacer par.

6 Cliquez **Rechercher suivant**.

E Word trouve la première occurrence du mot.

7 Cliquez **Remplacer** pour remplacer le mot à cet endroit.

F Pour remplacer toutes les occurrences du mot sans les vérifier, cliquez **Remplacer tout**.

Note. *Quand Word affiche un message indiquant que la vérification est terminée, cliquez* ***OK****.*

8 Quand vous avez terminé, cliquez **Fermer**.

Word recherche automatiquement les fautes d'orthographe et de grammaire dans le document. Les fautes d'orthographe sont signalées par une ligne ondulée rouge, tandis que les fautes d'accord sont soulignées en bleu. Une fois le document terminé, il est conseillé de lancer une vérification générale avec l'outil Grammaire et orthographe qui propose des corrections.

CORRIGEZ UNE FAUTE

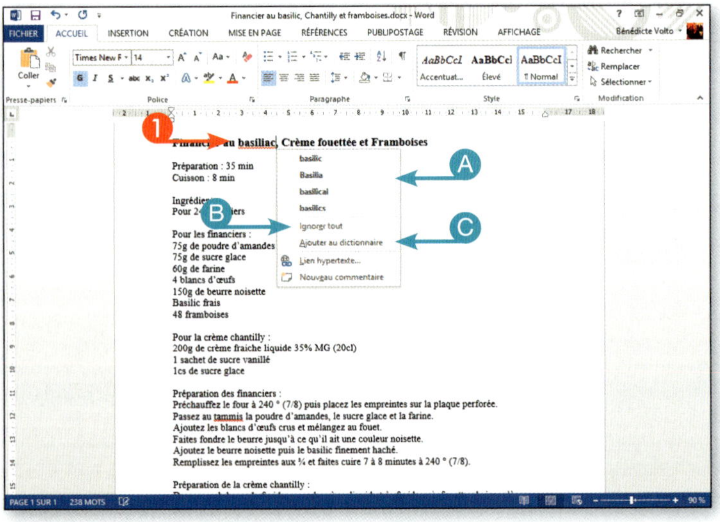

1 Quand Word détecte une faute, cliquez du bouton droit la portion soulignée.

A Le menu contextuel qui apparaît propose les corrections possibles.

B Pour conserver le mot tel quel sans le corriger, cliquez **Ignorer tout**.

C Pour ajouter le mot au dictionnaire de Word, cliquez **Ajouter au dictionnaire**.

Pour utiliser pleinement cette fonction, vous devez installer un dictionnaire à partir d'Office Store. Cliquez l'onglet **Insertion**, puis **Applications pour Office**.

LANCEZ LE CORRECTEUR

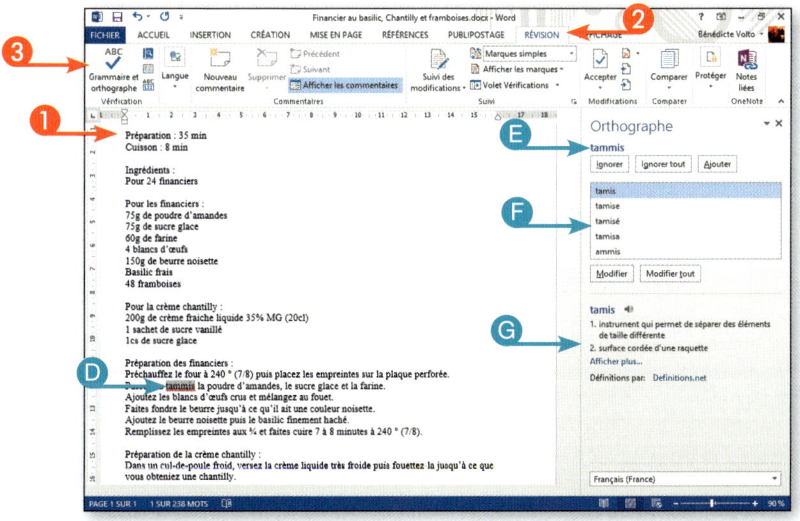

1 Cliquez au début du document.

***Note.** Pour vérifier seulement une portion du document, sélectionnez-la au préalable.*

2 Cliquez l'onglet **Révision** dans le Ruban.

3 Cliquez le bouton **Grammaire et orthographe**.

D Word sélectionne la première faute et affiche le volet Orthographe ou Grammaire.

E La faute apparaît ici.

F La liste des suggestions apparaît ici.

G Les définitions de la suggestion sélectionnée apparaissent ici.

Pour désactiver la vérification automatique des fautes d'orthographe et de grammaire, cliquez Options dans l'onglet Fichier. Cliquez Vérification dans la boîte de dialogue Options Word. Retirez la coche des options Vérifier l'orthographe au cours de la frappe et Vérifier la grammaire au cours de la frappe et cliquez OK.

LANCEZ LE CORRECTEUR (SUITE)

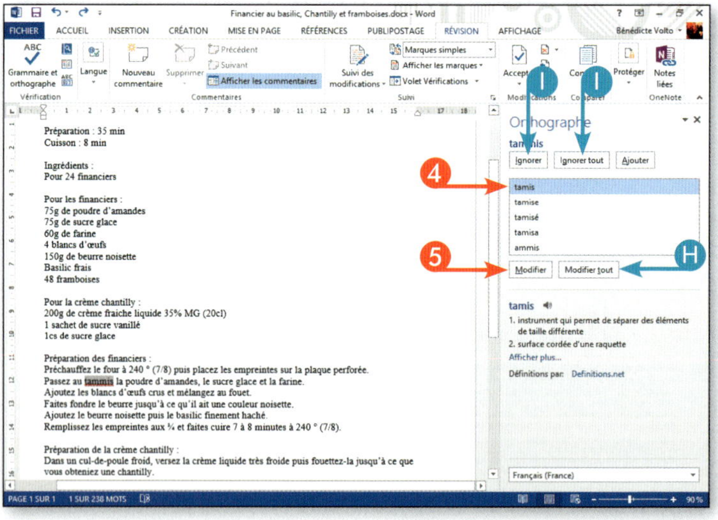

4 Cliquez la correction à appliquer.

5 Cliquez **Modifier**.

H Pour corriger la même erreur partout dans le document, cliquez **Modifier tout**.

I Cliquez **Ignorer** pour ignorer la faute à cet endroit et **Ignorer tout** pour éviter que Word considère ce mot comme une faute.

6 Répétez les étapes **4** et **5** pour chaque faute.

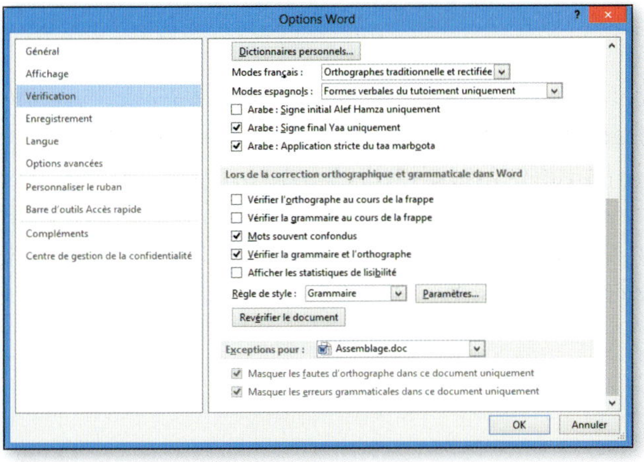

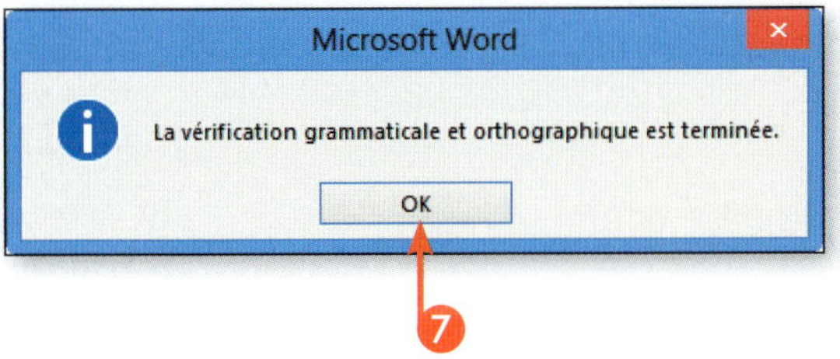

Quand la vérification est terminée, un message vous en informe.

7 Cliquez **OK**.

UTILISEZ LA CORRECTION AUTOMATIQUE

Vous avez dû remarquer que Word corrige automatiquement certains mots lors de la frappe. C'est la fonction Correction automatique qui se charge de remplacer les fautes de frappe à partir d'une liste prédéfinie d'erreurs avec leur correction.

UTILISEZ LA CORRECTION AUTOMATIQUE

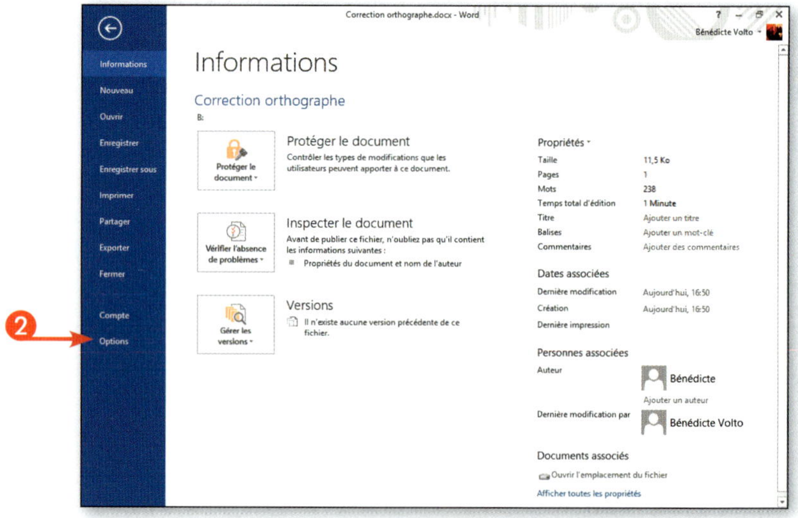

1 Cliquez l'onglet **Fichier**.

Le mode Backstage s'affiche.

2 Cliquez **Options**.

Pour accélérer la frappe, vous pouvez ajouter vos fautes courantes à cette liste. Ainsi, la prochaine fois que vous referez la même faute, Word pourra la corriger automatiquement.

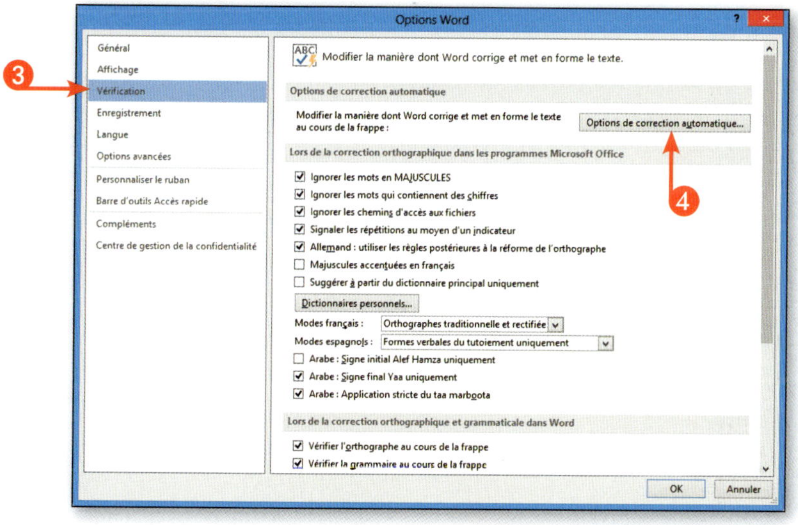

La boîte de dialogue Options Word apparaît.

3 Cliquez **Vérification**.

4 Cliquez **Options de correction automatique**.

UTILISEZ LA CORRECTION AUTOMATIQUE

Si Word corrige automatiquement un mot que vous souhaitez conserver ainsi, placez le point d'insertion devant le mot corrigé et cliquez le bouton Options de correction automatique ( ), puis Annuler le remplacement de. Pour que Word cesse définitivement de le corriger, cliquez Arrêter la correction automatique de ou ouvrez la boîte de dialogue Correction automatique selon les instructions fournies ci-après et cliquez le bouton Supprimer correspondant à l'entrée à supprimer.

UTILISEZ LA CORRECTION AUTOMATIQUE (SUITE)

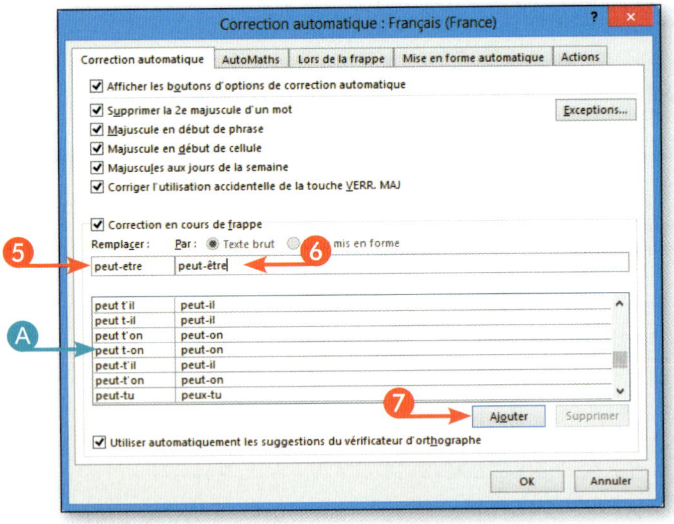

La boîte de dialogue Correction automatique s'ouvre.

(A) Les corrections déjà enregistrées apparaissent dans ce tableau.

(5) Tapez une faute de frappe courante dans le champ Remplacer.

(6) Tapez la version correcte dans le champ Par.

(7) Cliquez **Ajouter**.

Si vous souhaitez désactiver la correction automatique, supprimez la coche de l'option Correction en cours de frappe. Cliquez **OK** pour enregistrer les modifications et fermer la boîte de dialogue.

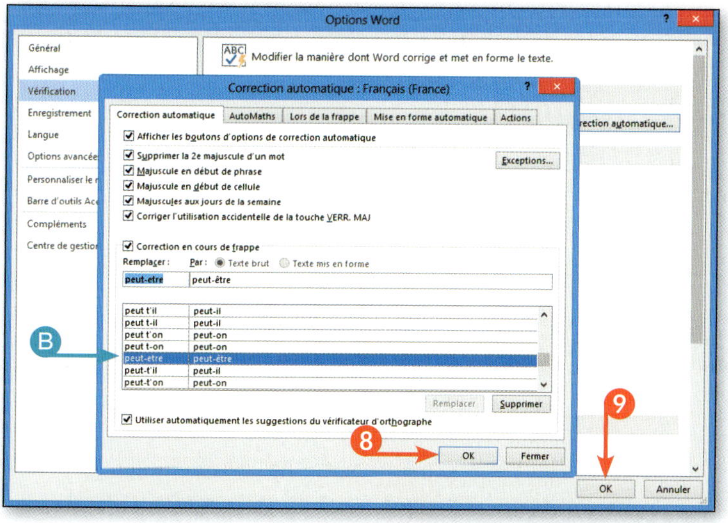

B La faute et sa correction viennent s'ajouter à la liste.

Répétez les étapes **5** à **7** pour chaque correction automatique à ajouter.

8 Cliquez **OK** pour fermer la boîte de dialogue Correction automatique.

9 Cliquez **OK** pour fermer la boîte de dialogue Options Word.

SUIVEZ LES MODIFICATIONS APPORTÉES AU TEXTE

Si vous partagez vos documents Word avec d'autres personnes, la fonction Suivi des modifications vous aidera à vérifier les changements apportés par vos collègues, qu'il s'agisse de modifications de mise en forme ou d'ajouts et suppressions de texte. Cette fonction utilise des couleurs différentes pour marquer les interventions des différentes personnes. Il est ainsi facile de voir qui a changé quoi dans le document. Par défaut, Word affiche les modifications en mode Marques simples, qui montrent les éléments modifiés dans la marge de gauche.

ACTIVEZ LE SUIVI DES MODIFICATIONS

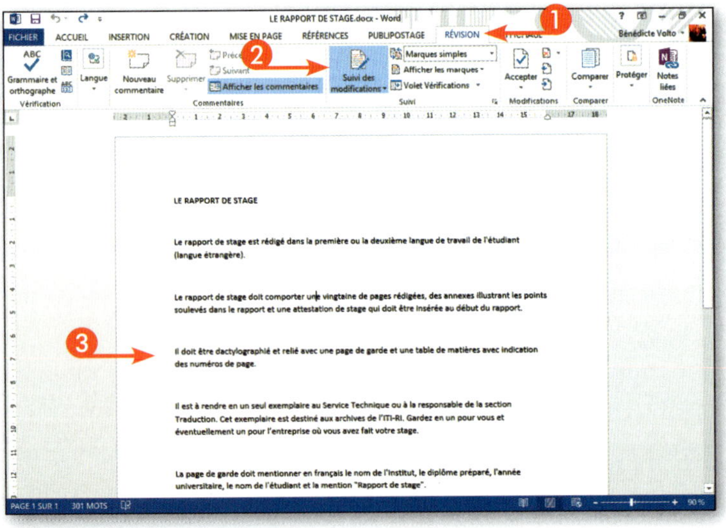

1 Cliquez l'onglet **Révision** dans le Ruban.

2 Cliquez le bouton **Suivi des modifications**.

3 Retouchez le document selon vos besoins.

Quand vous révisez le document, vous choisissez d'accepter ou de refuser les modifications signalées.

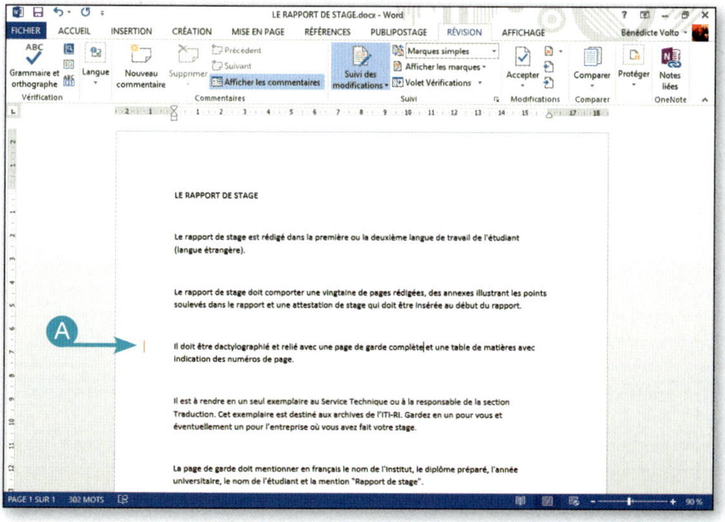

(A) Une ligne verticale rouge apparaît dans la marge de gauche pour indiquer que des modifications ont été apportées à la ligne désignée.

Note. *Lorsque vous ouvrez un document contenant des modifications suivies, il s'ouvre par défaut en mode Marques simples. Les lignes verticales rouges apparaissent à gauche pour indiquer les modifications.*

SUIVEZ LES MODIFICATIONS APPORTÉES AU TEXTE

Le volet Révisions, qui s'affiche en cliquant Volet Vérifications dans l'onglet Révision, indique qui a modifié le texte et le type de modification apporté.

RÉVISEZ LES MODIFICATIONS

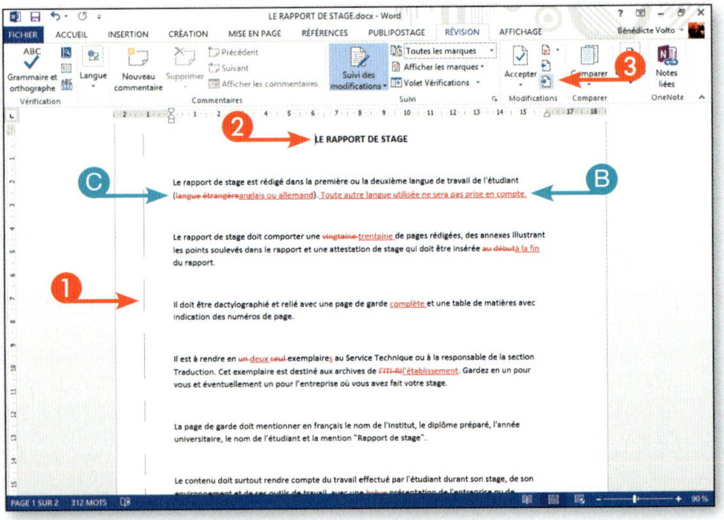

1 Cliquez une barre verticale dans la marge de gauche.

Toutes les barres verticales deviennent grises. Word active l'affichage Toutes les marques et affiche toutes les modifications du document.

B Les ajouts sont soulignés et apparaissent en couleur.

C Le texte supprimé est barré et apparaît en couleur.

2 Cliquez au début du document.

3 Cliquez le bouton **Modification suivante**.

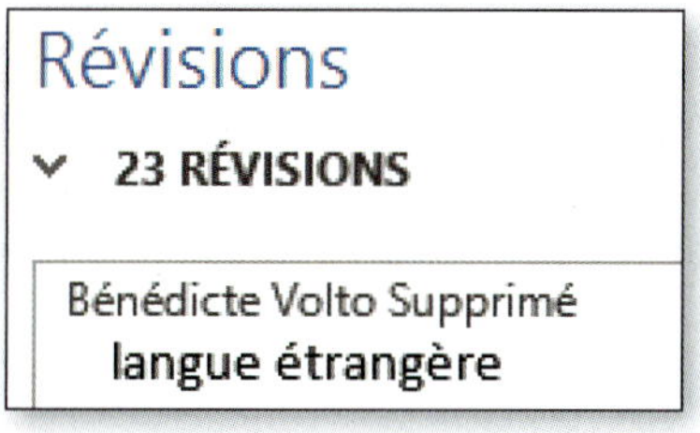

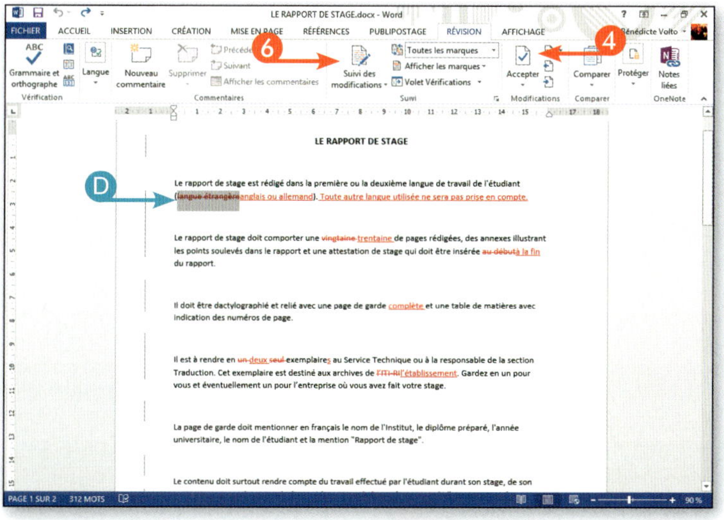

D Word met en surbrillance la première modification.

4 Cliquez **Accepter** pour intégrer la modification au document ou **Refuser** pour rétablir le texte tel qu'il était avant modification.

Note. *Pour accepter tous les changements et supprimer les marques de révision, cliquez la flèche du bouton* ***Accepter*** *et cliquez* ***Accepter toutes les modifications****.*

5 Répétez les étapes **3** et **4** pour passer en revue toutes les modifications.

6 Quand la révision est terminée, cliquez le bouton **Suivi des modifications** pour désactiver le suivi.

AJOUTEZ DES COMMENTAIRES

Vous pouvez ajouter des commentaires à vos documents, pour adresser une note à d'autres utilisateurs, par exemple, sans taper directement dans le document. Word signale la présence d'un commentaire à l'aide d'une bulle dans la marge de droite, en regard du texte contenant le commentaire. Votre nom apparaît dans vos commentaires.

CRÉEZ UN COMMENTAIRE

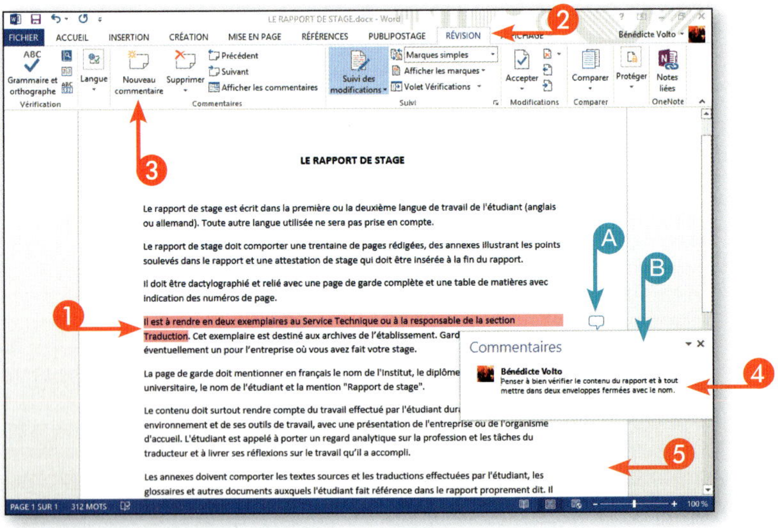

❶ Cliquez ou sélectionnez le texte auquel vous voulez apporter un commentaire.

❷ Cliquez l'onglet **Révision**.

❸ Cliquez **Nouveau commentaire**.

Ⓐ Une bulle apparaît, indiquant l'emplacement du commentaire.

Ⓑ Le bloc Commentaires s'affiche.

❹ Tapez votre commentaire.

❺ Cliquez hors du commentaire pour continuer à travailler.

Vous pouvez modifier, supprimer ou répondre à un commentaire, ou, si vous ne voulez pas le supprimer, indiquer que vous l'avez traité.

MODIFIEZ UN COMMENTAIRE

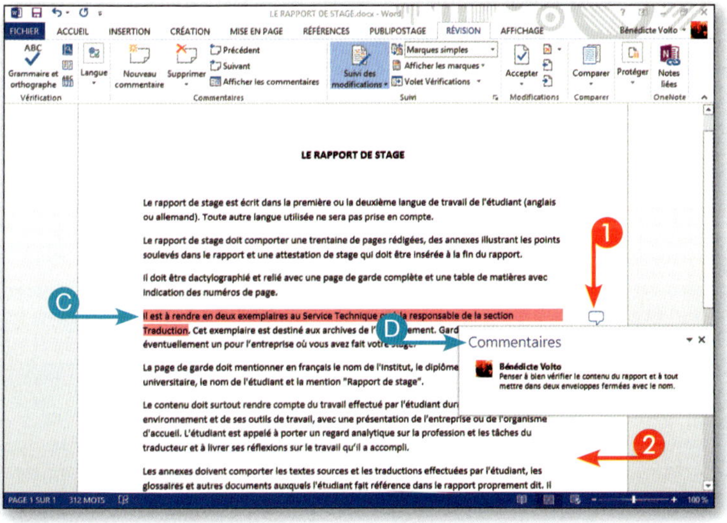

❶ Vérifiez dans le groupe Suivi que le mode Marques simples est activé, puis cliquez une bulle de commentaire.

Ⓒ Word met en surbrillance le texte associé au commentaire.

Ⓓ Word affiche le bloc Commentaires et le texte du commentaire.

Note. *Pour afficher tous les commentaires à droite du document, cliquez* ***Afficher les commentaires*** *dans le groupe Commentaires de l'onglet Révision.*

❷ Cliquez hors du commentaire pour masquer le bloc et son texte.

AJOUTEZ DES COMMENTAIRES

Si vous souhaitez indiquer que vous avez traité un commentaire, sans pour autant le supprimer, cliquez du bouton droit le texte du commentaire et choisissez Marquer le commentaire comme traité. Le texte est alors grisé.

RÉPONDEZ À UN COMMENTAIRE

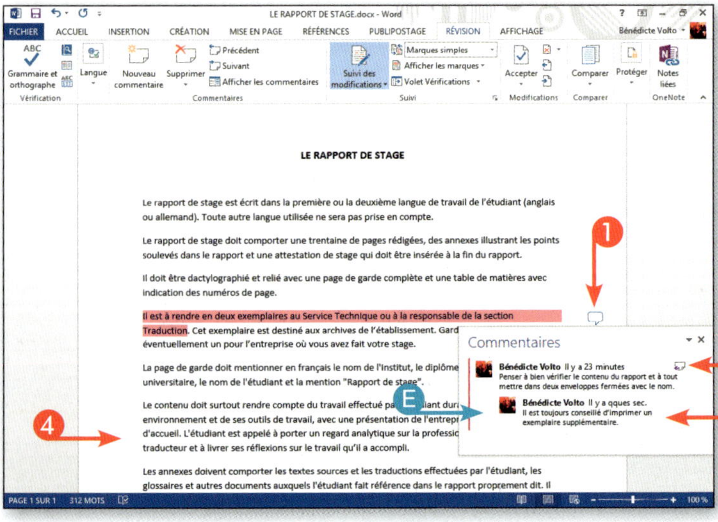

1 Vérifiez dans le groupe Suivi que le mode Marques simples est activé, puis cliquez une bulle de commentaire pour afficher le texte.

2 Cliquez le bouton **Répondre au commentaire** ().

E Word place un nouveau commentaire en retrait sous le premier.

3 Tapez votre réponse.

4 Cliquez hors du commentaire pour continuer à travailler.

SUPPRIMEZ UN COMMENTAIRE

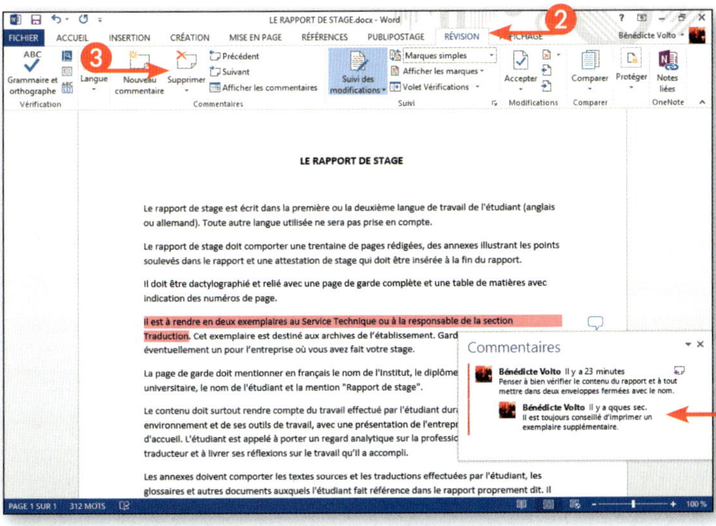

1 Cliquez le commentaire à supprimer.

2 Cliquez l'onglet **Révision**.

3 Cliquez le bouton **Supprimer**.

Word supprime le commentaire.

Note. *Vous pouvez aussi cliquer du bouton droit le commentaire et choisir* ***Supprimer le commentaire****. Pour supprimer tous les commentaires, cliquez la flèche sous le bouton Supprimer, puis* ***Supprimer tous les commentaires du document****.*

SAISISSEZ DES DONNÉES DANS LES CELLULES

Vous pouvez entrer des données dans n'importe quelle cellule d'une feuille de calcul Excel. Vous taperez directement dans la cellule ou entrerez les données depuis la barre de formule. Les données se composent de texte, notamment pour les titres des lignes et colonnes, ou de nombres, on parle alors de *valeurs*. Les formules sont aussi des valeurs puisqu'elles produisent des nombres. Le texte s'aligne à gauche dans les cellules et les valeurs s'alignent à droite.

SAISISSEZ DES DONNÉES DANS LES CELLULES

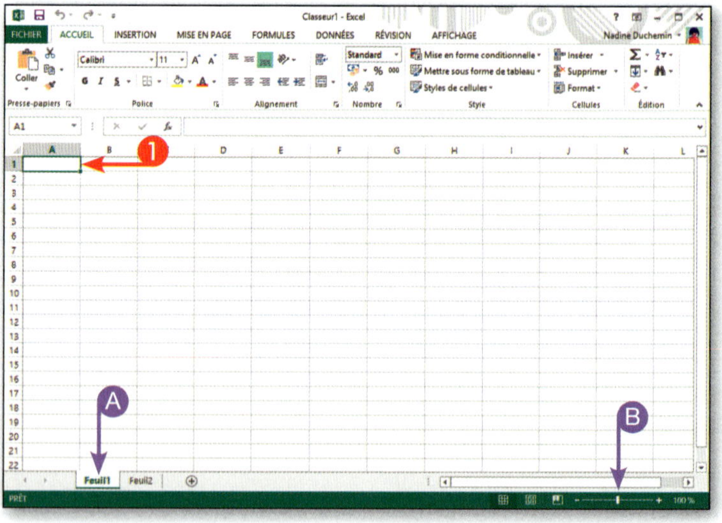

❶ Cliquez la cellule dans laquelle vous voulez entrer des données.

La cellule cliquée devient la *cellule active*. Elle est mise en évidence par une bordure plus épaisse.

Ⓐ Pour travailler dans une autre feuille de calcul du classeur, cliquez son onglet pour afficher cette feuille.

Ⓑ Pour grossir l'affichage de la feuille de calcul, faites glisser le curseur de zoom.

Le texte qui déborde de la cellule apparaît tronqué si vous remplissez la cellule voisine. Les valeurs trop longues pour tenir dans les cellules sont parfois représentées par une série de signes dièse (#). Mais Excel propose des solutions pour éviter ces deux situations.

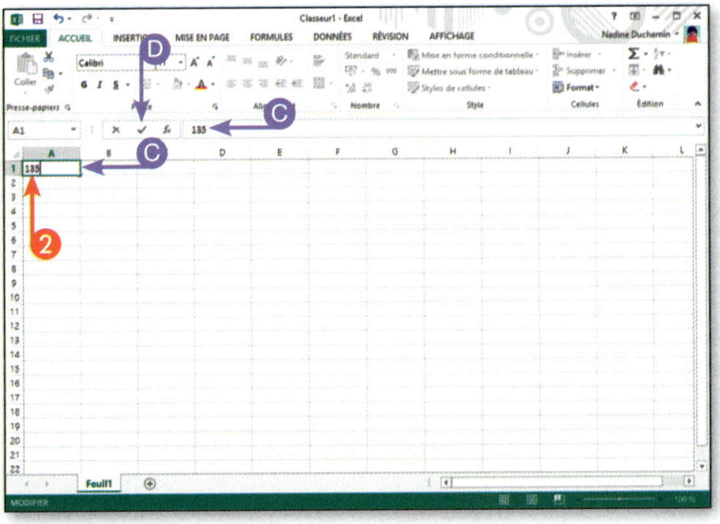

2 Tapez les données.

C Les données en cours de saisie apparaissent dans la cellule et dans la barre de formule.

D Pour valider la saisie, appuyez sur Entrée ou cliquez la coche (✔).

Note. *Quand vous appuyez sur* Entrée*, le cadre d'activation se décale d'une ligne vers le bas. Quand vous cliquez la coche (✔), la cellule cliquée à l'étape* **1** *reste active.*

SAISISSEZ DES DONNÉES DANS LES CELLULES

Dans la plupart des cas, Excel élargit la colonne pour faire tenir les données saisies dans une cellule. Mais, si la cellule A1 contient du texte un peu long, lorsque vous tapez dans B1, le texte en A1 apparaît tronqué et si A1 contient des nombres, la valeur est alors représentée par des signes dièse (#).

TAPEZ DANS LA BARRE DE FORMULE

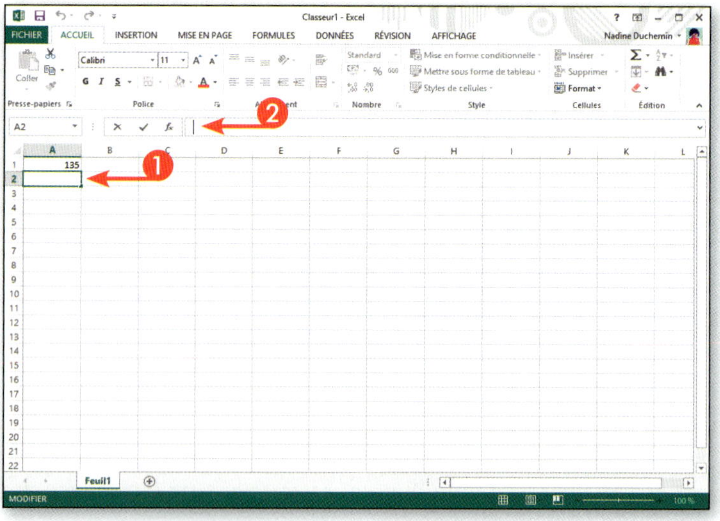

1 Cliquez la cellule dans laquelle vous voulez entrer des données.

2 Cliquez dans la barre de formule.

Pour voir les données en entier, vous pouvez élargir la colonne A ou activer le renvoi à la ligne automatique qui a pour effet d'augmenter la hauteur de la ligne 1. Pour apprendre à redimensionner les colonnes, reportez-vous à la section « Redimensionnez des colonnes ou des lignes ». Pour activer le renvoi à la ligne automatique, lisez la section « Affichez le texte entier dans une cellule ».

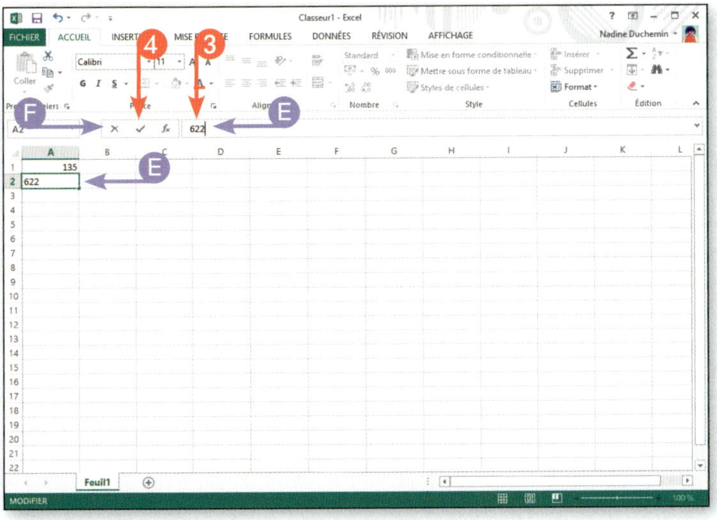

3 Tapez les données.

E Les données apparaissent dans la barre de formule et dans la cellule.

4 Cliquez la coche (✓) ou appuyez sur **Entrée** pour valider la saisie.

F Pour annuler la saisie, cliquez la croix (✗) ou appuyez sur **Echap**.

SÉLECTIONNEZ DES CELLULES

Vous sélectionnerez des cellules dans Excel pour changer leur contenu, effectuer des calculs ou appliquer une mise en forme. Vous pourriez, par exemple, changer la mise en forme des données d'une seule cellule ou d'un groupe cellules.

SÉLECTIONNEZ UNE PLAGE DE CELLULES

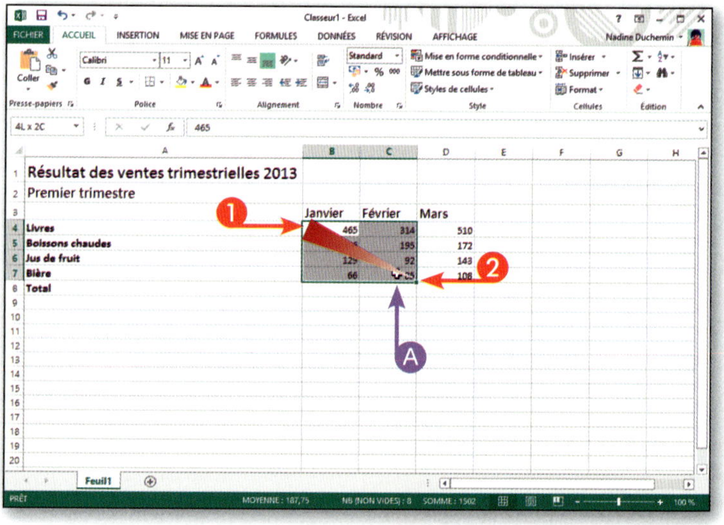

❶ Cliquez la première cellule de la plage à sélectionner.

Ⓐ Le pointeur de cellules (✥) suit le mouvement de la souris.

❷ Faites glisser le pointeur en diagonale de manière à englober le groupe de cellules à sélectionner.

❸ Relâchez le bouton de la souris.

Il est facile de sélectionner une seule cellule : il suffit de la cliquer. Pour sélectionner un groupe de cellules voisines, qu'on appelle *plage*, vous utiliserez la souris ou le clavier. Outre la sélection de cellules et de plages, vous pouvez effectuer une sélection sur le contenu d'une cellule par glissement du pointeur.

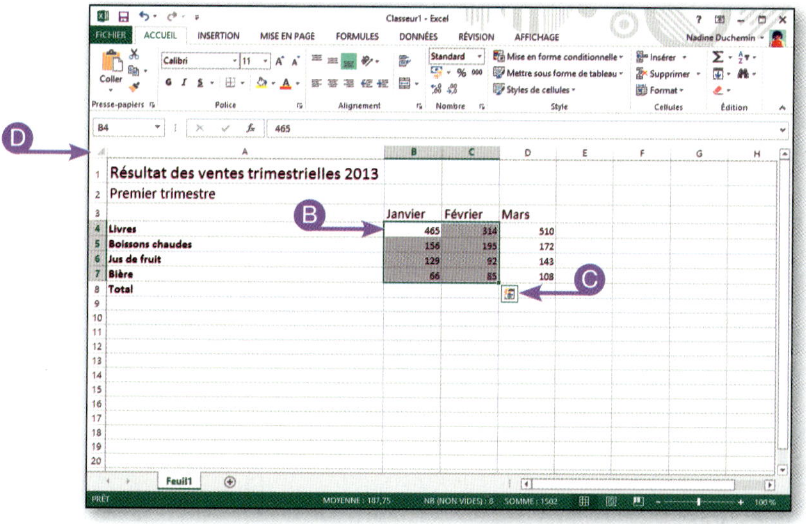

B Les cellules sélectionnées apparaissent en gris.

C Le bouton Analyse rapide (▤) apparaît. Son emploi est décrit au chapitre 11.

D Cliquez ici (◢) pour sélectionner toutes les cellules de la feuille de calcul.

Vous pouvez sélectionner des cellules non adjacentes en les cliquant une à une en appuyant sur Ctrl.

SÉLECTIONNEZ DES CELLULES

Pour sélectionner le contenu d'une cellule, commencez par cliquer la cellule, puis cliquez devant le texte ou la valeur dans la barre de formule et faites glisser le pointeur sur la portion à sélectionner. Il est également possible de sélectionner directement dans la cellule en y introduisant le point d'insertion d'un double-clic.

SÉLECTIONNEZ UNE COLONNE OU UNE LIGNE

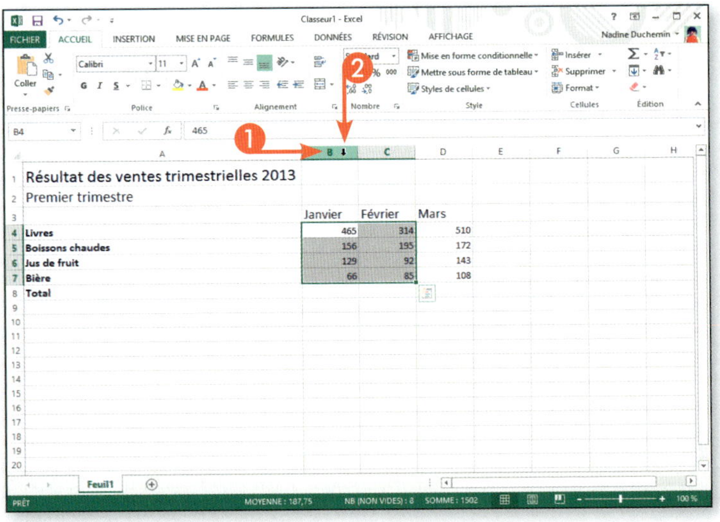

❶ Placez le pointeur sur la lettre de la colonne ou le numéro de la ligne à sélectionner.

Le pointeur ✥ se transforme en ⬇ pour la sélection d'une colonne ou en ➡ pour la sélection d'une ligne.

❷ Cliquez l'en-tête.

Il est facile de sélectionner des cellules avec le clavier. Utilisez les touches fléchées pour atteindre la première cellule de la plage à sélectionner. Ensuite, maintenez enfoncée la touche Maj pendant que vous appuyez sur une touche fléchée, comme ← ou →.

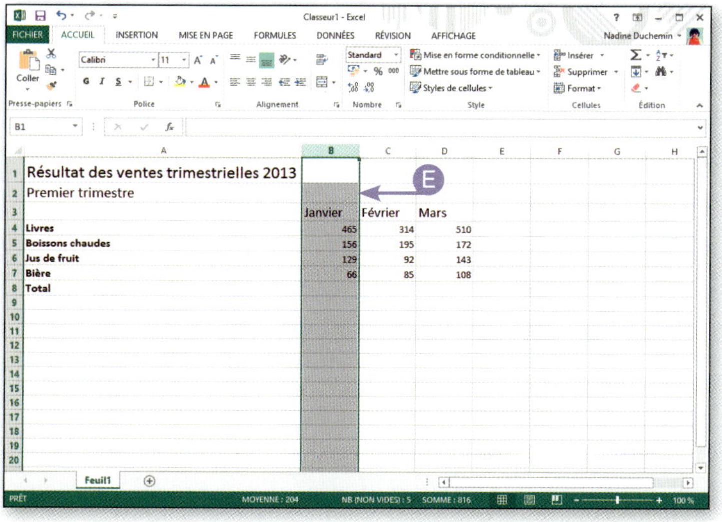

Ⓔ Excel sélectionne la colonne ou la ligne entière.

Pour sélectionner plusieurs colonnes ou lignes adjacentes, faites glisser le pointeur sur les en-têtes.

Vous pouvez sélectionner des colonnes ou lignes non adjacentes en cliquant leur en-tête tout en appuyant sur Ctrl.

COMPLÉTEZ UNE SÉRIE DE DONNÉES AUTOMATIQUEMENT

Excel facilite la saisie en vous aidant à remplir une plage de cellules avec une série logique de données ou en répétant le contenu de la première cellule. En plus des séries prédéfinies pour les nombres et les dates, vous pouvez définir vos séries personnalisées.

REMPLISSEZ AVEC UNE SÉRIE DE DONNÉES TEXTUELLES

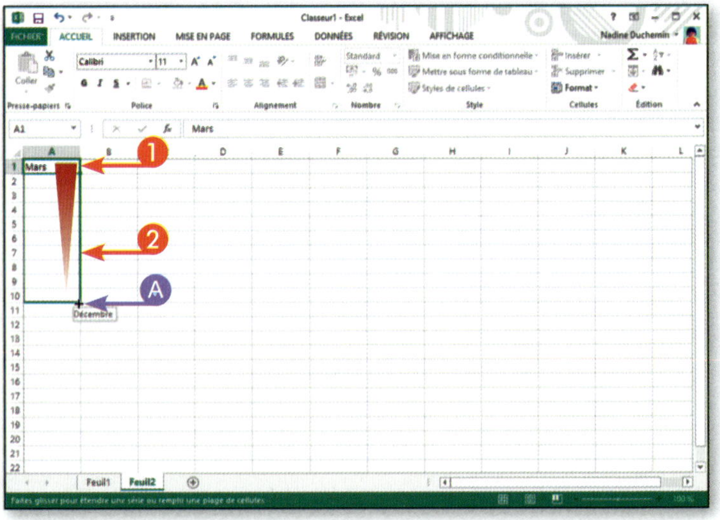

1 Tapez la première entrée de la série.

2 Faites glisser la poignée de recopie vers le bas ou vers la droite du nombre de cellules à remplir.

A Le pointeur ✚ se transforme en +.

Si la première entrée ne fait pas partie d'une série reconnue par Excel, la fonction de remplissage automatique a pour effet de recopier la même entrée dans toutes les cellules survolées par le pointeur.

3 Relâchez le bouton de la souris.

Quand vous cliquez une cellule, une petite poignée, dite *poignée de recopie*, apparaît dans l'angle inférieur droit. Utilisez cette poignée pour remplir les cellules voisines avec une série de données.

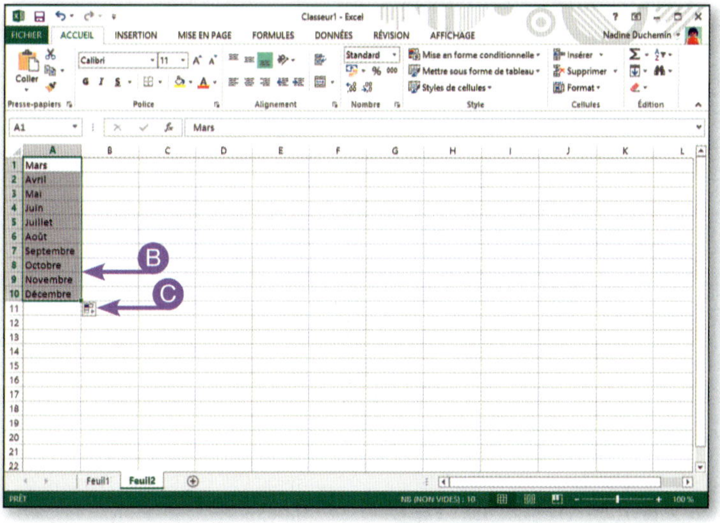

Ⓑ Excel complète la série de données textuelles.

Ⓒ L'icône Options de recopie incrémentée () apparaît dans certains cas pour proposer des variantes.

COMPLÉTEZ UNE SÉRIE DE DONNÉES AUTOMATIQUEMENT

Pour définir une liste personnalisée exploitable par la fonction de remplissage automatique, saisissez la liste dans les cellules d'une feuille de calcul. Ensuite, sélectionnez ces cellules et cliquez Fichier ➜ Options ➜ Options avancées. Dans la section Général, cliquez le bouton Modifier les listes personnalisées.

Dans la boîte de dialogue Listes personnalisées, cliquez le bouton **Importer**. Votre série fait maintenant partie des listes personnalisées (Ⓐ). Le contenu de la liste sélectionnée est visible ici (Ⓑ). Cliquez **OK** deux fois pour fermer les deux boîtes de dialogue.

REMPLISSEZ AVEC UNE SÉRIE DE NOMBRES

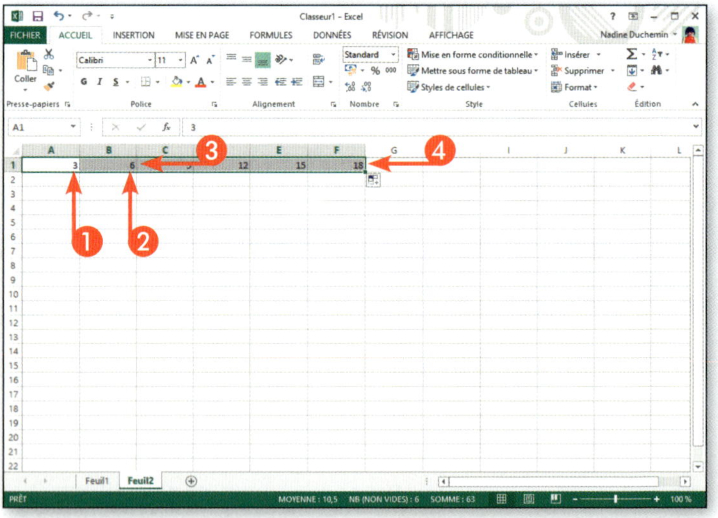

❶ Tapez la première entrée de la série.

❷ Dans une cellule voisine, tapez la prochaine valeur de la série.

❸ Sélectionnez les deux cellules.

***Note.** Si nécessaire, consultez la rubrique « Sélectionnez des cellules ».*

❹ Faites glisser la poignée de recopie vers le bas ou vers la droite sur le nombre de cellules à remplir.

Le pointeur ✥ se transforme en +.

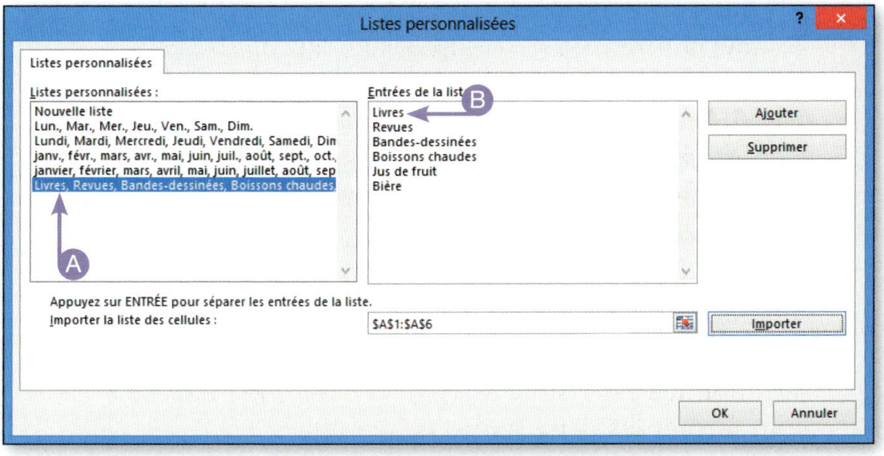

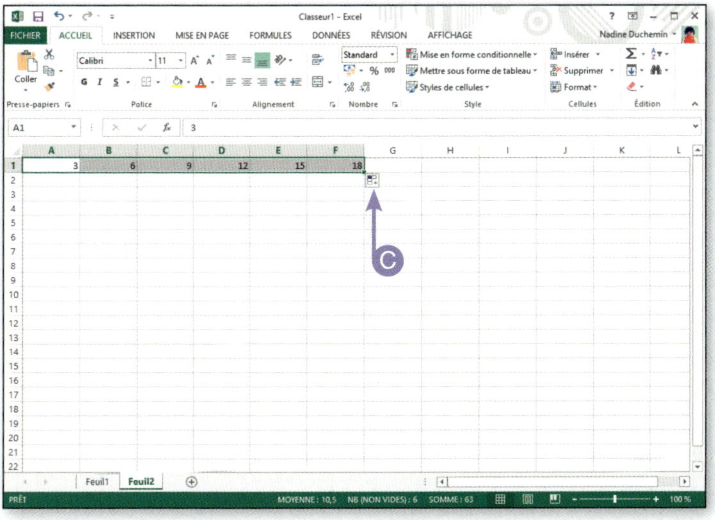

5 Relâchez le bouton de la souris.

Excel complète la série de nombres.

C L'icône Options de recopie incrémentée ( ) apparaît dans certains cas pour proposer des variantes.

AFFICHEZ LE TEXTE ENTIER DANS UNE CELLULE

Par défaut, les longues lignes de texte dans une cellule restent sur une seule ligne et apparaissent tronquées quand la cellule suivante contient des données. En réalité, le texte n'est pas tronqué, mais masqué : il apparaît en entier dans la barre de formule lorsque sa cellule est active.

AFFICHEZ LE TEXTE ENTIER DANS UNE CELLULE

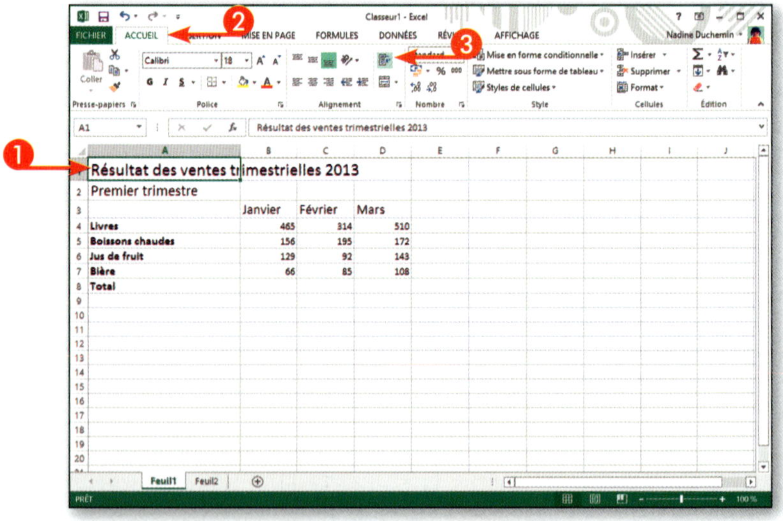

❶ Cliquez la cellule à modifier.

Note. *Il est possible d'activer le renvoi à la ligne automatique pour plusieurs cellules. Consultez la section « Sélectionnez des cellules » pour apprendre à sélectionner plusieurs cellules avant de lancer une commande.*

❷ Cliquez l'onglet **Accueil**.

❸ Cliquez le bouton **Renvoyer à la ligne automatiquement** (⧉).

Vous pouvez voir tout le contenu d'une cellule en augmentant la largeur de la colonne. Autrement, vous activerez le renvoi à la ligne automatique pour que tout le contenu de la cellule reste visible. Dans ce cas, la cellule conserve sa largeur et gagne en hauteur pour faire tenir le texte sur autant de lignes que nécessaire.

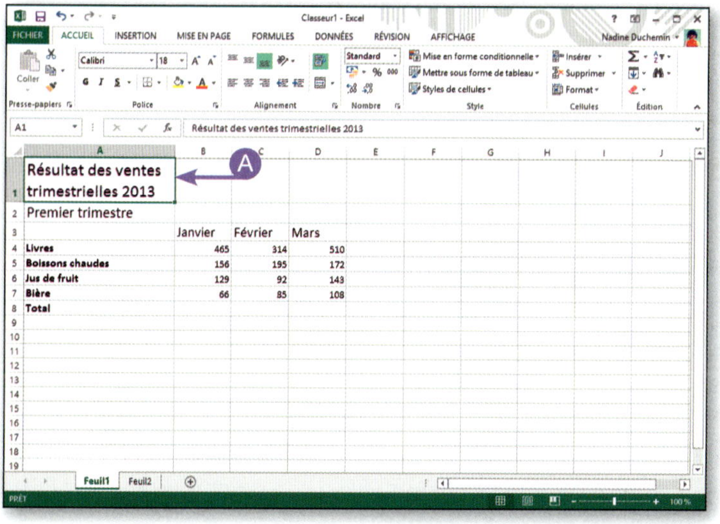

A Excel applique le renvoi à la ligne dans cette cellule.

Note. *Pour adapter la taille des cellules à leur contenu, reportez-vous à la section « Redimensionnez des colonnes ou des lignes » plus loin dans ce chapitre afin d'apprendre à changer la largeur des colonnes et la hauteur des lignes.*

CENTREZ DES DONNÉES SUR PLUSIEURS COLONNES

Pour présenter le titre d'un tableau, on centre le texte dans une cellule qui enjambe plusieurs colonnes. Cette mise en forme est très facile à réaliser avec la commande Fusionner et centrer.

CENTREZ DES DONNÉES SUR PLUSIEURS COLONNES

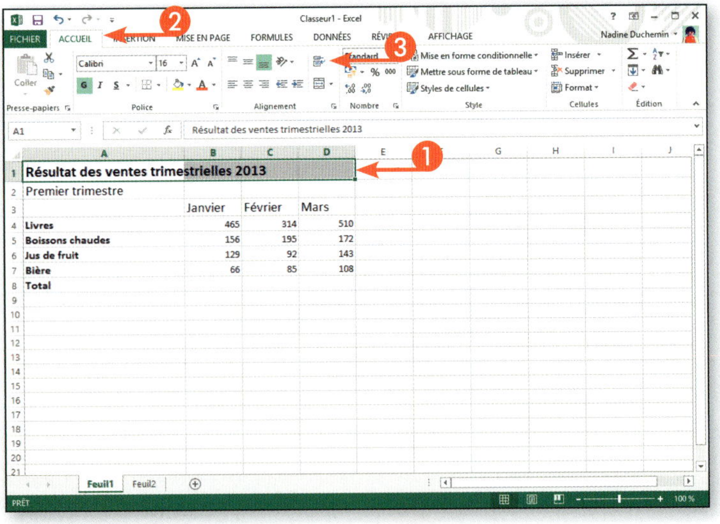

1 Sélectionnez la cellule qui contient le texte à centrer et les cellules voisines que vous voulez fusionner pour centrer le texte.

Note. *La commande Fusionner et centrer supprime l'éventuel contenu des cellules adjacentes sélectionnées.*

2 Cliquez l'onglet **Accueil**.

3 Cliquez le bouton **Fusionner et centrer** (⊟ ▾).

La flèche (▼) de ce bouton donne accès à d'autres commandes relatives à la fusion des cellules.

Le menu du bouton Fusionner et centrer (⊟ -) propose des commandes complémentaires. Fusionner rassemble les cellules sélectionnées sur une même ligne. Fusionner les cellules forme une grosse cellule à partir des cellules de plusieurs lignes et colonnes. La commande Annuler Fusionner cellules divise une cellule précédemment fusionnée.

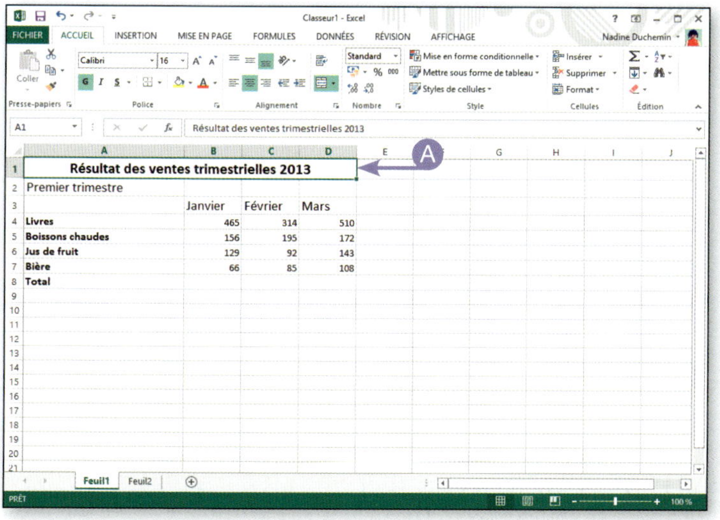

Ⓐ Excel fusionne les cellules et y centre les données de la première cellule.

RÉGLEZ L'ALIGNEMENT DES CELLULES

Par défaut, le texte s'aligne à gauche dans les cellules, tandis que les nombres s'alignent à droite. Les données se positionnent par défaut au bas de la cellule. Vous pouvez modifier l'alignement horizontal et vertical pour améliorer la présentation des données en les centrant au milieu de chaque cellule.

RÉGLEZ L'ALIGNEMENT HORIZONTAL

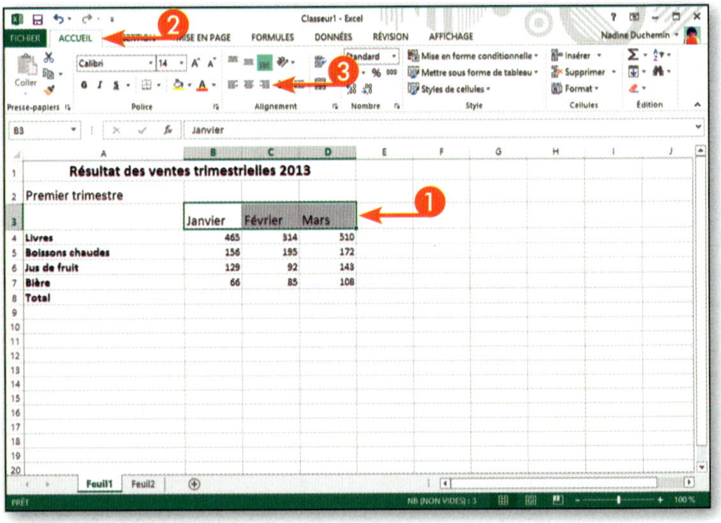

1 Sélectionnez les cellules à mettre en forme.

2 Cliquez l'onglet **Accueil**.

3 Cliquez un bouton d'alignement.

aligne les données à gauche.

centre les données dans la cellule.

aligne les données à droite.

Note. *L'alignement Justifié est disponible dans la boîte de dialogue Format de cellule. Cliquez la petite flèche ( ) dans l'angle du groupe Alignement, puis cliquez la liste* ***Horizontal*** *pour choisir* ***Justifié*** *dans les options d'alignement.*

Outre l'alignement, la présentation des données peut se personnaliser en appliquant un retrait ou en changeant l'orientation des données dans les cellules.

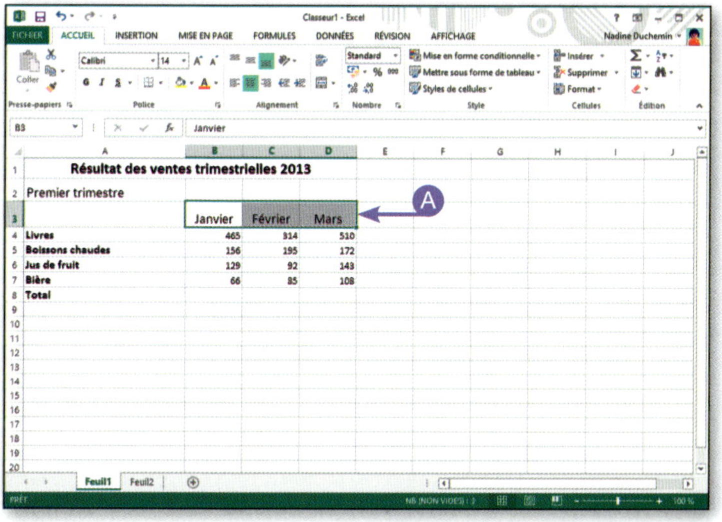

Excel applique le nouvel alignement horizontal dans les cellules.

Ⓐ Cet exemple centre le texte horizontalement dans les cellules.

RÉGLEZ L'ALIGNEMENT DES CELLULES

Il est facile d'appliquer un retrait dans une cellule. Cliquez le bouton Augmenter le retrait (⇥) dans l'onglet Accueil. Pour réduire un retrait, vous disposez du bouton Diminuer le retrait (⇤).

RÉGLEZ L'ALIGNEMENT VERTICAL

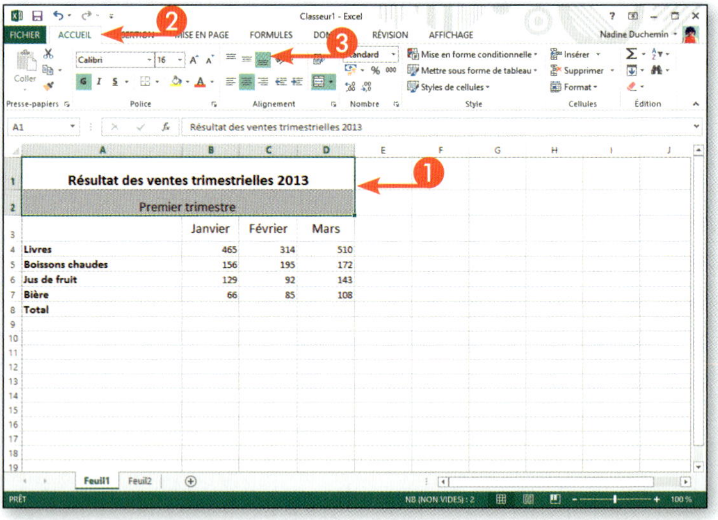

❶ Sélectionnez les cellules à mettre en forme.

❷ Cliquez l'onglet **Accueil**.

❸ Cliquez un bouton d'alignement.

≡ aligne les données en haut.

≡ centre les données dans la cellule.

≡ aligne les données en bas.

Il est possible de changer l'orientation du texte dans une cellule. Vous pourriez choisir d'incliner les titres des colonnes ou de les placer à la verticale pour les mettre en évidence ou faciliter la lecture. Pour ce faire, sélectionnez les cellules à modifier et cliquez le bouton **Orientation** (ab↗ ▾) dans l'onglet Accueil. Ce bouton ouvre un menu avec plusieurs options d'orientation.

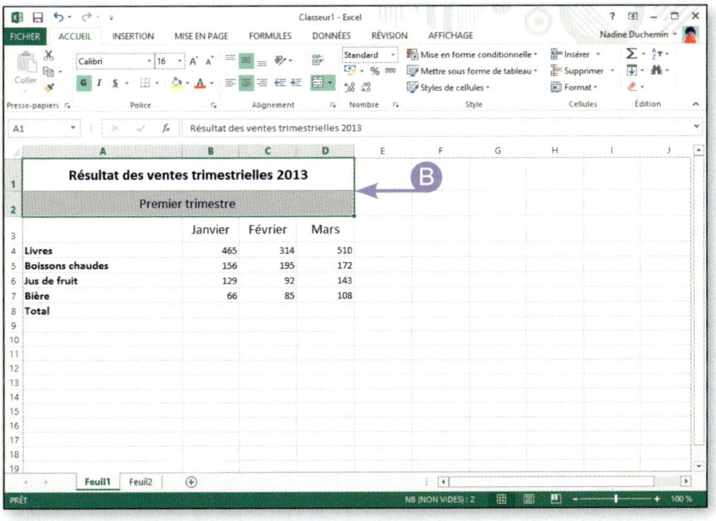

Excel applique le nouvel alignement vertical dans les cellules.

B Cet exemple centre les données au milieu de chaque cellule.

MODIFIEZ LA POLICE ET LA TAILLE DES CARACTÈRES

Vous pouvez modifier la police et la taille de police utilisées pour l'affichage des données dans les feuilles de calcul. Vous pouvez ainsi choisir pour le titre d'un tableau une plus grande taille de texte que le reste des données. Vous pourriez aussi définir une police plus grande pour toutes les données du tableau pour en faciliter la lecture. Il est possible de combiner plusieurs attributs de mise en forme dans la même cellule, ce qui vous permet de changer à la fois la police et la taille du texte.

MODIFIEZ LA POLICE DES CARACTÈRES

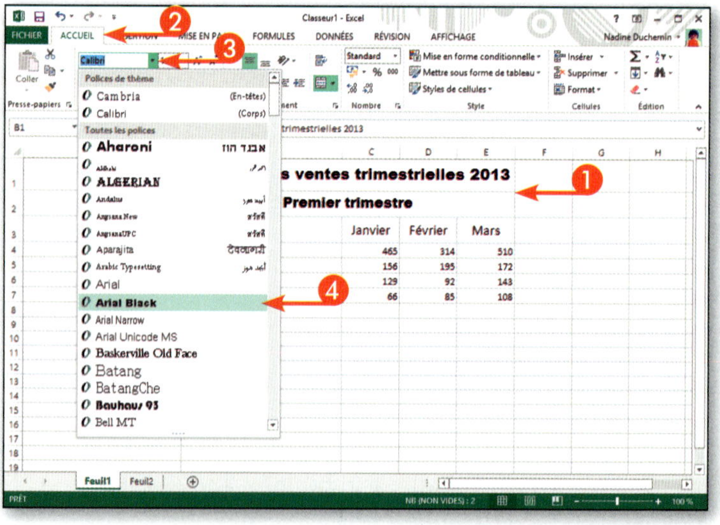

1 Sélectionnez la cellule ou la plage de cellules à mettre en forme.

2 Cliquez l'onglet **Accueil**.

3 Cliquez la flèche (▼) du menu Police.

Faites défiler la liste de polices disponibles à l'aide de la barre de défilement ou des touches fléchées du clavier.

Vous pouvez aussi sélectionner une police en tapant le début de son nom.

4 Cliquez une police.

Si la combinaison de vos attributs de mise en forme est particulièrement esthétique, vous pourrez copier la mise en forme pour l'appliquer à d'autres cellules de la feuille de calcul.

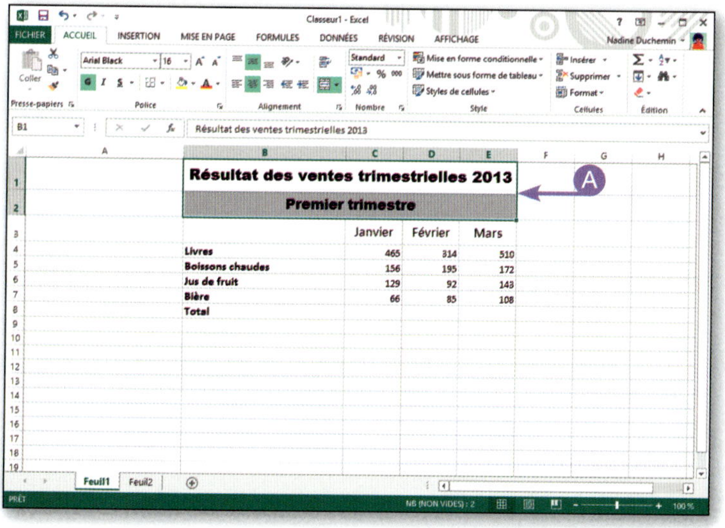

Ⓐ Excel modifie la police dans les cellules sélectionnées.

MODIFIEZ LA POLICE ET LA TAILLE DES CARACTÈRES

La boîte de dialogue Format de cellule vous permet de définir simultanément plusieurs attributs de mise en forme. Pour y accéder, sélectionnez les cellules à modifier avant de cliquer la petite flèche (⌟) dans l'angle du groupe Police de l'onglet Accueil.

MODIFIEZ LA TAILLE DES CARACTÈRES

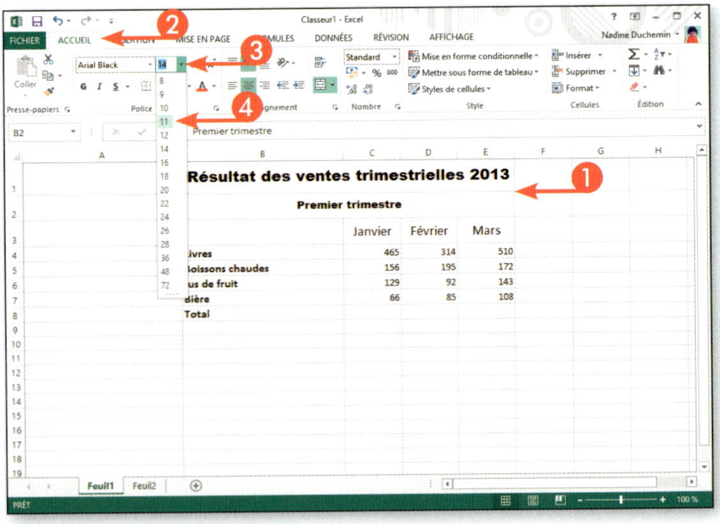

1 Sélectionnez la cellule ou la plage de cellules à mettre en forme.

2 Cliquez l'onglet **Accueil**.

3 Cliquez la flèche (▼) du menu Taille de police.

4 Cliquez une taille.

Pour recopier la mise en forme définie dans une cellule, servez-vous de l'outil **Reproduire la mise en forme** (🖌) dans le groupe Presse-Papiers de l'onglet Accueil. Cliquez la cellule qui possède la mise en forme à copier, cliquez l'outil 🖌 puis faites-le glisser sur la plage de cellules où vous voulez reproduire la mise en forme.

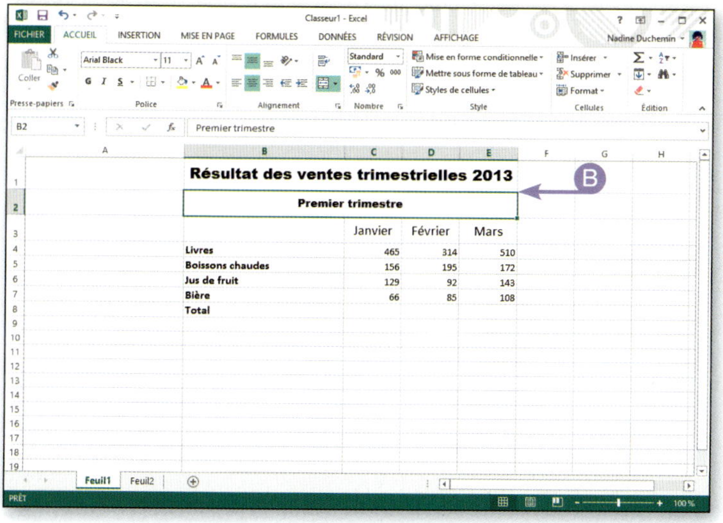

Ⓑ Excel modifie la taille des données dans les cellules sélectionnées.

MODIFIEZ LE FORMAT DES NOMBRES

Les formats de nombres définissent la présentation des valeurs numérales dans les feuilles de calcul. Si vous avez une colonne de prix, par exemple, utilisez un format de nombre adéquat pour les présenter avec la virgule décimale et le signe euro. Si les prix sont indiqués dans une autre devise, vous choisirez le symbole qui convient.

MODIFIEZ LE FORMAT DES NOMBRES

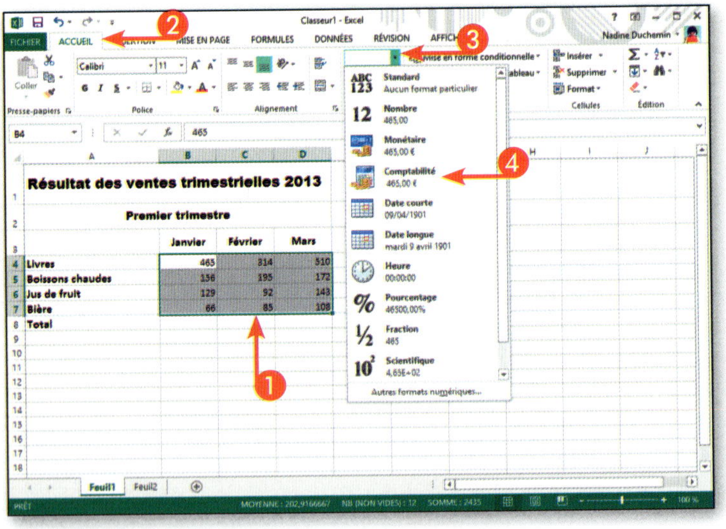

1 Sélectionnez la cellule ou la plage à formater.

2 Cliquez l'onglet **Accueil**.

3 Cliquez la flèche (▼) du menu Format de nombre.

4 Cliquez un format.

Excel propose différents formats pour les nombres : Monétaire, Comptabilité, Date, Heure, Pourcentage, *etc.* Vous pouvez appliquer un format à une seule cellule, à des plages de cellules, des colonnes, des lignes ou à la totalité de la feuille de calcul.

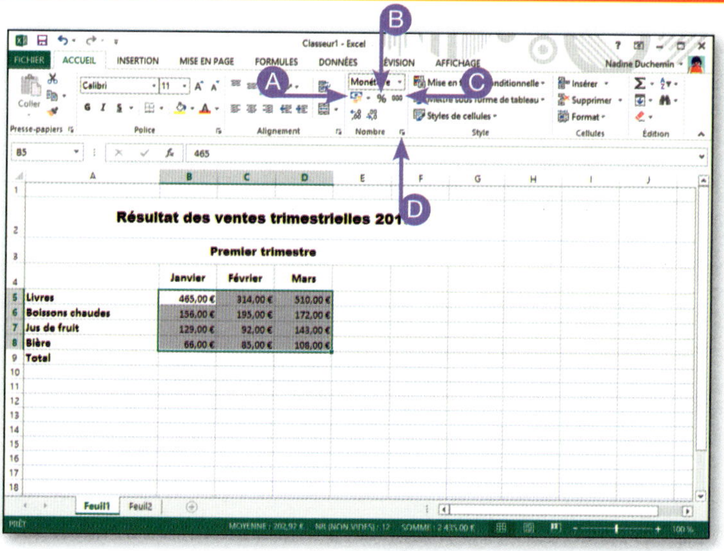

Excel applique le format aux cellules sélectionnées.

Ⓐ Le bouton **Format Nombre Comptabilité** (-) ajoute le signe euro. Cliquez la flèche du bouton pour sélectionner le dollar ou une autre devise.

Ⓑ Le bouton **Style de pourcentage** (%) ajoute le symbole de pourcentage.

Ⓒ Le bouton **Séparateur de milliers** (000) insère une espace de séparation qui facilite la lecture des grands nombres.

Ⓓ Cliquez la petite flèche () dans l'angle du groupe Nombre pour ouvrir la boîte de dialogue Format de cellule, où toutes les options de formats de nombres sont disponibles et illustrées par des exemples.

AJOUTEZ OU RETIREZ DES DÉCIMALES

Vous changerez le nombre de décimales à l'aide des boutons Ajouter une décimale et Réduire les décimales.

AJOUTEZ OU RETIREZ DES DÉCIMALES

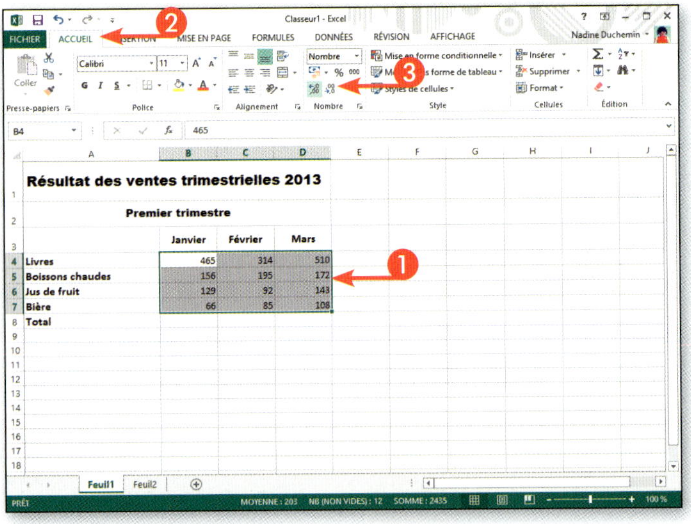

1 Sélectionnez la cellule ou la plage dans laquelle vous voulez changer le nombre de décimales.

2 Cliquez l'onglet **Accueil**.

3 Cliquez un bouton de décimale.

←.0 .00 ajoute une décimale.

.00 →.0 retire une décimale.

Vous ajoutez des décimales pour présenter des données scientifiques avec davantage de précision. Selon la nature des nombres et la destination de la feuille de calcul, vous choisirez de présenter les nombres avec deux décimales ou pas du tout.

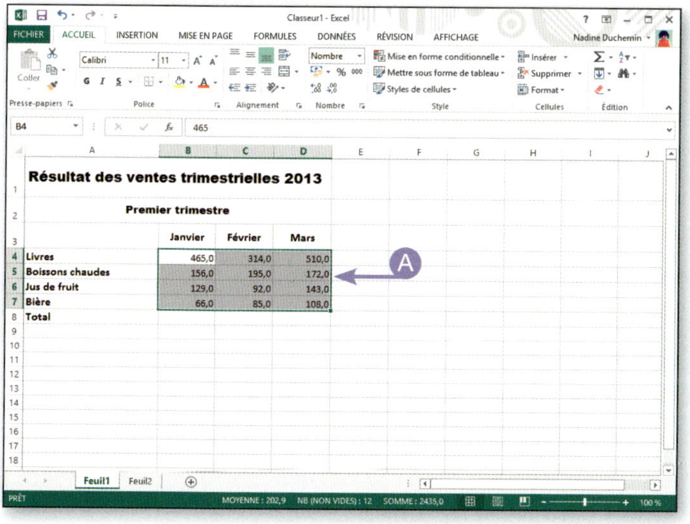

Excel modifie le nombre de décimales affichées dans les cellules sélectionnées.

Ⓐ Cet exemple ajoute une décimale.

Vous pouvez cliquer **Ajouter une décimale** (←.0 .00) une fois de plus pour ajouter encore une décimale.

AJOUTEZ DES BORDURES ET UN FOND COLORÉ

Par défaut, Excel affiche les feuilles de calcul dans une grille pour faciliter l'entrée des données, mais les lignes du quadrillage ne sont pas visibles à l'impression.

AJOUTEZ UNE BORDURE PRÉDÉFINIE

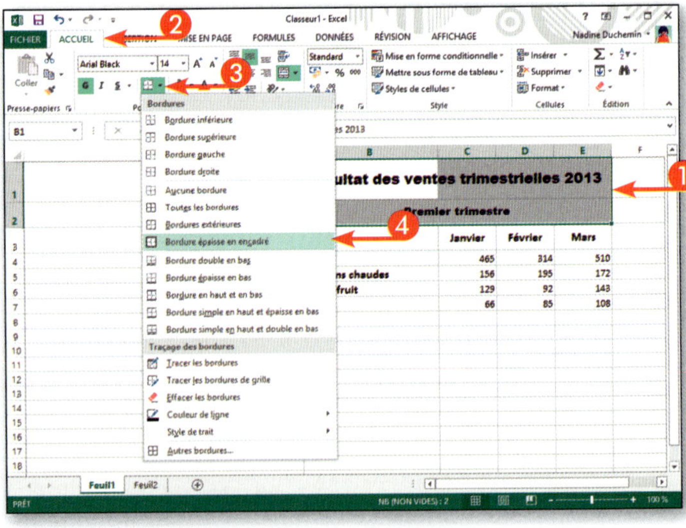

❶ Sélectionnez les cellules à encadrer.

❷ Cliquez l'onglet **Accueil**.

❸ Cliquez la flèche (▼) du bouton **Bordures** (⊞ ▾).

Note. *Pour appliquer la bordure illustrée sur le bouton, il suffit de cliquer le bouton sans dérouler son menu.*

❹ Cliquez un type de bordure.

Pour clarifier la présentation de vos tableaux, vous pouvez ajouter aux cellules des bordures qui s'imprimeront. Vous placez des bordures sur les quatre côtés ou seulement sur un, deux ou trois côtés.

Certaines cellules se démarqueront plus nettement si vous y ajoutez un fond de couleur.

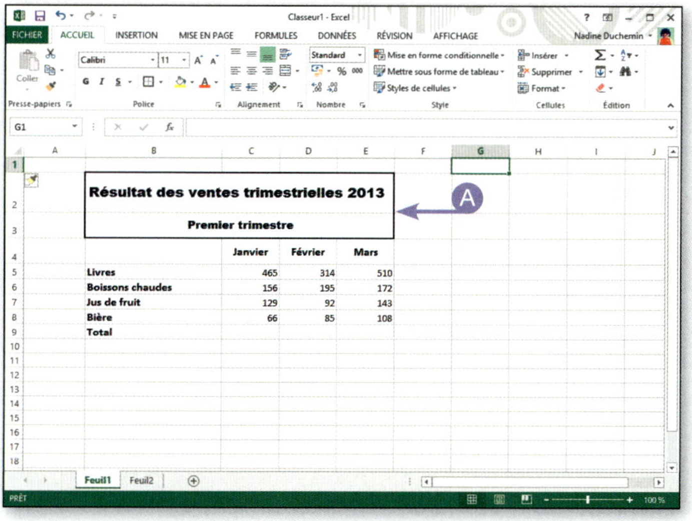

Ⓐ Excel applique la bordure autour de la plage sélectionnée.

Vous pouvez désactiver l'affichage de la grille qui apparaît à l'écran, mais ne s'imprime pas par défaut. Dans l'onglet Mise en page, retirez la coche de l'option Afficher sous Quadrillage dans le groupe Options de la feuille de calcul.

AJOUTEZ UN FOND COLORÉ

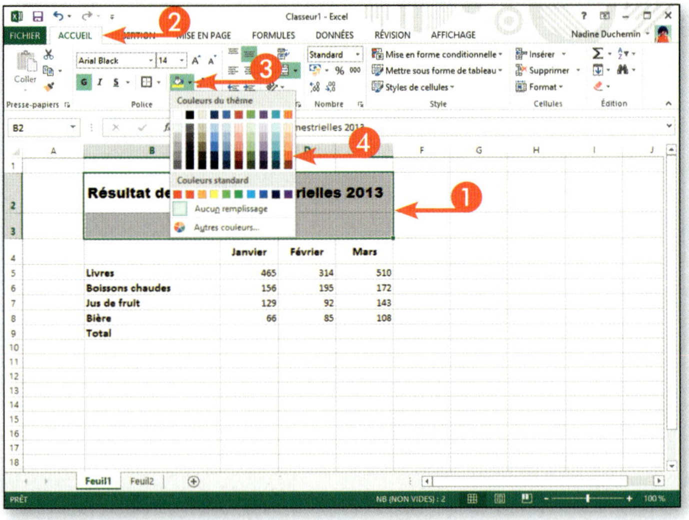

1 Sélectionnez les cellules à colorer.

2 Cliquez l'onglet **Accueil**.

3 Cliquez la flèche (▼) du bouton **Couleur de remplissage** (🖌 ▾).

4 Sélectionnez une couleur.

Note. *Prenez soin de choisir une couleur de fond en contraste avec la couleur du texte pour conserver une bonne lisibilité.*

Si vous cochez l'option **Imprimer** sous Quadrillage, les lignes de la grille s'imprimeront autour des cellules contenant des données.

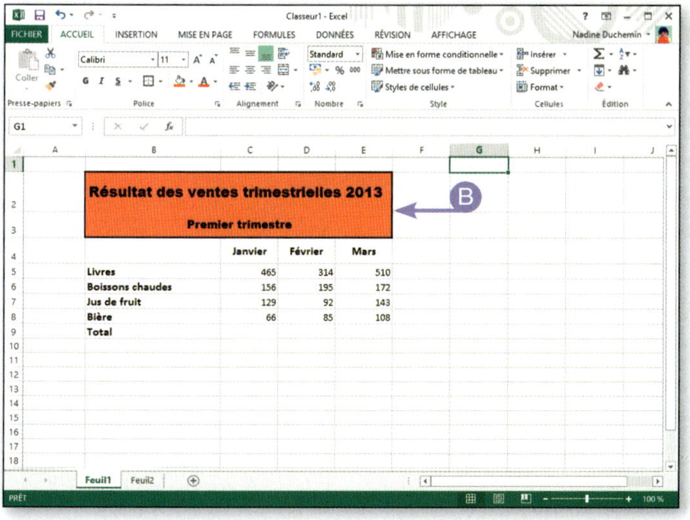

Ⓑ Excel applique la couleur de remplissage à la plage sélectionnée.

APPLIQUEZ UNE MISE EN FORME CONDITIONNELLE

La mise en forme conditionnelle consiste à appliquer une mise en forme particulière quand la valeur d'une cellule répond à certaines conditions. Par exemple, si la feuille de calcul présente les résultats d'écoliers ou de vendeurs, vous pouvez définir une mise en forme conditionnelle qui met en évidence les valeurs sous un certain seuil.

DÉFINISSEZ UNE RÈGLE CONDITIONNELLE

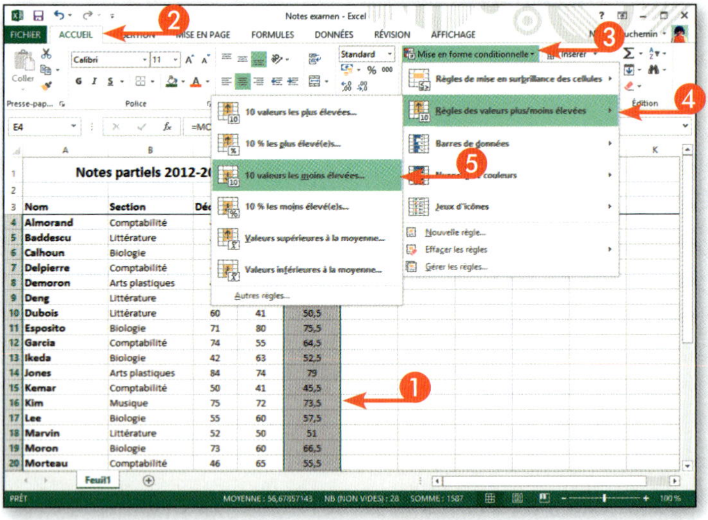

❶ Sélectionnez les cellules auxquelles appliquer une mise en forme conditionnelle.

❷ Cliquez l'onglet **Accueil**.

❸ Cliquez le bouton **Mise en forme conditionnelle**.

❹ Cliquez **Règles de mise en surbrillance des cellules** ou **Règles des valeurs plus/moins élevées**.

Cet exemple utilise la commande Règles des valeurs plus/moins élevées.

❺ Cliquez le type de règle à définir.

Vous pouvez aussi utiliser une échelle de couleurs ou des barres colorées pour définir une mise en forme conditionnelle nuancée sur plusieurs degrés.

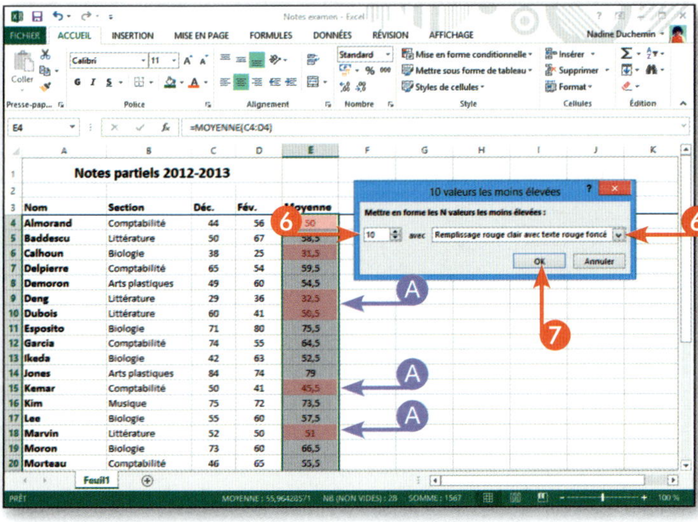

La boîte de dialogue qui apparaît porte le nom de la règle choisie.

6 Spécifiez la valeur et la mise en forme à associer à la condition.

7 Cliquez **OK**.

A Si la valeur d'une cellule sélectionnée au départ remplit la condition définie, Excel y applique une mise en forme spéciale.

APPLIQUEZ UNE MISE EN FORME CONDITIONNELLE

Il est possible de définir de nouvelles règles de mise en forme conditionnelle. Cliquez le bouton Mise en forme conditionnelle dans l'onglet Accueil et cliquez Nouvelle règle pour ouvrir la boîte de dialogue Nouvelle règle de mise en forme. Vous y définirez la condition de la règle et la mise en forme à appliquer quand la condition est remplie.

APPLIQUEZ UNE BARRE DE DONNÉES

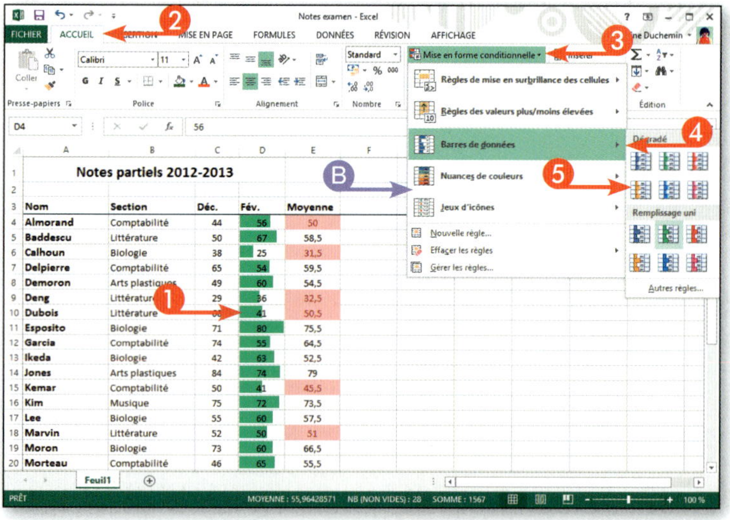

1 Sélectionnez les cellules associées à une mise en forme conditionnelle.

2 Cliquez l'onglet **Accueil**.

3 Cliquez le bouton **Mise en forme conditionnelle**.

4 Cliquez **Barres de données**.

5 Cliquez une option de remplissage.

B Au lieu d'une barre de données, vous pourriez choisir une échelle de couleurs ou une série de symboles en cliquant **Nuances de couleurs** ou **Jeux d'icônes**.

Pour supprimer une mise en forme conditionnelle, sélectionnez les cellules concernées, cliquez le bouton **Mise en forme conditionnelle** dans l'onglet Accueil et cliquez **Gérer les règles**. Dans le Gestionnaire qui apparaît, sélectionnez la règle à éliminer et cliquez **Supprimer**.

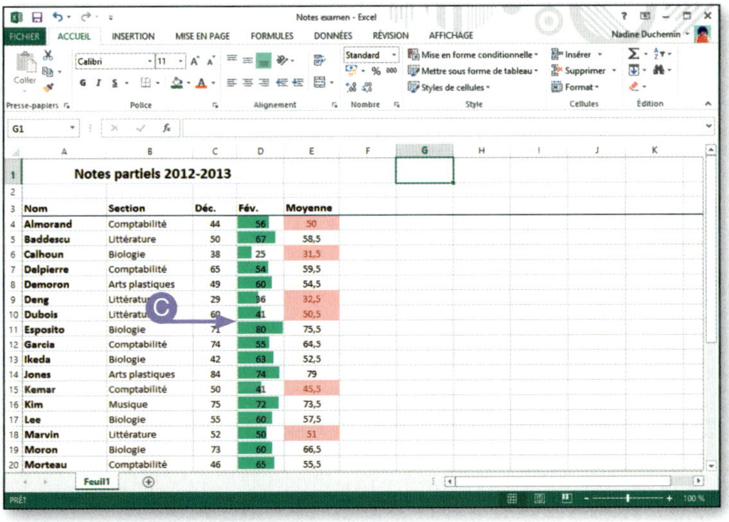

Ⓒ Excel représente la mise en forme conditionnelle par des barres de données dont la longueur est proportionnelle aux valeurs.

Vous pouvez insérer des colonnes et des lignes à votre feuille de calcul pour y ajouter d'autres données. Par exemple, vous pourriez avoir tapé des noms de produits dans les lignes d'une feuille de calcul pour présenter le volume des ventes sur une certaine période, mais vous n'avez pas précisé les départements ou pays concernés. Vous pensez maintenant à ajouter les lieux en tant que titres de lignes pour répartir les ventes par lieux et par produits.

INSÉREZ UNE COLONNE

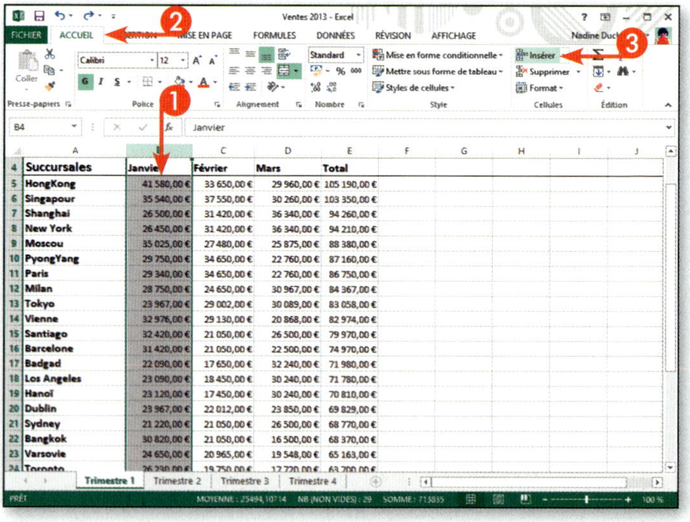

❶ Cliquez l'en-tête de la colonne que vous allez décaler vers la droite pour insérer une colonne à sa gauche.

❷ Cliquez l'onglet **Accueil**.

❸ Cliquez le bouton **Insérer**.

❹ Cliquez **Insérer des colonnes dans la feuille**.

Vous pourriez aussi cliquer du bouton droit l'en-tête d'une colonne et choisir **Insertion**.

Vous n'êtes pas limité à l'ajout d'une seule colonne ou ligne ; il est possible d'ajouter plusieurs colonnes ou lignes à la fois.

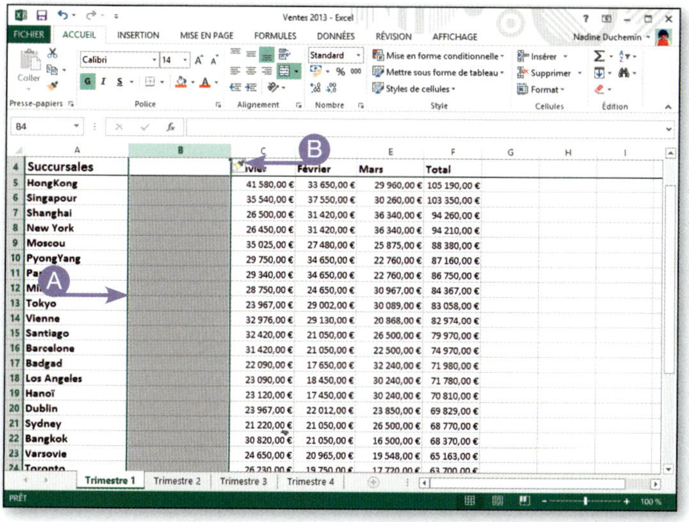

A Excel intercale une colonne vide.

B Le bouton Options d'insertion ( ) apparaît après l'ajout d'une colonne, cliquez ce bouton pour voir les options disponibles.

INSÉREZ DES COLONNES OU DES LIGNES

Pour insérer plusieurs colonnes, commencez par sélectionner le nombre de colonnes à ajouter, puis lancez la commande d'insertion depuis le bouton Insérer ou le menu contextuel. Si vous avez sélectionné trois colonnes, Excel ajoute trois colonnes à gauche de la plage sélectionnée.

INSÉREZ UNE LIGNE

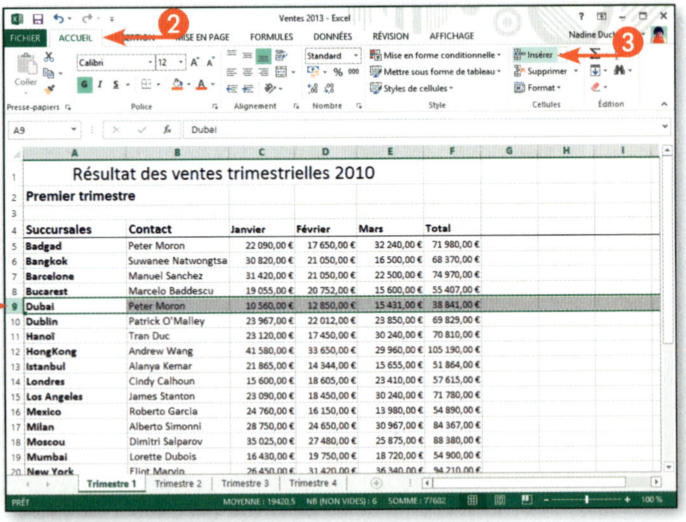

❶ Cliquez l'en-tête de la ligne au-dessus de laquelle vous voulez ajouter une ligne.

❷ Cliquez l'onglet **Accueil**.

❸ Cliquez le bouton **Insérer**.

Vous pourriez aussi cliquer du bouton droit l'en-tête d'une ligne et choisir **Insertion**.

Le bouton Options d'insertion propose trois options. Après l'ajout d'une ligne, vous avez le choix entre Format identique à celui du dessus, Format identique à celui du dessous ou Effacer la mise en forme (○ devient ◉). Pour l'ajout d'une colonne, les options sont Format identique à celui de gauche, Format identique à celui de droite ou Effacer la mise en forme (○ devient ◉).

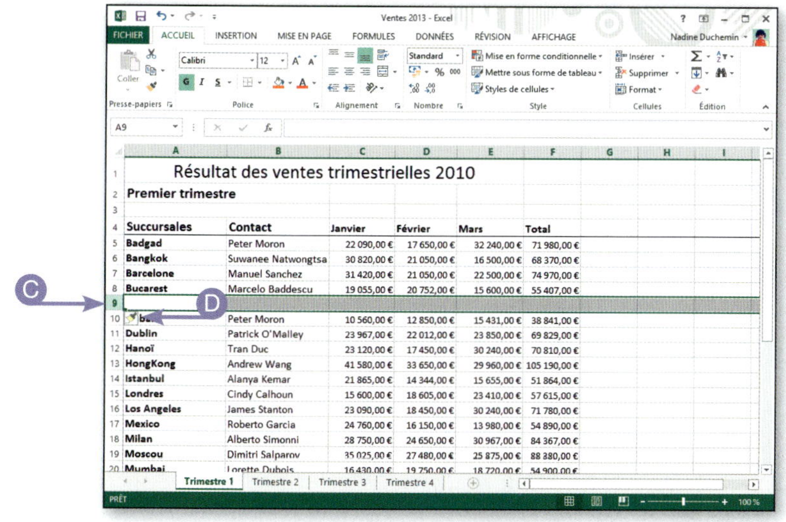

Ⓒ Excel intercale une ligne vide.

Ⓓ Le bouton Options d'insertion (✐ ▾) apparaît après l'ajout d'une ligne, cliquez ce bouton pour voir les options disponibles.

REDIMENSIONNEZ DES COLONNES OU DES LIGNES

Les valeurs trop longues pour tenir dans la cellule sont parfois représentées par des signes dièse, tandis que les lignes de texte qui débordent de la cellule apparaissent tronquées quand la cellule suivante contient des données. Lorsque vous sélectionnez l'une de ces cellules, la valeur ou le texte apparaît en entier dans la barre de formule.

REDIMENSIONNEZ DES COLONNES OU DES LIGNES

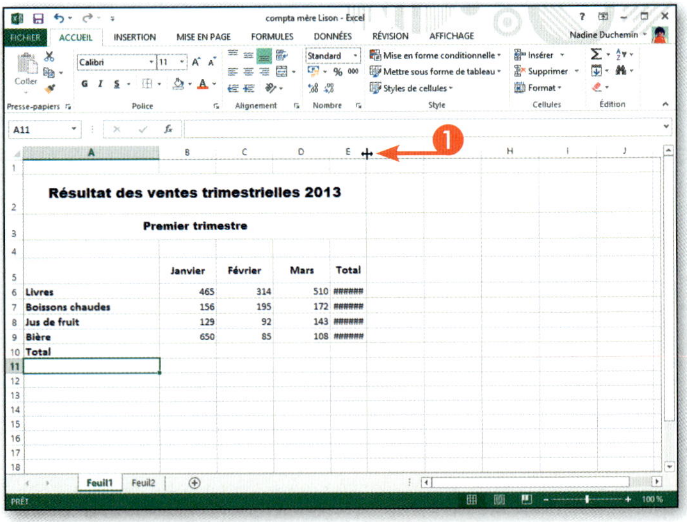

1 Placez le pointeur sur le bord droit de l'en-tête de la colonne ou sur le bord inférieur de l'en-tête de ligne à redimensionner.

Le pointeur ✛ se transforme en ✛.

2 Faites glisser le bord de l'en-tête jusqu'à obtenir les dimensions voulues.

Pour voir le texte en entier dans la feuille de calcul, vous pouvez activer le retour à la ligne automatique comme il est indiqué à la section « Afficher le texte en entier dans une cellule » ou élargir la colonne. De même, pour voir toutes les valeurs, même les plus longues, il suffit de redimensionner les colonnes concernées.

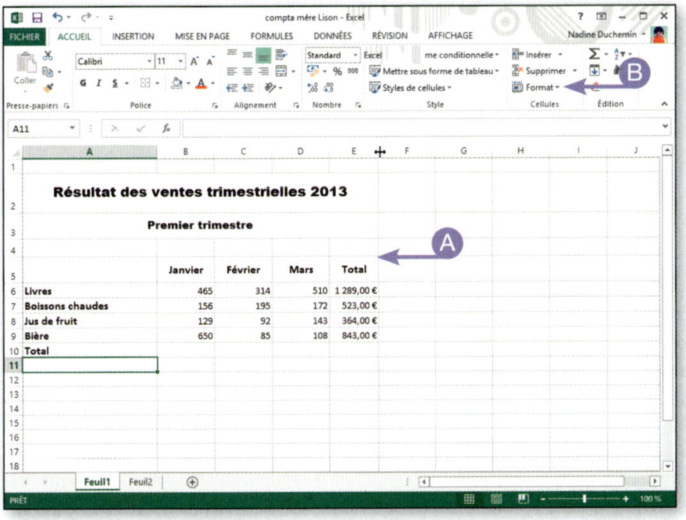

Ⓐ Une ligne pointillée indique la position que va prendre le bord de la colonne ou de la ligne que vous êtes en train de redimensionner, tandis qu'Excel indique la nouvelle hauteur de ligne ou largeur de colonne.

❸ Relâchez le bouton de la souris.

Ⓑ Autrement, sélectionnez une colonne ou une ligne, cliquez le bouton **Format** dans l'onglet Accueil et choisissez **Ajuster la largeur de colonne** ou **Ajuster la hauteur de ligne** pour obtenir directement la largeur ou la hauteur nécessaire pour faire tenir le texte en entier.

Lorsque vous travaillez sur une feuille de calcul volumineuse qui ne tient pas en entier dans l'écran, vous pouvez figer une ou plusieurs colonnes ou lignes de façon à les conserver à l'écran indépendamment de la positon du pointeur dans la feuille de calcul.

FIGEZ LES TITRES DES COLONNES ET DES LIGNES

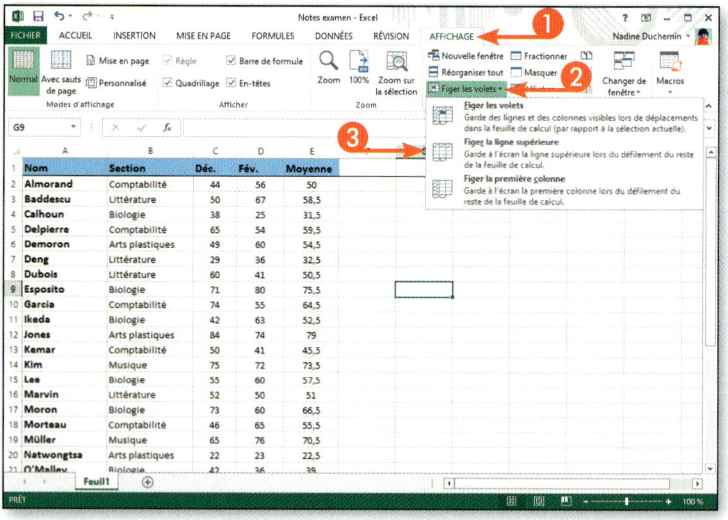

Note. *Pour figer à la fois une colonne et une ligne, cliquez la cellule à droite de la colonne et au-dessous de la ligne que vous voulez conserver à l'écran.*

1. Cliquez l'onglet **Affichage**.

2. Cliquez **Figer les volets**.

3. Cliquez l'une des options du menu.

La commande Figer les volets sert à figer une ligne de titres de colonnes et une colonne de titres de lignes. Vous pourriez aussi choisir Figer la ligne supérieure ou Figer la première colonne.

Cet exemple fige la première ligne.

L'intérêt de cette fonction est de garder à l'écran les titres des colonnes quand vous affichez les lignes inférieures. De même, en figeant les titres des lignes, vous les conservez en vue quand vous travaillez sur les colonnes à droite.

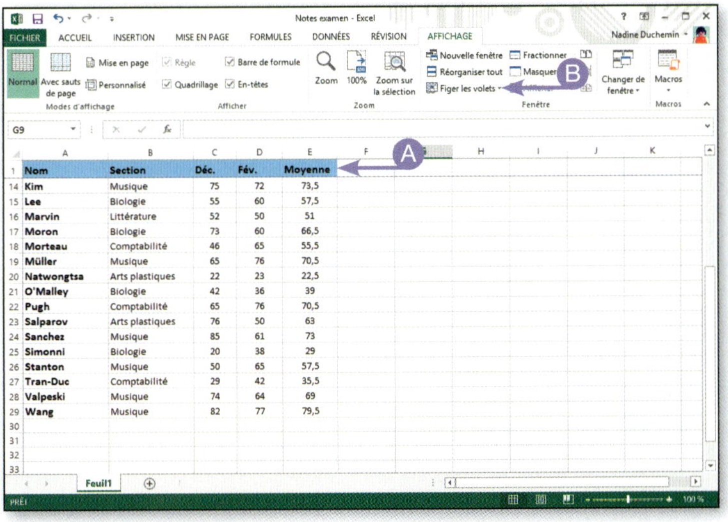

Excel fige la portion spécifiée.

4 Appuyez sur Page suivante ou Alt + Page suivante pour décaler la vue d'un écran vers le bas ou vers la droite.

A Les colonnes ou lignes figées restent à l'écran.

B Pour déverrouiller les colonnes ou lignes, cliquez le bouton **Figer les volets** et choisissez **Libérer les volets**.

Le verrouillage de colonnes et de lignes ne concerne que l'affichage à l'écran, sans aucune incidence sur la feuille imprimée.

VILLE DU MANS
MEDIATHEQUE
LOUIS ARAGON

NOMMEZ UNE PLAGE

Vous pouvez identifier une cellule ou une plage de cellules par un nom de votre choix. Une *plage* est un groupe de cellules adjacentes qui forment un rectangle ; une plage peut se composer d'une seule cellule.

ATTRIBUEZ UN NOM À UNE PLAGE

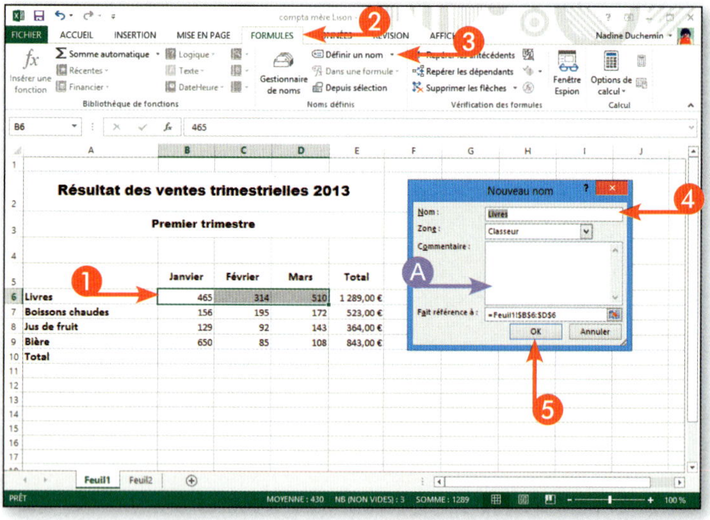

1. Sélectionnez les cellules qui composent la plage à nommer.
2. Cliquez l'onglet **Formules**.
3. Cliquez **Définir un nom**.

La boîte de dialogue Nouveau nom apparaît.

Note. *Excel suggère un nom d'après le texte de la première cellule ou d'une cellule voisine. Si le nom proposé vous convient, ignorez l'étape* ***4****.*

4. Tapez un nom pour la plage dans le champ **Nom**.

A. Le champ Commentaire vous permet d'ajouter une note qui décrit le contenu de la plage.

5. Cliquez **OK**.

Les noms que vous attribuez vous aideront à identifier le contenu des plages. De plus, les noms peuvent être utilisés dans les formules, ce qui vous aide à déchiffrer les formules. (Les formules sont étudiées au chapitre 10.) Sachez qu'il y a certaines règles à respecter pour le choix des noms de plages.

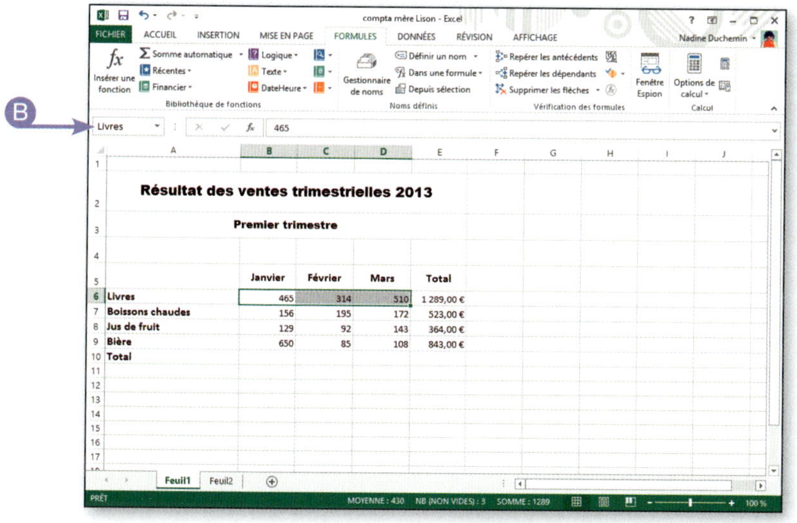

Excel attribue le nom aux cellules.

B Lorsque vous sélectionnez la plage, son nom apparaît dans le champ Nom.

NOMMEZ UNE PLAGE

Le choix des noms de plages doit respecter certaines règles. Le nom doit être unique et se limiter à 256 caractères au maximum. Vous pouvez employer majuscules et minuscules, mais Excel ne fait pas la distinction, si bien que les noms « ventes » et « VENTES » sont identiques. Le premier caractère du nom doit être une lettre, le signe de soulignement (_) ou la barre oblique inversée (\).

SÉLECTIONNEZ UNE PLAGE NOMMÉE

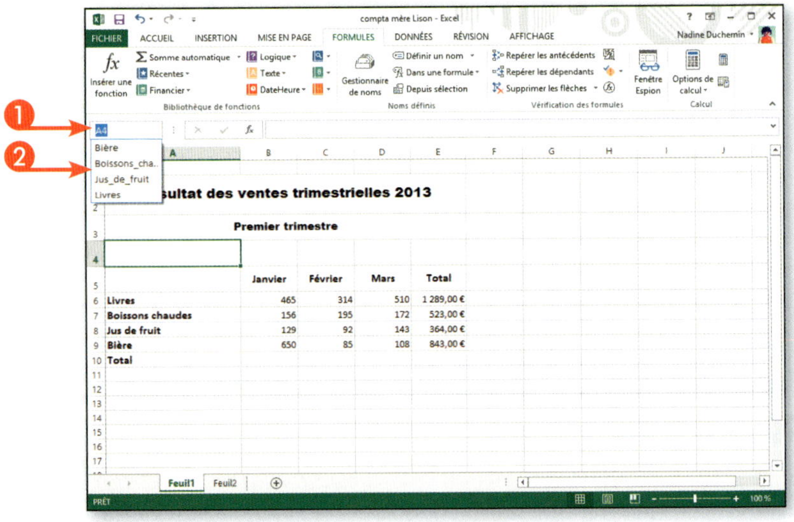

1 Cliquez la flèche du champ **Nom**.

2 Cliquez le nom de la plage de cellules à sélectionner.

Le nom ne doit pas contenir d'espace ; vous remplacerez l'espace par un tiret ou le signe de soulignement. Il est interdit de nommer une plage par la lettre C ou R majuscule ou minuscule, ainsi que d'attribuer comme nom une référence de cellules, telle que A1 ou F6.

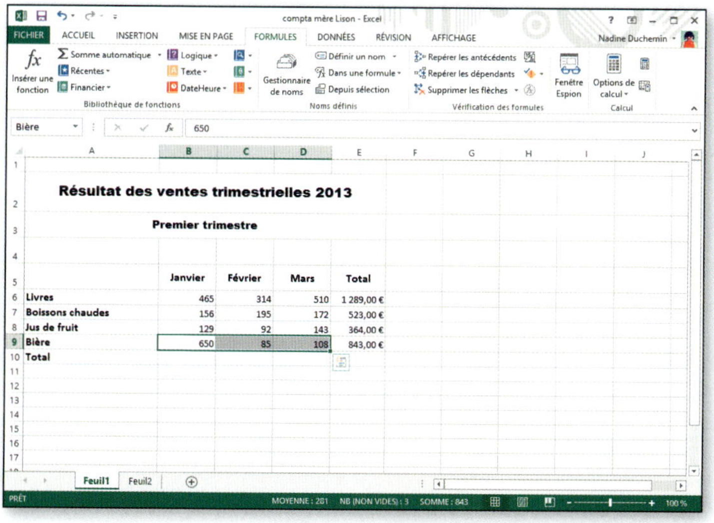

Excel sélectionne la plage désignée par le nom choisi dans la liste.

Note. *Le Gestionnaire de noms sert à agir sur les noms des plages. Pour y accéder, cliquez le bouton* ***Gestionnaire de noms*** *dans l'onglet Formules. Vous pouvez modifier le nom d'une plage, changer les cellules référencées par une plage ou supprimer les noms de plages devenus inutiles.*

EFFACEZ OU SUPPRIMEZ DES CELLULES

Vous pouvez effacer la mise en forme, le contenu, le format de liens hypertexte ou les commentaires associés à une cellule. Cette action est utile lorsque vous voulez redonner à la cellule le formatage par défaut d'Excel sans avoir à redéfinir chacun des attributs.

EFFACEZ DES CELLULES

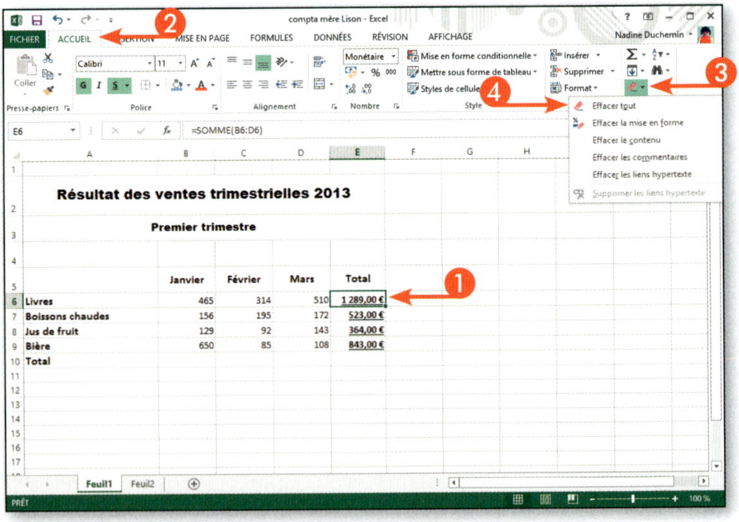

1. Sélectionnez la cellule ou la plage qui contient les données ou la mise en forme à supprimer.
2. Cliquez l'onglet **Accueil**.
3. Cliquez le bouton **Effacer** ( ).
4. Choisissez la commande à exécuter.

Cet exemple efface la mise en forme d'une cellule.

Par ailleurs, il est possible de supprimer des lignes ou des colonnes de données. Lorsque vous supprimez des lignes ou des colonnes, Excel décale les autres cellules de la feuille de calcul vers le haut ou vers la droite de manière à combler le vide laissé par les cellules supprimées.

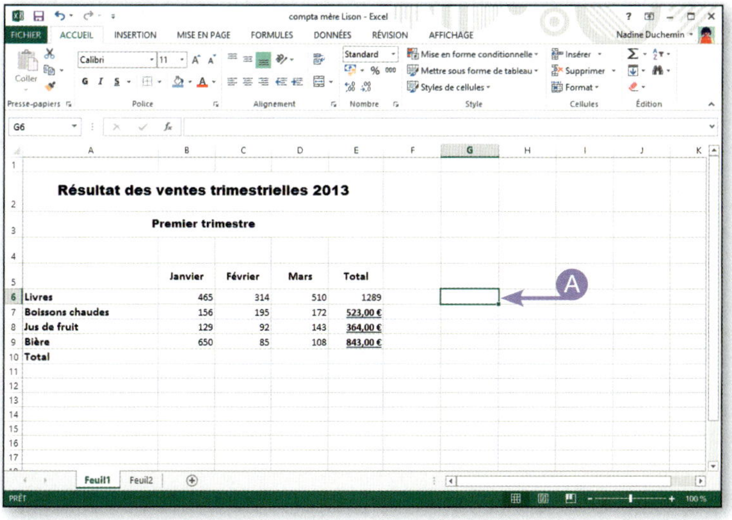

(A) Excel efface la cellule en fonction de l'option choisie à l'étape **4**.

Dans cet exemple, Excel supprime la mise en forme en conservant les données de la cellule.

EFFACEZ OU SUPPRIMEZ DES CELLULES

Les commandes Effacer la mise en forme et Effacer le contenu agissent différemment. La première se contente d'annuler la mise en forme et conserve le contenu des cellules. Ainsi, vous conservez les données et pouvez leur appliquer une autre mise en forme. Cette commande vous servira lorsque vous n'appréciez pas le résultat d'une mise en forme complexe.

SUPPRIMEZ DES LIGNES OU DES COLONNES

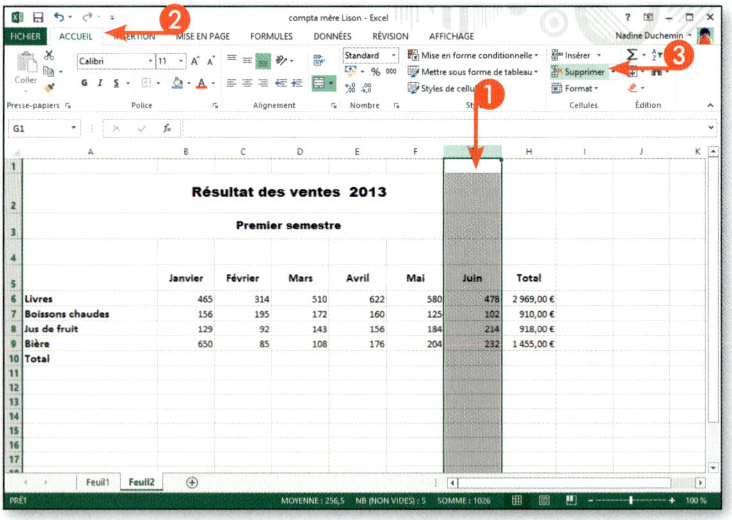

❶ Cliquez la lettre de la colonne ou le numéro de la ligne à supprimer.

Cet exemple supprime une colonne.

❷ Cliquez l'onglet **Accueil**.

❸ Cliquez **Supprimer**.

Vous pourriez aussi cliquer du bouton droit l'en-tête d'une ligne ou d'une colonne et choisir **Supprimer**.

En bref, Effacer la mise en forme sert à recommencer à neuf le formatage des cellules. La commande Effacer le contenu, au contraire, supprime le contenu de la cellule, mais conserve sa mise en forme. Les nouvelles données que vous taperez dans la cellule présenteront la même mise en forme que les données effacées.

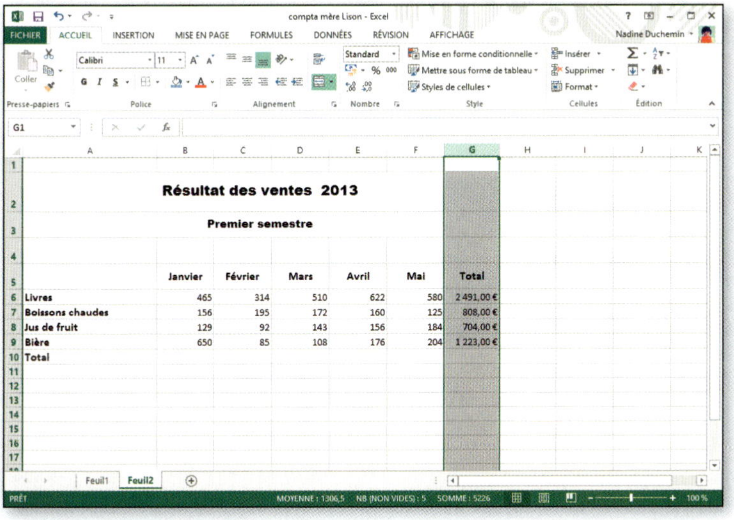

Excel supprime la ligne ou la colonne et décale les autres données vers le haut ou vers la droite pour combler le vide laissé par les cellules supprimées.

Les nouveaux classeurs Excel se composent par défaut d'une seule feuille de calcul. Or, vous aurez parfois besoin de feuilles supplémentaires pour continuer d'entrer des données dans le classeur. Dans le cas d'un classeur qui décrit les produits vendus par votre société, vous pourriez ajouter une feuille de calcul pour chaque famille de produits. Il est très facile d'ajouter une feuille de calcul.

AJOUTEZ UNE FEUILLE DE CALCUL

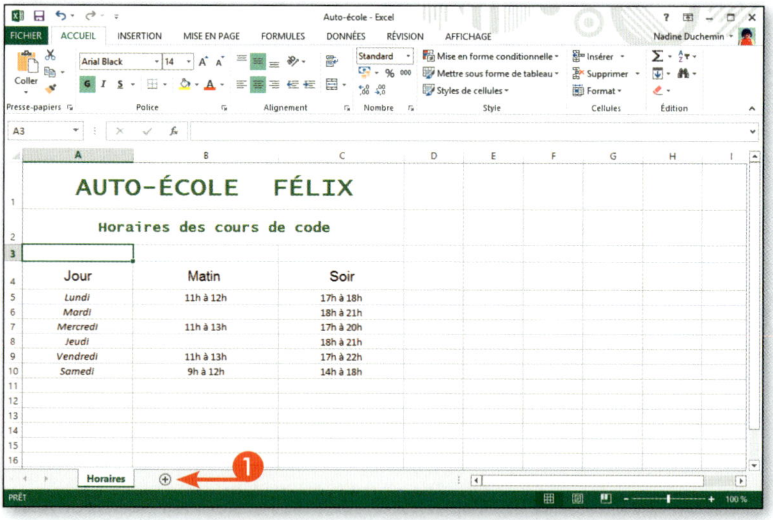

1 Cliquez le bouton **Nouvelle feuille** (⊕).

Vous pouvez aussi cliquer du bouton droit l'onglet d'une feuille de calcul et choisir **Insérer** pour ouvrir la boîte de dialogue Insérer où vous choisirez d'ajouter une feuille de calcul.

Quand vous ajoutez une feuille, Excel lui attribue un nom par défaut. Vous aurez intérêt à renommer vos feuilles de calcul pour leur donner des noms descriptifs du contenu. Pour ce faire, reportez-vous à la prochaine section, « Nommez une feuille de calcul ».

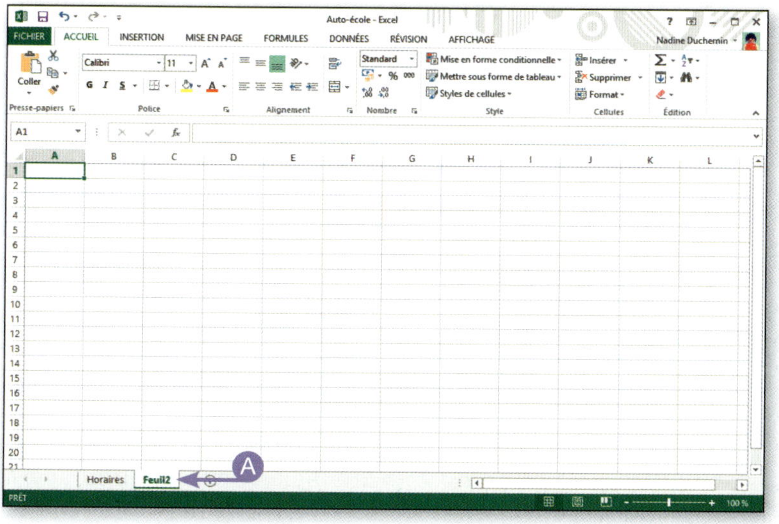

Ⓐ Excel ajoute une feuille de calcul et lui attribue un nom par défaut.

NOMMEZ UNE FEUILLE DE CALCUL

Lors de la création d'un nouveau classeur, sa première feuille de calcul reçoit un nom par défaut. Celles que vous ajoutez ensuite reçoivent aussi un nom par défaut.

NOMMEZ UNE FEUILLE DE CALCUL

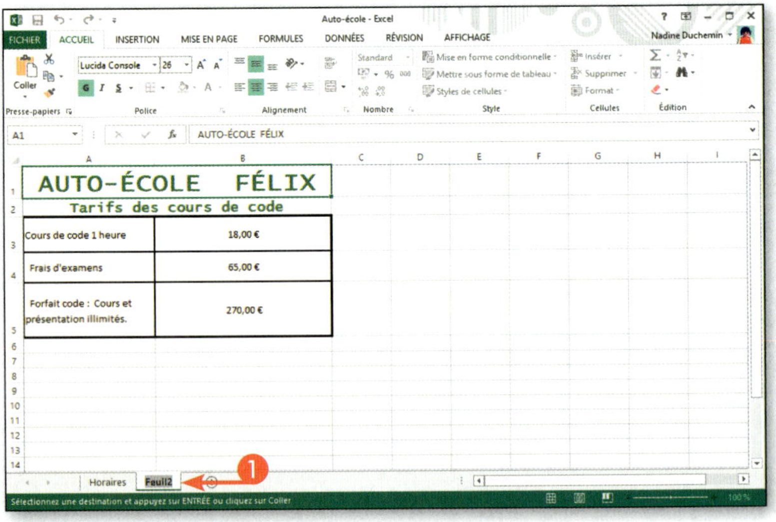

1 Double-cliquez l'onglet de la feuille de calcul à renommer.

Le nom actuel apparaît en surbrillance.

Vous pouvez aussi cliquer l'onglet du bouton droit et choisir la commande **Renommer**.

Vous changerez le nom de vos feuilles de calcul Excel pour identifier plus facilement leur contenu. Par exemple, si votre classeur contient quatre feuilles de calcul, décrivant chacune les résultats des ventes des quatre trimestres de l'année, vous pouvez les nommer Trimestre 1, Trimestre 2, et ainsi de suite.

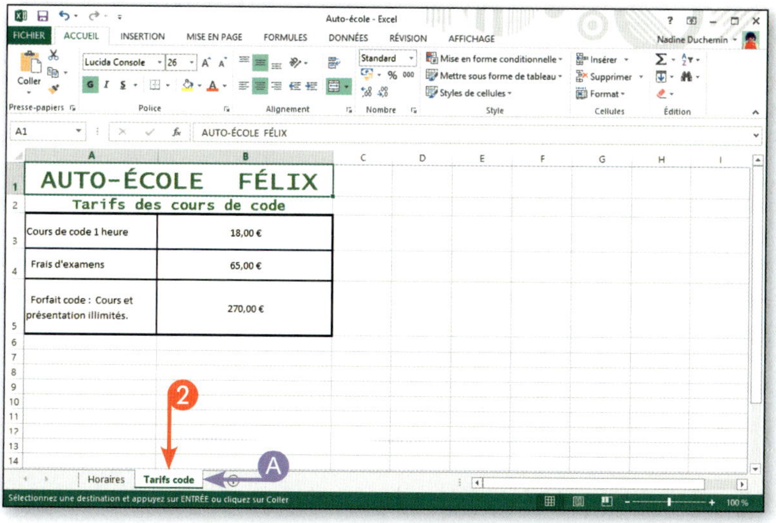

2 Tapez un autre nom pour la feuille de calcul.

3 Appuyez sur Entrée.

A Excel attribue le nouveau nom à la feuille de calcul.

MODIFIEZ LES OPTIONS DE MISE EN PAGE

Vous pouvez agir sur les options de mise en page : orientation des pages, marges, format du papier, *etc.* Par exemple, si le tableau est trop large pour tenir dans une page A4, vous choisirez l'orientation Paysage pour faire tenir plus de données horizontalement.

CHANGEZ L'ORIENTATION DES PAGES

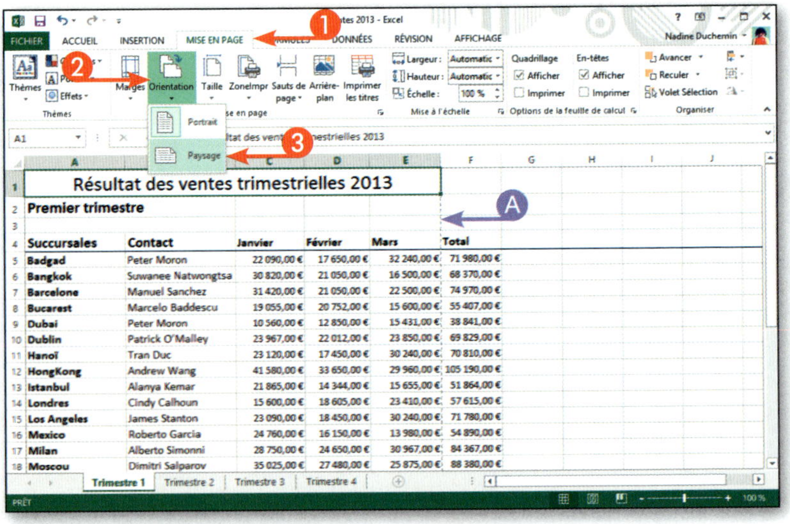

Ⓐ Les lignes en pointillé signalent les sauts de page définis par Excel.

❶ Cliquez l'onglet **Mise en page**.

❷ Cliquez **Orientation**.

❸ Cliquez **Portrait** ou **Paysage**.

Note. *Portrait est l'orientation par défaut.*

Vous pouvez aussi définir la largeur des marges et insérer des sauts de page pour choisir vous-même la répartition des données dans les pages.

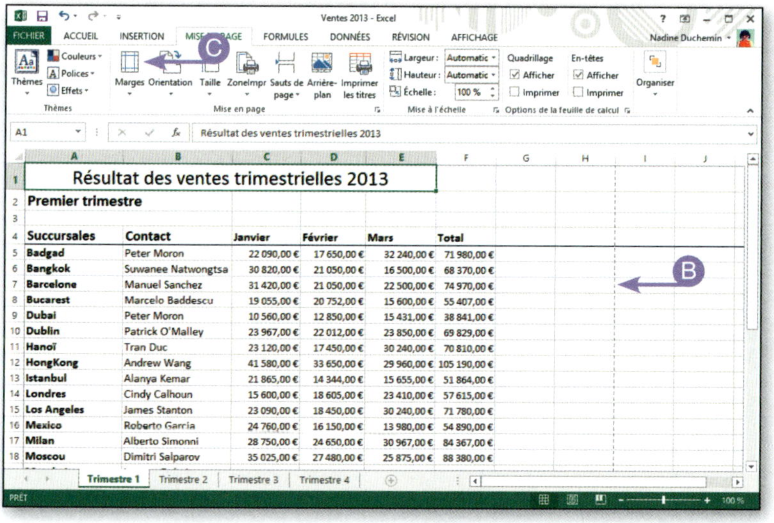

Excel applique l'orientation choisie. Cet exemple définit l'orientation Paysage.

Ⓑ Excel déplace l'indicateur de saut de page en fonction de la nouvelle orientation de la page.

Ⓒ Cliquez le bouton **Marges** pour définir les marges des pages de la feuille de calcul.

MODIFIEZ LES OPTIONS DE MISE EN PAGE

Vous pouvez définir une zone d'impression afin d'imprimer uniquement une portion de la feuille de calcul. Pour ce faire, sélectionnez les plages de cellules que vous voulez imprimer, cliquez l'onglet Mise en page, cliquez le bouton ZoneImpr, puis cliquez Définir. Excel encadre de pointillés la zone d'impression ainsi définie.

INSÉREZ UN SAUT DE PAGE

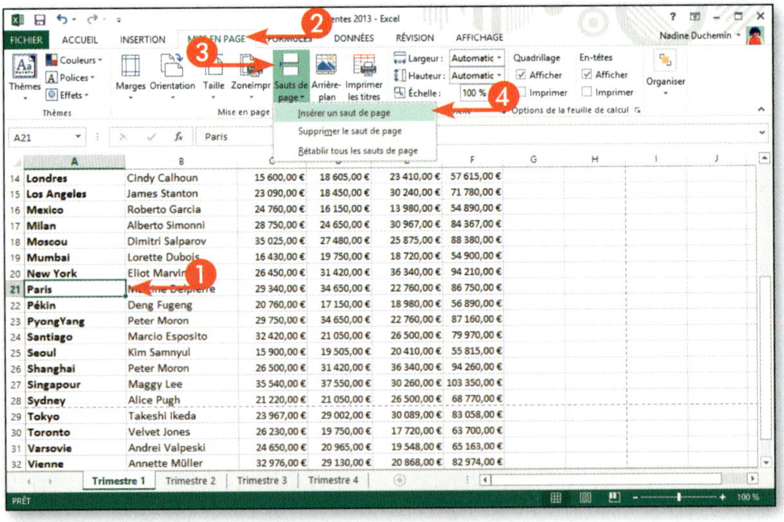

❶ Sélectionnez la ligne au-dessus de laquelle vous voulez insérer un saut de page.

❷ Cliquez l'onglet **Mise en page**.

❸ Cliquez le bouton **Sauts de page**.

❹ Cliquez **Insérer un saut de page**.

Les marges s'appliquent à toutes les pages d'une feuille de calcul. Aussi, quand vous avez besoin d'appliquer des marges différentes pour les sections de données à imprimer, vous répartirez les sections sur différentes feuilles et définirez les marges de chaque feuille de calcul.

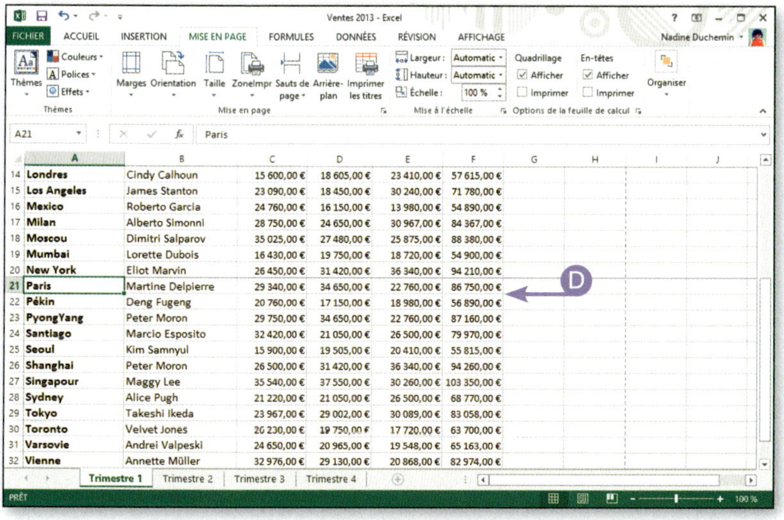

D Excel insère une ligne continue qui représente le saut de page que vous venez de définir.

DÉPLACEZ OU COPIEZ UNE FEUILLE DE CALCUL

Vous pouvez déplacer une feuille de calcul au sein du même classeur ou vers un autre classeur. Ce déplacement peut être utile si les onglets des feuilles ne sont plus dans le bon ordre après l'ajout d'une nouvelle feuille de calcul. Vous pouvez également déplacer une feuille de calcul pour l'utiliser comme point de départ pour créer une autre feuille de structure similaire.

DÉPLACEZ OU COPIEZ UNE FEUILLE DE CALCUL

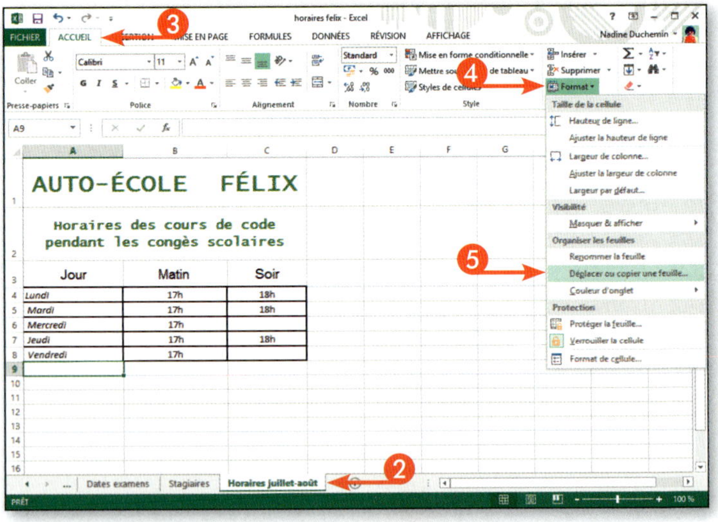

❶ Si vous prévoyez de déplacer une feuille de calcul vers un autre classeur, ouvrez les deux classeurs et activez celui qui contient la feuille à déplacer.

❷ Cliquez l'onglet de la feuille de calcul que vous voulez déplacer ou copier afin de l'activer.

❸ Cliquez l'onglet **Accueil**.

❹ Cliquez **Format**.

❺ Cliquez **Déplacer ou copier une feuille**.

En plus du déplacement, vous pouvez copier des feuilles de calcul. La copie d'une feuille vous sera utile lorsque vous prévoyez de la remodeler entièrement.

La boîte de dialogue Déplacer ou copier apparaît.

Ⓐ Si nécessaire, cliquez la liste déroulante pour y choisir le classeur de destination.

❻ Choisissez où la feuille va venir s'insérer.

Note. *La feuille copiée ou déplacée va s'insérer avant la feuille sélectionnée dans la liste.*

Ⓑ Pour dupliquer la feuille de calcul, cochez l'option **Créer une copie** (☐ devient ☑).

❼ Cliquez **OK**.

Excel déplace ou copie la feuille de calcul à son nouvel emplacement.

Il est facile de supprimer d'un classeur une feuille de calcul devenue inutile. Vous pourriez supprimer une feuille qui contient des données périmées ou concernant un produit que votre société ne vend plus.

SUPPRIMEZ UNE FEUILLE DE CALCUL

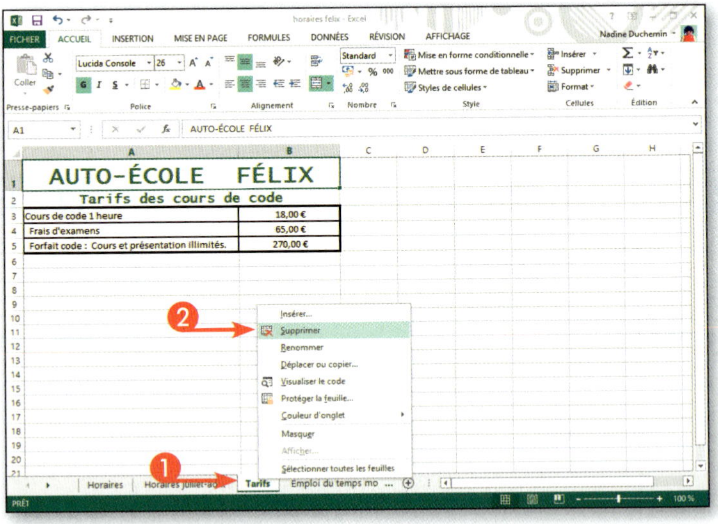

1. Cliquez du bouton droit l'onglet de la feuille de calcul.
2. Cliquez **Supprimer**.

Note. *Vous pourriez aussi cliquer la flèche du bouton* ***Supprimer*** *dans l'onglet Accueil et cliquer* ***Supprimer une feuille****.*

Si la feuille est vide, Excel la supprime directement.

Excel demande confirmation avant de supprimer une feuille de calcul, à moins que celle-ci ne soit vide. Quand vous supprimez une feuille de calcul, elle disparaît définitivement du fichier du classeur et Excel affiche la feuille suivante.

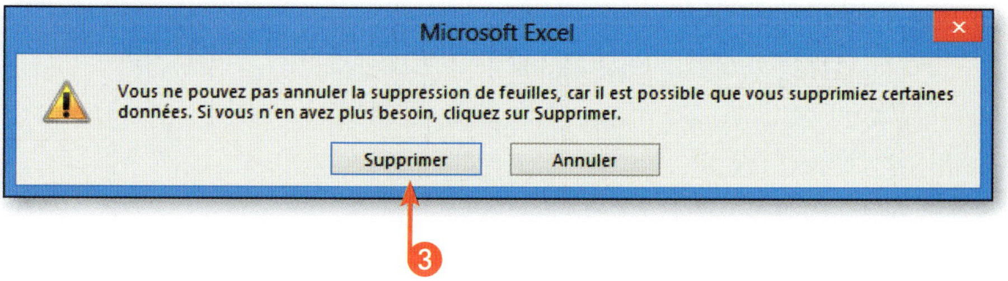

Si la feuille de calcul contient des données, Excel demande confirmation de la suppression.

3 Cliquez **Supprimer**.

La feuille de calcul disparaît.

RECHERCHEZ ET REMPLACEZ DES DONNÉES

Excel vous permet de chercher un nombre, une formule ou du texte dans la feuille et de remplacer l'information trouvée. Si vous avez besoin de remplacer un nom propre - « Beijing » à la place de « Pékin », par exemple -, il sera facile de corriger l'erreur avec la fonction Remplacer. Comme Excel trouve toutes les occurrences des données à remplacer, vous devez faire attention avant de décider de tout remplacer d'un seul coup. Il est préférable de chercher et remplacer les occurrences une à une afin de les vérifier.

RECHERCHEZ ET REMPLACEZ DES DONNÉES

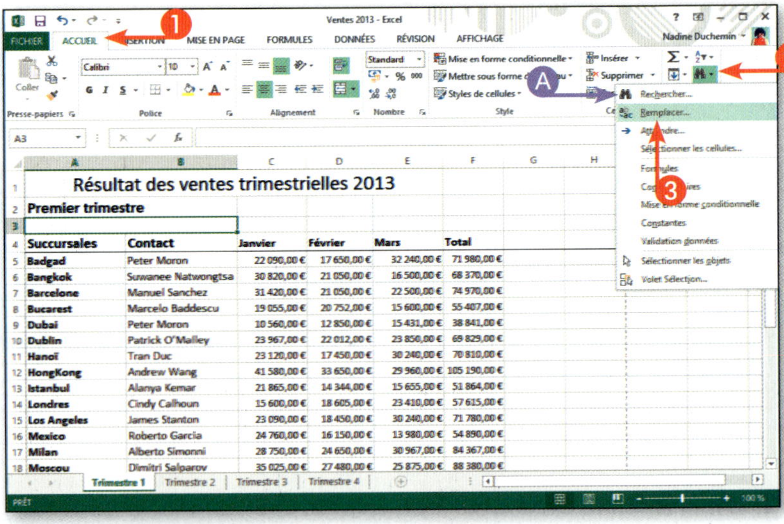

1 Cliquez l'onglet **Accueil**.

2 Cliquez **Rechercher et sélectionner**.

3 Cliquez **Remplacer**.

A Pour simplement rechercher des données, cliquez **Rechercher**.

Vous pouvez lancer la recherche sur la feuille entière ou sur la plage de cellules que vous aurez préalablement sélectionnée.

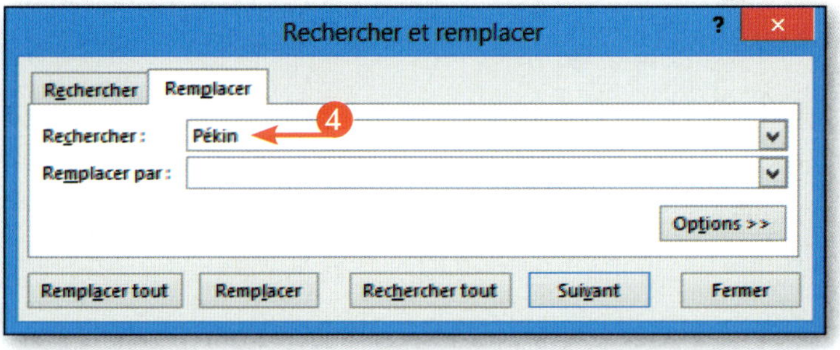

Excel affiche la boîte de dialogue Rechercher et remplacer.

4 Tapez les données à rechercher.

Le bouton Options de la boîte de dialogue Rechercher et remplacer donne accès aux options de recherche. Il est possible d'effectuer la recherche par ligne ou par colonne et de passer outre les correspondances partielles. Les boutons Format vous permettent de rechercher et remplacer des caractères spéciaux et des mises en forme.

RECHERCHEZ ET REMPLACEZ DES DONNÉES (SUITE)

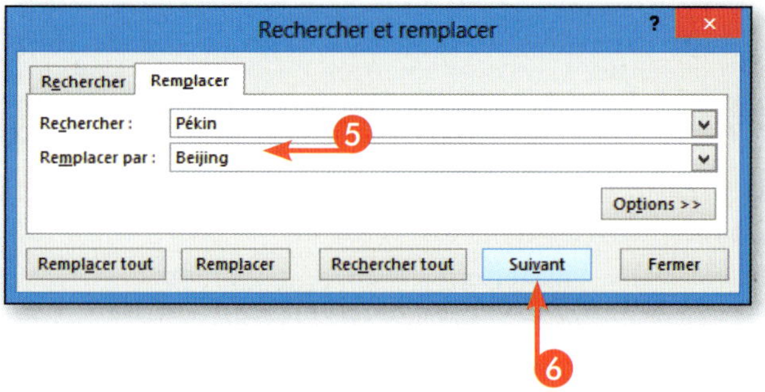

5 Tapez les données à substituer aux données saisies à l'étape 4.

6 Cliquez **Suivant**.

La boîte de dialogue Rechercher et remplacer permet de trouver et supprimer des données. Tapez le texte à supprimer dans le champ Rechercher et laissez vide le champ Remplacer par. Quand vous cliquez le bouton Remplacer, Excel trouve une occurrence du texte et la supprime de la feuille de calcul.

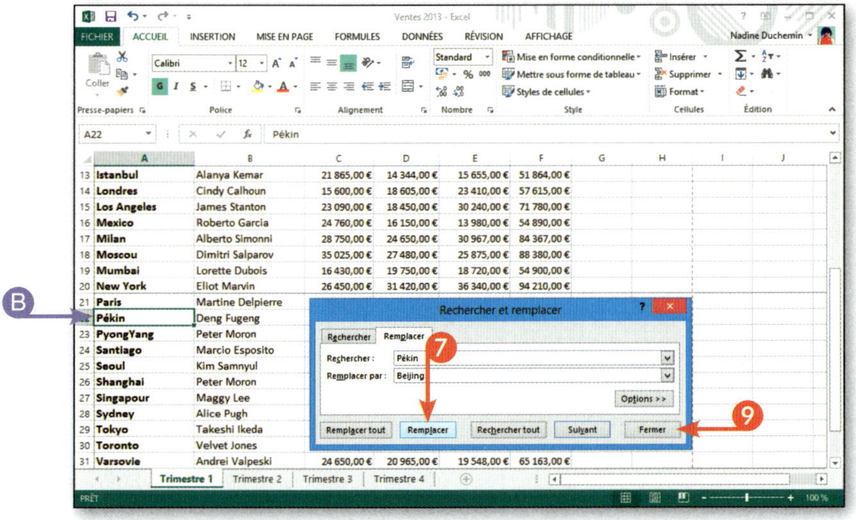

B Excel affiche la première occurrence trouvée.

7 Cliquez **Remplacer**.

Excel remplace les données dans la cellule.

C Excel trouve automatiquement l'occurrence suivante.

8 Répétez l'étape **7** jusqu'à effectuer tous les remplacements nécessaires.

Note. *Vous pouvez cliquer* ***Remplacer tout*** *pour remplacer toutes les occurrences dans la feuille de calcul sans les vérifier.*

Excel vous avertit lorsque toutes les occurrences ont été trouvées.

9 Cliquez **OK** pour fermer le message d'avertissement, puis cliquez **Fermer** pour fermer la boîte de dialogue Rechercher et remplacer.

CRÉEZ UNE TABLE

Vous pouvez créer une *table* à partir d'une plage de données apparentées. Chaque ligne de la table, qu'on appelle *fiche*, contient des informations à propos d'un élément, tandis que les colonnes de la table contiennent les *champs* qui constituent chaque fiche. Dans la table d'un carnet d'adresses, par exemple, chaque fiche regroupe toutes les coordonnées d'une personne et chaque colonne contient tous les noms de famille, prénoms, adresses postales, *etc.*

CRÉEZ UNE TABLE

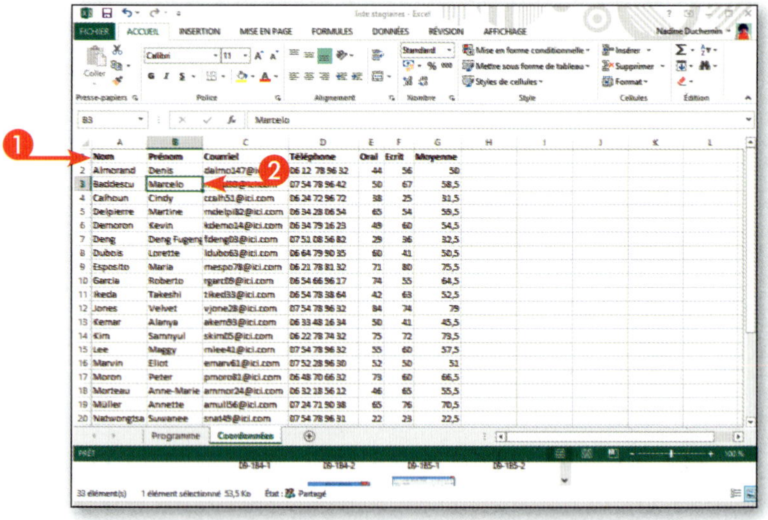

❶ Remplissez une plage de cellules dont chaque ligne contient des données de même nature.

❷ Cliquez dans la plage.

Lorsque vous définissez une table, Excel identifie les données de la plage comme appartenant à une table et la formate en ajoutant la fonction de filtre automatique en haut de chaque colonne.

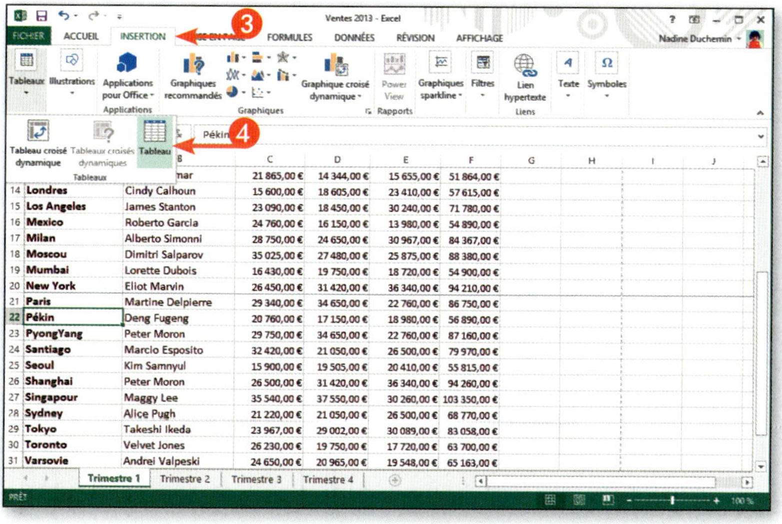

3 Cliquez l'onglet **Insertion**.

4 Cliquez **Tableau**.

CRÉEZ UNE TABLE

L'intérêt de définir une table est de disposer des fonctions de tri et de faciliter la navigation. La table vous permet notamment de trouver la valeur la plus élevée dans une plage ou les données qui répondent à certains critères.

CRÉEZ UNE TABLE (SUITE)

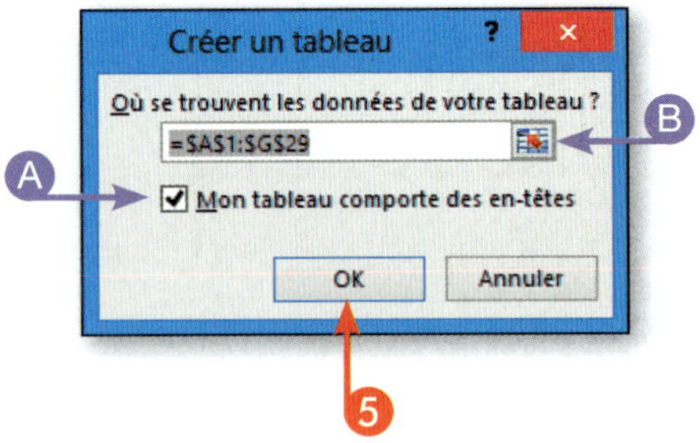

La boîte de dialogue Créer un tableau apparaît en suggérant une plage de cellules pour la table.

Ⓐ Retirez la coche de cette option (☑ devient ☐) si les titres des colonnes ne se trouvent pas dans la ligne 1.

Ⓑ Si nécessaire, cliquez ▦ pour sélectionner une autre plage en faisant glisser le pointeur dans la feuille de calcul.

5 Cliquez **OK**.

Lorsqu'une cellule d'une table est active, la touche Tab a pour effet d'activer la cellule suivante ou la ligne suivante quand la sélection se trouve dans la dernière colonne. De plus, quand vous faites défiler une table vers le bas, Excel continue d'afficher les titres des colonnes.

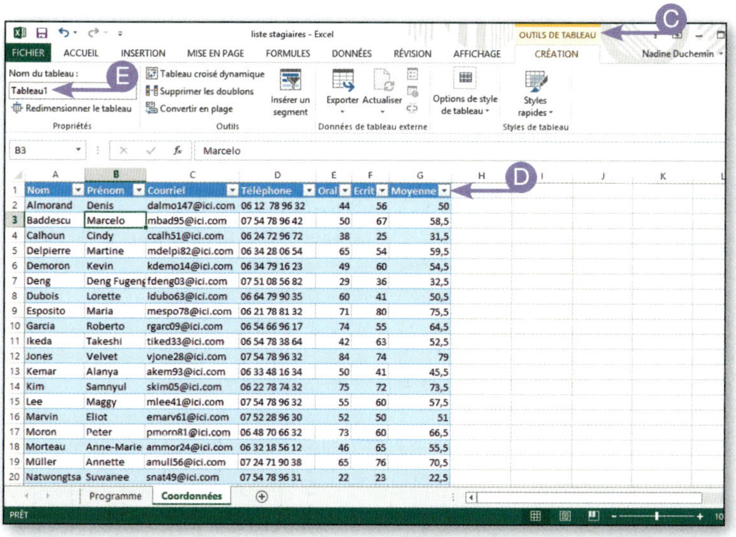

Excel crée une table et lui applique une mise en forme de tableau.

C L'onglet Outils de tableau Création est venu s'ajouter au Ruban.

D La flèche ▼ apparaît dans chaque titre de colonne.

E Excel attribue à la table un nom générique.

FILTREZ ET TRIEZ LES DONNÉES D'UNE TABLE

La création d'une table ajoute automatiquement une flèche de filtrage à chaque colonne, ce qui vous permet de filtrer et trier facilement le contenu de la table.

FILTREZ UNE TABLE

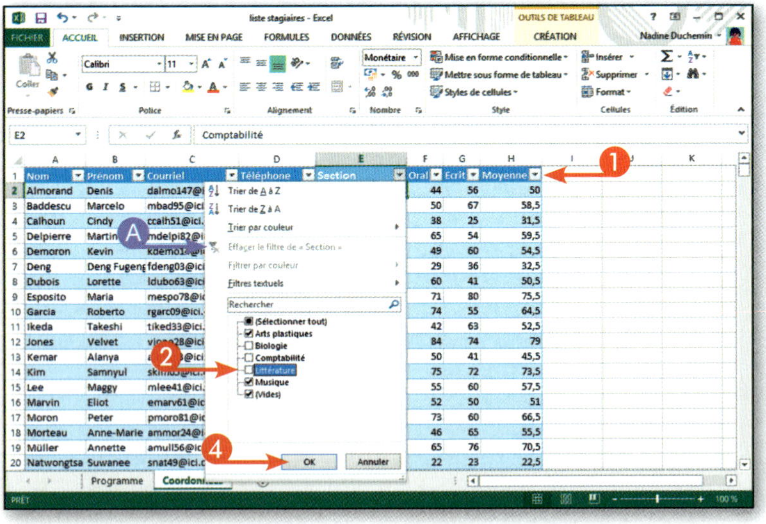

❶ Cliquez ▼ à droite du titre de la colonne à utiliser pour le filtrage.

Ⓐ Excel affiche la liste des filtres disponibles pour cette colonne.

❷ Sélectionnez ou désélectionnez un filtre (☐ devient ☑ ou inversement ☑ devient ☐).

❸ Répétez l'étape **2** pour sélectionner tous les filtres à utiliser.

❹ Cliquez **OK**.

Le filtrage d'une table a pour effet d'afficher uniquement les données qui répondent aux conditions choisies dans les listes de filtrage des colonnes. Ces listes vous permettent également de trier la présentation des données de diverses manières. Excel identifie le type de données que contient chaque colonne et propose des options appropriées au type de données.

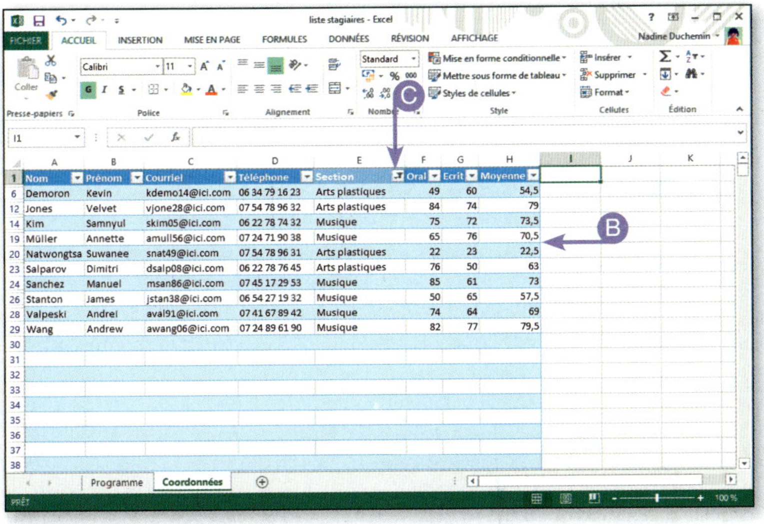

B Excel n'affiche plus que les données qui répondent aux critères définis à l'étape **2**.

C La flèche de filtrage ▼ s'est transformée en [icône] pour indiquer que les données de la colonne sont filtrées.

Si vous appliquez une couleur au contenu ou à l'arrière-plan des cellules, la commande Trier par couleur vous permet de filtrer la table en fonction des couleurs. Les couleurs peuvent être définies manuellement ou par une mise en forme conditionnelle ; reportez-vous au chapitre 8 à propos des mises en forme conditionnelles.

TRIEZ UNE TABLE

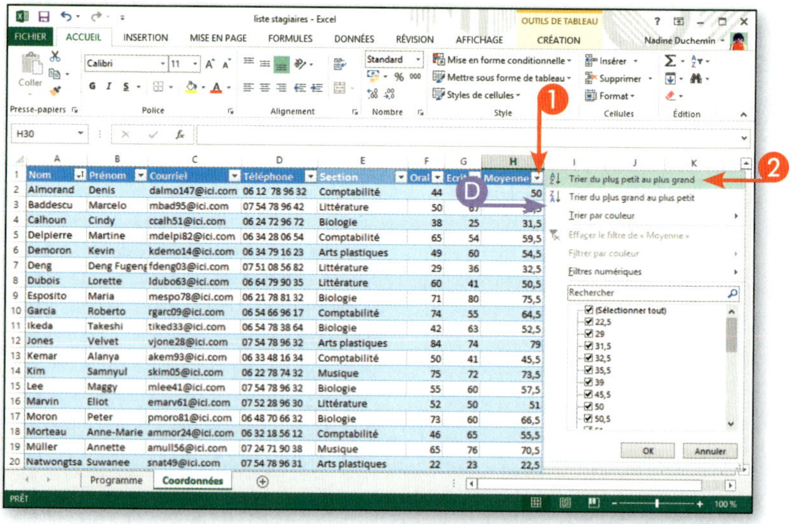

1 Cliquez ▼ à droite du titre de la colonne à utiliser pour le tri.

D Excel présente les options de tri disponibles.

2 Cliquez un ordre de tri.

Cet exemple ordonne les moyennes par ordre croissant.

Si la flèche de filtrage n'apparaît pas dans les titres de colonnes, cliquez l'onglet **Données** puis le bouton **Filtrer**. Ce bouton active et désactive l'affichage des flèches de filtrage ▼ dans la table.

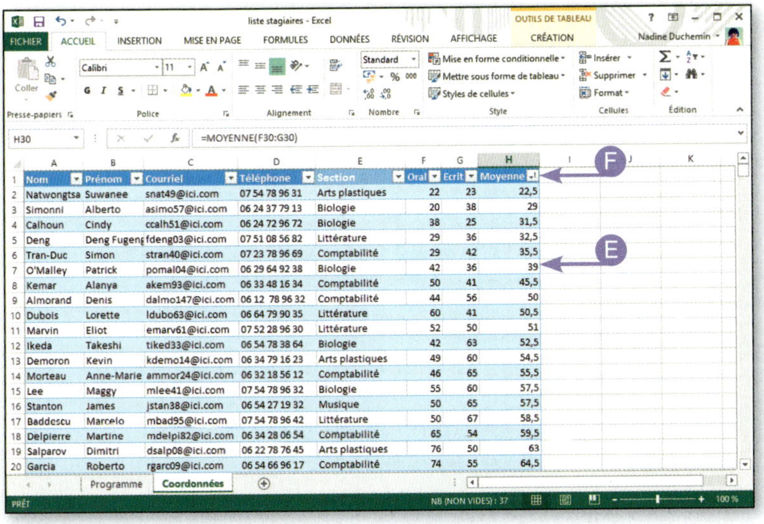

Ⓔ Excel réordonne les données de la table.

Ⓕ La flèche de filtrage ▼ s'est transformée en ⇣ pour indiquer que les données de la colonne sont triées.

ACTIVEZ LE SUIVI DES MODIFICATIONS

Si vous partagez vos classeurs Excel avec d'autres personnes, la fonction Suivi des modifications vous aidera à vérifier les changements apportés par vos collègues, qu'il s'agisse de modifications de mise en forme ou d'ajouts et suppressions de données.

ACTIVEZ LE SUIVI DES MODIFICATIONS

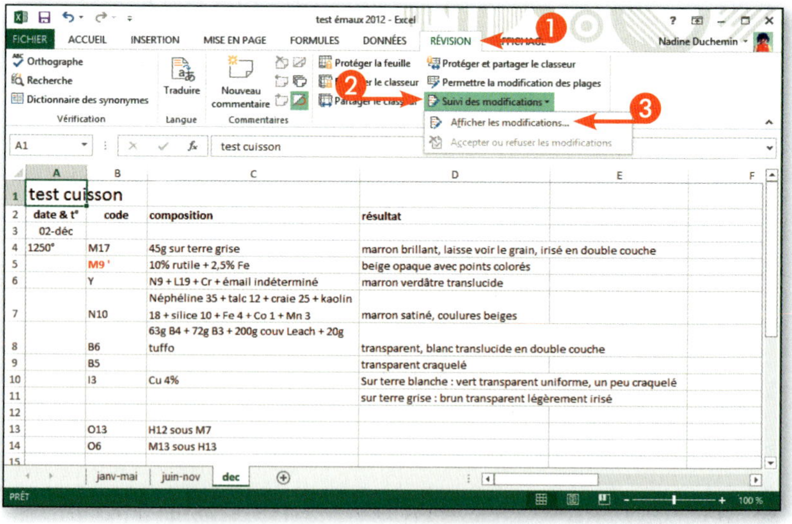

❶ Cliquez l'onglet **Révision**.

❷ Cliquez **Suivi des modifications**.

❸ Cliquez **Afficher les modifications**.

Lorsque vous activez le suivi des modifications, Excel considère automatiquement le classeur comme partagé. Vous définirez le suivi des modifications en choisissant les types de changements à signaler. Excel ajoute des commentaires qui résument le type de modification effectué et signale les cellules concernées en y ajoutant un cadre bleu avec un petit triangle dans l'angle supérieur gauche.

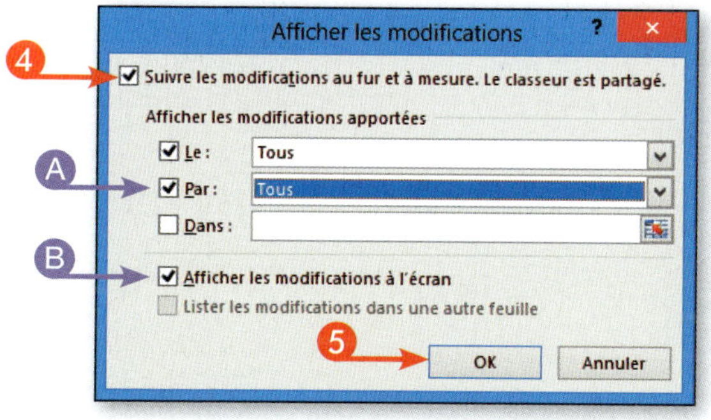

La boîte de dialogue Afficher les modifications apparaît.

4 Cochez la case de l'option **Suivre les modifications au fur et à mesure**.

Cette option crée automatiquement un fichier de classeur partagé si vous n'avez pas encore activé la fonction de partage du classeur.

A Vous pouvez choisir les dates et les intervenants dont vous voulez vérifier les modifications.

B Conservez cette option cochée pour signaler à l'écran les cellules modifiées.

5 Cliquez **OK**.

La fonction de partage du classeur autorise plusieurs personnes à travailler simultanément dans le classeur en réseau. Pour accéder aux options de partage, cliquez Partager le classeur dans l'onglet Révision.

ACTIVEZ LE SUIVI DES MODIFICATIONS (SUITE)

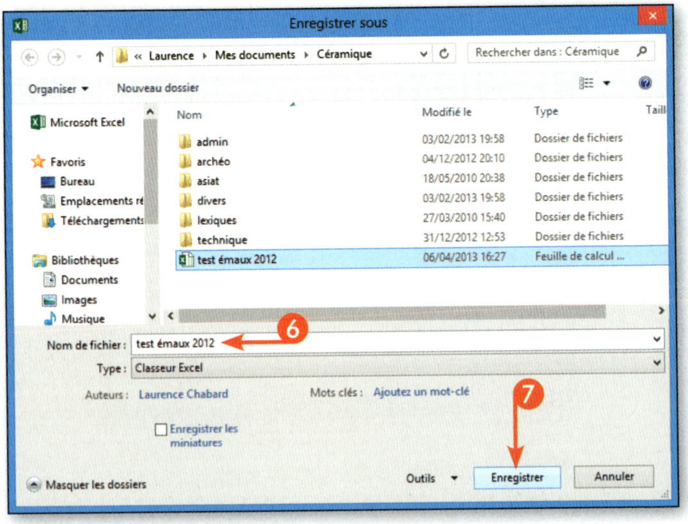

Excel signale que le fichier va être enregistré.

6 Si nécessaire, tapez un nom pour le fichier.

7 Cliquez **Enregistrer**.

L'onglet Avancé de la boîte de dialogue Options de partage du fichier permet de préciser les conditions de suivi des modifications et de choisir quoi faire en cas de conflit. L'onglet Modification vous permet de déconnecter un utilisateur du classeur partagé.

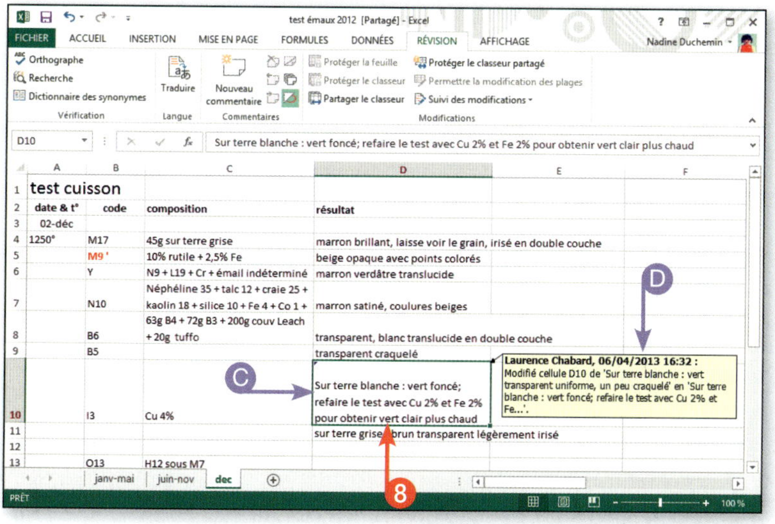

Excel partage le classeur et active le suivi des modifications.

8 Modifiez le contenu de la feuille de calcul.

C Excel signale les cellules qui ont subi des modifications en y ajoutant un cadre bleu avec un triangle dans l'angle.

D Pour voir les détails d'une modification, placez le pointeur sur une cellule modifiée.

VÉRIFIEZ LES MODIFICATIONS

Il est facile de réviser les modifications apportées à un classeur. Durant cette opération, vous choisirez les auteurs et les types de modifications à signaler. Excel vous conduit directement d'une cellule modifiée à l'autre pour vous permettre d'accepter ou de refuser les changements. Vous pouvez accepter ou refuser les modifications une à une ou en bloc.

VÉRIFIEZ LES MODIFICATIONS

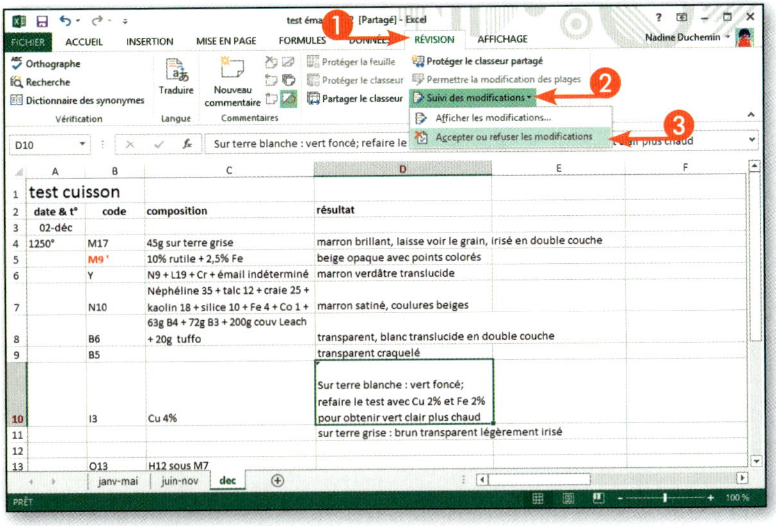

❶ Cliquez l'onglet **Révision**.

❷ Cliquez **Suivi des modifications**.

❸ Cliquez **Accepter ou refuser les modifications**.

Une fois toutes les modifications révisées, la fonction de suivi peut être désactivée.

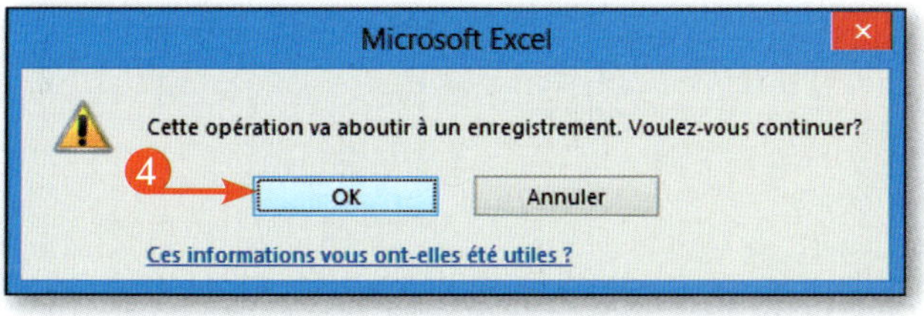

Excel vous avertit que le fichier va être enregistré.

4 Cliquez **OK**.

Il est possible de suspendre le suivi des modifications. Cliquez l'onglet Révision, cliquez le bouton Suivi des modifications puis Afficher les modifications. Dans la boîte de dialogue qui apparaît, retirez la coche de l'option Suivre les modifications au fur et à mesure. Cliquez OK. Un message vous avertit que le classeur ne sera plus partagé. Cliquez Oui.

VÉRIFIEZ LES MODIFICATIONS (SUITE)

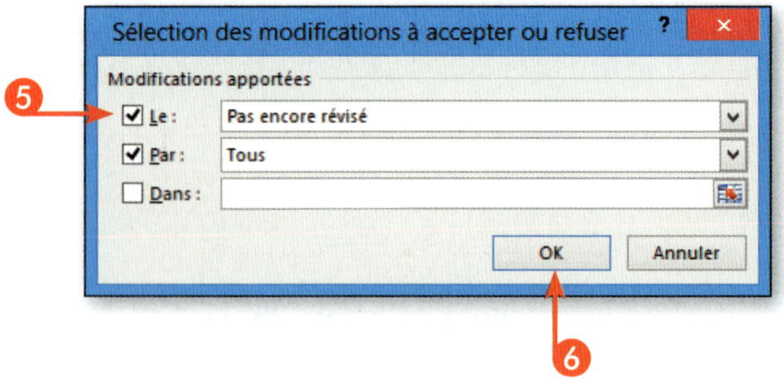

La boîte de dialogue Sélection des modifications à accepter ou refuser apparaît.

5 Précisez quelles modifications vous voulez vérifier.

6 Cliquez **OK**.

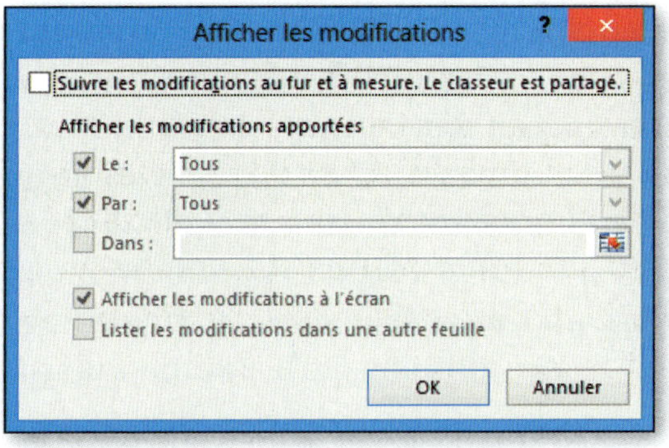

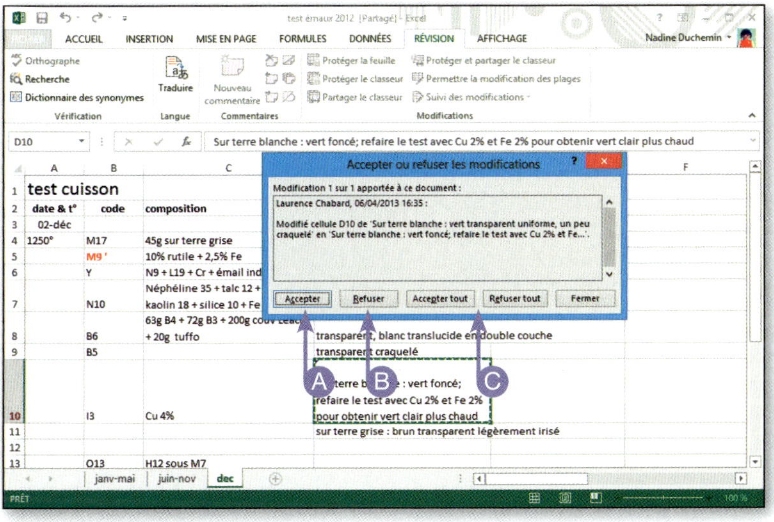

La boîte de dialogue Accepter où refuser les modifications apparaît.

7 Choisissez comment traiter chaque modification signalée.

A Cliquez **Accepter** pour intégrer la modification dans la feuille de calcul.

B Cliquez **Refuser** pour supprimer la modification proposée.

C Ces boutons vous permettent d'accepter ou de refuser en bloc toutes les modifications.

DÉCOUVREZ LES FORMULES

Les formules sont des équations qui servent à effectuer toutes sortes de calculs avec les données d'un classeur Excel. Les formules se composent en combinant des opérateurs arithmétiques, des valeurs et des références à des cellules. Vous pouvez ainsi additionner le contenu d'une colonne où figurent les résultats de ventes mensuels pour calculer le total des ventes.

À l'intention des débutants, cette section explique les principes de base de la composition de formules dans Excel. Vous y apprenez la syntaxe des formules, la manière de référencer les cellules dans les formules et découvrez les opérateurs mathématiques disponibles.

Structure des formules

Quand on rédige une équation mathématique, on écrit les valeurs et les opérateurs suivis du signe égal, comme 2+2=. La structure des formules diffère un peu dans Excel. Toutes les formules débutent par le signe égal (=), comme =2+2. Le signe égal commande à Excel d'interpréter ce qui suit comme une formule.

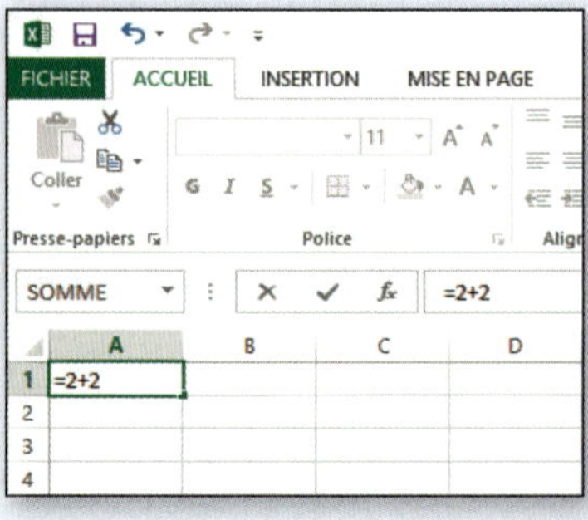

Références des cellules

Chaque cellule de la feuille de calcul est identifiée par une adresse unique, appelée *référence*, composée de la lettre de colonne de la cellule et du numéro de sa ligne. L'adresse B3, par exemple, désigne la troisième cellule de la colonne B. Vous pouvez rédiger des formules avec des valeurs constantes, mais vos formules seront plus versatiles si elles comprennent des adresses de cellules au lieu de valeurs. Ainsi, si la valeur dans une cellule est modifiée, Excel actualise automatiquement le résultat de la formule.

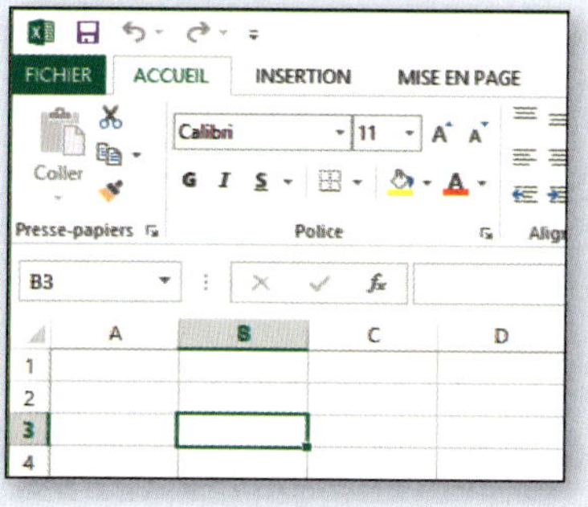

Plages de cellules

On appelle *plage* de cellules un groupe de cellules voisines dans une feuille de calcul. Excel identifie une plage par l'adresse des cellules des coins supérieur gauche et inférieur droit, séparées par deux points. Par exemple, A1:B3 comprend les cellules A1, A2, A3, B1, B2 et B3. Pour vous aider à identifier le contenu d'une plage de cellules, vous pouvez lui attribuer un nom. Les noms de plages doivent débuter par une lettre, le signe de soulignement ou la barre oblique inversée ; ils peuvent se composer de majuscules et de minuscules et ne doivent contenir aucune espace.

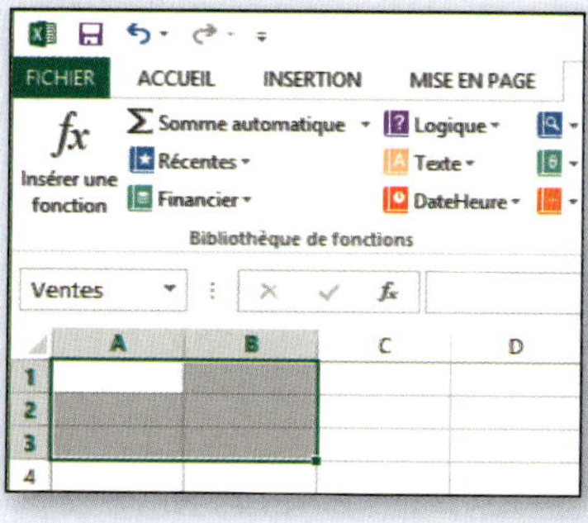

Opérateurs mathématiques

Vous composerez des formules mathématiques à l'aide d'opérateurs arithmétiques et de comparaison. Les opérateurs de base sont les suivants :

Opérateur	Opération
+	Addition
-	Soustraction
*	Multiplication
/	Division
%	Pourcentage
^	Puissance
=	Égal à
<	Inférieur à
<=	Inférieur ou égal à
>	Supérieur à
>=	Supérieur ou égal à
< >	Différent de

Priorité des opérateurs

Excel interprète les formules de gauche à droite, mais certains opérateurs sont prioritaires et calculés avant d'autres.

Ordre	Opération
Premier	Tous les opérateurs entre parenthèses
Deuxième	Exposant de puissance
Troisième	Multiplication et division
Quatrième	Addition et soustraction

L'ordre des opérations dans une formule détermine le résultat. Disons, par exemple, que vous voulez calculer la moyenne des valeurs dans les cellules A2, B2 et C2. Si vous entrez la formule =A2+B2+C2/3, Excel commence par diviser par trois la valeur de C2 puis ajoute à ce résultat les valeurs de A2 et B2, ce qui n'est pas le calcul voulu. Pour calculer la moyenne, il faudrait écrire =(A2+B2+C2)/3. La présence des parenthèses demande à Excel d'additionner d'abord les valeurs des trois cellules puis de diviser la somme par trois.

Opérateurs de référence

Les opérateurs de référence servent à désigner des cellules et des plages de cellules dans les formules. Par exemple, pour inclure dans une formule la plage D2:D10 et la cellule E10, vous pourriez taper ceci : =SOMME(D2:D10;E10).

Opérateur	Exemple	Opération
:	=SOMME(D3:E12)	Opérateur de plage. Évalue comme une seule référence toutes les cellules de la plage désignée.
;	=SOMME(D3:E12;F3)	Opérateur d'union. Évalue les deux références comme une seule.
[espace]	=SOMME(D3:D20 D10:E15)	Opérateur d'intersection. Évalue les cellules communes aux deux références.
[espace]	=SOMME(Totaux Ventes)	Opérateur d'intersection. Évalue la ou les cellules à l'intersection des plages Totaux et Ventes.

CRÉEZ UNE FORMULE

Les formules servent à effectuer des calculs à partir des données d'une feuille de calcul. Dans Excel, toutes les formules débutent par le signe égal (=) et contiennent les adresses des cellules dont le contenu est utilisé dans le calcul. À titre d'exemple, la formule pour additionner les valeurs des cellules C3 et C4 est =C3+C4. Vous tapez les formules dans la barre de formule ; le résultat d'une formule apparaît dans la cellule qui contient la formule.

CRÉEZ UNE FORMULE

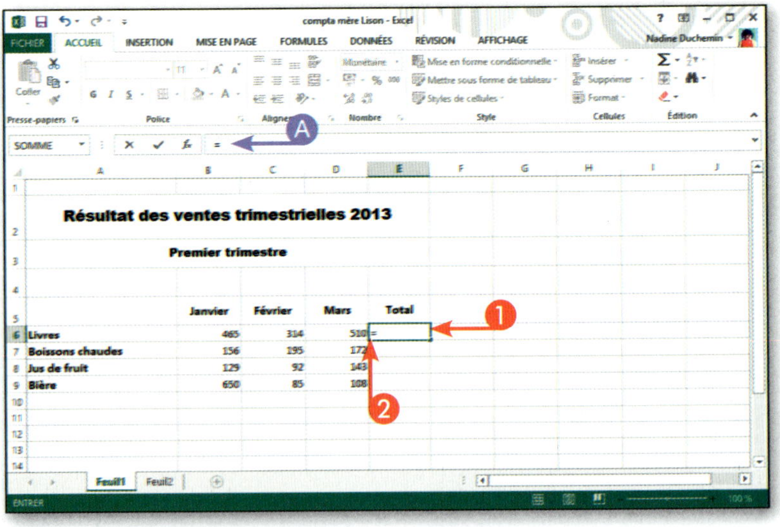

1 Cliquez la cellule dans laquelle apparaîtra le résultat de la formule.

2 Tapez **=**.

A Excel affiche la formule dans la barre de formule et dans la cellule active.

Sachez que les formules peuvent aussi faire référence à des cellules qui se trouvent dans d'autres feuilles de calcul.

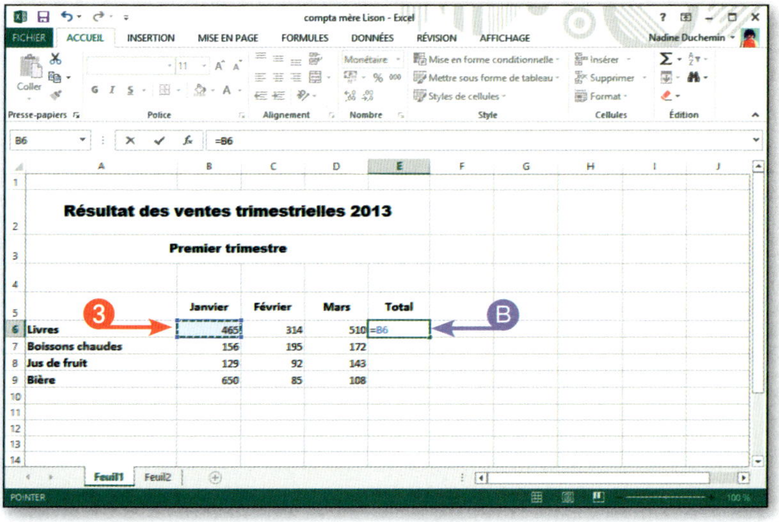

3 Cliquez la première cellule à utiliser dans la formule.

B Excel insère la référence de la cellule dans la formule.

Pour modifier une formule, cliquez la cellule qui contient la formule et apportez les modifications dans la barre de formule. Autrement, double-cliquez la cellule pour modifier la formule directement dans la cellule. Une fois la correction terminée, appuyez sur Entrée ou cliquez la coche ✓ dans la barre de formule.

CRÉEZ UNE FORMULE (SUITE)

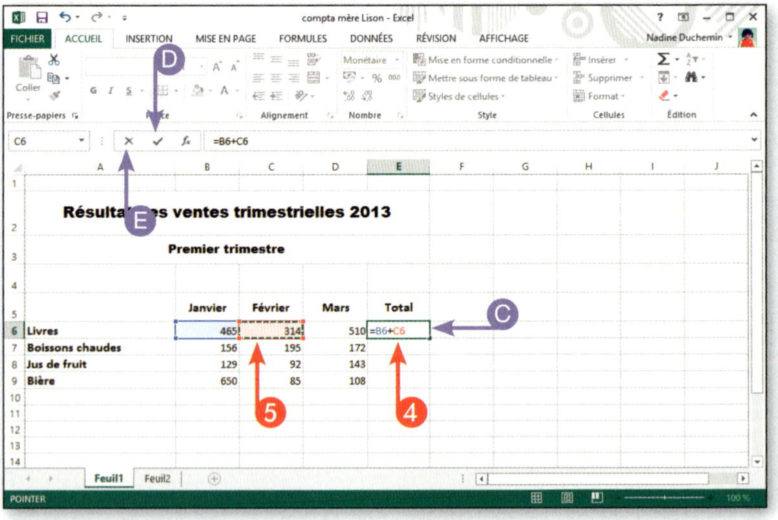

4 Tapez un opérateur pour la formule.

5 Cliquez la deuxième cellule à référencer dans la formule.

C Excel insère l'adresse de la cellule dans la formule.

6 Répétez les étapes **4** et **5** pour insérer tous les opérateurs et références nécessaires.

7 Appuyez sur Entrée.

D Vous pouvez aussi cliquer la coche (✓) dans la barre de formule pour valider la saisie de la formule.

E Si nécessaire, cliquez la croix (✕) dans la barre de formule pour annuler la saisie de la formule.

Dans une formule, il est possible de faire référence à des cellules appartenant à une autre feuille de calcul. Dans ce cas, il faut indiquer le nom de la feuille de calcul suivi d'un point d'exclamation puis de l'adresse des cellules (Feuil2!D12 ou Ventes!D10:D12, par exemple). S'il y a des espaces dans le nom de la feuille, encadrez le nom d'apostrophes, comme ceci 'Total ventes'!D12.

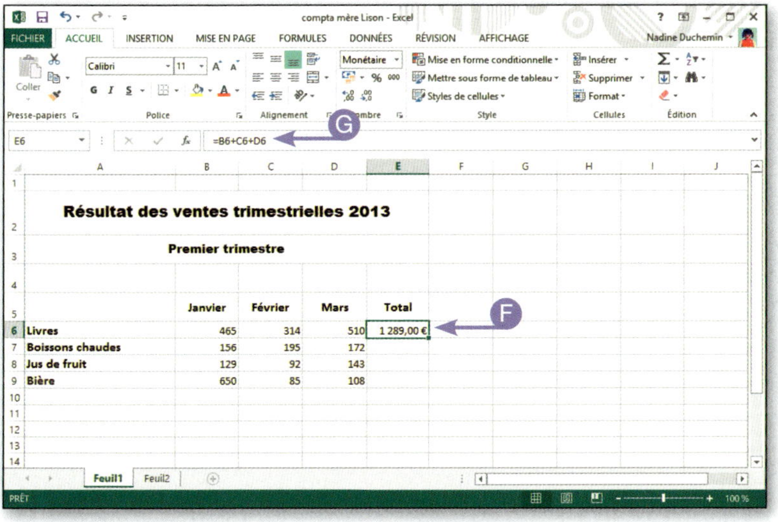

Ⓕ Le résultat de la formule apparaît dans la cellule.

Ⓖ La formule apparaît dans la barre de formule ; pour la voir, cliquez la cellule qui contient la formule.

Note. *Si vous modifiez le contenu d'une cellule référencée dans une formule, le résultat de la formule s'actualise automatiquement en conséquence de la nouvelle valeur.*

UTILISEZ DES RÉFÉRENCES RELATIVES OU ABSOLUES

Les références aux cellules que vous intégrez aux formules sont traitées par Excel comme des *références relatives*, l'adresse étant décrite par rapport à la position de la cellule qui contient la formule. De ce fait, quand vous déplacez ou copiez une formule à une autre position, les références s'adaptent automatiquement. Par exemple, si vous tapez la formule =B5+B6 dans la cellule B8 puis copiez la formule en C8, elle devient automatiquement =C5+C6

COPIEZ DES RÉFÉRENCES RELATIVES

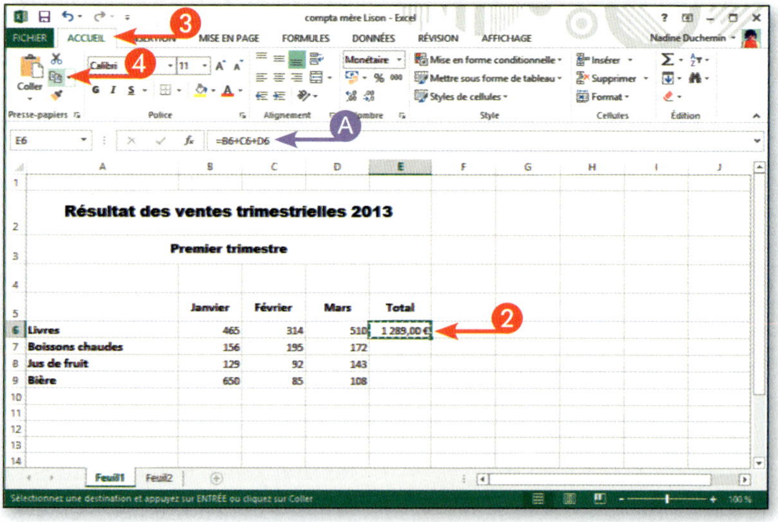

1 Entrez la formule.

2 Cliquez la cellule contenant la formule que vous voulez copier.

A Dans la barre de formule, la formule s'affiche avec des références de cellules relatives.

3 Cliquez l'onglet **Accueil**.

4 Cliquez **Copier** (📋).

Lorsqu'une formule doit toujours faire référence à la valeur d'une cellule particulière, vous utiliserez une référence absolue. Les références absolues sont précédées du signe $. Pour désigner la cellule D2 avec une référence absolue, tapez D2 dans la formule.

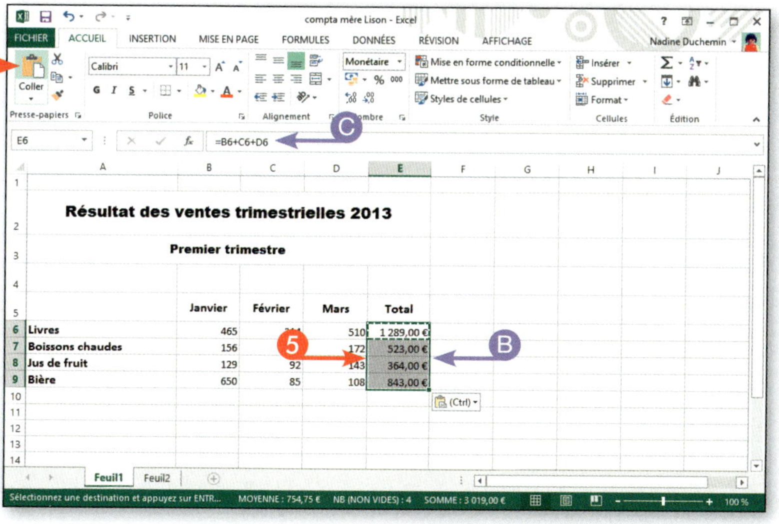

5 Sélectionnez les cellules où vous voulez voir la formule apparaître.

6 Cliquez **Coller**.

B Excel copie la formule dans les cellules sélectionnées.

C La formule copiée est visible dans la barre de formule, tandis que son résultat apparaît dans les cellules sélectionnées.

UTILISEZ DES RÉFÉRENCES RELATIVES OU ABSOLUES

L'emploi d'une adresse absolue fait toujours référence à la même cellule, même si la formule est déplacée. Par exemple, si la feuille contient des colonnes de prix qui font référence à un taux de réduction énoncé en G10, les formules qui incluent le taux de réduction utiliseront la référence absolue G10.

COPIEZ DES RÉFÉRENCES ABSOLUES

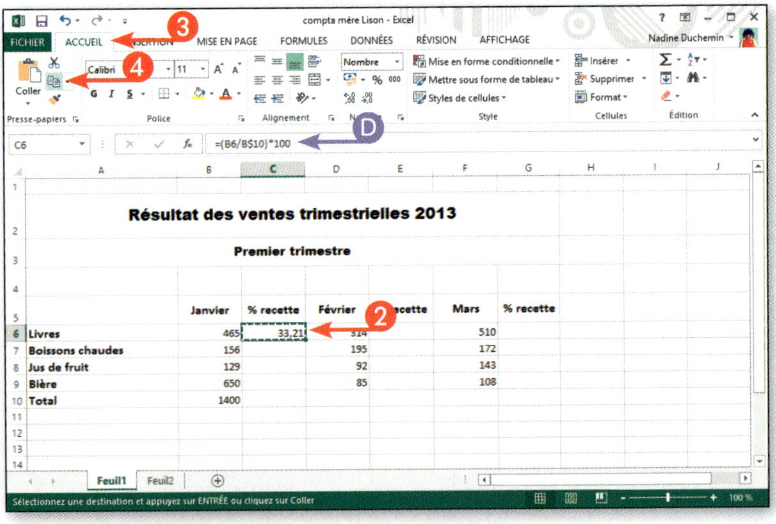

❶ Entrez la formule en ajoutant le signe $ pour les adresses absolues.

❷ Cliquez la cellule contenant la formule que vous voulez copier.

Ⓓ Dans la barre de formule, la formule s'affiche avec une référence de cellule absolue.

❸ Cliquez l'onglet **Accueil**.

❹ Cliquez **Copier** (📋).

Vous pouvez aussi combiner des références absolues et relatives, créant ainsi des références mixtes qui comprennent une colonne absolue et une ligne relative ou, inversement, une colonne relative et une ligne absolue. Avec $C6, par exemple, la référence désigne toujours la colonne C, mais le numéro de ligne peut changer quand la formule est déplacée. Avec C$6, le numéro de ligne est absolu tandis que la colonne est relative.

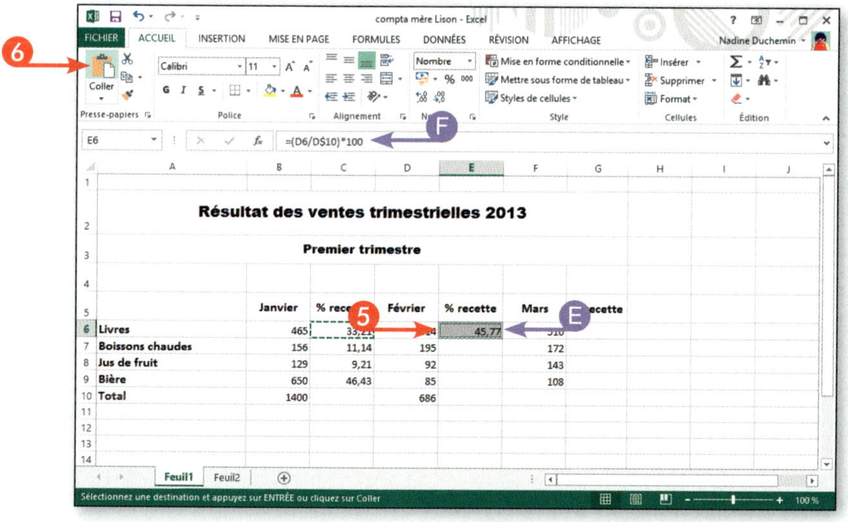

5 Sélectionnez les cellules où vous voulez voir la formule apparaître.

6 Cliquez **Coller**.

E Excel copie la formule dans les cellules sélectionnées.

F La formule copiée adapte ses références relatives, tandis que les références absolues restent inchangées.

DÉCOUVREZ LES FONCTIONS

Servez-vous de fonctions pour accélérer la saisie des formules. Les fonctions sont des formules prédéfinies qui effectuent une série de calculs plus ou moins complexes sur les plages de valeurs spécifiées par les arguments. Excel offre plus de trois cents fonctions, réparties en treize catégories, qui vous serviront à effectuer des opérations mathématiques dans vos feuilles de calcul.

Composition des fonctions

Les fonctions doivent débuter par le signe égal (=). Ce sont des formules spéciales qui sont toutes identifiées par un nom distinct. Par exemple, la fonction qui additionne s'appelle SOMME et celle qui calcule une moyenne s'appelle MOYENNE. Vous pouvez insérer une fonction en la tapant directement dans la barre de formule ou dans une cellule ; vous pouvez aussi passer par la boîte de dialogue Insérer une fonction pour sélectionner une fonction et définir ses arguments.

Arguments des fonctions

Les fonctions ont besoin d'arguments pour désigner les cellules qui contiennent les valeurs à utiliser dans les calculs. Les arguments sont placés entre parenthèses. Quand les arguments désignent plusieurs cellules indépendantes, on utilise le point-virgule pour séparer les références, comme =SOMME(A5;B5;C5). Quand la fonction s'applique à une plage de cellules, on utilise les deux-points entre la première et la dernière cellule, comme =SOMME(B5:E12). Si la plage est identifiée par un nom, vous y ferez référence de cette manière : =SOMME(Ventes).

Types de fonctions

Excel propose par défaut treize catégories de fonctions, sans compter celles que pourraient vous fournir des modules complémentaires pour Excel.

Catégorie	Description
Finances	Fonctions pour le calcul de prêts, d'amortissement, de rentabilité et de taux d'intérêt.
Date & Heure	Fonctions pour le calcul de dates et de durées.
Math & Trigo	Fonctions pour des calculs mathématiques très divers.
Statistiques	Fonctions pour le calcul de moyennes, de probabilités, de tendances, *etc*.
Recherche et référence	Fonctions qui servent à localiser des valeurs particulières ou des références dans une feuille de calcul.
Base de données	Fonctions pour compter, additionner et filtrer les éléments d'une base de données.
Texte	Fonctions qui agissent sur du texte, y compris le chercher et le remplacer.
Logique	Fonctions pour vérifier une condition.
Informations	Fonctions pour tester et vérifier les données.
Ingénierie	Fonctions pour toutes sortes de calculs spécialisés.
Cube	Fonctions pour les bases de données complexes, qui permettent à Excel d'obtenir des données SQL.
Compatibilité	Fonctions destinées à rendre le classeur compatible avec d'anciennes versions d'Excel.
Web	Fonctions destinées aux pages et services web, ainsi qu'au contenu XML.

Fonctions courantes

Le tableau suivant présente les fonctions les plus courantes, celles que vous êtes susceptible d'utiliser dans vos feuilles de calcul.

Fonction	Catégorie	Description
SOMME	Math & Trigo	Additionne des valeurs.
ARRONDI	Math & Trigo	Arrondit un nombre au nombre de chiffres indiqué.
ARRONDI.INF	Math & Trigo	Arrondit un nombre en tendant vers zéro.
ENT	Math & Trigo	Arrondit à l'entier immédiatement inférieur.
NBVAL	Statistiques	Compte le nombre de cellules d'une plage qui contiennent des données.
MOYENNE	Statistiques	Renvoie la moyenne des arguments.
MIN	Statistiques	Renvoie la valeur la plus petite dans une série.
MAX	Statistiques	Renvoie la valeur la plus grande dans une série.
MEDIANE	Statistiques	Renvoie la valeur médiane dans une série.
VPM	Finances	Calcule le montant des remboursements d'un emprunt à taux fixe.
TAUX	Finances	Renvoie un taux d'intérêt.
AUJOURDHUI	Date & Heure	Renvoie la date actuelle.
SI	Logique	Renvoie l'une des deux valeurs spécifiées selon que la condition est vraie ou non.
ET	Logique	Renvoie VRAI si tous les arguments sont vrais ou FAUX si au moins l'un est faux.
OU	Logique	Renvoie VRAI si au moins un argument est vrai ou FAUX si tous les arguments sont faux.

Syntaxe
=SOMME(nombre1;nombre2;...)
ARRONDI(nombre;nombre de chiffres)
ARRONDI.INF(nombre;nombre de chiffres)
ENT(nombre)
NBVAL(valeur1;valeur2;...)
MOYENNE(nombre1;nombre2;...)
MIN(nombre1;nombre2;...)
MAX(nombre1;nombre2;...)
MEDIANE (nombre1;nombre2;)
VPM(taux; nombre de remboursements;valeur actuelle;valeur capitalisée; type)
TAUX(nombre de remboursements;montant versé;valeur actuelle;valeur capitalisée;type;estimation)
AUJOURDHUI()
SI(test logique;valeur si vrai;valeur si faux)
ET(valeur logique1;valeur logique2; ...)
OU(valeur logique1;valeur logique2; ...)

APPLIQUEZ UNE FONCTION

Les fonctions vous serviront à accélérer les calculs dans Excel. Les fonctions sont des formules prédéfinies qui effectuent une série d'opérations sur les valeurs spécifiées.

APPLIQUEZ UNE FONCTION

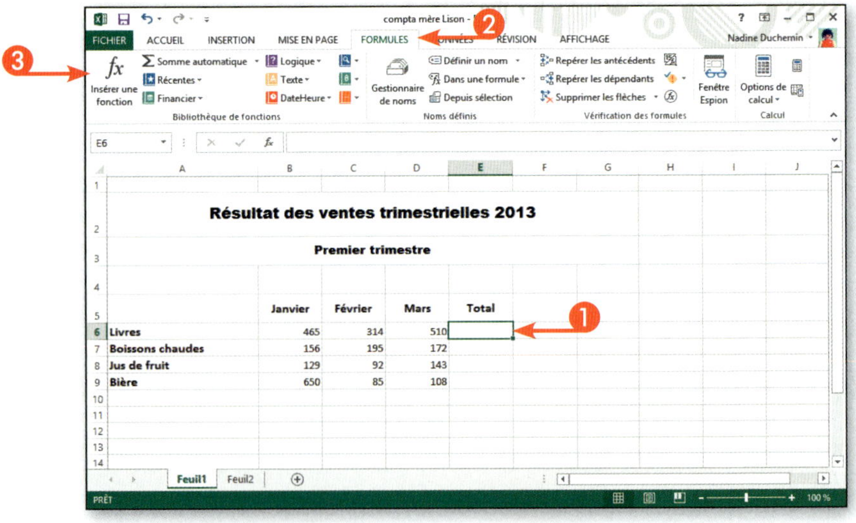

❶ Cliquez la cellule où vous voulez insérer une fonction.

❷ Cliquez l'onglet **Formules**.

❸ Cliquez le bouton **Insérer une fonction**.

Vous utiliserez la boîte de dialogue Insérer une fonction pour chercher une fonction particulière parmi les trois cents fonctions d'Excel. Après la sélection d'une fonction, vous composerez la formule en suivant les indications de la boîte de dialogue Arguments de la fonction. Les arguments désignent les cellules qui contiennent les valeurs impliquées dans les calculs.

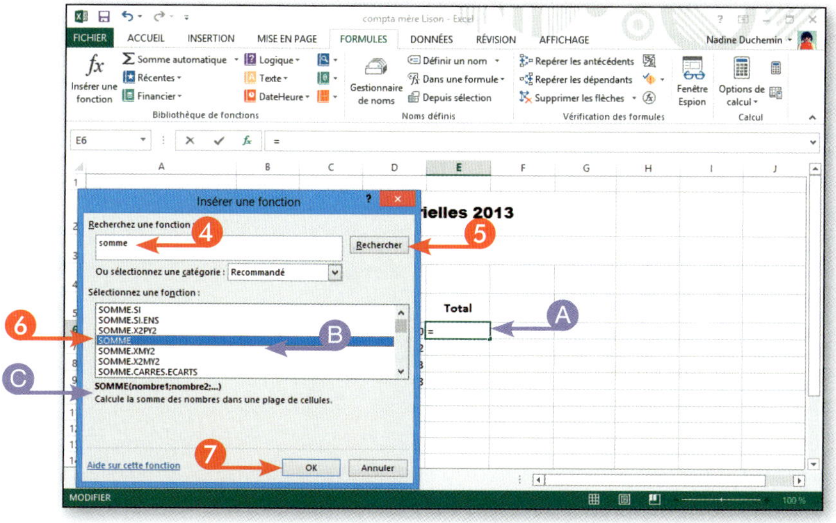

Ⓐ Excel insère un signe égal indiquant qu'il s'agit d'une formule.

La boîte de dialogue Insérer une fonction apparaît.

❹ Tapez une description de la fonction recherchée.

❺ Cliquez **Rechercher**.

Ⓑ Une liste de suggestions apparaît.

❻ Cliquez la fonction à utiliser.

Ⓒ Une description de la fonction sélectionnée apparaît ici.

❼ Cliquez **OK**.

Il est possible de modifier une fonction. Cliquez la cellule qui contient la fonction, cliquez l'onglet Formules, puis cliquez le bouton Insérer une fonction. Excel affiche alors la boîte de dialogue Arguments de la fonction, où vous pouvez changer les valeurs ou les références de cellules selon vos besoins. Vous pourriez aussi modifier la formule directement dans la cellule.

APPLIQUEZ UNE FONCTION (SUITE)

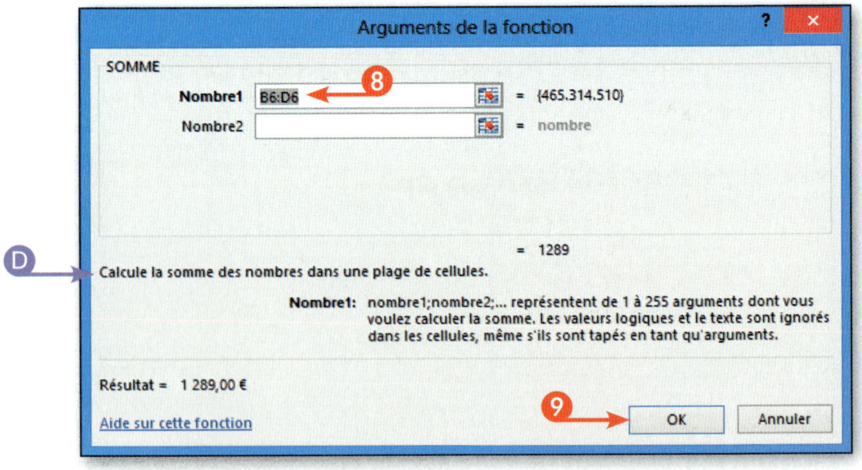

La boîte de dialogue Arguments de la fonction apparaît.

8 Spécifiez les cellules pour chacun des arguments obligatoires de la fonction.

Dans la feuille de calcul, Excel ajoute automatiquement les cellules comme argument de la fonction.

D Des explications sur la composition de la fonction apparaissent ici.

9 Quand vous avez fini de définir les arguments, cliquez **OK**.

L'emploi des fonctions n'est pas évident, c'est pourquoi Excel fournit un lien direct vers les pages d'aide. Cliquez le lien **Aide sur cette fonction** dans la boîte de dialogue Insérer une fonction ou Arguments de la fonction pour atteindre la rubrique d'aide qui décrit la fonction sélectionnée. Vous y trouverez une explication de sa syntaxe, un exemple et des conseils d'emploi.

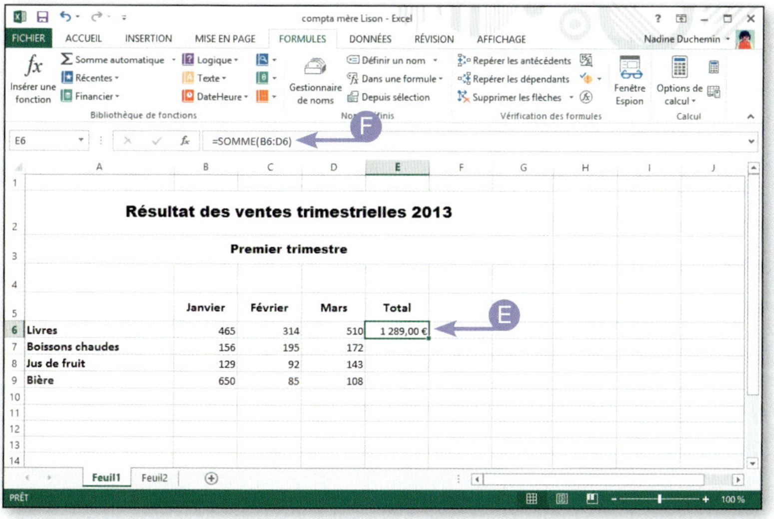

Ⓔ Le résultat de la fonction apparaît dans la cellule.

Ⓕ La fonction apparaît dans la barre de formule.

CALCULEZ UNE SOMME

L'une des fonctions les plus courantes d'Excel est la fonction de somme automatique. Elle additionne automatiquement les valeurs d'une suite de cellules. Vous pouvez l'utiliser, par exemple, pour obtenir facilement le total d'une colonne de prix. Cette fonction tente de deviner quelles sont les cellules voisines à additionner, mais vous pouvez aussi indiquer précisément les cellules à utiliser.

CALCULEZ AVEC SOMME AUTOMATIQUE

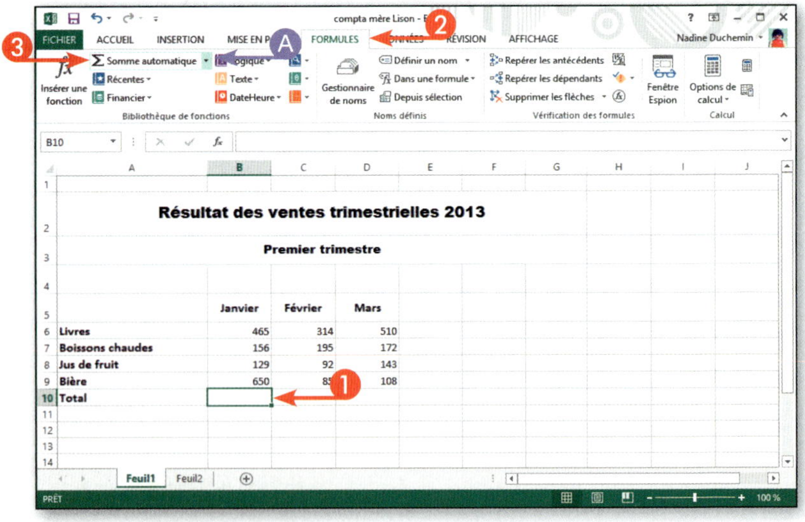

❶ Cliquez la cellule où vous voulez insérer le résultat de l'addition.

❷ Cliquez l'onglet **Formules**.

❸ Cliquez le bouton **Somme automatique**.

Ⓐ Si vous cliquez la flèche (▼) de **Somme automatique**, vous pouvez sélectionner d'autres fonctions courantes, telles que Moyenne et Max.

Il y a aussi un bouton **Somme automatique** (Σ ▾) dans l'onglet Accueil.

Vous pouvez aussi sélectionner une suite de cellules dans la fenêtre et voir la somme de leurs valeurs apparaître dans la barre d'état, ainsi que le nombre de cellules sélectionnées et la moyenne de leurs valeurs.

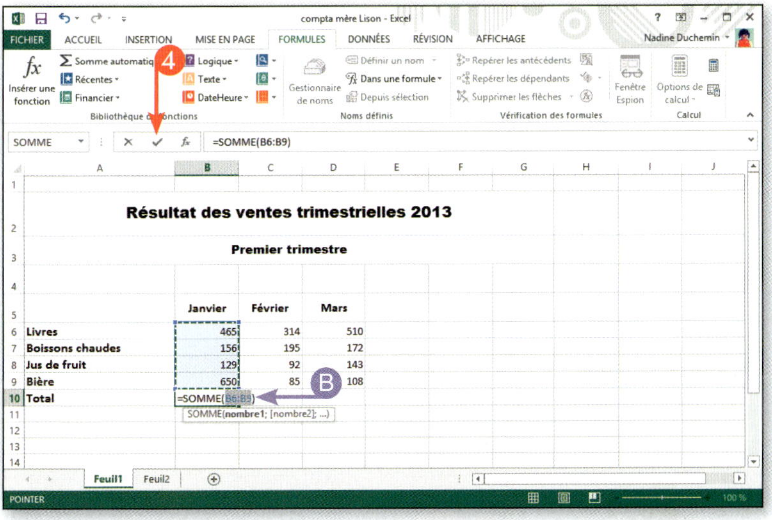

B Excel génère une formule qui additionne les cellules adjacentes.

4 Appuyez sur Entrée ou cliquez ✓.

Si la plage proposée par la fonction Somme automatique ne vous convient pas, vous pouvez en choisir une autre. Avant de valider la fonction en appuyant sur Entrée, cliquez dans la feuille de calcul ou faites glisser le cadre bleu pour désigner la plage de cellules à additionner.

CALCULEZ AVEC SOMME AUTOMATIQUE (SUITE)

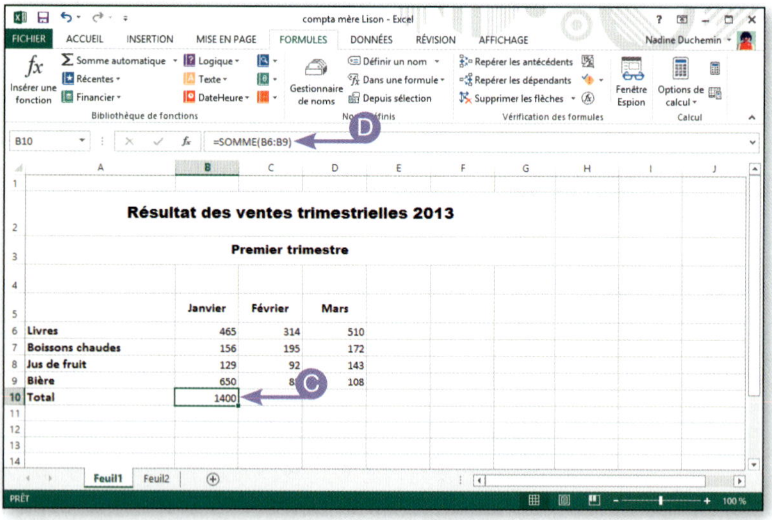

Ⓒ Excel affiche le résultat de l'addition dans la cellule.

Ⓓ Si vous cliquez la cellule, la fonction apparaît dans la barre de formule.

Si vous obtenez une série de signes dièse (#) dans la cellule qui contient la fonction SOMME, c'est parce que la cellule n'est pas assez large pour afficher le nombre en entier. Il suffit d'élargir la colonne pour lire la somme correctement (voir chapitre 8).

ADDITIONNEZ DES CELLULES SANS RECOURS À UNE FONCTION

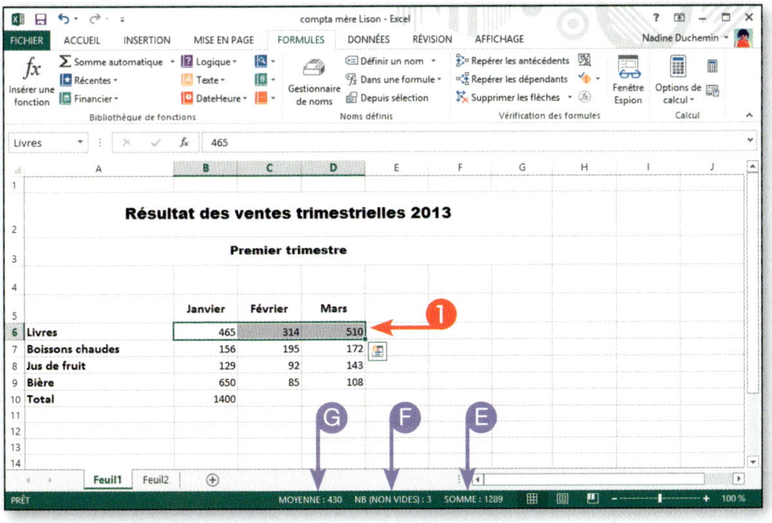

1 Sélectionnez le groupe de cellules dont vous voulez additionner les valeurs.

Note. *Pour sélectionner des cellules non adjacentes, maintenez enfoncée la touche* Ctrl *pendant que vous cliquez les cellules.*

E La somme des valeurs des cellules sélectionnées apparaît dans la barre d'état au bas de la fenêtre d'Excel.

F Le nombre de cellules sélectionnées contenant des données est indiqué ici.

G Excel affiche aussi la moyenne des valeurs contenues dans les cellules sélectionnées.

CRÉEZ UN GRAPHIQUE

Il est facile de convertir les données d'une feuille de calcul en graphiques qui illustrent les données de façon parlante. Vous pouvez obtenir des graphiques à barres, à courbes, à secteurs, à nuages de points, *etc.* Excel est même capable de proposer le type de graphique qui convient le mieux pour représenter visuellement vos données. Et si vous n'aimez pas les recommandations d'Excel, vous choisirez librement un autre graphique.

CRÉEZ UN GRAPHIQUE DEPUIS LE RUBAN

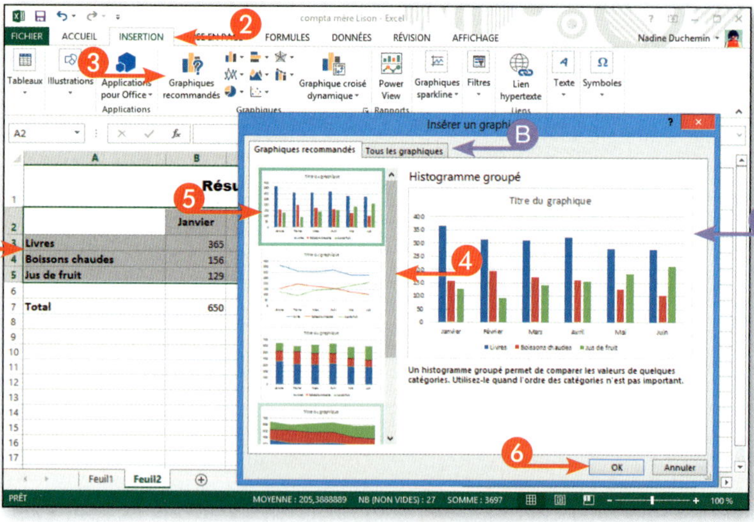

❶ Sélectionnez la plage de données à représenter par un graphique.

Vous pouvez inclure des titres, mais évitez, en général, les cellules contenant des totaux.

❷ Cliquez l'onglet **Insertion**.

❸ Cliquez **Graphiques recommandés**.

La boîte de dialogue Insérer un graphique apparaît.

❹ Parcourez la liste de graphiques proposés.

Ⓐ Vous obtenez un aperçu de vos données.

Ⓑ Si le type de graphique souhaité ne figure pas dans la liste, cliquez **Tous les graphiques**.

❺ Cliquez un type de graphique.

❻ Cliquez **OK**.

Les graphiques se créent à partir du Ruban ou du bouton Analyse rapide. Après la création d'un graphique, vous disposez de boutons dans la feuille et d'outils spéciaux dans le Ruban pour perfectionner et clarifier la présentation des données dans le graphique.

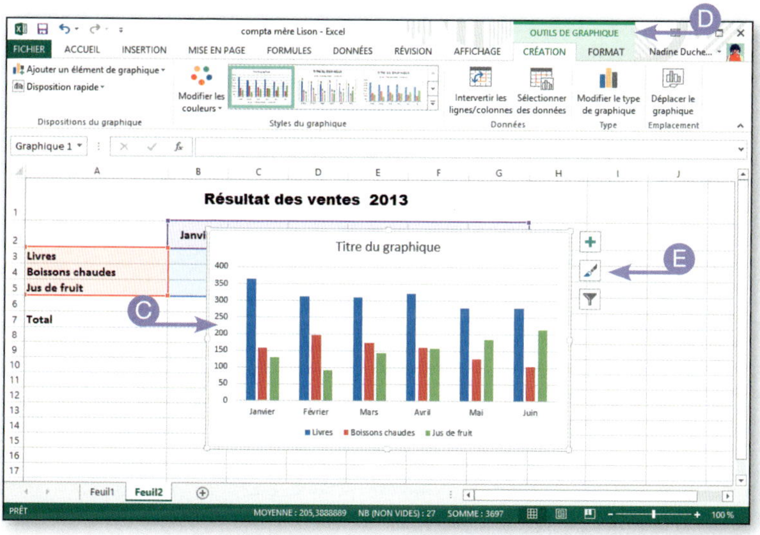

C Excel génère un graphique et le positionne dans la feuille de calcul.

D Lorsque vous sélectionnez le graphique, l'onglet Outils de graphique Création apparaît dans le Ruban.

E Servez-vous des boutons **Éléments de graphique, Styles du graphique** et **Filtres du graphique** pour ajouter des éléments tels que le titre des axes, personnaliser l'aspect du graphique ou modifier ses données.

CRÉEZ UN GRAPHIQUE

Il est possible de créer un graphique à partir de données qui se trouvent dans des colonnes non contigües. Pour sélectionner des cellules et des plages non contigües, sélectionnez la première cellule ou plage et maintenez enfoncée la touche Ctrl pendant que vous sélectionnez les autres cellules ou plages.

CRÉEZ UN GRAPHIQUE AVEC LE BOUTON ANALYSE RAPIDE

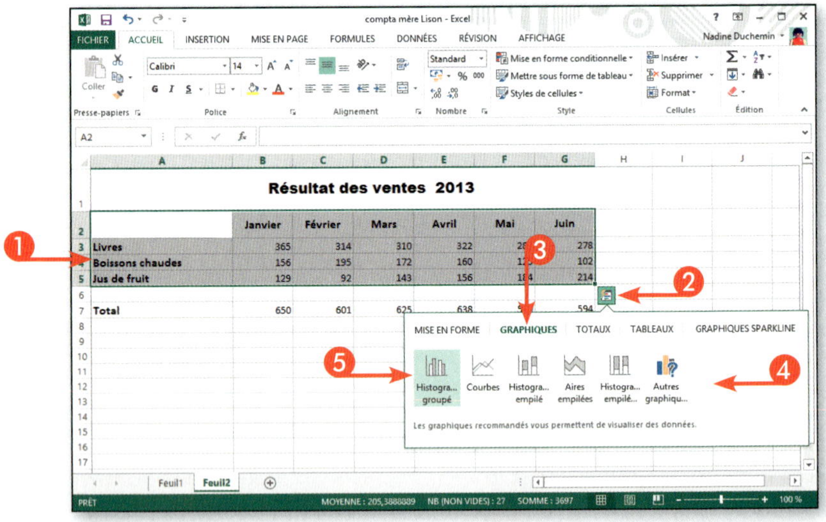

❶ Sélectionnez la plage de données à représenter par un graphique.

Vous pouvez inclure des titres, mais évitez, en général, les cellules contenant des totaux.

❷ Cliquez le bouton **Analyse rapide** ().

❸ Dans la liste des catégories, cliquez **Graphiques**.

❹ Parcourez la liste de graphiques proposés.

❺ Passez le pointeur sur l'un des types de graphiques recommandés.

Les graphiques à barres représentent par défaut les colonnes de données, mais vous pouvez inverser la présentation pour que les barres représentent les valeurs des lignes. Pour ce faire, sélectionnez le graphique, puis cliquez **Intervertir les lignes/colonnes** dans l'onglet Outils de graphique Création.

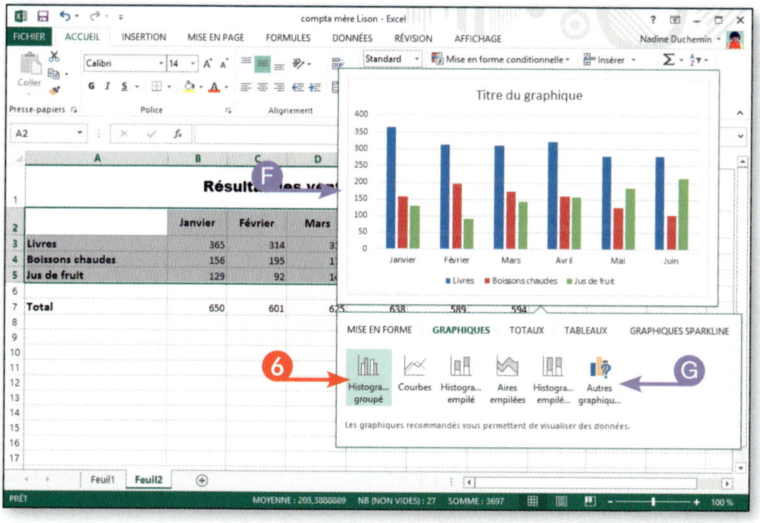

F Vous obtenez un aperçu de vos données avec le type de graphique en question.

G Si vous ne voyez pas le type de graphique souhaité, cliquez **Autres graphiques**.

6 Cliquez un type de graphique pour l'insérer.

Excel génère le type de graphique choisi.

DÉPLACEZ ET REDIMENSIONNEZ UN GRAPHIQUE

Après l'insertion d'un graphique, vous pourriez trouver qu'il rendrait mieux à un autre emplacement dans la feuille ou dans une autre taille. Vous pourriez vouloir placer le graphique au bas de la feuille de calcul, sous le tableau, ou l'agrandir pour le rendre plus lisible.

REDIMENSIONNEZ UN GRAPHIQUE

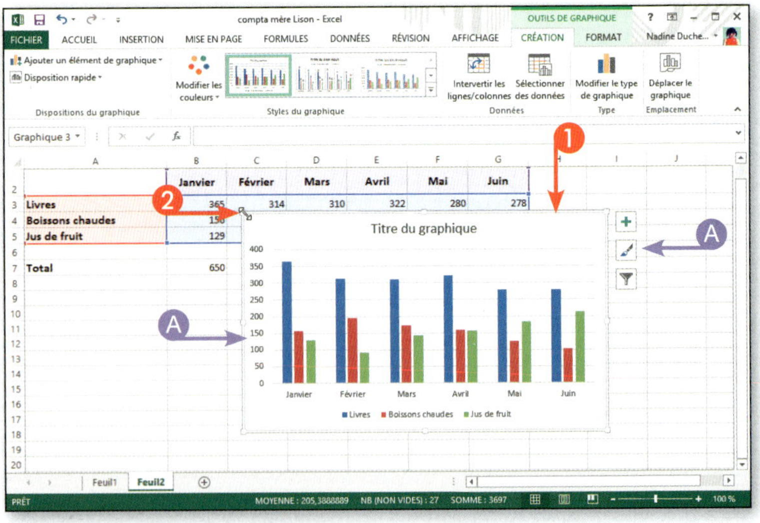

1 Cliquez le bord du graphique.

A Excel sélectionne le graphique et l'entoure d'une bordure jalonnée de poignées ; le pointeur ✥ se transforme en ✥, tandis que les boutons +, 🖌 et ▼ apparaissent.

2 Placez le pointeur sur un angle (✥ se transforme en ⤡, ↕, ⤢ ou ⇔).

Le déplacement et le redimensionnement d'un graphique s'effectuent comme pour tout autre objet Office. Lorsque vous sélectionnez le graphique, des poignées de redimensionnement apparaissent à son pourtour. Vous utiliserez ces poignées pour agrandir ou réduire la taille du graphique. Et pour déplacer le graphique, il suffit de le faire glisser dans la feuille.

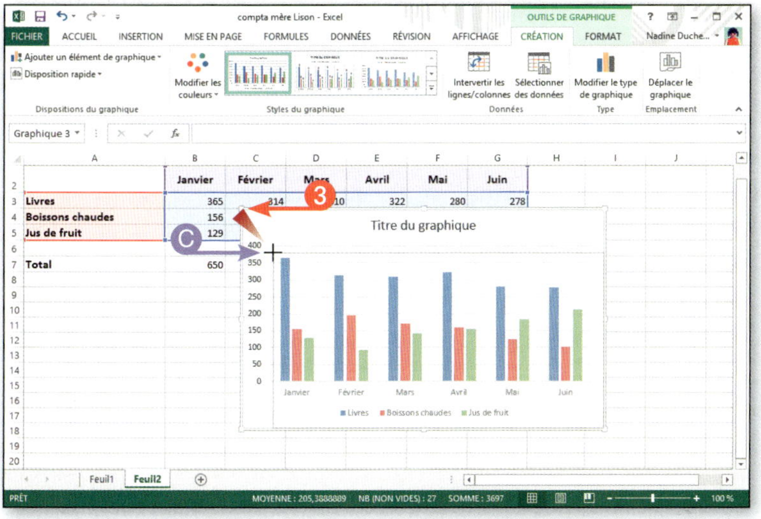

③ Faites glisser un angle du graphique pour changer sa taille.

Ⓑ Un cadre apparaît pour représenter la forme que va prendre le graphique redimensionné.

Ⓒ Le pointeur ⤡, ↕, ⤢ ou ⟺ se transforme en +.

④ Relâchez le bouton de la souris.

Excel redimensionne le graphique.

Vous pouvez supprimer un graphique ou le placer sur une feuille à part dans le classeur. Pour supprimer un graphique, il suffit de le sélectionner et d'appuyer sur Suppr. Pour déplacer un graphique vers une nouvelle feuille de calcul, cliquez son bord du bouton droit et choisissez Déplacer le graphique. Dans la boîte de dialogue Déplacer le graphique, cliquez Nouvelle feuille puis OK. Excel ajoute au classeur une nouvelle feuille nommée Graphique1 et y place le graphique.

DÉPLACEZ UN GRAPHIQUE

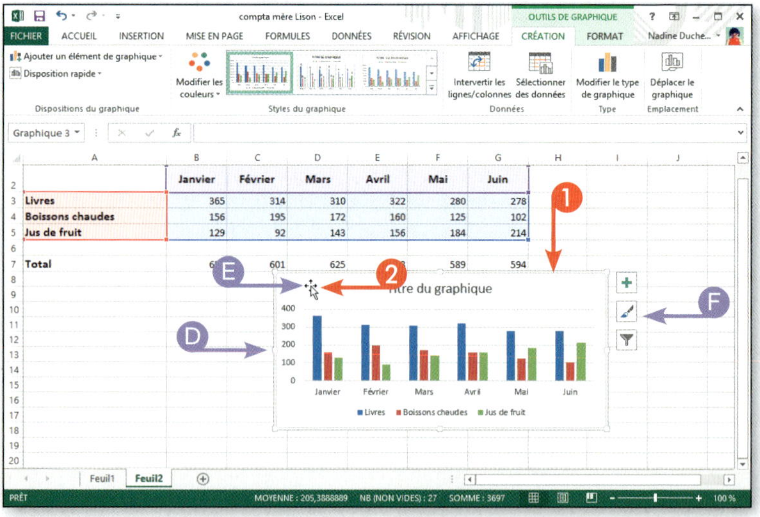

1 Cliquez le bord du graphique.

D Excel sélectionne le graphique et affiche ses poignées.

E Le pointeur se transforme en .

F Les boutons +, et apparaissent.

2 Placez le pointeur sur une zone vide du graphique.

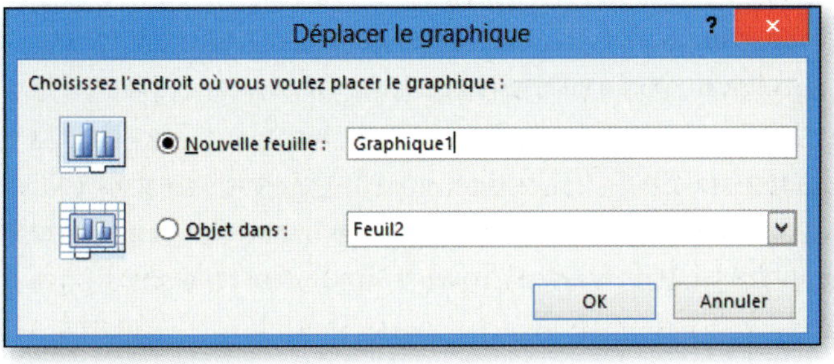

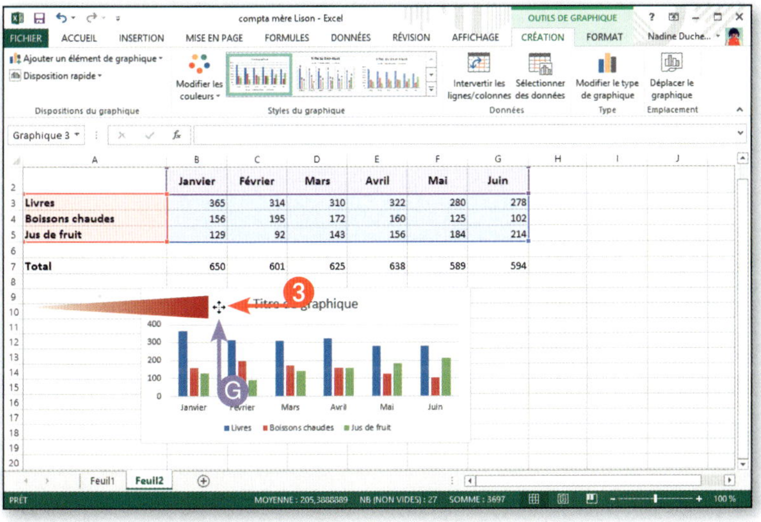

3 Faites glisser le graphique vers une autre position dans la feuille de calcul.

G Le pointeur se transforme en .

Les boutons , et disparaissent.

Un cadre apparaît pour représenter la position du graphique en déplacement.

4 Relâchez le bouton de la souris.

Excel repositionne le graphique.

MODIFIEZ LE TYPE D'UN GRAPHIQUE

Après avoir créé un graphique à barres, vous pourriez penser que la représentation des données serait plus parlante avec un graphique à courbes. Rassurez-vous, il est facile de changer le type d'un graphique. Excel suggère au départ les types de graphiques les mieux adaptés à vos données, mais vous n'êtes pas limité aux types recommandés.

MODIFIEZ LE TYPE D'UN GRAPHIQUE

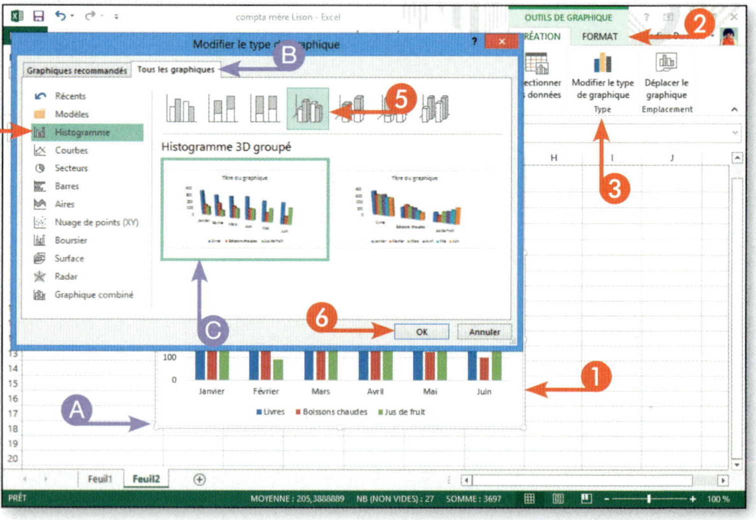

1 Cliquez le bord du graphique pour le sélectionner.

A Les poignées apparaissent autour du graphique quand il est actif.

2 Cliquez l'onglet **Création**.

3 Cliquez le bouton **Modifier le type de graphique**.

La boîte de dialogue Modifier le type de graphique apparaît.

B Cliquez ici pour voir les types recommandés par Excel.

4 Cliquez un autre type de graphique.

5 Cliquez une variante du type de graphique.

C Un aperçu du graphique sélectionné apparaît. Déplacez le pointeur de votre souris sur cet aperçu pour l'agrandir.

6 Cliquez **OK**.

La sélection d'un autre type de graphique s'effectue dans l'onglet Outils de graphique. Pour accéder à cet onglet, vous devez sélectionner le graphique dans la feuille. Il faut cliquer le bord du graphique pour le sélectionner en entier ou cliquer sur ses composants pour les sélectionner indépendamment. Tant qu'un graphique est actif, l'onglet Outils de graphique apparaît dans le Ruban.

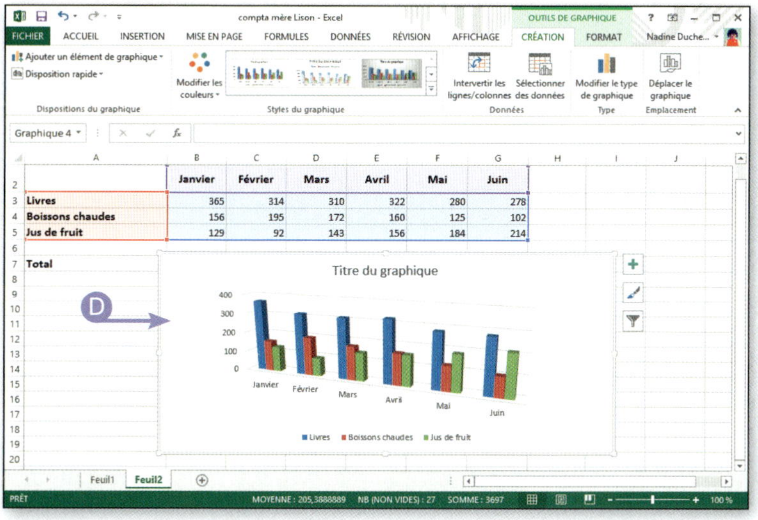

D Excel transforme le graphique dans le nouveau type choisi.

Vous pouvez changer l'aspect du graphique en choisissant une autre disposition prédéfinie. Les dispositions prédéfinies déterminent la position des composants du graphique. Vous pourriez choisir de placer la légende à côté du graphique plutôt qu'en dessous. De même, libre à vous de mettre le titre au-dessus plutôt qu'en dessous du graphique ou de ne pas l'afficher du tout.

MODIFIEZ LA DISPOSITION D'UN GRAPHIQUE

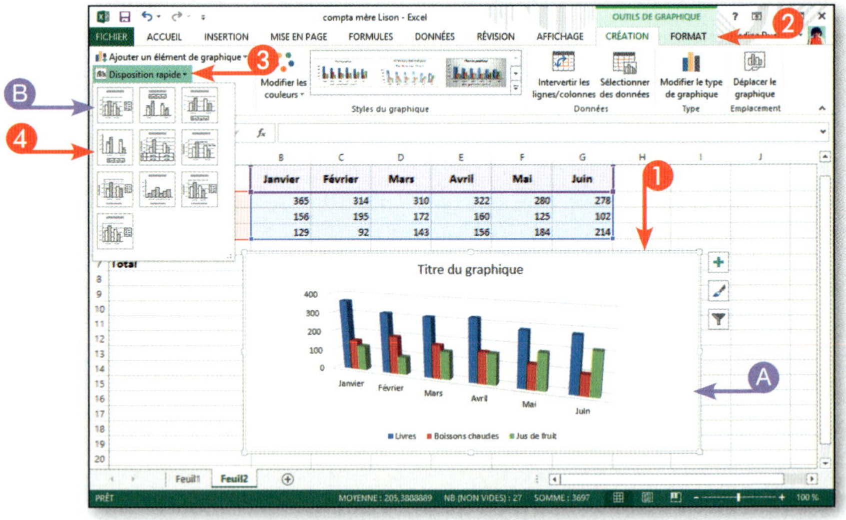

1 Cliquez le bord du graphique pour le sélectionner.

A Les poignées apparaissent autour du graphique quand il est actif.

2 Cliquez l'onglet **Création**.

3 Cliquez **Disposition rapide**.

B Une palette de dispositions apparaît.

Survolez chacune des vignettes pour voir un aperçu de son effet sur le graphique.

4 Cliquez une disposition.

Les dispositions prédéfinies sont disponibles dans l'onglet Création. Pour afficher cet onglet, sélectionnez le graphique dont vous voulez personnaliser la présentation en cliquant son bord.

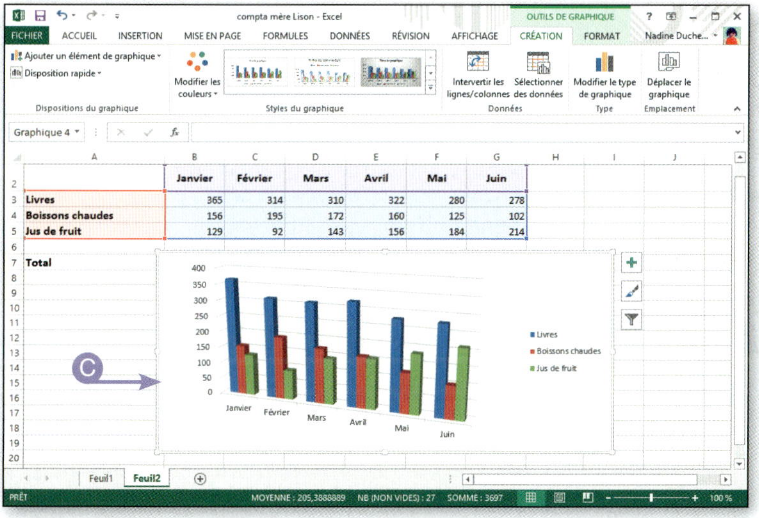

Ⓒ Excel applique au graphique la disposition choisie.

AJOUTEZ DES ÉLÉMENTS AU GRAPHIQUE

Vous pouvez ajouter divers éléments à votre graphique. Vous pourriez, par exemple, ajouter ou supprimer un axe, les titres des axes, le titre du graphique, des étiquettes de données, un quadrillage, une légende ou une courbe de tendance. Retenez qu'un graphique surchargé d'informations devient moins lisible, ce qui n'est jamais l'objectif recherché.

AJOUTEZ DES ÉLÉMENTS AU GRAPHIQUE

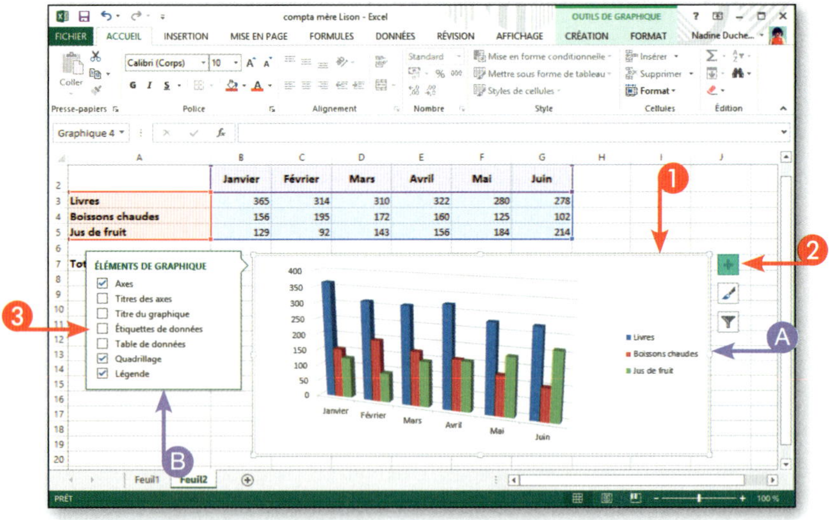

❶ Cliquez le bord du graphique pour le sélectionner.

Ⓐ Les poignées apparaissent autour du graphique quand il est actif.

❷ Cliquez [+].

Ⓑ La palette Éléments de graphique apparaît.

Quand vous survolez l'un des éléments, il apparaît en aperçu dans le graphique.

❸ Cochez un élément pour l'ajouter ou retirez sa coche pour le supprimer du graphique (☐ devient ☑ ou ☑ devient ☐).

Cliquez [+] pour fermer la palette Éléments de graphique.

Les instructions suivantes démontrent l'ajout de titres pour les axes du graphique ; vous suivrez la même procédure pour ajouter d'autres éléments au graphique.

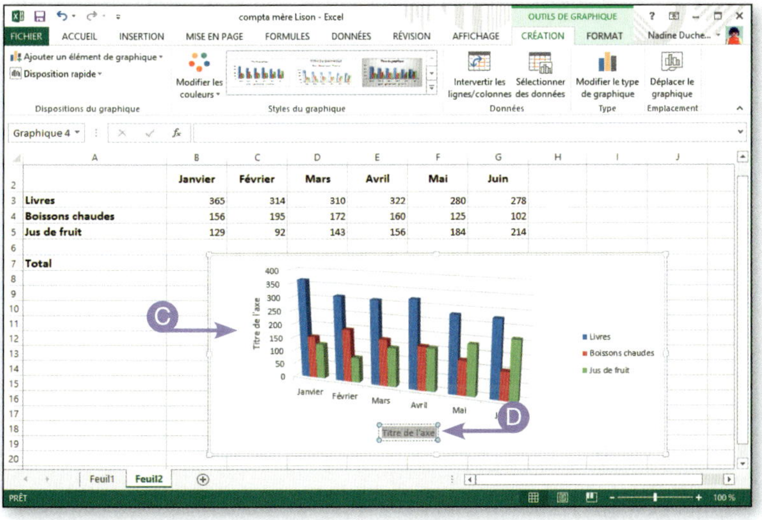

Ⓒ Excel applique le changement au graphique.

Note. *Quand vous ajoutez un titre, Excel insère un titre provisoire que vous personnaliserez.*

Ⓓ Pour changer un titre, cliquez le titre pour l'activer puis cliquez dans son cadre et sélectionnez le texte par glissement du pointeur. Tapez le texte qui convient pour le titre.

PERSONNALISEZ LA MISE EN FORME DES ÉLÉMENTS DU GRAPHIQUE

Vous pouvez modifier la mise en forme de tous les éléments d'un graphique, tels que le motif de remplissage pour la zone de traçage ou la couleur d'une série de données. Pour choisir l'apparence de l'élément sélectionné, vous utiliserez le volet Format. Ce volet apparaît automatiquement quand vous modifiez la mise en forme d'un élément du graphique.

PERSONNALISEZ LA MISE EN FORME DES ÉLÉMENTS DU GRAPHIQUE

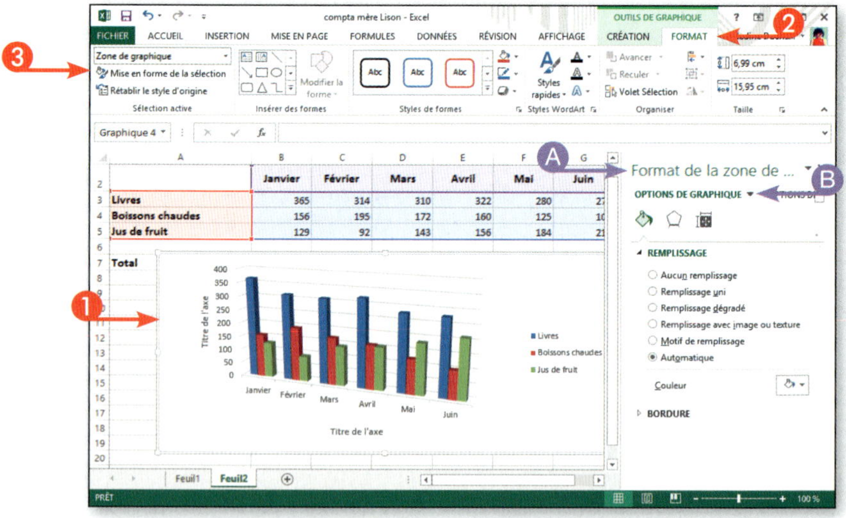

❶ Cliquez l'élément à mettre en forme.

Pour colorer le fond du graphique, cliquez le bord du graphique, comme dans cet exemple.

❷ Cliquez l'onglet **Format**.

❸ Cliquez **Mise en forme de la sélection**.

Ⓐ Le volet Format apparaît.

Note. *Les options disponibles dans le volet Format varient selon l'élément sélectionné à l'étape* ***1****.*

Ⓑ Vous pouvez cliquer ▼ pour afficher la liste des autres éléments qu'il est possible de mettre en forme.

Les options proposées dans le volet Format dépendent de l'élément sélectionné dans le graphique. Cette section démontre l'ajout d'une couleur de remplissage au fond du graphique. Vous suivrez la même procédure pour changer la mise en forme des autres éléments du graphique.

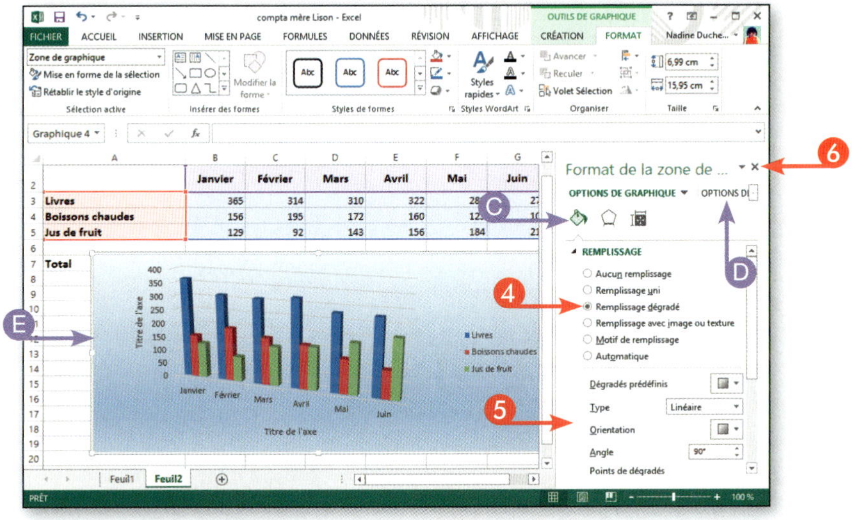

C Cliquez ici pour afficher les autres catégories de mises en forme disponibles : remplissage, effets ou tailles et propriétés.

D Cliquez ici pour modifier la mise en forme du texte de l'élément sélectionné.

4 Cliquez le type de mise en forme à modifier.

E Excel affiche l'effet choisi.

5 Changez les paramètres.

6 Cliquez × pour fermer le volet Format.

CRÉEZ UNE NOUVELLE PRÉSENTATION

Au démarrage de PowerPoint, vous obtenez son écran d'accueil qui permet de commencer une nouvelle présentation entièrement vierge ou de choisir un modèle avec un thème prédéfini. Vous avez aussi accès à cette liste de modèle depuis le mode Backstage. Lorsque vous créez une nouvelle présentation, PowerPoint vous fournit une seule diapositive vide ; vous ajouterez d'autres diapositives et les formaterez à votre goût.

CRÉEZ UNE NOUVELLE PRÉSENTATION DEPUIS L'ÉCRAN D'ACCUEIL

❶ Démarrez PowerPoint.

L'écran d'accueil de PowerPoint apparaît.

❷ Cliquez **Nouvelle présentation**.

Le fait de démarrer d'une diapositive vierge vous laisse toute liberté pour créer votre thème de couleurs et vos mises en pages.

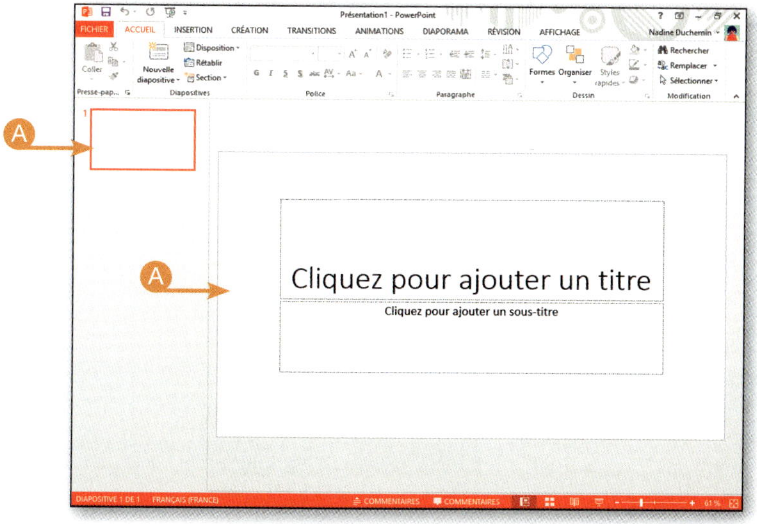

A PowerPoint crée une nouvelle présentation avec une diapositive vierge.

CRÉEZ UNE NOUVELLE PRÉSENTATION

Le format par défaut des nouvelles présentations est 16/9, mais si vous avez plus souvent besoin de diapositives au format 4/3, vous pouvez changer la taille par défaut de vos futures diapositives par la méthode suivante. Appliquer les proportions 4/3 à vos diapositives (selon les instructions de la section « Changez le format des diapositives » à la fin de ce chapitre). Cliquez l'onglet Création et cliquez ⊽ dans le groupe Thèmes.

CRÉEZ UNE NOUVELLE PRÉSENTATION DEPUIS L'ÉCRAN BACKSTAGE

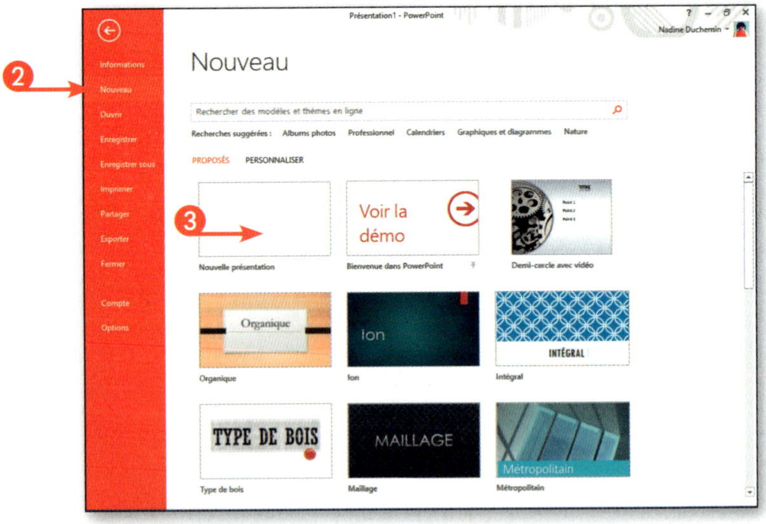

❶ Cliquez l'onglet **Fichier**.

❷ Cliquez **Nouveau**.

❸ Cliquez **Nouvelle présentation**.

Choisissez **Enregistrer le thème actif**. Dans la boîte de dialogue Enregistrer le thème actif, tapez un nom pour le thème en 4/3 et cliquez **Enregistrer**. Dans la galerie de thèmes de l'onglet Création, cliquez du bouton droit le thème que vous venez d'enregistrer. (Son nom apparaît en info-bulle quand vous survolez sa vignette.) Cliquez **Définir comme thème par défaut** dans le menu contextuel.

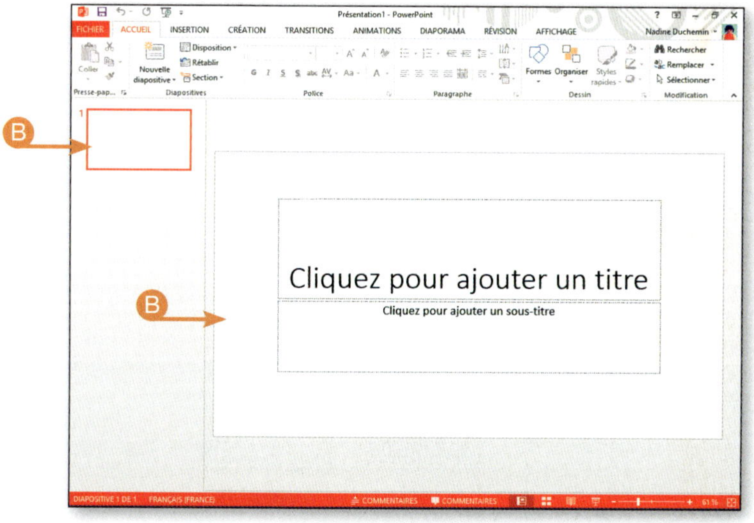

B PowerPoint crée une nouvelle présentation avec une diapositive vierge.

CRÉEZ UNE PRÉSENTATION À L'AIDE D'UN MODÈLE

Les modèles de PowerPoint vous aideront à réaliser rapidement des présentations de qualité professionnelle. Les modèles contiennent des *thèmes* qui définissent l'apparence des diapositives. Chaque thème regroupe un assortiment harmonieux de couleurs, polices et effets, tels que les ombres, reflets et lueurs. Vous en saurez plus au sujet des thèmes en lisant le chapitre 13.

CRÉEZ UNE PRÉSENTATION À L'AIDE D'UN MODÈLE

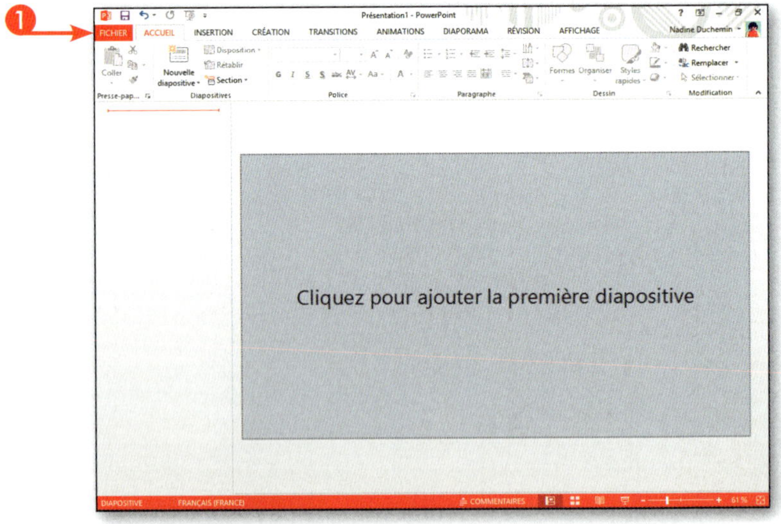

1 Cliquez l'onglet **Fichier**.

Les modèles ne contiennent pas que des thèmes. Certains sont capables de vous guider dans la composition de la présentation pour un sujet particulier. En plus de son thème, le modèle d'une présentation scientifique peut contenir des diapositives qui vous incitent à inclure l'hypothèse de départ, une liste de variables, les résultats d'expérience, *etc.*

2 Cliquez **Nouveau**.

3 Cliquez ici et tapez un terme décrivant le type de présentation à créer et cliquez 🔍 ou appuyez sur Entrée.

A PowerPoint affiche une liste de catégories qui vous aide à cibler la recherche.

B Les modèles qui pourraient vous convenir apparaissent ici.

4 Cliquez un modèle.

CRÉEZ UNE PRÉSENTATION À L'AIDE D'UN MODÈLE

Le bouton Accueil de l'écran Nouveau sert à retrouver le contenu initial de cet écran après le lancement d'une recherche. Au départ, l'écran Nouveau propose une liste de catégories de modèles sous le champ de recherche. Vous pouvez cliquer l'une de ces catégories au lieu de taper un mot-clé. Après avoir lancé une recherche, le bouton Accueil vous permet de réafficher la liste de recherches suggérées.

CRÉEZ UNE PRÉSENTATION À L'AIDE D'UN MODÈLE (SUITE)

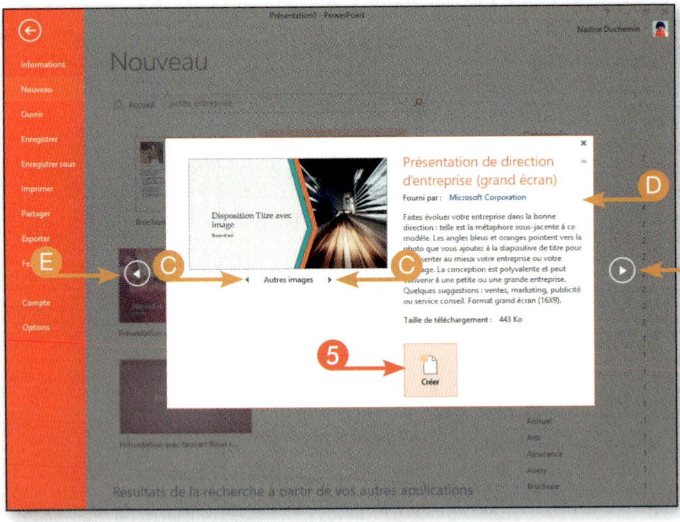

PowerPoint affiche un aperçu du modèle.

Ⓒ Ce bouton vous permet de naviguer parmi les diapositives du modèle.

Ⓓ Une description du modèle apparaît ici.

Ⓔ Cliquez ces boutons pour voir d'autres modèles en aperçu.

❺ Cliquez **Créer**.

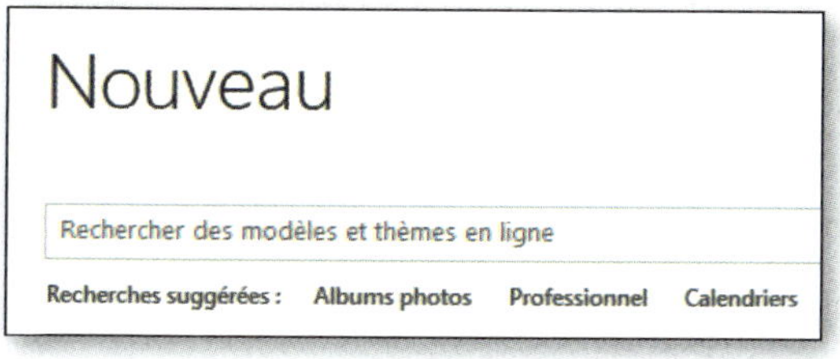

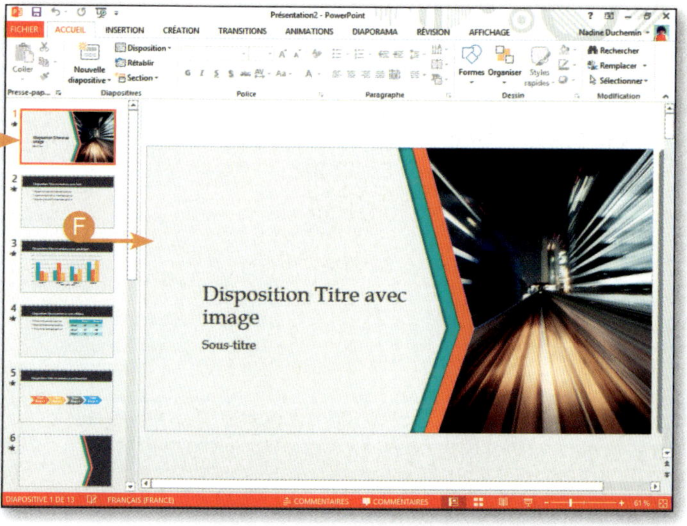

F PowerPoint crée la présentation en utilisant le modèle que vous avez choisi.

Vous ajouterez votre propre texte à chacune des diapositives selon les instructions du chapitre 13.

Il est facile de transformer en un diaporama vos photos numériques déjà présentes sur l'ordinateur. Vous pourriez ainsi composer un diaporama à partir des photos de votre dernier voyage ou des meilleurs clichés de l'un de vos proches. Il est même possible d'ajouter des légendes pour rendre le diaporama plus intéressant ou plus amusant.

CRÉEZ UN DIAPORAMA DE PHOTOS

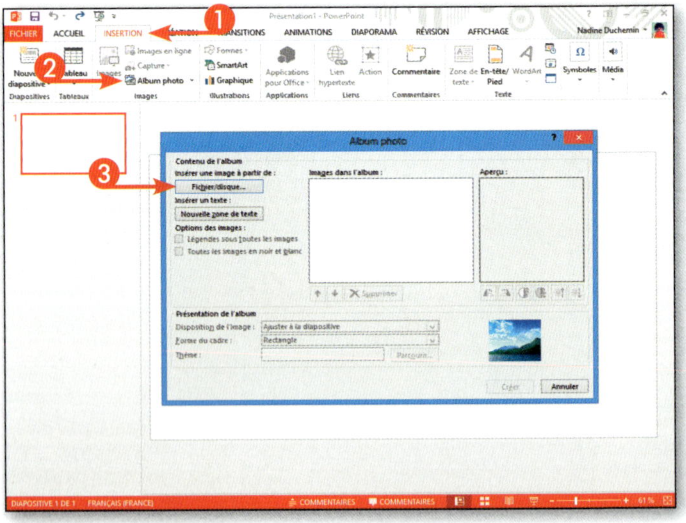

1 Cliquez l'onglet **Insertion**.

2 Cliquez **Album photo**.

La boîte de dialogue Album Photo s'affiche.

3 Cliquez **Fichier/disque**.

Vous pouvez aussi varier la disposition des diapositives en y affichant plusieurs photos par diapositive au lieu d'une seule photo comme dans la configuration par défaut. Ensuite, vous pourrez partager cette présentation avec d'autres ou l'envoyer par courriel à vos amis.

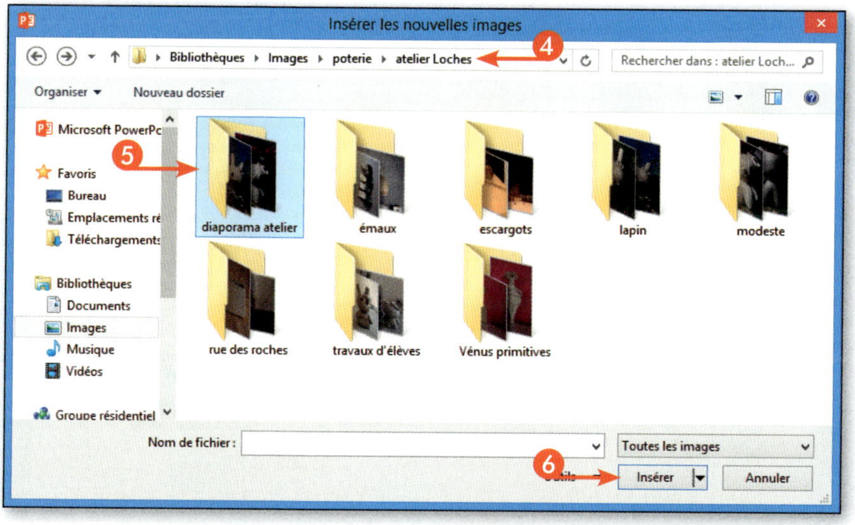

La boîte de dialogue Insérer les nouvelles images s'affiche.

4 Naviguez dans le dossier ou le lecteur contenant les images numériques que vous souhaitez utiliser.

5 Cliquez les images à insérer au diaporama.

Pour sélectionner plusieurs images, maintenez la touche Ctrl enfoncée tout en cliquant les images.

6 Cliquez **Insérer**.

CRÉEZ UN DIAPORAMA DE PHOTOS

Par défaut, PowerPoint place une image par diapositive. Pour combiner plusieurs photos sur une diapositive, dans l'onglet Insertion, cliquez la flèche du bouton Album photo et choisissez Modifier l'album photo. Dans la boîte de dialogue Modifier l'album photo, cliquez la liste Disposition de l'image et choisissez le nombre d'images par diapositive avec ou sans titre (A). Cochez l'option Légendes sous toutes les images (B) si elle est disponible pour la disposition choisie. Cliquez le bouton Mettre à jour (C). Vous pourrez taper les légendes directement dans les diapositives.

CRÉEZ UN DIAPORAMA DE PHOTOS (SUITE)

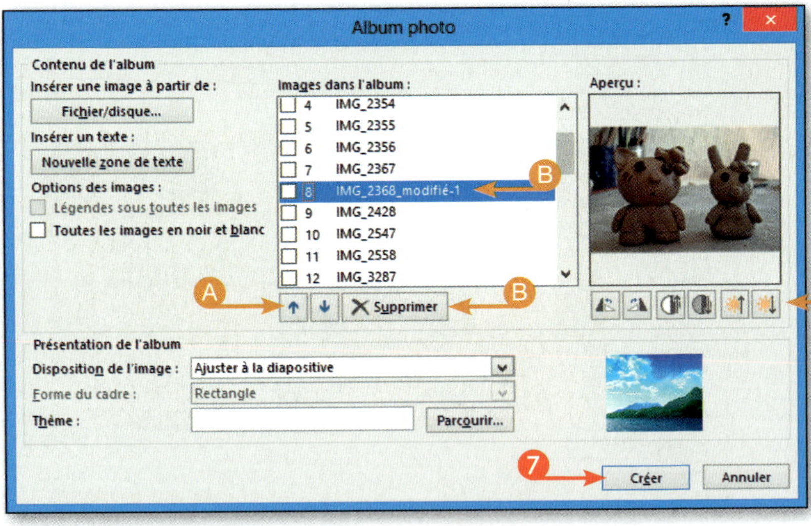

A L'ordre des images se modifie à l'aide de ces boutons.

B Pour supprimer une image, cliquez-la dans la liste Images dans l'album (☐ devient ☑), puis cliquez **Supprimer**.

C Ces outils servent à changer l'orientation des images, le contraste et la luminosité.

7 Cliquez **Créer**.

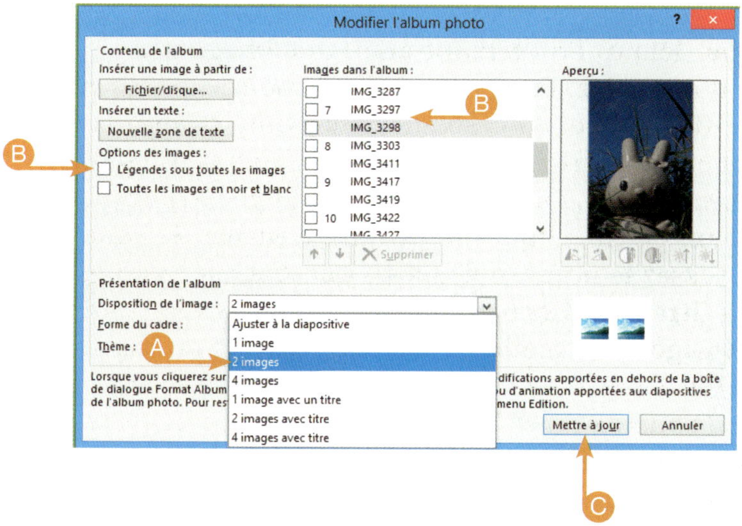

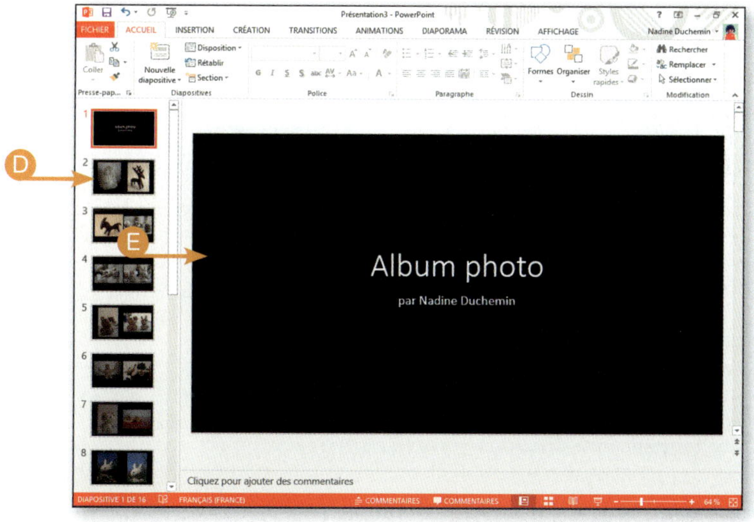

PowerPoint crée le diaporama sous la forme d'un nouveau fichier de présentation.

D Dans cet exemple, il y a deux photos par diapositive.

E La première diapositive est une diapositive de titre qui affiche le titre « Album photo » et votre nom d'utilisateur.

CHANGEZ DE MODE D'AFFICHAGE

Vous utilisez les modes d'affichage de PowerPoint pour modifier la manière dont votre présentation apparaît à l'écran. Par défaut, PowerPoint affiche votre présentation en mode Normal avec le volet de vignettes, à gauche, qui indique l'ordre des diapositives.

UTILISEZ LE MODE NORMAL

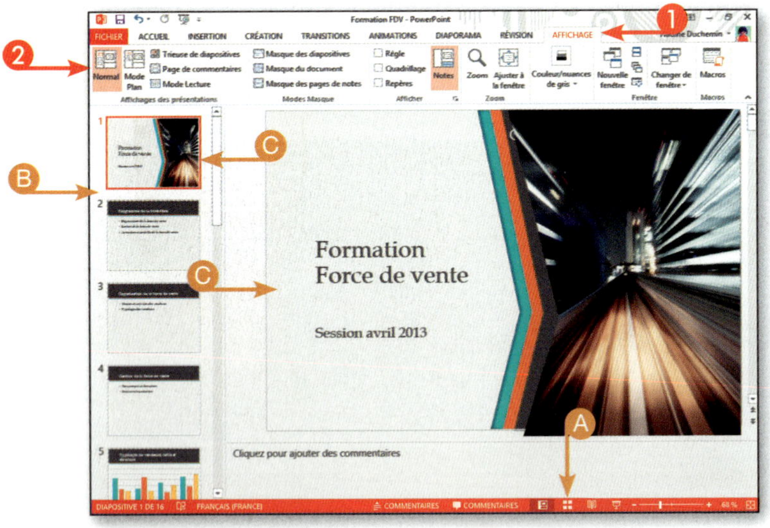

❶ Cliquez l'onglet **Affichage**.

❷ Cliquez le bouton **Normal**.

Ⓐ Vous disposez aussi de ces boutons pour changer de mode d'affichage.

Ⓑ Les vignettes des diapositives apparaissent ici.

Ⓒ La diapositive active s'affiche ici ; sa vignette est signalée par un cadre orange dans le volet gauche.

En mode Plan, vous voyez la structure de votre présentation et en mode Trieuse de diapositives, vous affichez en miniatures toutes les diapositives en même temps.

UTILISEZ LE MODE PLAN

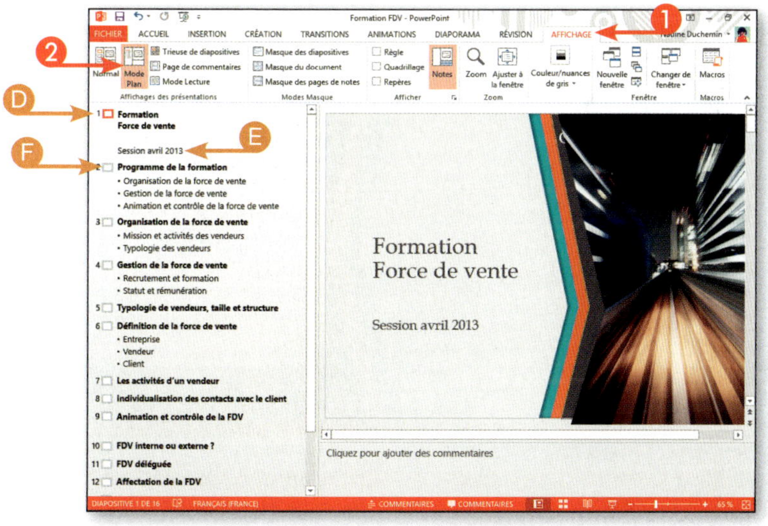

1 Cliquez l'onglet **Affichage**.

2 Cliquez **Mode Plan**.

D PowerPoint affiche la structure de la présentation.

E Cliquez le texte dans le plan pour le modifier.

F Cliquez l'icône d'une diapositive pour afficher la diapositive correspondante.

CHANGEZ DE MODE D'AFFICHAGE

Pour modifier le grossissement d'une diapositive à l'écran, faites glisser le curseur Zoom dans la barre d'état au bas de la fenêtre de PowerPoint. Vous pouvez aussi cliquer le bouton Zoom dans l'onglet Affichage pour définir le facteur de grossissement dans la boîte de dialogue Zoom. Le bouton Ajuster à la fenêtre, disponible dans l'onglet Affichage, sert à revenir au grossissement par défaut.

UTILISEZ LE MODE LECTURE

1 Cliquez ▯.

***Note.** Vous pourriez aussi cliquer le bouton **Mode Lecture** dans l'onglet **Affichage**.*

PowerPoint masque le Ruban pour afficher en plein écran la première diapositive de la présentation.

G Pour voir la diapositive suivante, cliquez dans l'écran ou cliquez ▯.

H Pour revoir la diapositive précédente, cliquez ▯.

I Pour afficher le menu des options disponibles pendant la lecture du diaporama, cliquez ▯.

J Cliquez ▯ pour revenir au mode d'affichage Normal.

Il est possible de changer la taille des volets dans la fenêtre de PowerPoint. Placez le pointeur sur le bord interne d'un volet et quand le pointeur se transforme en ⇐⇒, faites glisser la ligne de séparation pour agrandir ou réduire le volet.

UTILISEZ LA TRIEUSE DE DIAPOSITIVES

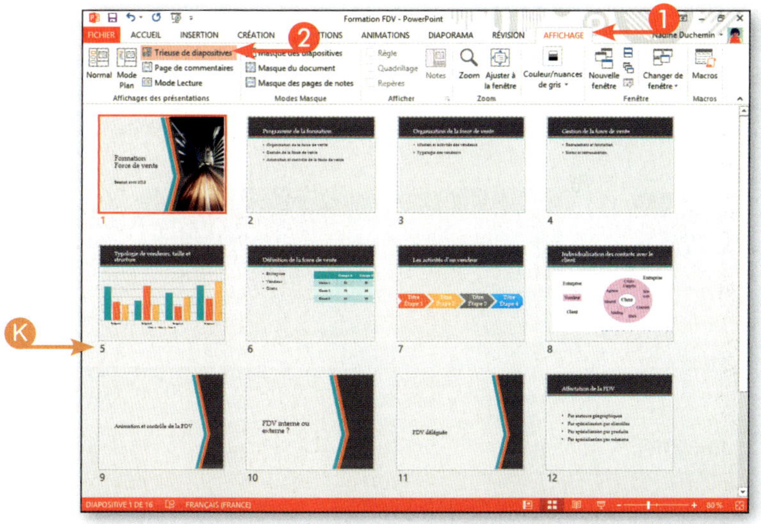

1 Cliquez l'onglet **Affichage**.

2 Cliquez **Trieuse de diapositives**.

PowerPoint affiche les vignettes de toutes les diapositives de la présentation.

K Le numéro sous chaque vignette indique sa position dans le diaporama.

Vous changez l'ordre des diapositives en faisant glisser leurs vignettes.

Un double-clic sur une vignette affiche la diapositive correspondante en mode Normal.

INSÉREZ DES DIAPOSITIVES

PowerPoint facilite l'ajout de diapositives à une présentation à l'aide du bouton Nouvelle diapositive de l'onglet Accueil. Un clic sur l'icône du bouton ajoute une nouvelle diapositive qui reprend la même disposition que la diapositive actuellement active ; un clic sur l'intitulé du bouton permet de choisir une autre disposition pour la nouvelle diapositive.

INSÉREZ DES DIAPOSITIVES

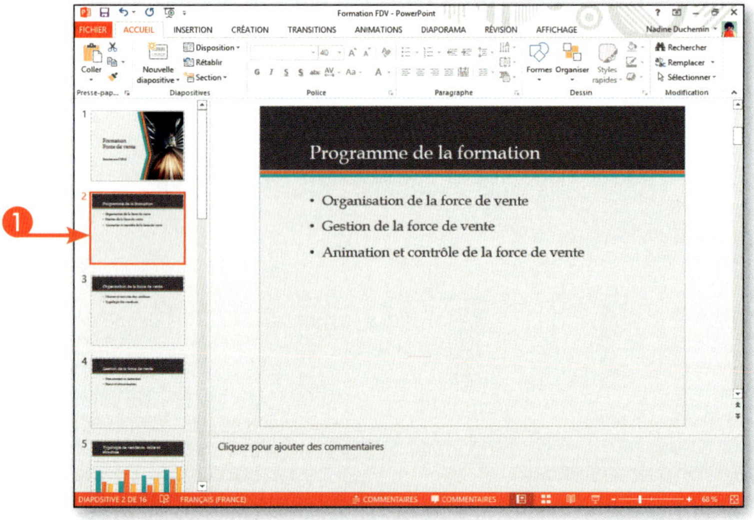

1 Cliquez la vignette après laquelle vous souhaitez insérer une nouvelle diapositive.

Vous pouvez ajouter ou supprimer des diapositives en mode Trieuse de diapositives ou dans le volet des vignettes en mode Normal.

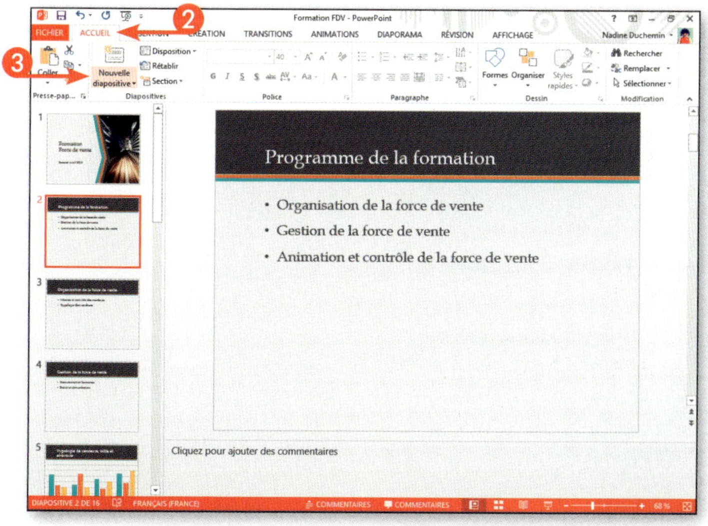

2 Cliquez l'onglet **Accueil**.

3 Cliquez l'intitulé du bouton **Nouvelle diapositive**.

Note. *En cliquant l'icône du bouton, vous ajoutez une diapositive avec la même disposition que celle sélectionnée à l'étape **1**.*

INSÉREZ DES DIAPOSITIVES

La commande Diapositives à partir d'un plan, disponible dans le menu du bouton Nouvelle diapositive, vous permet de créer une présentation à partir d'un plan créé dans un autre programme, tel que Word. PowerPoint crée une diapositive pour chaque titre mis en forme avec un style de titre ; si le document ne comprend pas de styles de titres, vous obtenez une diapositive pour chaque paragraphe.

INSÉREZ DES DIAPOSITIVES (SUITE)

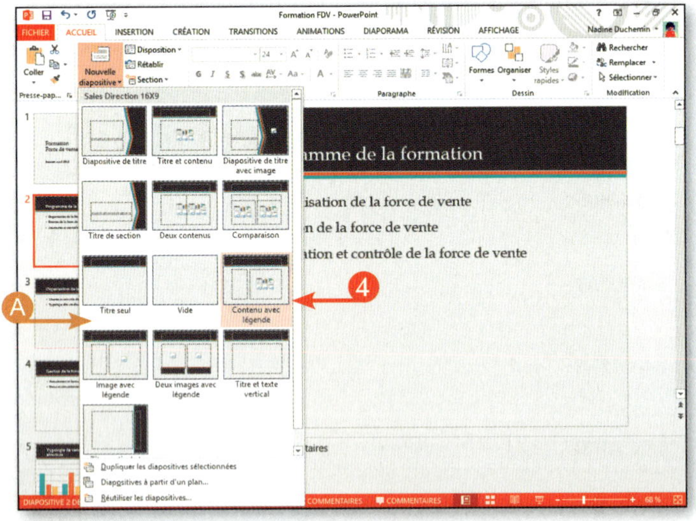

Ⓐ Une palette de dispositions de diapositive apparaît.

④ Cliquez une disposition.

Il est possible de dupliquer simultanément plusieurs diapositives. Sélectionnez les diapositives à dupliquer en appuyant sur Ctrl. Ensuite, ouvrez le menu du bouton Nouvelle diapositive et cliquez **Dupliquer les diapositives sélectionnées**. PowerPoint insère toutes les diapositives dupliquées après la diapositive active.

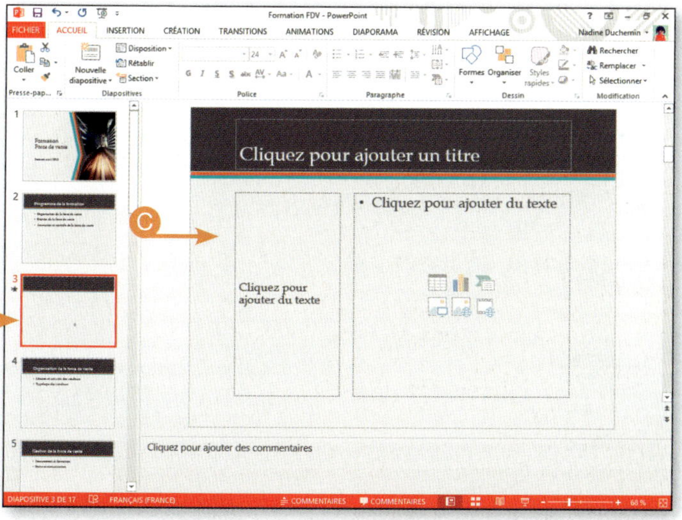

B PowerPoint ajoute une diapositive après celle que vous avez sélectionnée à l'étape **1**.

C La nouvelle diapositive possède la disposition que vous avez choisie à l'étape **4**.

VILLE DU MANS MEDIATHEQUE LOUIS ARAGON

PowerPoint propose plusieurs dispositions prédéfinies que vous pouvez appliquer à vos diapositives. Par exemple, vous pouvez choisir une disposition qui contient un titre et deux sections pour du texte ou une image avec sa légende.

MODIFIEZ LA DISPOSITION DES DIAPOSITIVES

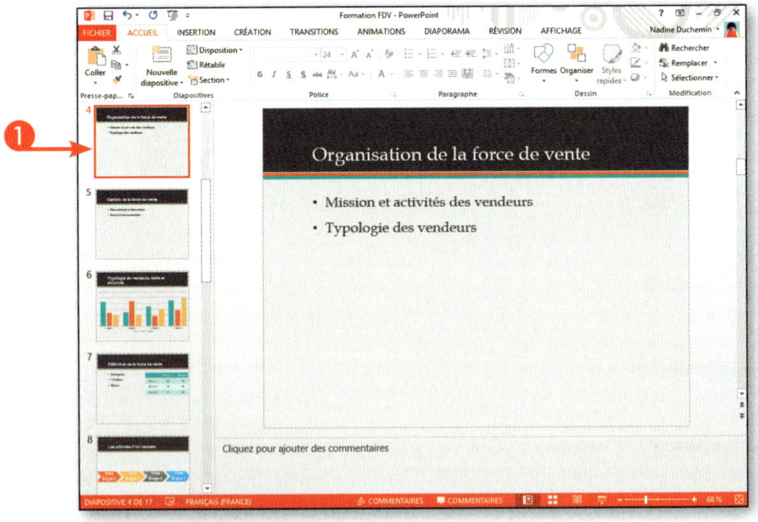

1 Dans la liste des vignettes, cliquez la diapositive dont vous souhaitez modifier la disposition.

Pour de meilleurs résultats, vous sélectionnerez la nouvelle disposition avant d'ajouter le contenu à votre diapositive. Dans le cas contraire, vous devrez certainement modifier la position du contenu et sa taille pour qu'il s'adapte à la nouvelle disposition. Si l'un des attributs de mise en forme ne vous convient pas, vous pouvez le changer pour toutes les diapositives de la présentation de manière à conserver une apparence uniforme.

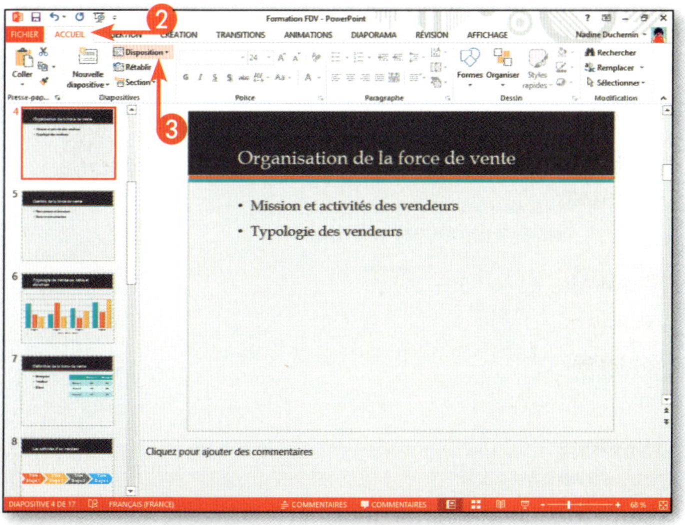

2 Cliquez l'onglet **Accueil**.

3 Cliquez le bouton **Disposition**.

MODIFIEZ LA DISPOSITION DES DIAPOSITIVES

Pour changer un attribut de mise en forme commun à toute la présentation, vous passerez par le masque des diapositives. Ainsi, la modification se répercute automatiquement à toutes les diapositives.

MODIFIEZ LA DISPOSITION DES DIAPOSITIVES

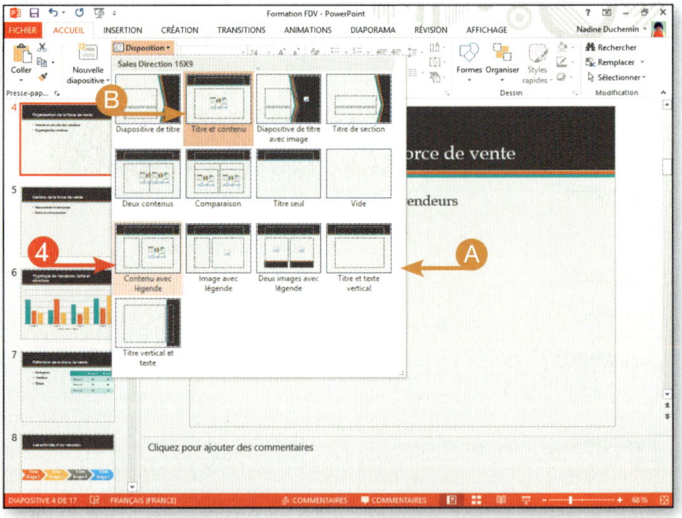

Ⓐ Une palette de dispositions apparaît.

Ⓑ La disposition actuelle est signalée.

④ Cliquez une disposition.

Cliquez l'ongle **Affichage** puis le bouton **Masque des diapositives**. PowerPoint affiche dans le volet gauche toutes les dispositions disponibles. Effectuez la modification voulue ; changez par exemple la police du texte. Une fois les changements terminés, cliquez **Désactiver le mode Masque** pour revenir au mode habituel. La nouvelle police définie pour le masque apparaît dans toutes les diapositives de la présentation.

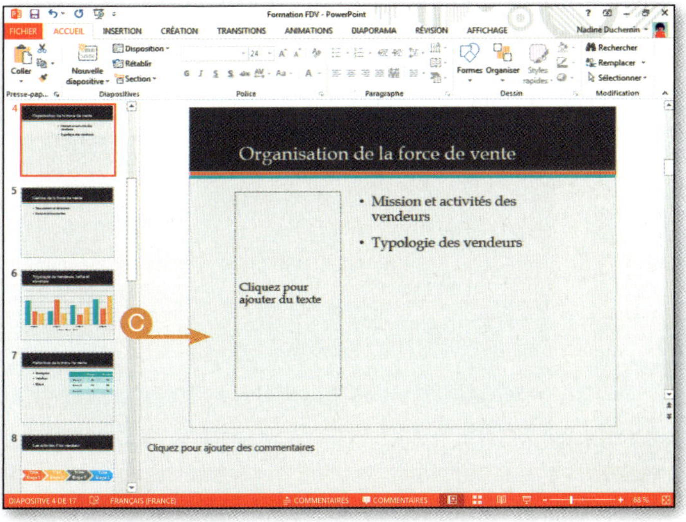

C PowerPoint attribue la disposition à la diapositive.

CHANGEZ LE FORMAT DES DIAPOSITIVES

Il est facile de changer le format d'une présentation. Dans les versions antérieures de PowerPoint, les diapositives étaient créées au format 4/3, le format standard des anciens écrans cathodiques. Pour s'adapter aux nouveaux écrans larges, PowerPoint 2013 utilise désormais par défaut le format 16/9.

CHANGEZ LE FORMAT DES DIAPOSITIVES

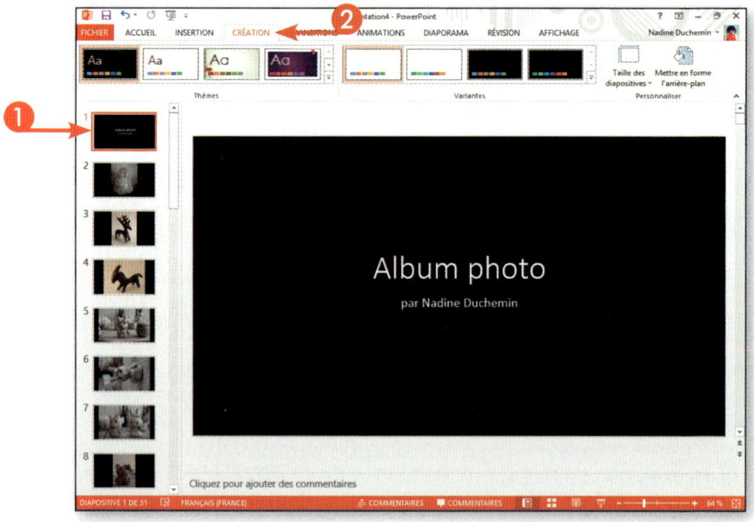

1 Ouvrez la présentation dont vous voulez changer le format.

2 Cliquez l'onglet **Création**.

Lorsque vous changez le format de diapositives déjà remplies, PowerPoint tente de changer l'échelle du contenu ; quand ce n'est pas possible, le contenu est agrandi de manière à remplir l'espace disponible. Avec la méthode Agrandir, le contenu risque d'être tronqué ; avec la méthode Garantir l'ajustement, le contenu est réduit pour tenir en entier dans la diapositive.

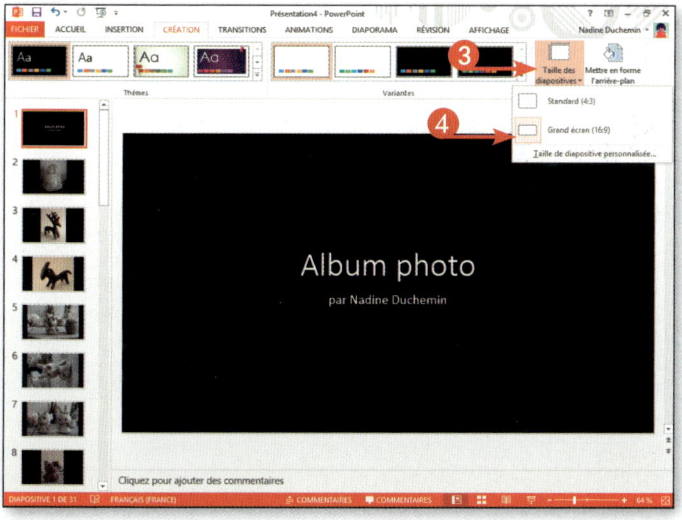

3 Cliquez **Taille des diapositives**.

4 Dans le menu du bouton, cliquez **Standard (4:3)**.

CHANGEZ LE FORMAT DES DIAPOSITIVES

Il est possible de définir un format autre que 4/3 et 16/9. Suivez les étapes 1 à 3 et choisissez Taille de diapositive personnalisée. Dans la boîte de dialogue Taille des diapositives, sélectionnez un format dans la première liste (A). Si nécessaire, définissez la largeur, la hauteur, la numérotation et l'orientation des diapositives.

CHANGEZ LE FORMAT DES DIAPOSITIVES (SUITE)

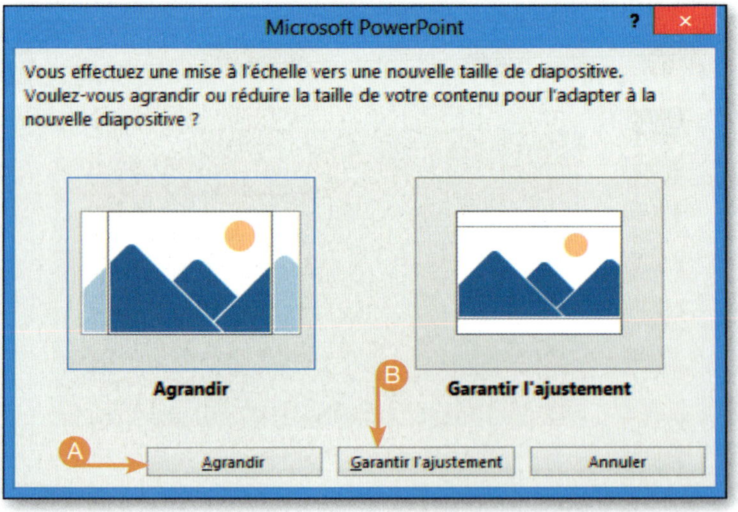

PowerPoint affiche un message pour savoir comment adapter le contenu au nouveau format.

A Cliquez **Agrandir** pour agrandir le contenu de manière à remplir l'espace disponible, mais sachez que le contenu risque d'être tronqué.

B Cliquez **Garantir l'ajustement** pour réduire le contenu de manière à le faire tenir en entier dans l'espace disponible. Le contenu ne sera pas tronqué, mais apparaîtra plus petit.

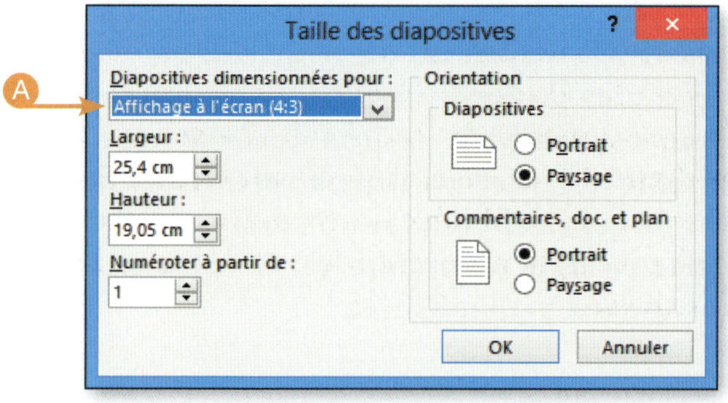

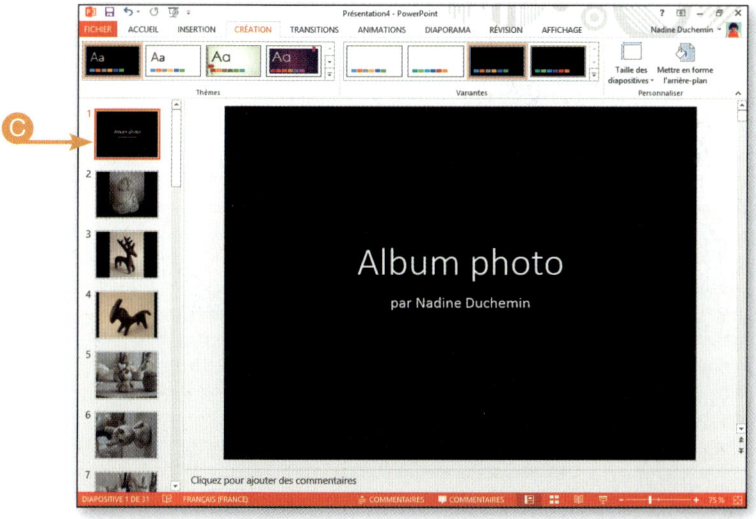

C PowerPoint redimensionne toutes les diapositives de la présentation.

***Note.** Vous pourriez avoir besoin de réappliquer un thème.*

AJOUTEZ ET MODIFIEZ DU TEXTE

Toutes les dispositions de diapositives, à l'exception de la diapositive vierge, présentent des emplacements prédéfinis pour la saisie de texte. Ces zones de texte affichent au départ un texte provisoire, tel que « Cliquez pour ajouter un titre ». Vous remplacerez ce texte provisoire par le vôtre en tapant directement dans la diapositive.

AJOUTEZ DU TEXTE

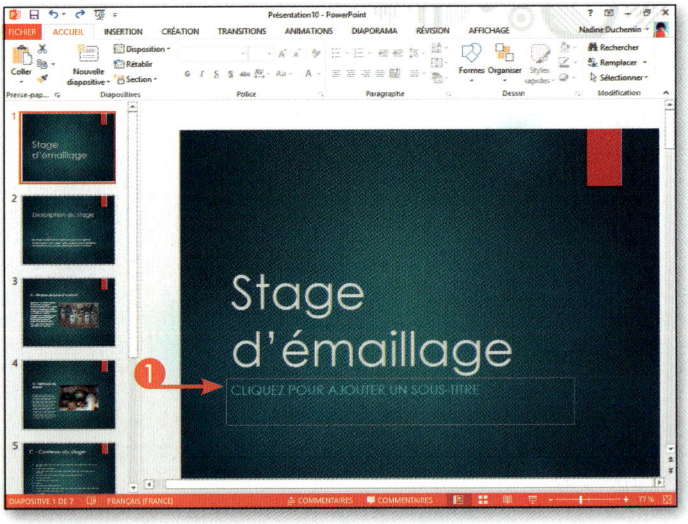

❶ Cliquez la zone de texte dans laquelle vous souhaitez taper du texte.

Après avoir ajouté votre texte, vous pouvez modifier la police, la taille, la couleur et plus encore, comme vous l'apprendrez dans la section suivante.

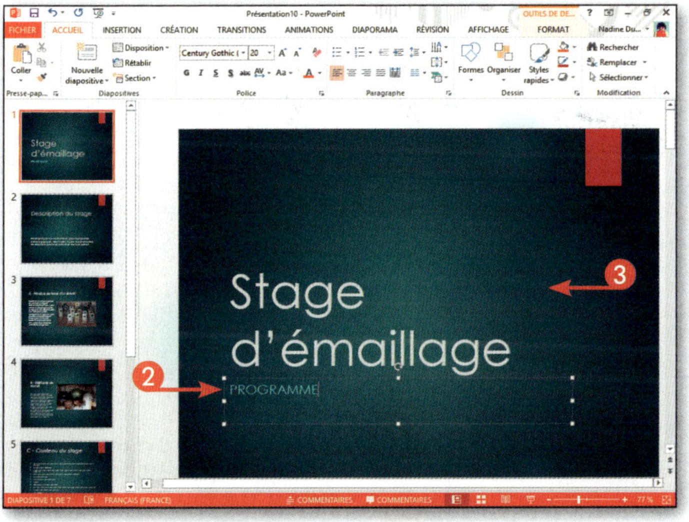

PowerPoint fait disparaître le texte provisoire et affiche le curseur de saisie.

2 Tapez votre texte.

3 Cliquez en dehors de la zone de texte pour valider la saisie.

AJOUTEZ ET MODIFIEZ DU TEXTE

Si le texte ne tient pas dans l'emplacement prévu, vous pouvez changer la taille de police selon les instructions de la prochaine section ou redimensionner la zone de texte. Lorsque le pointeur survole une poignée de la zone de texte active, sa flèche ↖ se transforme en ⤡, ↕, ⤢ ou ⇔. Redimensionnez la zone de texte en faisant glisser le pointeur, qui devient + (A).

MODIFIEZ DU TEXTE

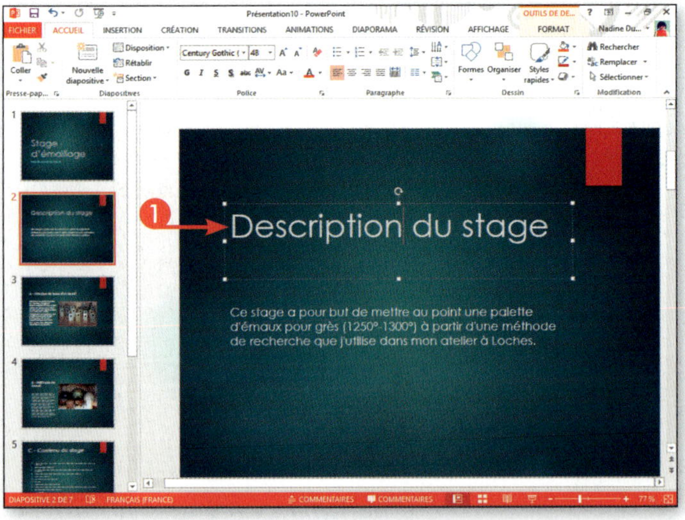

1 Cliquez la zone de texte dont vous souhaitez modifier le contenu.

PowerPoint sélectionne la zone de texte et y place le curseur de saisie.

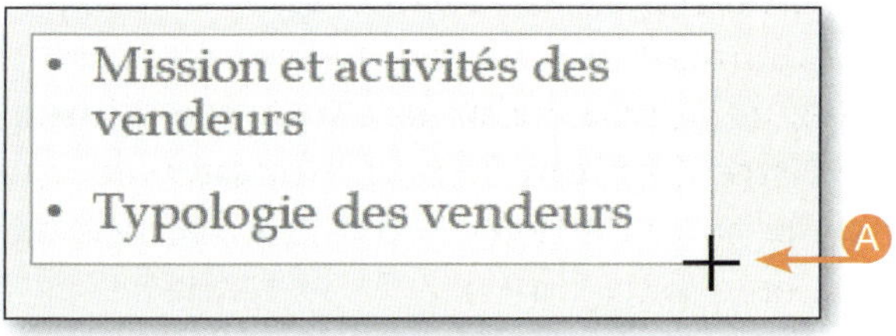

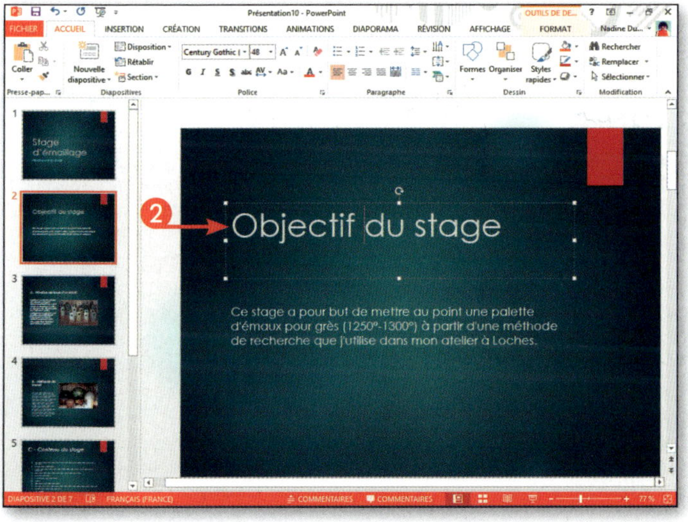

❷ Apportez les modifications nécessaires.

Vous positionnerez le curseur de saisie dans le texte à l'aide des flèches du clavier ou en cliquant à l'emplacement qui convient.

Après avoir ajouté du texte à une diapositive, vous choisissez la police ainsi que la taille, la couleur et le style du texte pour modifier son apparence.

MODIFIEZ LA POLICE

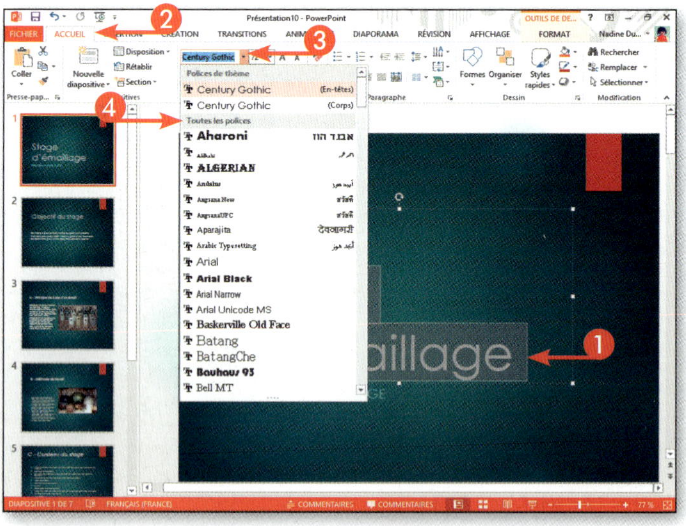

❶ Cliquez dans la zone de texte et sélectionnez le texte à modifier.

❷ Cliquez l'onglet **Accueil**.

❸ Cliquez la flèche ▼ de la liste Police.

❹ Cliquez une police.

Par exemple, vous augmentez la taille du texte pour un titre ou vous modifiez la police du corps de texte pour qu'elle corresponde à la police utilisée pour le logo de votre société. De plus, vous pouvez changer la couleur du texte pour augmenter le contraste par rapport à la couleur du fond et appliquer au texte les styles gras, italique, soulignement, ombre ou barré.

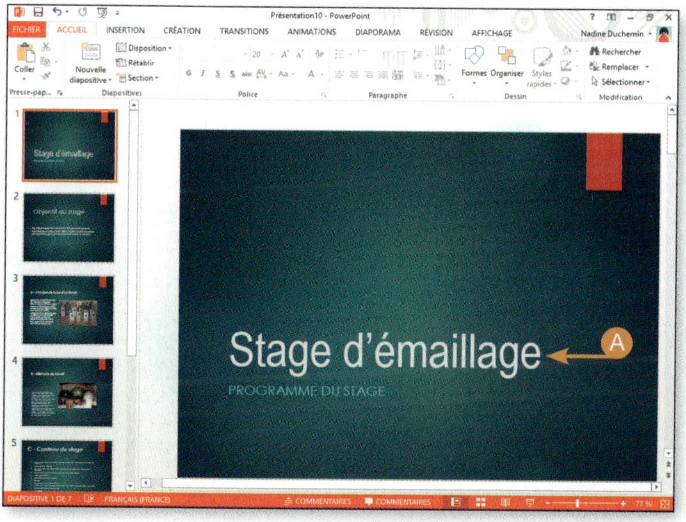

A PowerPoint applique au texte sélectionné la police que vous avez choisie dans la liste.

Cliquez en dehors de la zone de texte pour passer à une autre tâche.

METTEZ LE TEXTE EN FORME

Pour augmenter ou diminuer rapidement la taille des caractères, sélectionnez le texte à modifier puis cliquez les boutons Augmenter la taille de la police (A▲) ou Diminuer la taille de la police (A▼) dans le groupe Police de l'onglet Accueil. Cliquez autant de fois que nécessaire pour obtenir la taille souhaitée.

CHANGEZ LA TAILLE DU TEXTE

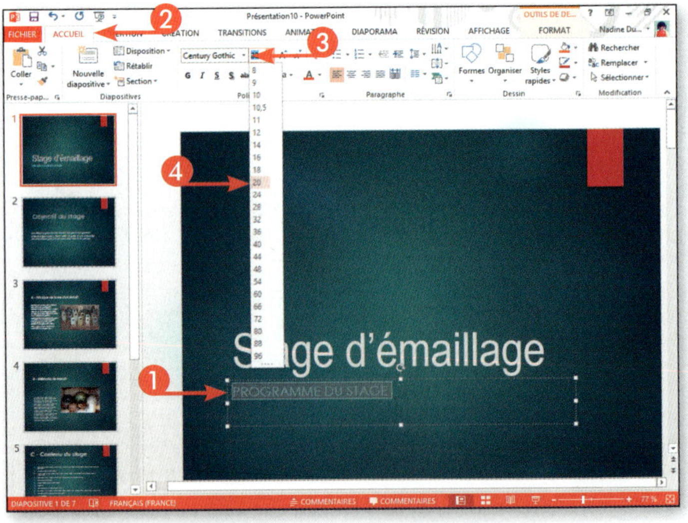

1 Cliquez dans la zone de texte et sélectionnez le texte à modifier.

2 Cliquez l'onglet **Accueil**.

3 Cliquez la flèche ▼ de la liste **Taille de police**.

4 Cliquez une taille.

Note. *Vous pourriez aussi cliquer la liste **Taille de police** et y taper une taille qui ne figure pas dans la liste.*

Pour appliquer un style, sélectionnez une portion de texte et cliquez le bouton Gras (**G**), Italique (*I*), Souligner (S), Ombre du texte (S) ou Barré (~~abc~~).

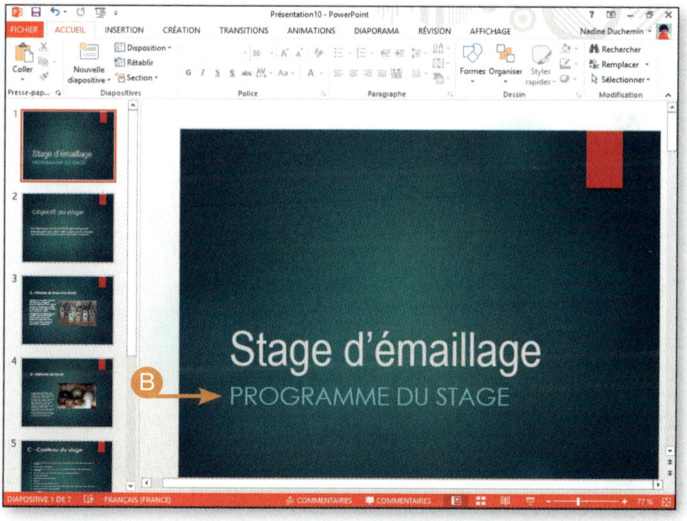

B PowerPoint applique au texte sélectionné la taille de police choisie.

Cliquez en dehors de la zone de texte pour passer à une autre tâche.

METTEZ LE TEXTE EN FORME

En plus de modifier la police et la taille du texte, vous pouvez aussi changer sa couleur. Cela vous permet de faire ressortir du texte sur un fond coloré ou d'harmoniser la couleur du texte avec celles des illustrations de la diapositive.

CHOISISSEZ UNE COULEUR COORDONNÉE

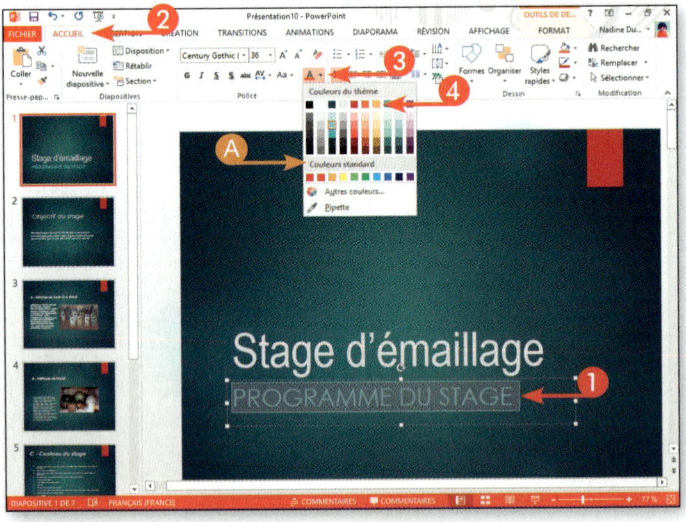

1 Cliquez dans la zone de texte et sélectionnez le texte à modifier.

2 Cliquez l'onglet **Accueil**.

3 Cliquez la flèche ▼ du bouton Couleur de police.

A PowerPoint affiche les couleurs coordonnées du thème choisi pour la présentation.

4 Cliquez une couleur.

Plusieurs méthodes sont possibles pour changer la couleur du texte. Vous pouvez sélectionner une nuance dans le menu Couleur de police de l'onglet Accueil, prélever une couleur dans la diapositive avec la Pipette ou ouvrir la boîte de dialogue Couleurs pour définir une nuance précise.

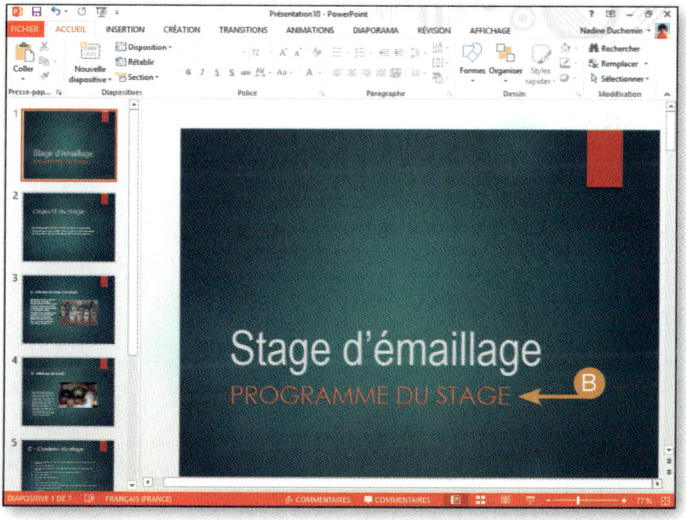

B PowerPoint applique au texte sélectionné la couleur choisie dans la palette.

La boîte de dialogue Couleurs sert aussi à définir des couleurs personnalisées. Ouvrez la boîte de dialogue Couleurs, comme indiqué dans cette section, puis cliquez l'onglet Personnalisées (1). Cliquez la teinte (2) que vous souhaitez définir. Faites glisser le curseur (3) pour régler l'intensité de la couleur, puis cliquez OK. Vous pourriez aussi définir une nuance en tapant ses valeurs RVB (A).

CHOISISSEZ UNE NUANCE DANS LA BOÎTE DE DIALOGUE COULEURS

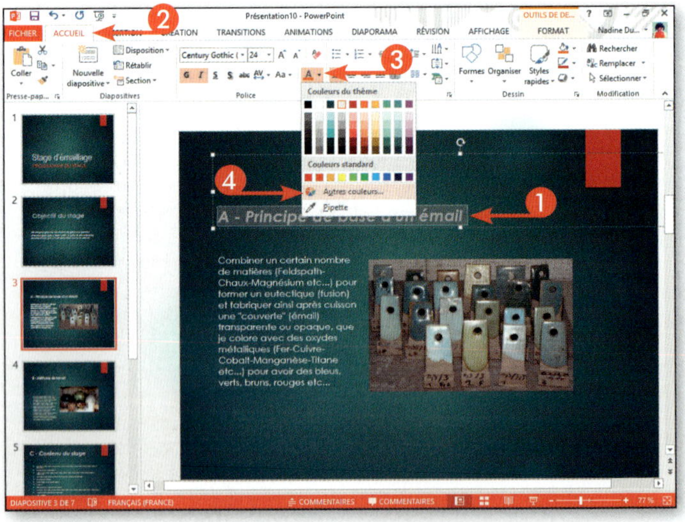

1 Sélectionnez le texte à modifier.

2 Cliquez l'onglet **Accueil**.

3 Cliquez la flèche du bouton **Couleur de police (A ▾).**

4 Cliquez **Autres couleurs**.

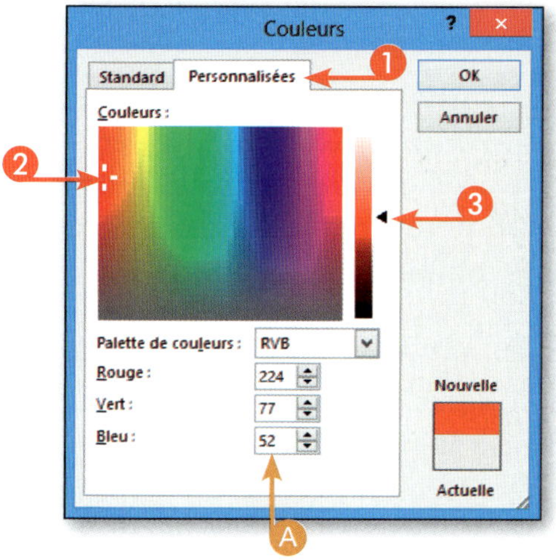

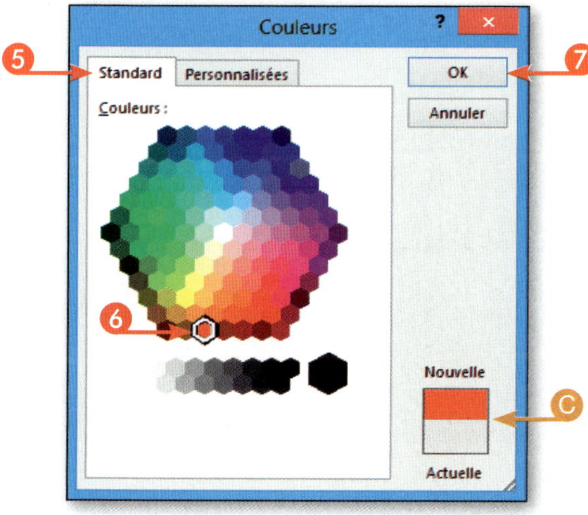

La boîte de dialogue Couleurs s'affiche.

5 Cliquez l'onglet **Standard**.

6 Cliquez une couleur.

C Une comparaison de la couleur actuelle et de la nouvelle est visible ici.

7 Cliquez **OK**.

PowerPoint applique la nouvelle couleur au texte sélectionné.

Cliquez en dehors de la zone de texte pour passer à une autre tâche.

APPLIQUEZ UN THÈME

PowerPoint contient un grand nombre de thèmes prédéfinis avec pour chacun une série coordonnée de couleurs, polices, arrière-plans et autres attributs visuels. En appliquant un thème à une présentation, vous donnez le même aspect à toutes ses diapositives. Il est également possible d'appliquer un thème à seulement quelques diapositives de la présentation. Les outils de l'onglet Création servent à agir sur le thème appliqué à la présentation.

APPLIQUEZ UN THÈME

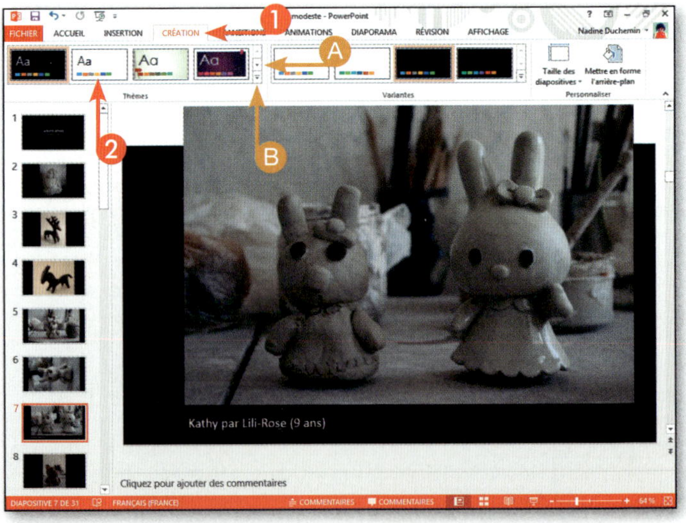

***Note.** Pour appliquer un thème à certaines diapositives, sélectionnez-les en appuyant sur* Ctrl *pendant que vous cliquez leurs vignettes en mode Normal.*

1 Cliquez l'onglet **Création**.

A Cliquez les flèches ▲ et ▼ dans le groupe Thèmes pour faire défiler les vignettes de thèmes.

B Un clic sur ▿ affiche la galerie entière de thèmes.

2 Cliquez un thème.

Les thèmes sont communs à tous les programmes Office, si bien que vous pouvez appliquer à une présentation PowerPoint le même thème qu'à vos feuilles de calcul Excel ou documents Word.

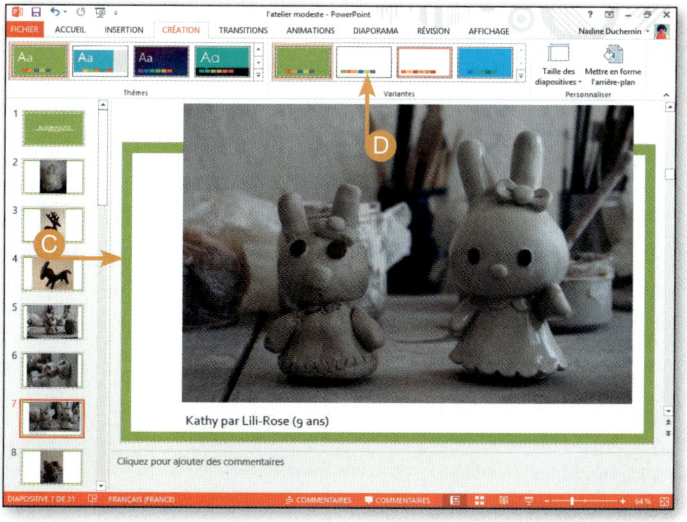

C PowerPoint applique le thème. Toutes les diapositives que vous ajouterez utiliseront ce même thème.

D Ces vignettes vous permettent de sélectionner une variante de couleurs du thème actif.

RÉGLEZ L'INTERLIGNE

Vous changez l'interligne pour créer plus ou moins d'espace entre les lignes de texte. Par exemple, vous augmentez l'interligne pour que le texte occupe plus d'espace dans la zone de texte ou pour en faciliter la lecture.

RÉGLEZ L'INTERLIGNE

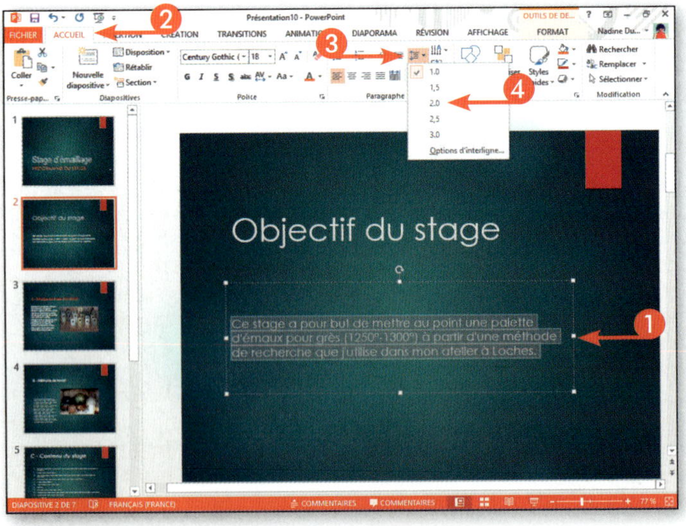

1. Cliquez dans la zone de texte et sélectionnez le texte à modifier.
2. Cliquez l'onglet **Accueil**.
3. Cliquez le bouton **Interligne** (↕≡ ▾).
4. Cliquez une valeur d'interligne.

Si, après augmentation de l'interligne, le texte ne tient plus dans la zone de texte, vous réduirez l'interligne ou agrandirez la zone de texte, comme l'explique la section « Ajoutez et modifiez du texte ».

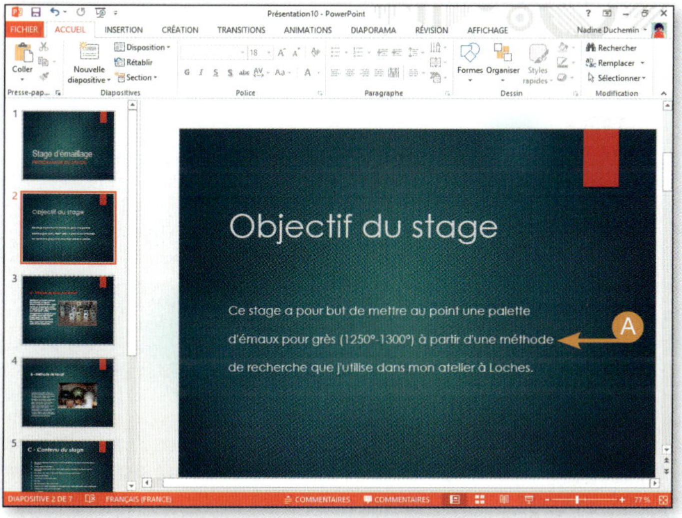

A PowerPoint modifie l'interligne. Cet exemple définit l'interligne 2.0.

Cliquez en dehors de la zone de texte pour passer à une autre tâche.

ALIGNEZ LE TEXTE

Par défaut, PowerPoint centre le texte dans les zones de texte, à l'exception des listes à puces qui sont alignées à gauche. Toutefois, vous pouvez modifier l'alignement horizontal du texte pour l'aligner à gauche, à droite, le centrer ou le justifier de sorte que les lignes d'un bloc de texte s'alignent à la fois sur les marges gauche et droite de la zone de texte.

ALIGNEZ LE TEXTE

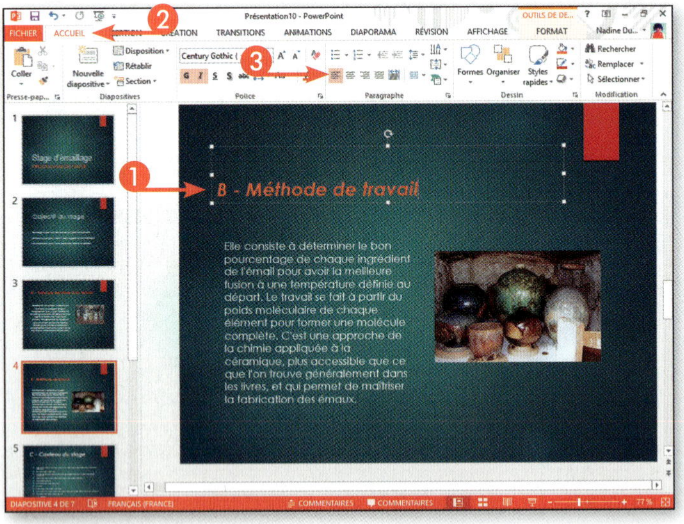

1 Cliquez dans la zone de texte et sélectionnez le texte à modifier.

2 Cliquez l'onglet **Accueil**.

3 Cliquez un bouton d'alignement.

Cliquez le bouton **Aligner le texte à gauche** (≡) pour aligner le texte sur le bord gauche de la zone de texte.

Cliquez le bouton **Centrer** (≡) pour centrer le texte dans la zone de texte.

Cliquez le bouton **Aligner le texte à droite** (≡) pour aligner le texte sur le bord droit de la zone de texte.

Cliquez le bouton **Justifier** (≡) pour justifier le texte entre les marges de gauche et de droite.

Les commandes d'alignement se trouvent dans le groupe Paragraphe de l'onglet Accueil.

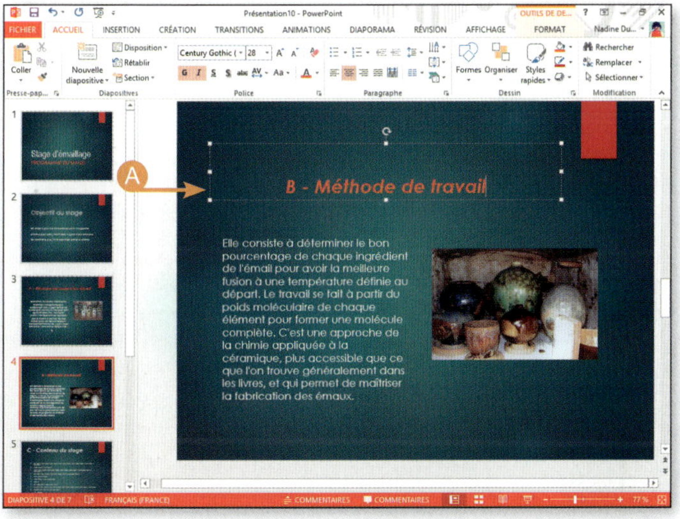

A PowerPoint applique le nouvel alignement du texte. Dans cet exemple, le paragraphe de texte est centré dans la zone de texte.

Cliquez en dehors de la zone de texte pour passer à une autre tâche.

AJOUTEZ UNE ZONE DE TEXTE

Les diapositives ont toutes une disposition prédéfinie, que vous personnaliserez en ajoutant des zones de texte. La zone de texte sert à positionner le texte dans la diapositive. (Pour apprendre à taper dans une zone de texte, reportez-vous à la section « Ajoutez et modifiez du texte » au début de ce chapitre.)

AJOUTEZ UNE ZONE DE TEXTE

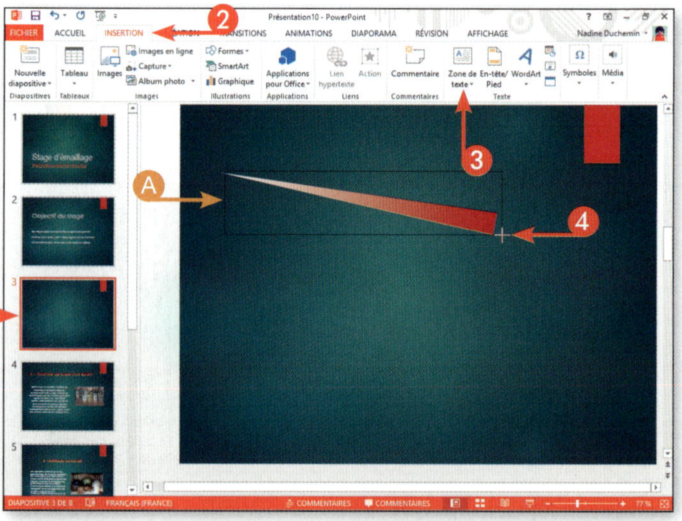

1 En mode Normal, cliquez la diapositive dans laquelle vous voulez ajouter une zone de texte.

2 Cliquez l'onglet **Insertion**.

3 Cliquez le bouton **Zone de texte**.

Lorsque vous placez le pointeur dans la diapositive, ↖ se transforme en ↓.

4 Cliquez dans la diapositive à l'endroit où vous souhaitez placer le coin supérieur gauche de la zone de texte et faites glisser le pointeur en diagonale (↓ devient +).

A Pendant le mouvement, un cadre apparaît pour représenter la future zone de texte.

Vous choisirez la taille et la position des zones de texte que vous ajoutez. (Pour apprendre à déplacer et redimensionner une zone de texte, reportez-vous aux sections « Déplacez un objet dans une diapositive » et « Redimensionnez un objet dans une diapositive » à la fin de ce chapitre.)

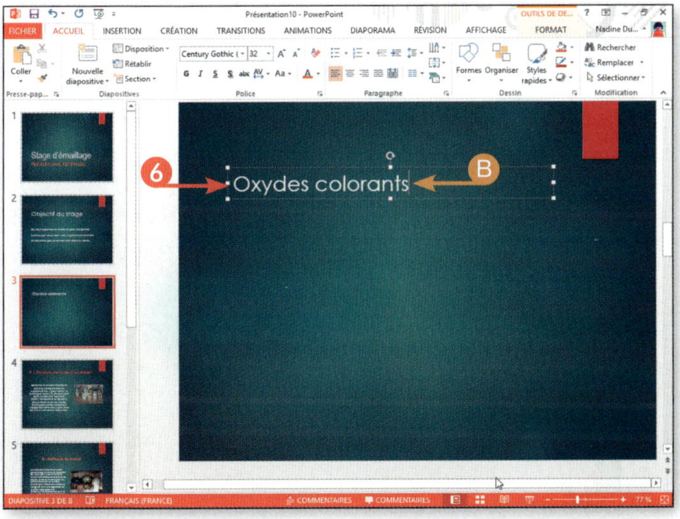

5 Relâchez le bouton de la souris pour fixer la zone de texte.

B Le curseur de saisie apparaît dans la nouvelle zone de texte.

6 Tapez votre texte.

Cliquez en dehors de la zone de texte pour passer à une autre tâche.

INSÉREZ UN TABLEAU

La disposition d'une diapositive peut se personnaliser par l'ajout d'un tableau. Les tableaux servent à organiser les données pour les présenter le plus clairement possible. Dans les tableaux, l'information est présentée sous la forme de lignes et de colonnes. Vous pourriez utiliser un tableau pour présenter une liste de produits.

INSÉREZ UN TABLEAU

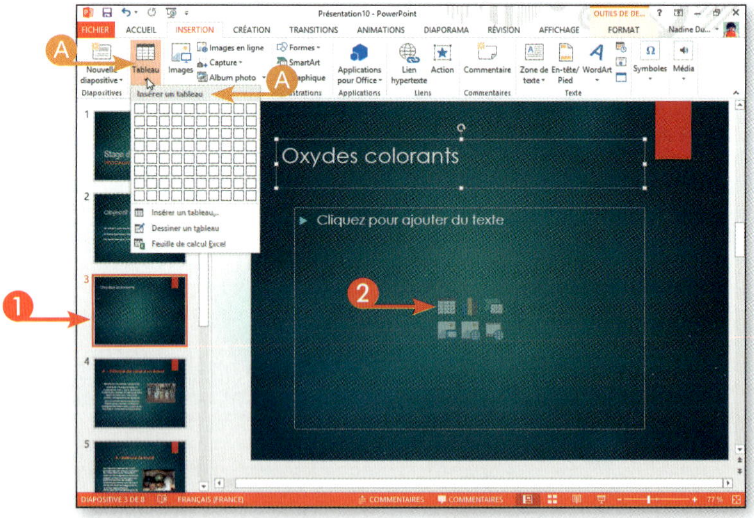

1 Cliquez la diapositive dans laquelle vous désirez insérer un tableau.

2 Si l'icône Insérer un tableau (▦) apparaît dans la diapositive, cliquez-la.

A S'il n'y a pas d'icône Insérer un tableau dans la diapositive, cliquez le bouton **Tableau** dans l'onglet Insertion et choisissez **Insérer un tableau**.

Après l'insertion d'un tableau, il est facile de modifier sa position et ses dimensions. (Pour apprendre à déplacer et redimensionner un tableau, reportez-vous aux sections « Déplacez un objet dans une diapositive » et « Redimensionnez un objet dans une diapositive » à la fin de ce chapitre.)

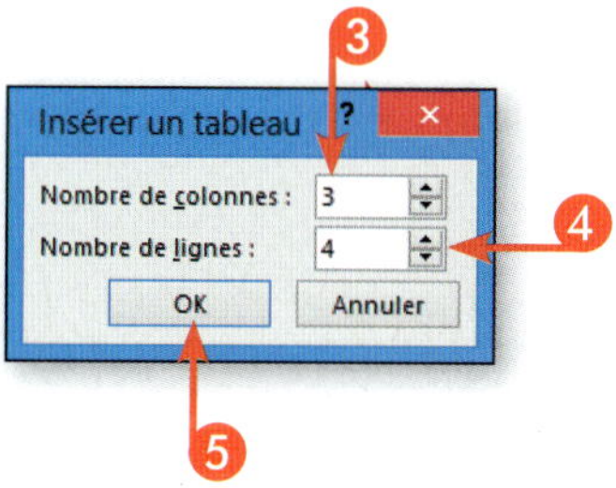

La boîte de dialogue Insérer un tableau apparaît.

3 Saisissez le nombre de colonnes que vous souhaitez dans le tableau.

4 Saisissez le nombre de lignes que vous souhaitez dans le tableau.

Note. *Après insertion du tableau, il suffit d'appuyer sur* Tab *dans la dernière cellule du tableau pour y ajouter une ligne.*

5 Cliquez **OK**.

Pour ajouter une ligne au bas du tableau, cliquez la dernière cellule et appuyez sur Tab. Pour ajouter une ligne ou une colonne dans le tableau, cliquez une cellule adjacente à la nouvelle ligne ou colonne (1). Dans l'onglet Disposition (2), cliquez l'un des boutons d'insertion (3). PowerPoint ajoute la ligne ou la colonne (A).

INSÉREZ UN TABLEAU (SUITE)

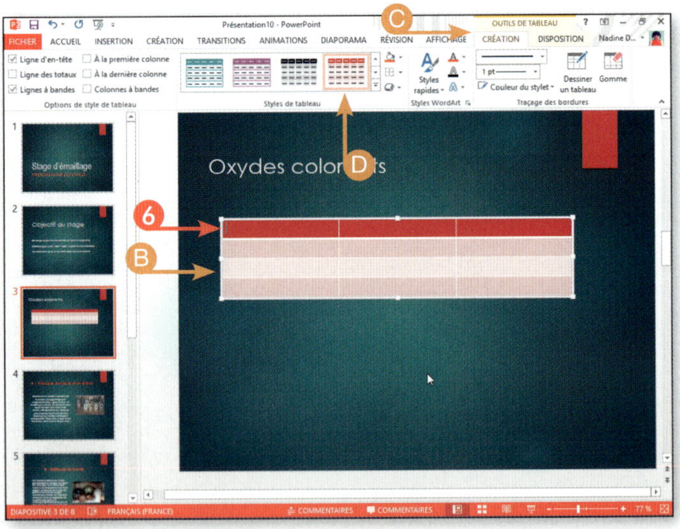

B PowerPoint insère le tableau dans la diapositive.

C PowerPoint affiche l'onglet Outils de tableau.

D Pour modifier l'apparence du tableau, servez-vous des options du groupe Styles de tableau.

6 Cliquez dans la première cellule et saisissez vos données.

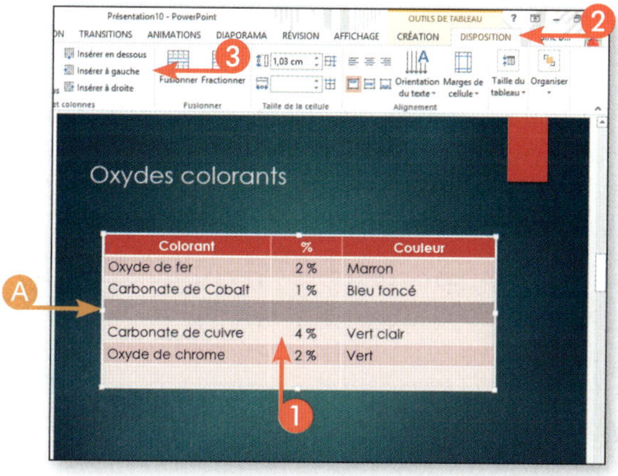

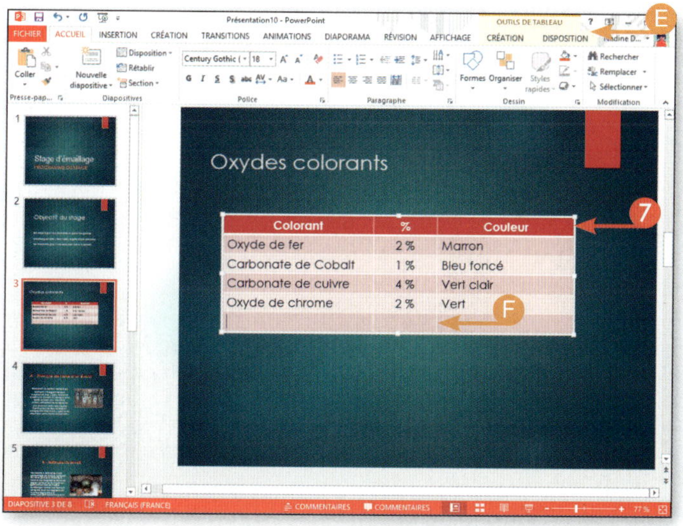

Appuyez sur Tab pour passer à la cellule suivante.

7 Continuez à saisir les données pour remplir le tableau.

E Servez-vous des outils de l'onglet Disposition pour fusionner ou fractionner les cellules du tableau, modifier l'alignement, ajouter des bordures, *etc*.

F Vous redimensionnerez les colonnes et les lignes en faisant glisser les bordures.

Une fois la saisie terminée, cliquez en dehors du tableau pour passer à une autre tâche.

INSÉREZ UN GRAPHIQUE

Vous ajoutez des graphiques à PowerPoint pour transformer des données numériques en représentations visuelles que votre public peut interpréter et comprendre plus rapidement. Lorsque vous ajoutez un graphique, PowerPoint démarre une fenêtre Excel qui vous sert à saisir les données du graphique.

INSÉREZ UN GRAPHIQUE

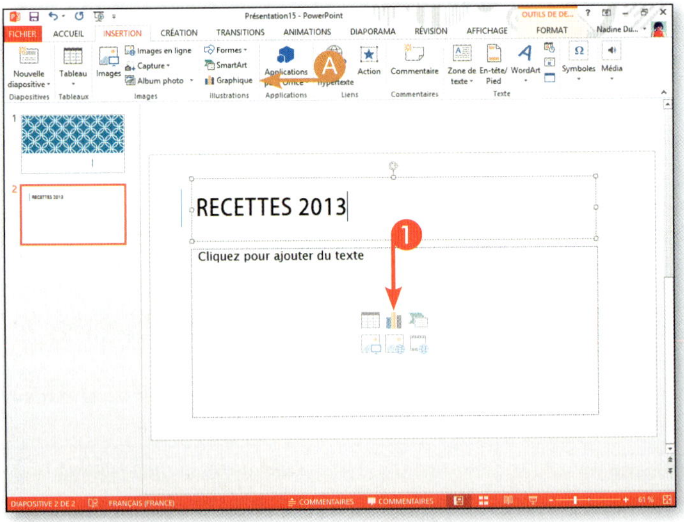

1 Si l'icône Insérer un graphique (📊) apparaît dans la diapositive, cliquez-la.

A S'il n'y a pas d'icône Insérer un graphique dans la diapositive, cliquez le bouton **Graphique** dans l'onglet Insertion.

Après l'insertion d'un graphique, il est facile de modifier sa position et ses dimensions. (Pour apprendre à déplacer et redimensionner un graphique, reportez-vous aux sections « Déplacez un objet dans une diapositive » et « Redimensionnez un objet dans une diapositive » à la fin de ce chapitre.)

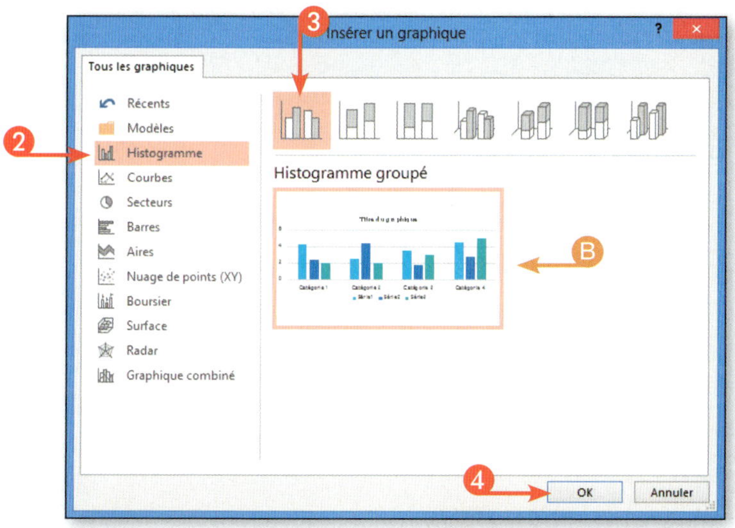

La boîte de dialogue Insérer un graphique apparaît.

2 Cliquez une catégorie de graphique.

3 Cliquez un type de graphique.

B Un aperçu du graphique apparaît ici.

4 Cliquez **OK**.

INSÉREZ UN GRAPHIQUE

Il est possible d'insérer à une diapositive PowerPoint un graphique déjà présent dans une feuille de calcul Excel. Servez-vous des commandes Copier et Coller pour copier le graphique Excel et l'insérer dans une diapositive PowerPoint. Pour apprendre à copier et coller des données entre différents programmes Office, reportez-vous au chapitre 2.

INSÉREZ UN GRAPHIQUE (SUITE)

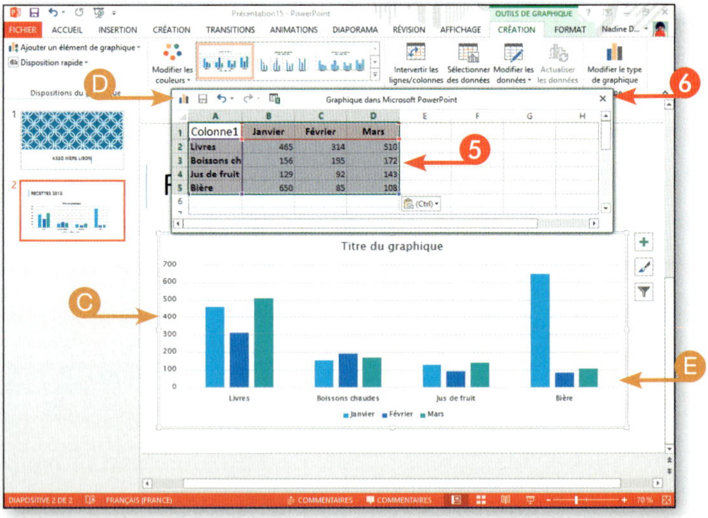

C PowerPoint affiche un aperçu du graphique dans la diapositive.

D Une fenêtre du programme Excel s'ouvre.

5 Remplacez les données par celles que vous souhaitez illustrer.

Appuyez sur la touche Tab pour vous déplacer de cellule en cellule.

E Le graphique se met à jour pour refléter les données que vous saisissez.

6 Cliquez le bouton **Fermer** (×) pour fermer la fenêtre Excel.

Lorsque vous cliquez un graphique dans une diapositive PowerPoint, le Ruban affiche deux onglets spéciaux. L'onglet Création présente des outils pour changer le type, la disposition, le style et les composants du graphique. L'onglet Format présente des outils pour modifier les couleurs et la mise en forme du texte des éléments du graphique.

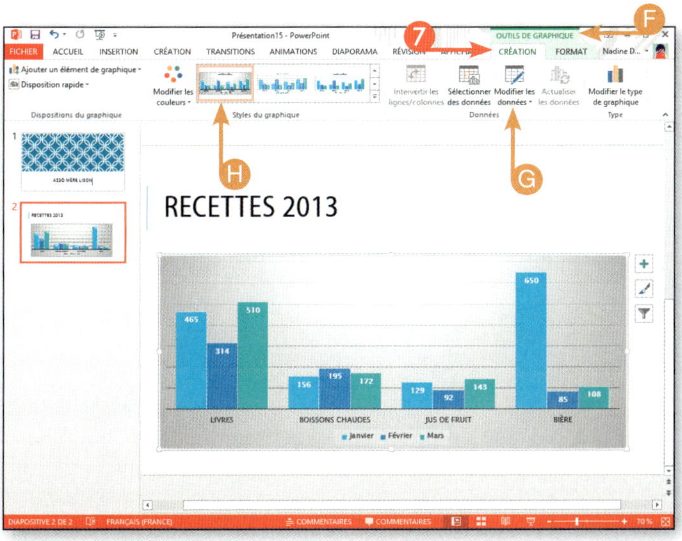

Ⓕ Tant que le graphique est sélectionné, PowerPoint affiche les onglets Outils de graphique.

❼ Cliquez l'onglet **Création**.

Ⓖ Pour modifier les données du graphique, cliquez le bouton **Modifier les données**.

Ⓗ Cliquez l'une des vignettes de style pour modifier le style du graphique.

INSÉREZ UN CLIP VIDÉO

Il est possible d'insérer une séquence vidéo dans une diapositive PowerPoint pour que la vidéo soit lue pendant la présentation du diaporama. Par exemple, lorsque vous créez une présentation montrant les derniers produits de la société, vous pouvez placer un clip vidéo d'un responsable décrivant le produit.

INSÉREZ UN CLIP VIDÉO

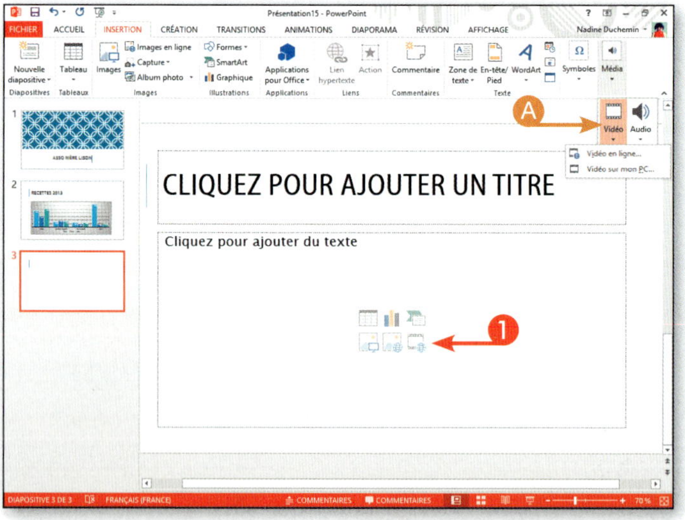

❶ Si l'icône Insérer un clip multimédia ( ) apparaît dans la diapositive, cliquez-la.

Ⓐ S'il n'y a pas d'icône Insérer un clip multimédia dans la diapositive, cliquez le bouton **Vidéo** dans l'onglet Insertion et choisissez **Vidéo en ligne** ou **Vidéo sur mon PC**.

Après l'insertion d'un clip vidéo, il est facile de modifier sa position et ses dimensions. (Pour apprendre à déplacer et redimensionner un clip vidéo, reportez-vous aux sections « Déplacez un objet dans une diapositive » et « Redimensionnez un objet dans une diapositive » à la fin de ce chapitre.) Vous pouvez même apporter certaines modifications à la vidéo après son insertion.

Le panneau Insérer une vidéo apparaît.

Note. *Vous pouvez chercher une vidéo sur votre ordinateur, dans votre compte SkyDrive, sur YouTube ou sur le Web avec Bing.*

2 Cliquez l'emplacement où chercher la vidéo.

INSÉREZ UN CLIP VIDÉO

Les outils du groupe Édition de l'onglet Lecture permettent de personnaliser la lecture du clip. Vous pouvez ainsi définir son apparition et sa disparition en fondu, commander la lecture en boucle et régler le volume sonore. Pour choisir la durée d'un effet de fondu, spécifiez une valeur dans le champ Apparition en fondu ou Disparition en fondu.

INSÉREZ UN CLIP VIDÉO (SUITE)

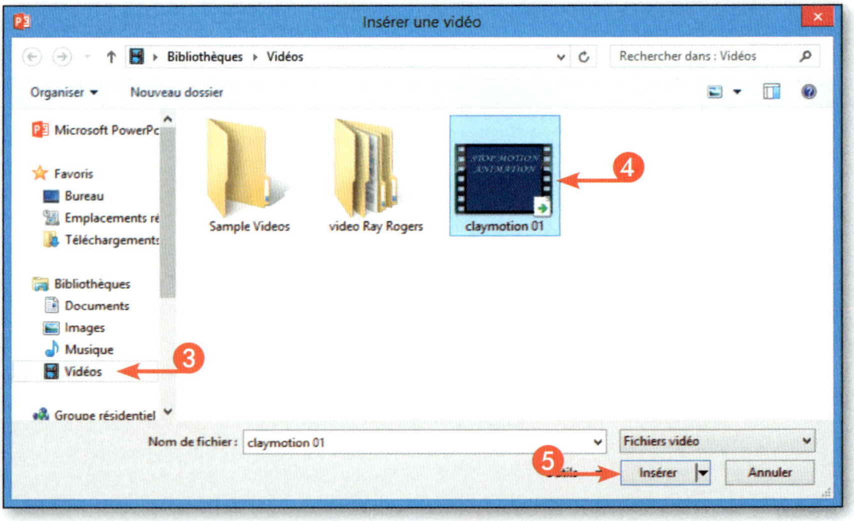

La boîte de dialogue Insérer une vidéo apparaît.

3 Ouvrez le dossier qui contient la vidéo à insérer.

4 Sélectionnez le fichier vidéo.

5 Cliquez **Insérer**.

Vous pouvez aussi cliquer le bouton **Découper la vidéo** pour ouvrir la fenêtre qui permet d'écourter la séquence vidéo en supprimant des images au début ou à la fin du clip.

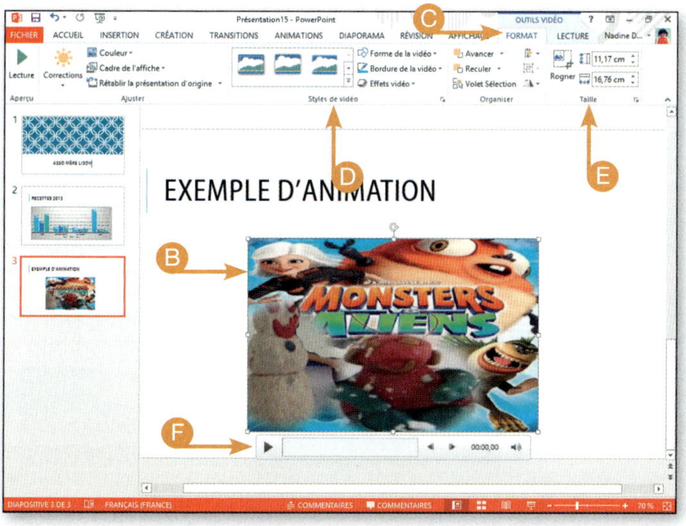

B PowerPoint insère le clip dans la diapositive.

C PowerPoint affiche le contenu de l'onglet Outils vidéo Format.

D Les vignettes Styles de vidéo servent à choisir la bordure qui apparaît autour du clip.

E Les options du groupe Taille vous permettent de modifier la taille de la vidéo dans la diapositive.

F Le bouton Lecture lance la lecture de la vidéo.

DÉPLACEZ UN OBJET DANS UNE DIAPOSITIVE

Il est facile de déplacer les éléments d'une diapositive pour les repositionner, qu'il s'agisse d'une zone de texte, d'un tableau, d'un graphique, d'une image ou d'une vidéo.

DÉPLACEZ UN OBJET DANS UNE DIAPOSITIVE

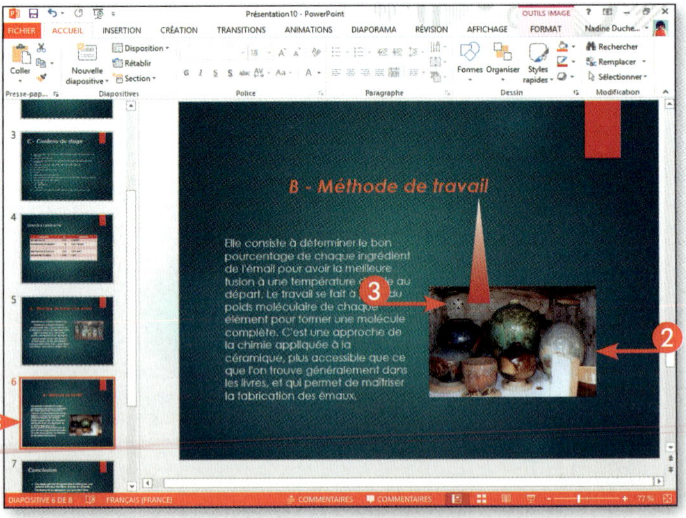

1 Cliquez la diapositive qui contient l'objet à déplacer.

2 Sélectionnez l'objet d'un clic (devient).

Note. *Pour sélectionner un tableau ou un graphique, survolez un bord avec la souris et cliquez quand vous voyez le pointeur .*

3 Faites glisser l'objet à son nouvel emplacement sur la diapositive. Pendant le mouvement, le pointeur se transforme en .

4 Relâchez le bouton de la souris.

Vous pourriez, par exemple, décaler une zone de texte pour faire de la place à un clip vidéo ou déplacer une image pour améliorer l'équilibre de la diapositive.

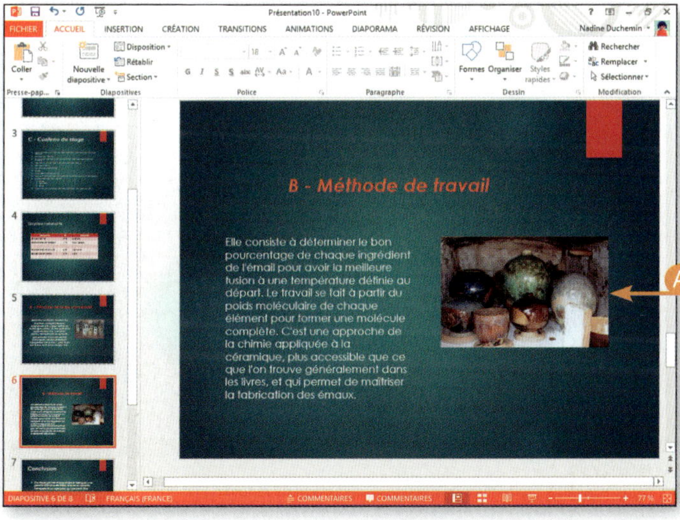

A PowerPoint repositionne l'objet.

Cliquez en dehors de l'objet pour passer à une autre tâche.

REDIMENSIONNEZ UN OBJET DANS UNE DIAPOSITIVE

Après l'insertion d'un objet (zone de texte, tableau, graphique, image, ou clip vidéo), vous pourriez trouver qu'il a besoin d'être agrandi ou réduit pour respecter l'équilibre de la diapositive. Vous pourriez ainsi agrandir une zone de texte pour obtenir plus d'espace pour le texte ou agrandir une image pour qu'elle soit plus visible.

REDIMENSIONNEZ UN OBJET DANS UNE DIAPOSITIVE

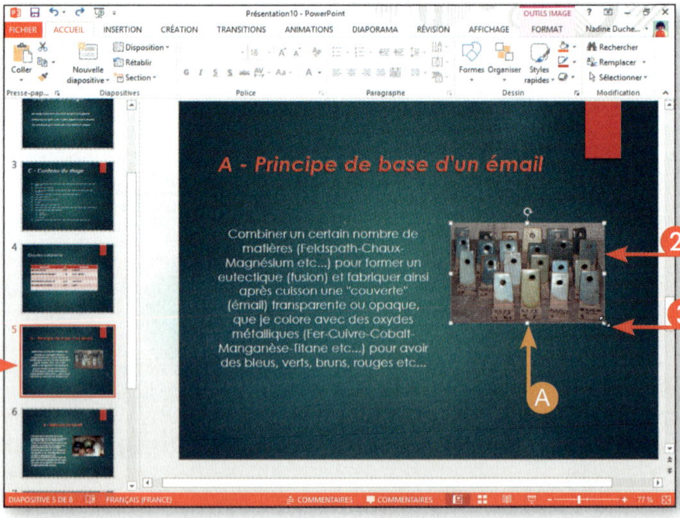

❶ Cliquez la diapositive qui contient l'objet à redimensionner.

❷ Cliquez l'objet pour le sélectionner.

Ⓐ PowerPoint entoure l'objet d'une série de poignées (□).

❸ Placez le pointeur sur une poignée. ↖ devient ⤡, ↕, ⤢ ou ⟺.

Choisissez une poignée d'angle pour conserver les proportions de l'objet.

Choisissez une poignée sur l'un des côtés pour modifier uniquement le côté concerné.

Il est très facile de redimensionner les objets dans PowerPoint. Lorsque vous sélectionnez un objet dans une diapositive, des poignées apparaissent sur son pourtour ; vous utiliserez ces poignées pour changer la taille de l'objet.

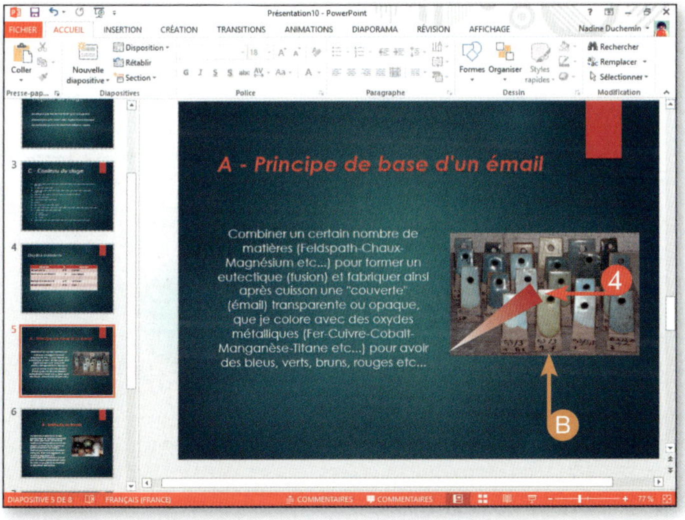

❹ Faites glisser la poignée vers l'intérieur ou l'extérieur pour modifier la taille de l'objet (⤡, ↕, ⤢ ou ⟺ devient +).

❺ Relâchez le bouton de la souris.

Ⓑ PowerPoint redimensionne l'objet.

Cliquez en dehors de l'objet pour le désélectionner avant de passer à une autre tâche.

Note. *Pour supprimer un objet devenu inutile, sélectionnez-le et appuyez sur* **Suppr**.

Il est facile de modifier l'ordre des diapositives. Par exemple, vous déplacez une diapositive pour qu'elle apparaisse plus tard dans la présentation, ou vous échangez la position de deux diapositives placées côte à côte. Il est possible de déplacer une seule ou plusieurs diapositives simultanément.

DÉPLACEZ DES DIAPOSITIVES EN MODE NORMAL

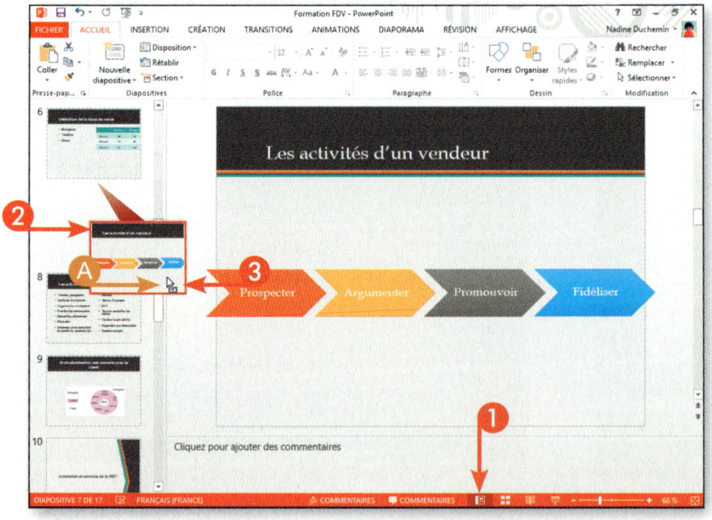

1 Cliquez pour passer en mode Normal.

2 Cliquez la diapositive que vous souhaitez déplacer.

Note. *Pour déplacer plusieurs diapositives simultanément, appuyez sur la touche* Ctrl *pendant que vous cliquez chacune des diapositives.*

3 Faites glisser la diapositive vers le nouvel emplacement.

A Pendant le déplacement, se transforme en .

La modification de l'ordre des diapositives s'effectue en mode Trieuse de diapositives ou dans la liste de vignettes du mode Normal. Vous choisirez l'un ou l'autre mode selon l'ampleur du déplacement à effectuer. Pour déplacer une diapositive vers une position proche, le mode Normal conviendra ; le mode Trieuse de diapositives convient mieux quand la diapositive doit être déplacée sur une longue distance.

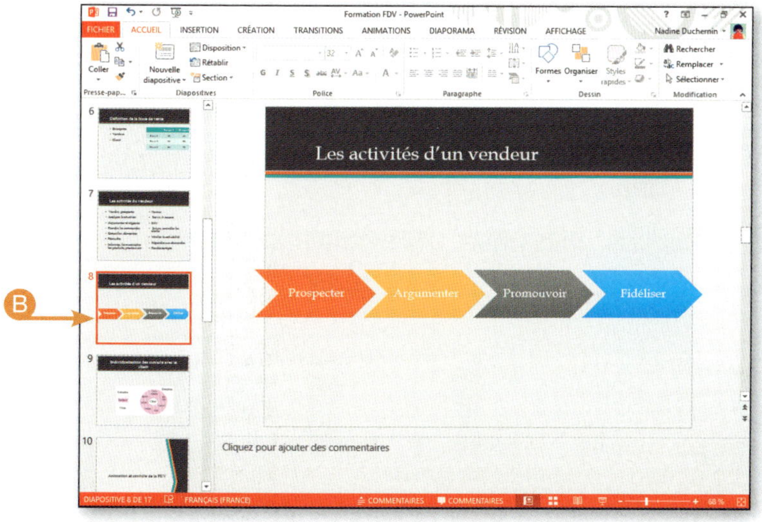

❹ Relâchez le bouton de la souris.

Ⓑ PowerPoint déplace la diapositive.

Il est possible de masquer une diapositive. Disons que vous faites souvent la même présentation, mais que l'une des diapositives ne sera pas nécessaire la prochaine fois. Dans ce cas, vous pouvez la masquer. Cliquez la diapositive et cliquez le bouton Masquer la diapositive dans l'onglet Diaporama. Le numéro de la diapositive est désormais barré. Pour la réafficher, répétez la même procédure.

DÉPLACER DES DIAPOSITIVES EN MODE TRIEUSE DE DIAPOSITIVES

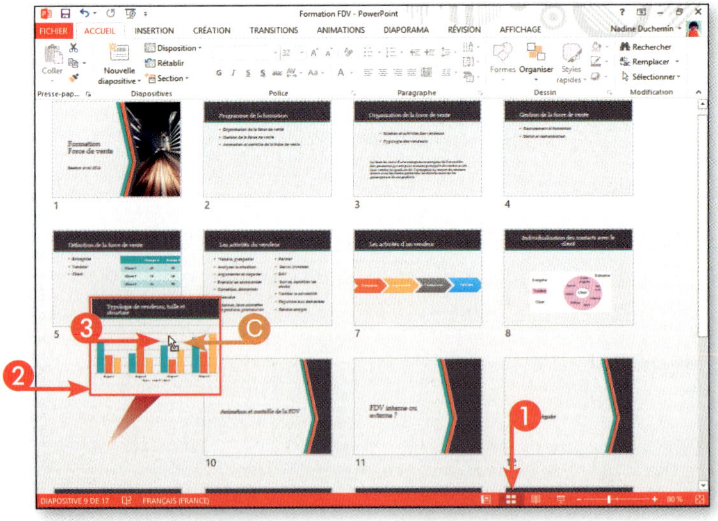

❶ Cliquez ⊞ pour passer en mode Trieuse de diapositives.

❷ Cliquez la diapositive que vous souhaitez déplacer.

***Note.** Pour déplacer plusieurs diapositives simultanément, appuyez sur la touche* Ctrl *pendant que vous cliquez chacune des diapositives.*

❸ Faites glisser la diapositive vers le nouvel emplacement dans la présentation.

Ⓒ Pendant le déplacement, ↖ se transforme en ↖.

Pour supprimer une diapositive, sélectionnez-la et cliquez le bouton **Couper** dans l'onglet Accueil ou cliquez sa vignette du bouton droit et choisissez **Supprimer la diapositive** dans le menu contextuel.

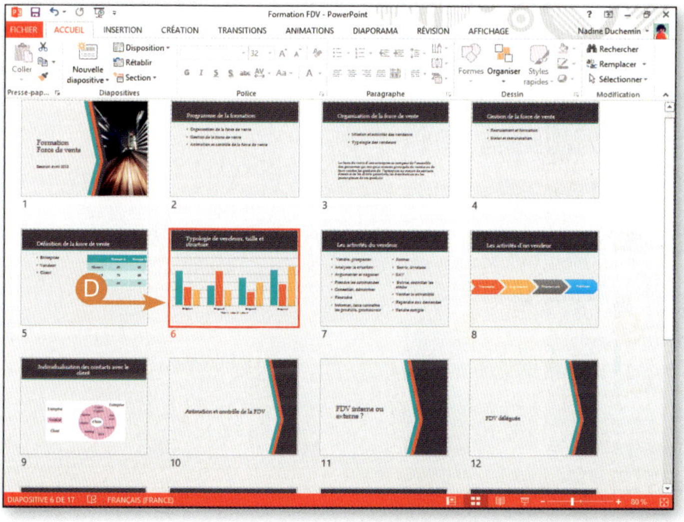

4 Relâchez le bouton de la souris.

D PowerPoint déplace la diapositive.

RÉUTILISEZ UNE DIAPOSITIVE

Supposez que vous créez une nouvelle présentation PowerPoint et que vous souhaitiez utiliser une diapositive d'une ancienne présentation. Vous faites cela facilement à partir du moment où l'ancienne présentation est enregistrée sur votre disque dur ou accessible à l'aide d'une connexion réseau. Vous sélectionnerez les diapositives à recycler dans le volet Réutiliser les diapositives.

RÉUTILISEZ UNE DIAPOSITIVE

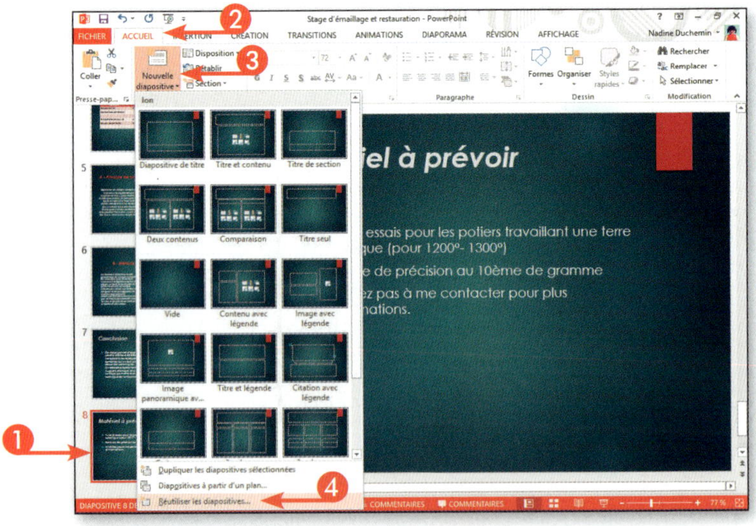

1 Cliquez la diapositive après laquelle vous désirez insérer une diapositive réutilisée.

2 Cliquez l'onglet **Accueil**.

3 Cliquez l'intitulé du bouton **Nouvelle diapositive**.

4 Cliquez **Réutiliser les diapositives**.

Lorsque vous insérez une vieille diapositive, PowerPoint actualise son apparence pour l'harmoniser avec la nouvelle présentation. Vous pouvez réutiliser une seule, plusieurs ou toutes les diapositives d'une ancienne présentation.

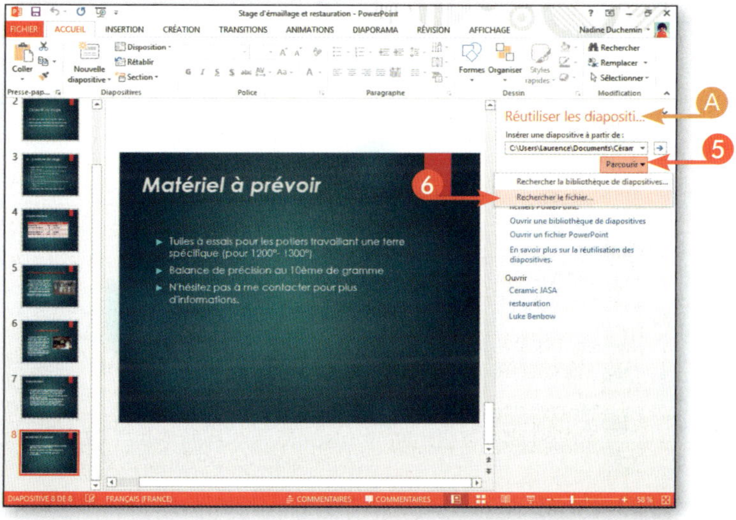

Ⓐ Le volet Réutiliser les diapositives s'affiche.

5 Cliquez le bouton **Parcourir**.

6 Cliquez **Rechercher le fichier**.

Il est possible d'insérer une diapositive recyclée avec son ancienne mise en forme. Il suffit de cocher l'option Conserver la mise en forme source au bas du volet Réutiliser les diapositives. Si vous voulez que la nouvelle présentation reprenne le thème de la diapositive réutilisée, cliquez sa vignette du bouton droit dans le volet Réutiliser les diapositives et cliquez Appliquer le thème à toutes les diapositives.

RÉUTILISEZ UNE DIAPOSITIVE (SUITE)

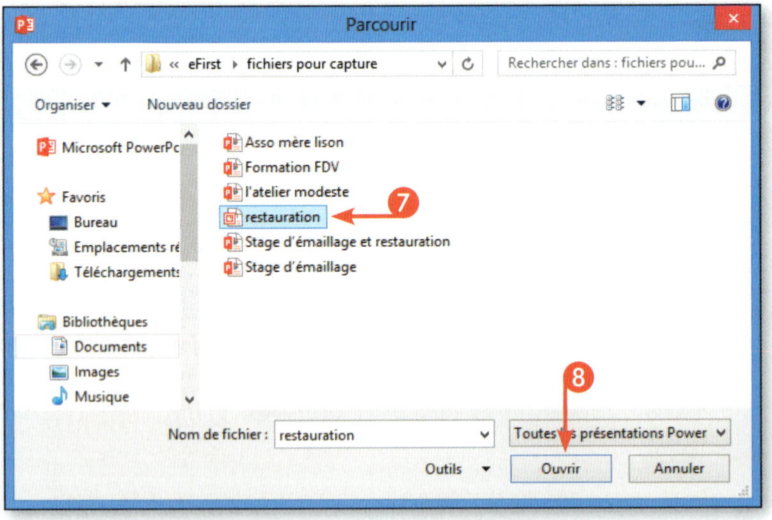

La boîte de dialogue Parcourir s'affiche.

7 Localisez et sélectionnez la présentation contenant la diapositive que vous souhaitez réutiliser.

8 Cliquez **Ouvrir**.

Pour reprendre tout le contenu d'une ancienne présentation, cliquez du bouton droit l'une des vignettes dans le volet Réutiliser les diapositives et choisissez **Insérer toutes les diapositives**. PowerPoint insère dans la nouvelle présentation toutes les diapositives de l'ancienne.

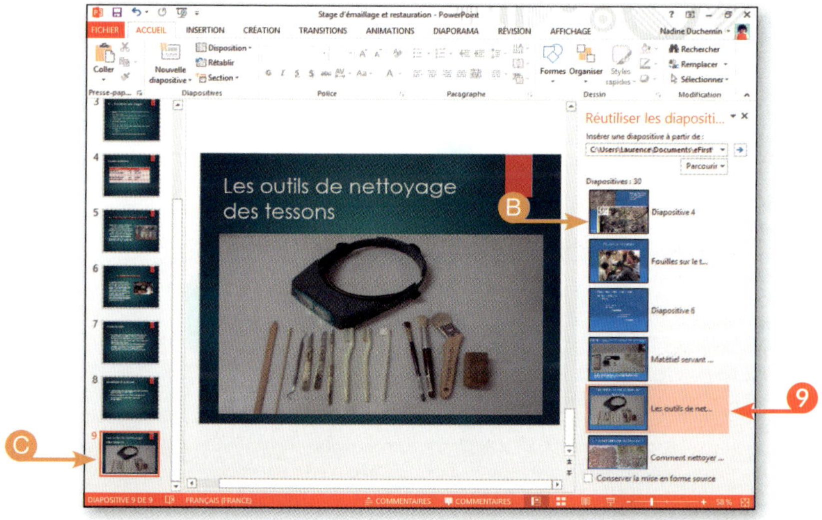

B PowerPoint affiche les diapositives de la présentation sélectionnée dans le volet Réutiliser les diapositives.

9 Cliquez la diapositive à réutiliser.

C PowerPoint ajoute la diapositive à la présentation après la diapositive sélectionnée à l'étape 1.

DÉFINISSEZ DES TRANSITIONS ENTRE LES DIAPOSITIVES

Vous ajoutez à vos diapositives des transitions, comme des fondus ou des balayages, pour définir la façon dont s'effectue le passage à la diapositive suivante. Vous contrôlez la durée de la transition et spécifiez la manière dont les diapositives défilent : manuellement d'un clic ou automatiquement après une certaine durée. En plus des effets visuels, il est possible d'ajouter un effet sonore aux transitions entre diapositives.

DÉFINISSEZ DES TRANSITIONS ENTRE LES DIAPOSITIVES

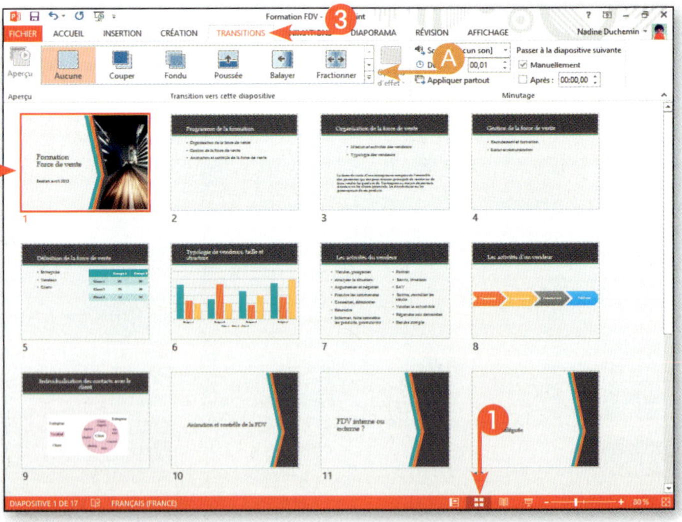

1 Cliquez pour passer en mode Trieuse de diapositives.

2 Cliquez la diapositive à laquelle vous souhaitez appliquer une transition.

3 Cliquez l'onglet **Transitions**.

A Les effets de transition disponibles apparaissent dans le groupe Transition vers cette diapositive. Cliquez ou pour faire défiler les vignettes des transitions ou pour voir la galerie entière.

Faites preuve de retenue dans la définition de transitions. Vous éviterez de multiplier les effets de transition au risque de détourner l'attention de votre public.

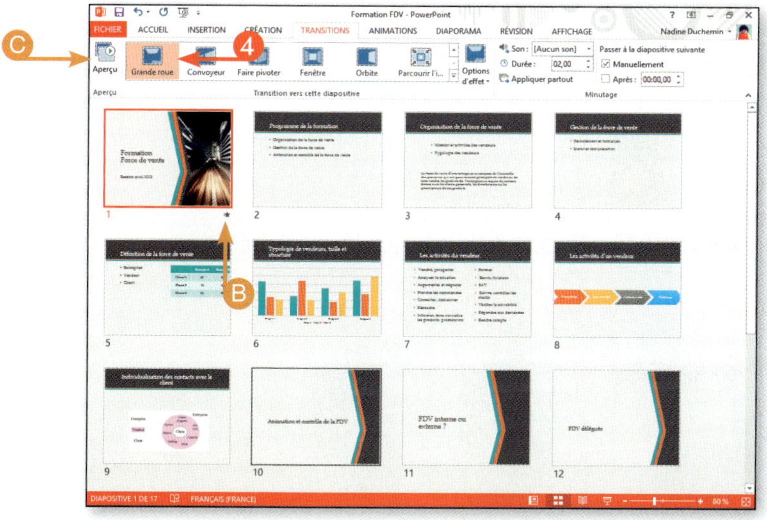

4 Cliquez une transition.

B PowerPoint ajoute une icône d'animation sous la vignette de la diapositive.

C Cliquez le bouton **Aperçu** pour voir un aperçu de la transition.

DÉFINISSEZ DES TRANSITIONS ENTRE LES DIAPOSITIVES

Pour supprimer une transition, commencez par sélectionner la diapositive contenant la transition. Cliquez ensuite l'onglet Transitions puis l'option Aucune dans le groupe Transition vers cette diapositive. PowerPoint supprime l'effet de transition associée à cette diapositive.

DÉFINISSEZ DES TRANSITIONS ENTRE LES DIAPOSITIVES (SUITE)

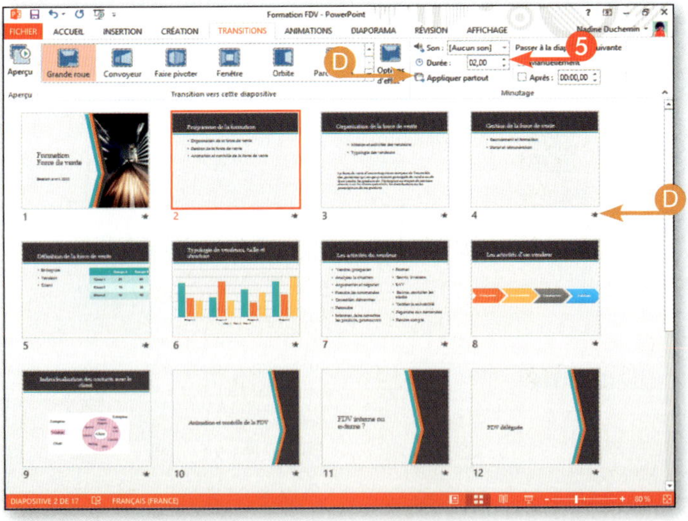

5 Cliquez la liste **Durée** pour spécifier la durée de la transition.

D Cliquez **Appliquer partout** si vous souhaitez appliquer la transition à toutes les diapositives, et PowerPoint ajoute l'icône de transition sous toutes les vignettes.

Pour définir une transition avec un effet sonore, cliquez la liste **Son** dans le groupe Minutage de l'onglet Transitions et choisissez l'un des bruitages disponibles. Vous pourriez choisir l'effet **Acclamation** pour la première ou la dernière diapositive de la présentation.

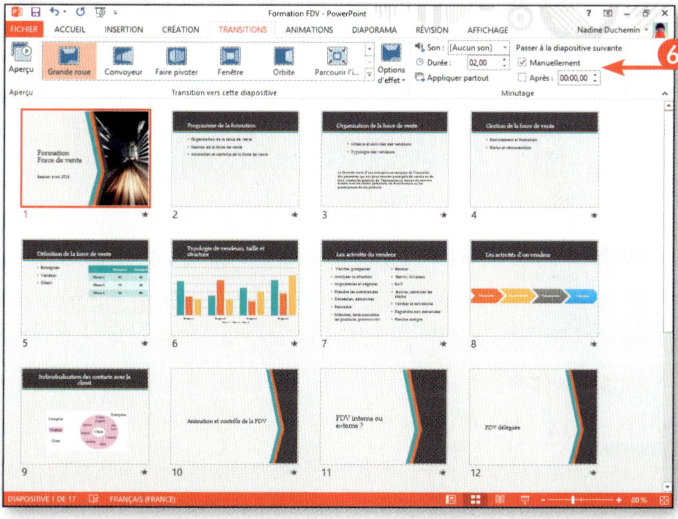

6 Dans Passer à la diapositive suivante, cochez l'une des options :

Pour faire défiler le diaporama à votre rythme en cliquant pour avancer, cochez **Manuellement**.

Pour faire défiler automatiquement les diapositives, cochez la case **Après**, et définissez une durée.

ANIMEZ LES ÉLÉMENTS

Les effets d'animation de PowerPoint vous serviront à dynamiser votre présentation. Pour attirer l'attention sur le logo de la société, par exemple, vous pourriez y appliquer une animation.

AJOUTEZ UN EFFET D'ANIMATION

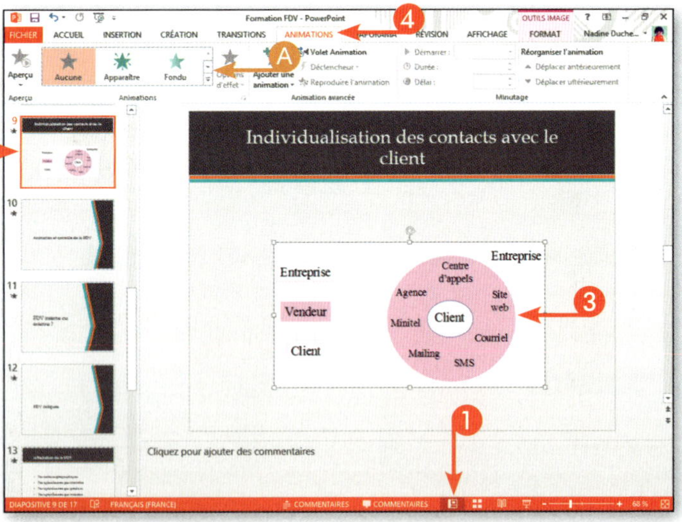

1 Cliquez pour afficher la présentation en mode d'affichage Normal.

2 Cliquez la diapositive dans laquelle vous souhaitez animer un élément.

3 Cliquez l'objet à animer.

Vous pouvez assigner une animation à n'importe quel objet de la diapositive, que ce soit du texte, des formes ou des images.

4 Cliquez l'onglet **Animations**.

A Vous pouvez cliquer ou pour faire défiler les vignettes des transitions ou pour voir la galerie entière.

Il existe quatre types d'animations : Ouverture, Accentuation, Quitter et Trajectoire. Vous pouvez ajouter n'importe lequel de ces effets à tout élément de la diapositive et définir l'effet avec précision. Pour éviter les excès de fantaisie, limitez les animations aux diapositives dans lesquelles elles auront le plus d'impact.

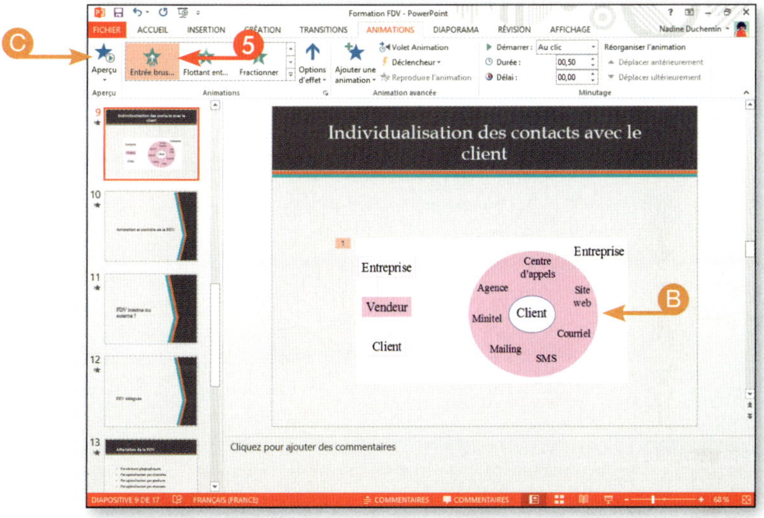

5 Cliquez un effet d'animation.

B PowerPoint applique l'effet et attribue un numéro à l'effet dans la diapositive.

C Cliquez le bouton **Aperçu** pour voir l'objet s'animer dans la diapositive.

Il est possible de copier un effet d'animation sur un autre objet grâce à la fonction Reproduire l'animation. Pour copier un effet, sélectionnez l'objet déjà associé à cette animation, puis dans le groupe Animation avancée de l'onglet Animations, cliquez le bouton Reproduire l'animation.

MODIFIEZ UNE ANIMATION

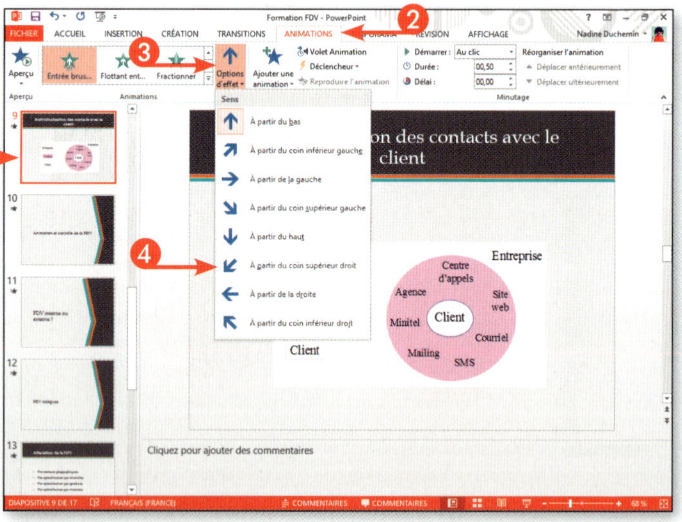

1 En mode Normal, cliquez la diapositive contenant l'animation à modifier.

2 Cliquez l'onglet **Animations**.

3 Cliquez le bouton **Options d'effet**.

Une liste d'options s'affiche.

4 Sélectionnez une option dans la liste.

Ensuite, activez la diapositive qui contient l'objet à associer à ce même effet et cliquez cet objet. PowerPoint associe à l'objet l'effet d'animation précédemment copié.

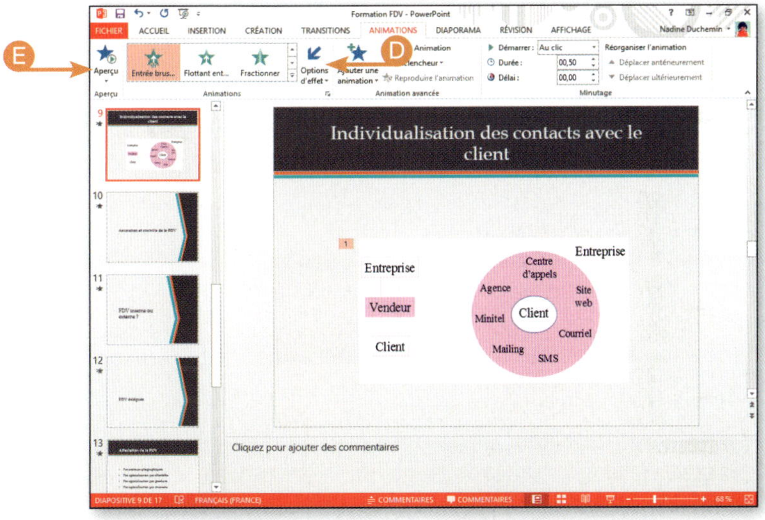

D PowerPoint applique le changement ; la vignette de l'option choisie est visible sur le bouton Options d'effet.

E Cliquez le bouton **Aperçu** pour voir l'effet avec cette nouvelle option.

CRÉEZ UNE ANIMATION PERSONNALISÉE

En combinant plusieurs effets d'animation sur le même objet, vous réalisez des animations personnalisées. Vous pourriez ainsi avoir un objet qui apparaît en flottant puis pivote sur lui-même. Vous utiliserez le volet Animation pour manipuler les effets associés à un objet.

CRÉEZ UNE ANIMATION PERSONNALISÉE

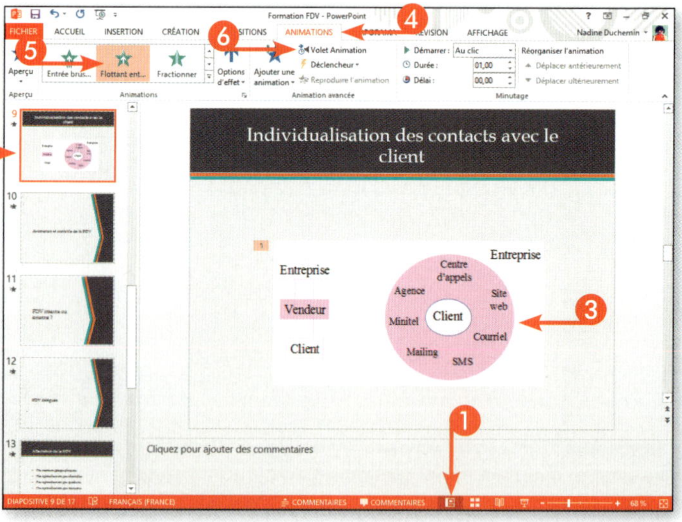

❶ Cliquez pour afficher la présentation en mode d'affichage Normal.

❷ Cliquez la diapositive dans laquelle vous souhaitez animer un élément.

❸ Cliquez l'objet à animer.

❹ Cliquez l'onglet **Animations**.

❺ Appliquez un effet d'animation.

Note. *Si nécessaire, reportez-vous à la section « Animez les éléments ».*

❻ Cliquez le bouton **Volet Animation**.

Pour créer des effets personnalisés, vous combinerez les techniques décrites à la section précédente, « Animez les éléments » et les techniques décrites ici.

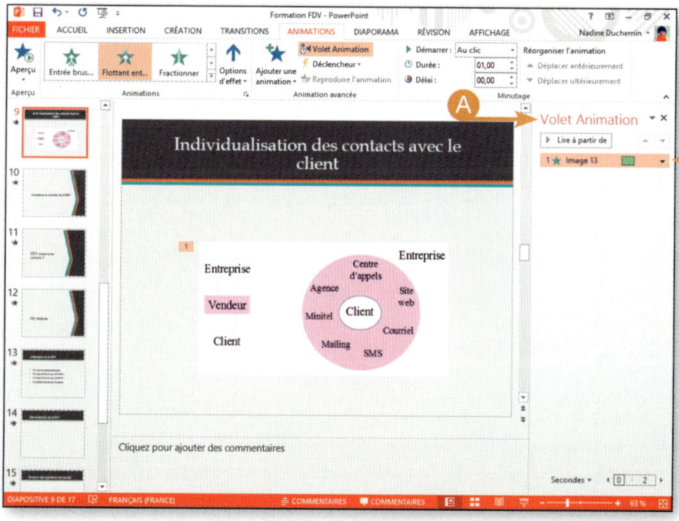

A PowerPoint affiche le volet Animation.

B L'animation appliquée apparaît dans le volet.

CRÉEZ UNE ANIMATION PERSONNALISÉE

Pour supprimer un effet d'animation, sélectionnez l'élément associé à l'effet. Cliquez l'onglet Animations, puis cliquez Aucune dans le groupe Animations. S'il s'agit d'une animation personnalisée composée de plusieurs effets, ouvrez le volet Animation, sélectionnez dans le volet l'effet à supprimer, cliquez ▼ à droite du nom de l'effet et cliquez Supprimer.

CRÉEZ UNE ANIMATION PERSONNALISÉE (SUITE)

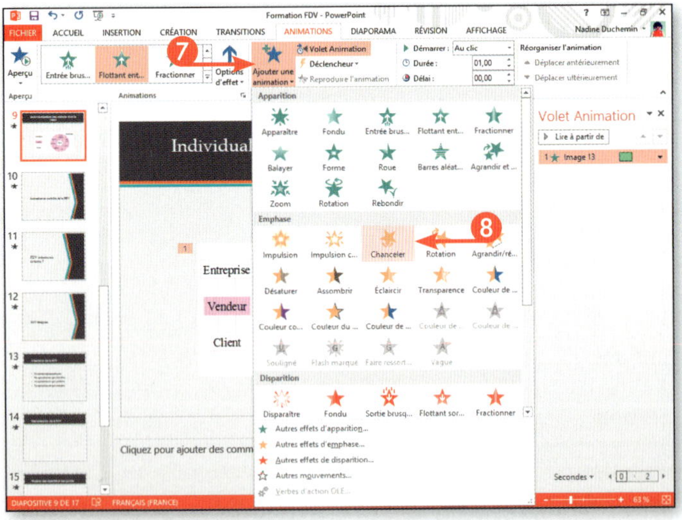

⑦ Pour ajouter un effet, cliquez le bouton **Ajouter une animation**.

Note. *Il faut cliquer le bouton* ***Ajouter une animation*** *pour combiner plusieurs effets, autrement si vous choisissez une animation dans le groupe Animations, le nouvel effet remplace l'ancien.*

⑧ Cliquez un effet.

PowerPoint ajoute le deuxième effet dans le volet Animation.

⑨ Répétez les étapes **7** et **8** pour ajouter d'autres effets à l'élément sélectionné.

Il est facile de modifier la durée d'un effet, sélectionnez l'élément associé à l'effet, ouvrez le volet Animation, sélectionnez dans le volet l'effet à modifier, cliquez ▼ à droite du nom de l'effet et cliquez **Minutage**. Servez-vous des options de la boîte de dialogue qui apparaît pour personnaliser la durée de l'effet.

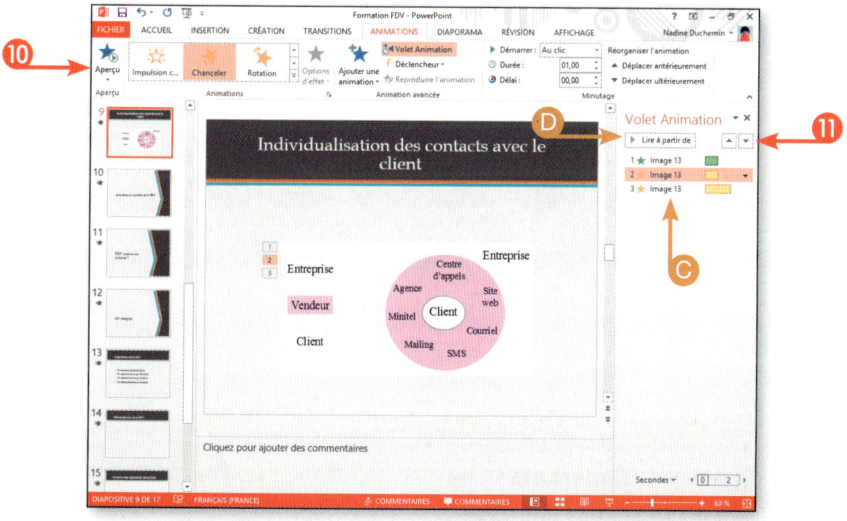

C PowerPoint place chacun des effets dans le volet Animation, dans l'ordre d'ajout.

10 Pour voir les effets combinés, cliquez le bouton **Aperçu**.

D Vous pourriez aussi sélectionner le premier effet dans le volet Animation et cliquer le bouton **Lire à partir de**.

11 Pour changer l'ordre dans lequel les effets s'enchaînent, sélectionnez un effet, puis cliquez le bouton ▲ ou ▼ pour déplacer l'effet vers le haut ou vers le bas dans la liste.

ENREGISTREZ UN COMMENTAIRE

Les présentations ont souvent besoin de commentaires oraux pour clarifier les informations exposées. Vous pouvez faire ces commentaires vous-même pendant la projection du diaporama ou les enregistrer dans PowerPoint pour qu'ils soient lus avec le diaporama. Avec cette solution, vous n'avez même pas besoin d'être présent pour que votre public profite de vos commentaires.

ENREGISTREZ UN COMMENTAIRE

1 Cliquez l'onglet **Diaporama**.

2 Cliquez **Enregistrer le diaporama**.

A Dans la boîte de dialogue Enregistrer le diaporama, cochez l'option **Narration et pointeur laser**.

3 Cliquez **Démarrer l'enregistrement**.

Pour enregistrer des commentaires, il vous faut un ordinateur équipé d'un microphone. Lorsque vous avez terminé l'enregistrement, une icône audio apparaît au bas de chacune des diapositives contenant un commentaire. Les commentaires audio s'enregistrent dans le fichier de la présentation.

Vous n'êtes pas obligé d'enregistrer la narration d'un seul coup. Mettez fin à l'enregistrement avec la commande Arrêter le diaporama, et ensuite sélectionnez la première diapositive qui nécessite un commentaire oral, cliquez le bouton **Enregistrer le diaporama** dans l'onglet Diaporama et choisissez la commande **Démarrer l'enregistrement à partir de la diapositive actuelle**.

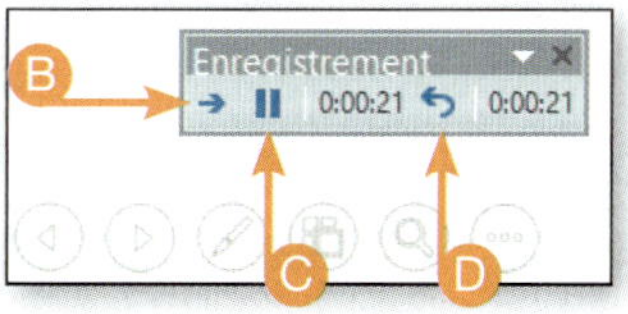

B Cliquez ➔ pour aller à la diapositive suivante de la présentation et continuer l'enregistrement.

C Cliquez ▌▌ pour mettre en pause l'enregistrement. Pour annuler la pause, cliquez **Reprendre l'enregistrement** dans la boîte de dialogue qui apparaît.

D Cliquez ↶ pour recommencer sur la diapositive courante.

4 Une fois les commentaires terminés, cliquez du bouton droit la dernière diapositive et cliquez **Arrêter le diaporama**.

Une icône audio apparaît dans l'angle inférieur droit de chaque diapositive pour laquelle vous avez enregistré des commentaires. Cliquez sur cette icône pour écouter la narration de la diapositive.

VÉRIFIEZ LE MINUTAGE

La fonction Vérifier le minutage vous permet de vérifier la durée d'affichage de chacune des diapositives. Durant cette opération, PowerPoint passe en mode Diaporama pour afficher toutes les diapositives dans l'ordre et vous laisser commander le passage d'une diapositive à l'autre.

VÉRIFIEZ LE MINUTAGE

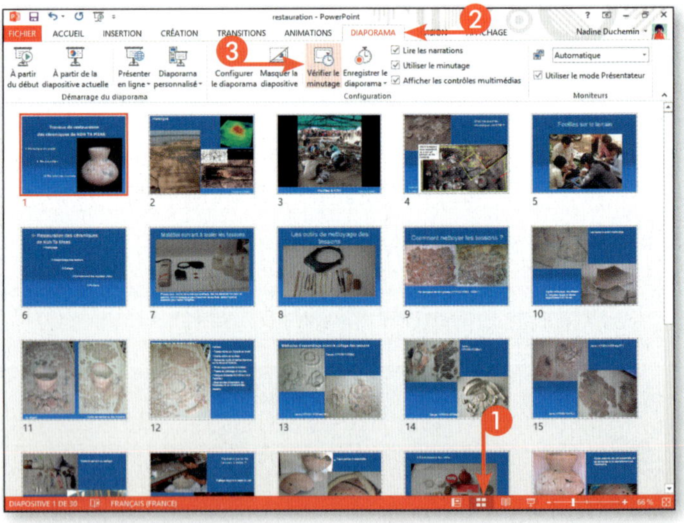

❶ Cliquez ⊞ pour passer en mode Trieuse de diapositives.

❷ Cliquez l'onglet **Diaporama**.

❸ Cliquez le bouton **Vérifier le minutage**.

Lorsque vous définissez le minutage, le temps d'affichage de chaque diapositive doit être suffisant pour laisser au public le temps de lire la totalité du contenu de la diapositive et vous laisser le temps de dire vos commentaires. Après l'enregistrement du minutage de votre diaporama, PowerPoint le conserve pour l'exploiter lorsque vous effectuez la présentation.

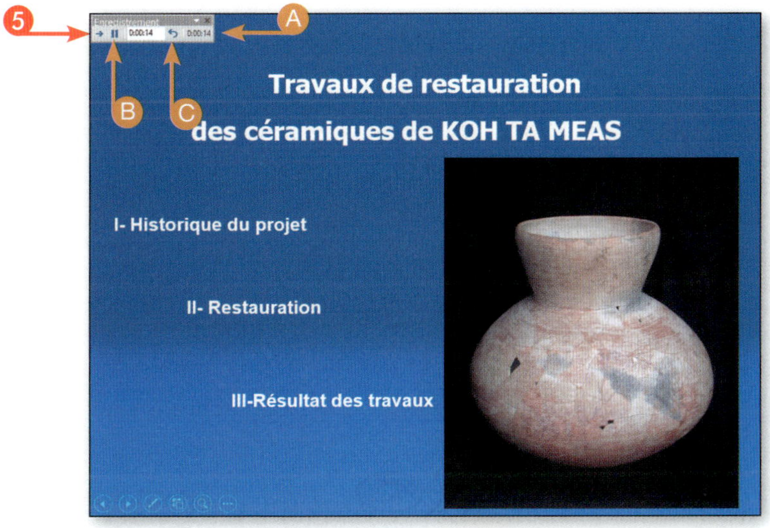

PowerPoint bascule en mode Diaporama et affiche la première diapositive.

(A) PowerPoint affiche la barre d'outils Enregistrement et démarre le minuteur.

(4) Répétez le texte de votre présentation.

(B) Cliquez ▮▮ pour mettre en pause le minuteur. Pour le redémarrer, cliquez **Reprendre l'enregistrement** dans la boîte de dialogue qui apparaît.

(C) Pour annuler le minutage d'une diapositive et le recommencer, cliquez ↺.

(5) Lorsque vous avez terminé avec la première diapositive, cliquez ➔ pour passer à la diapositive suivante.

Il est facile d'imprimer une version papier de vos diapositives pour la distribuer aux personnes qui assistent à la présentation.Cliquez Fichier ➜ Imprimer. Sélectionnez l'imprimante. Dans la section Paramètres, ouvrez le deuxième menu pour choisir une option dans la section Documents. Enfin, cliquez Imprimer.

VÉRIFIEZ LE MINUTAGE (SUITE)

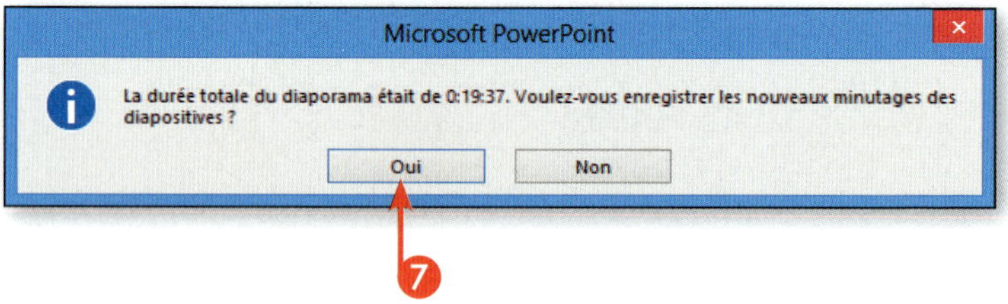

PowerPoint affiche la diapositive suivante.

6 Répétez les étapes **4** et **5** pour chacune des diapositives de votre présentation.

À l'issue du minutage, une boîte de dialogue apparaît pour afficher la durée totale du diaporama.

7 Cliquez **Oui**.

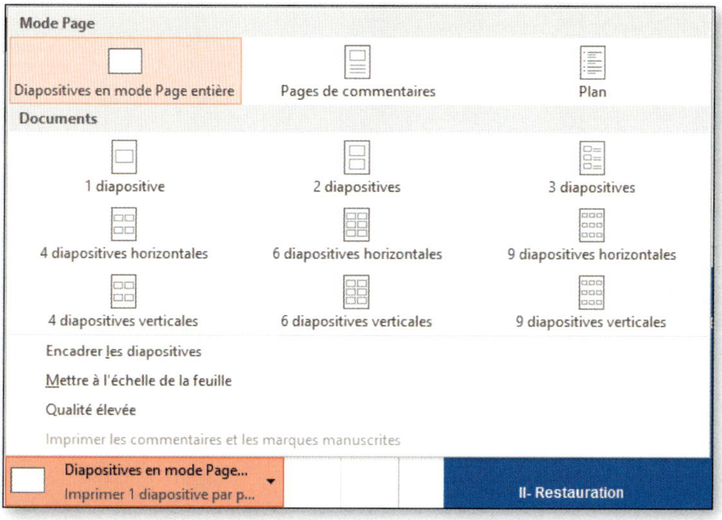

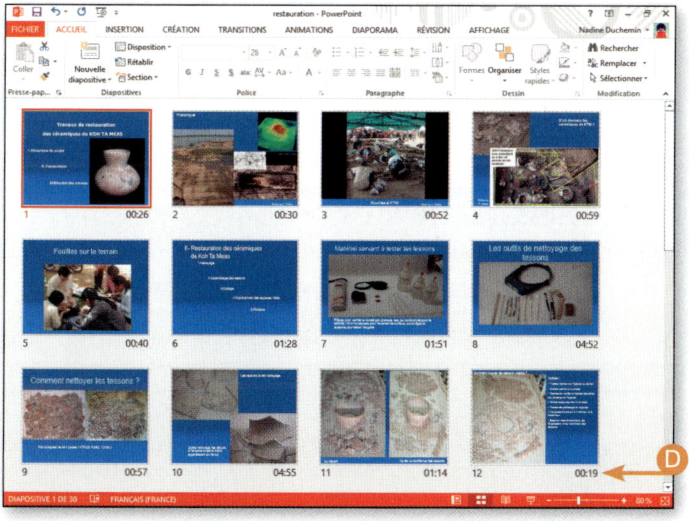

D PowerPoint enregistre les durées et les affiche en dessous de chacune des diapositives.

VISIONNEZ UN DIAPORAMA

Le mode Diaporama de PowerPoint sert à visionner une présentation en affichant toutes les diapositives en plein écran. Ces dernières défilent dans l'ordre, mais vous avez la possibilité d'afficher les vignettes de toutes les diapositives pour choisir celle que vous voulez voir. Vous passez d'une diapositive à l'autre manuellement ou vous indiquez à PowerPoint d'avancer automatiquement.

VISIONNEZ UN DIAPORAMA

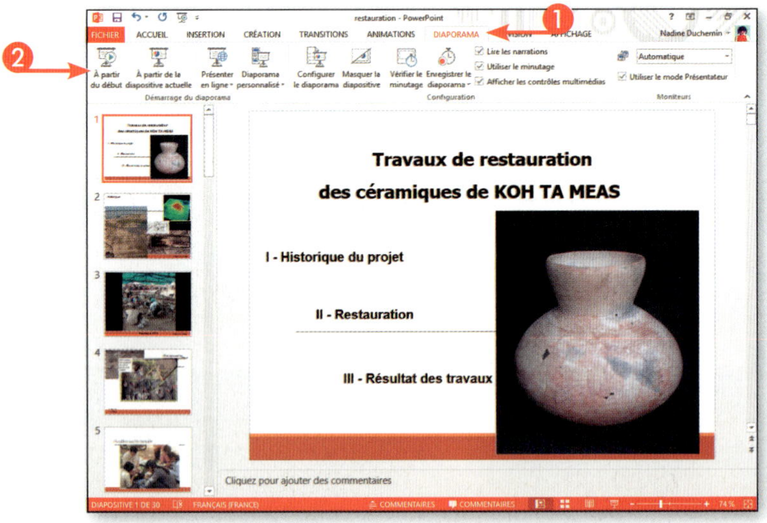

❶ Cliquez l'onglet **Diaporama**.

❷ Cliquez **À partir du début**.

Pour clarifier une explication, vous disposez des outils de dessin et pointage de PowerPoint, qui vous permettent de dessiner directement sur l'écran. Vous avez le choix entre plusieurs outils de dessin et couleurs. La projection du diaporama peut s'effectuer sur un seul ou deux écrans.

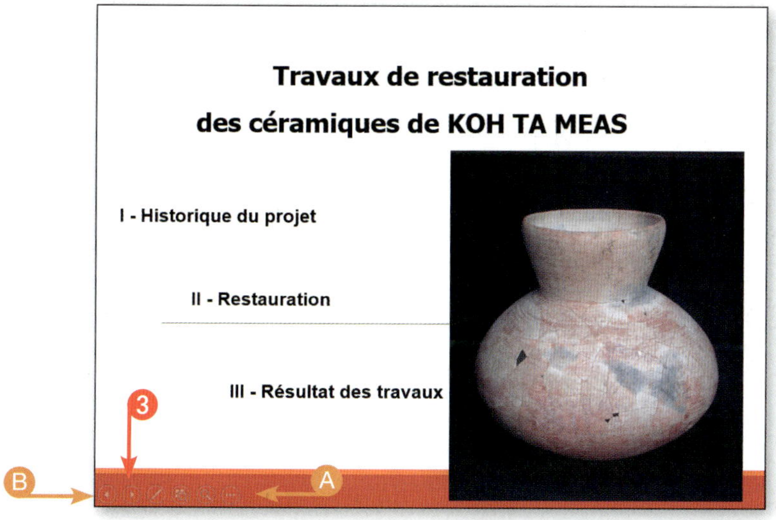

PowerPoint passe en mode Diaporama et affiche la première diapositive.

(A) Lorsque vous déplacez le pointeur de la souris dans le coin inférieur gauche, des boutons de commande apparaissent.

(3) Cliquez dans la diapositive pour passer à la suivante ou cliquez le bouton **Suivante** (▷).

(B) Pour revenir à la diapositive précédente, cliquez le bouton **Précédente** (◁).

VISIONNEZ UN DIAPORAMA

Il est possible de changer la couleur des outils de pointage et de dessin. Pendant le diaporama, cliquez l'icône de stylet pour sélectionner un outil et recliquez la même icône pour sélectionner une couleur.

AFFICHEZ LES VIGNETTES

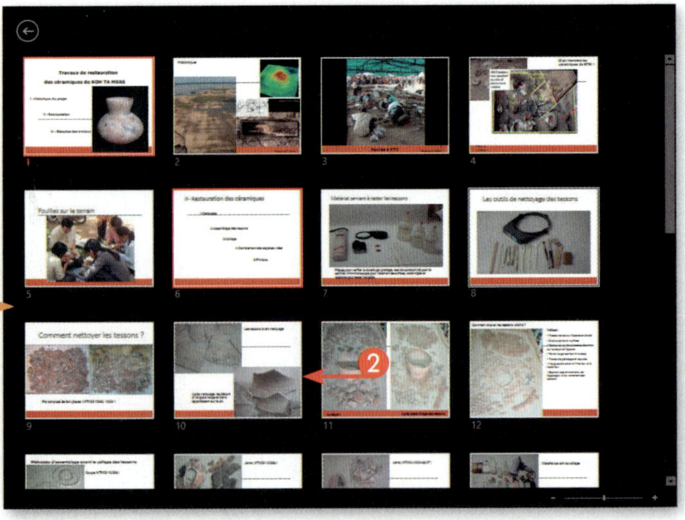

1 Cliquez le bouton des miniatures (⊞).

C PowerPoint affiche les vignettes de toutes les diapositives de la présentation.

2 Cliquez l'une des miniatures pour voir la diapositive correspondante en plein écran.

Vous pouvez masquer une diapositive pendant que vous parlez à votre public. Il suffit de cliquer le bouton de menu (⋯), de pointer **Écran** et de choisir **Écran blanc** ou **Écran noir**. En mode Présentateur, vous disposez du bouton de raccourci Écran noir (■).

POINTEZ À L'ÉCRAN

1 Cliquez le bouton de stylet (🖉).

2 Sélectionnez un outil.

D Le pointeur de la souris représente désormais l'outil de pointage ou de dessin sélectionné. Faites glisser le pointeur dans la diapositive, pour dessiner ou signaler un élément.

Note. *Pour retrouver le pointeur ↖, répétez les étapes **1** et **2** en sélectionnant le même outil.*

Pour effacer vos dessins, cliquez l'icône de stylet (🖉) et cliquez **Supprimer toutes les entrées manuscrites de la diapositive**.

Vous pouvez attirer l'attention du public sur un objet en le grossissant dans la diapositive. Cette solution se révèle utile lorsque vous restez longtemps sur la même diapositive pendant votre exposé, car l'effet de zoom contribue à recapturer l'attention du public.

ZOOMEZ SUR UN OBJET

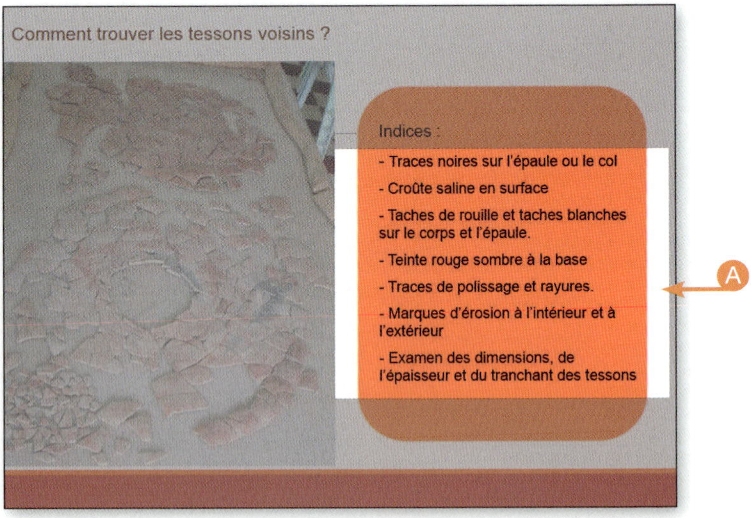

1 Cliquez le bouton de zoom (🔍).

A PowerPoint affiche un voile gris sur toute la diapositive, à l'exception d'un rectangle blanc qui symbolise la zone à grossir.

2 Faites glisser le pointeur 🔍 sur l'objet à grossir et cliquez.

Vous disposez du mode Présentateur pour voir de votre côté vos notes d'intervenant tandis que le public ne voit que les diapositives. Lorsque vous faites la présentation avec deux écrans, PowerPoint passe automatiquement en mode Présentateur pour afficher les notes sur un écran et les diapositives sur l'autre écran. Avec un seul écran, il reste possible d'activer le mode Présentateur.

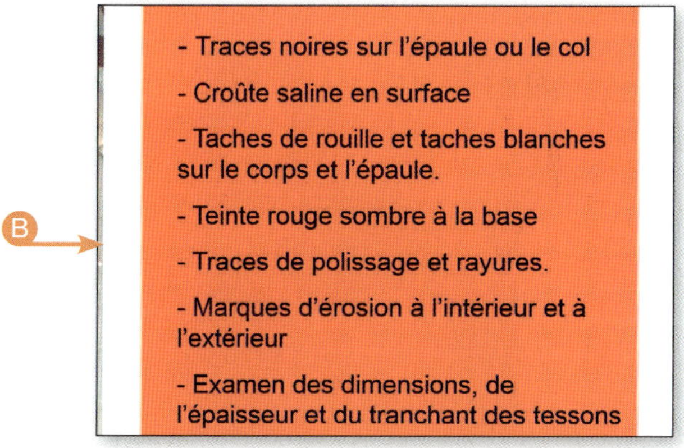

B PowerPoint grossit la zone ciblée.

Pour supprimer l'effet de zoom et revenir à la diapositive entière, appuyez sur Echap.

Pendant l'affichage d'un diaporama, vous pouvez afficher la barre des tâches de Windows pour basculer vers un autre programme si nécessaire. Si vous travaillez sur un seul écran, cliquez l'icône de menu (⊖), cliquez Écran ➜ Afficher la barre des tâches. En mode Présentateur, cliquez Afficher la barre des tâches en haut de l'écran.

UTILISEZ LE MODE PRÉSENTATEUR

1 Cliquez l'icône de menu (⊖).

2 Cliquez **Mode Présentateur**.

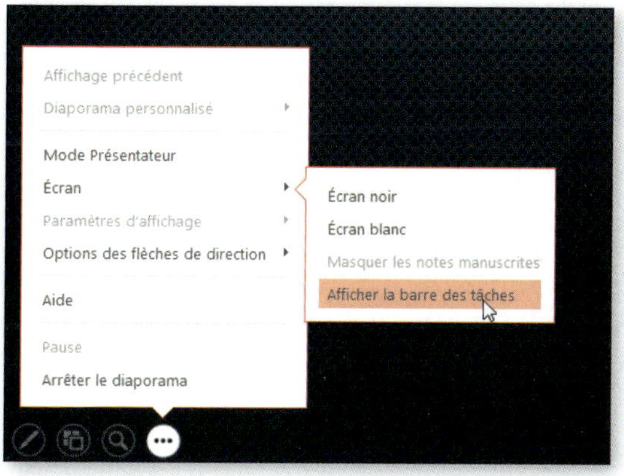

PowerPoint affiche la présentation en mode Présentateur tandis que votre public continue de voir le mode Diaporama.

C Comme en mode Diaporama, ces outils servent à contrôler l'affichage de la présentation.

D Ces deux boutons servent à agrandir et réduire la taille du texte de vos notes.

E Cliquez les flèches pour passer à la diapositive suivante ou précédente.

Note. *Après la dernière diapositive, vous obtenez le message « Fin du diaporama ».*

3 Appuyez sur Echap ou cliquez ici pour quitter le diaporama.

RÉVISEZ UNE PRÉSENTATION

Vous utiliserez des commentaires pour réviser une présentation en donnant votre avis. Les commentaires s'affichent dans un volet spécial, qui s'ouvre sur le bord droit de la fenêtre de PowerPoint. Chaque commentaire est symbolisé dans la diapositive par l'icône d'une bulle ; vous cliquerez ces icônes pour voir les commentaires correspondants.

INSÉREZ UN COMMENTAIRE

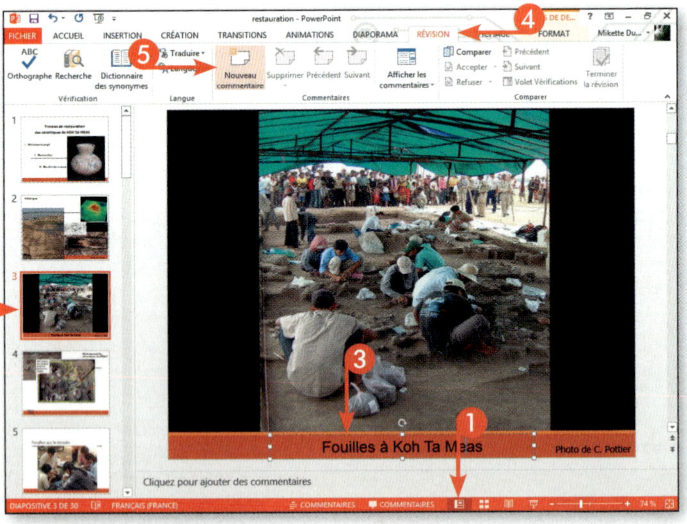

❶ Cliquez le bouton Normal pour afficher la présentation en mode Normal.

❷ Cliquez la diapositive dans laquelle vous désirez insérer un commentaire.

Note. *Pour ajouter un commentaire général sur la diapositive, ignorez l'étape **3**.*

❸ Cliquez le texte ou l'objet concerné par votre commentaire.

❹ Cliquez l'onglet **Révision**.

❺ Cliquez **Nouveau commentaire**.

Le volet Commentaires sert à ajouter des commentaires, à visualiser les commentaires de la diapositive active et à y répondre. Les boutons Précédent et Suivant vous servent à défiler entre les commentaires de la présentation.

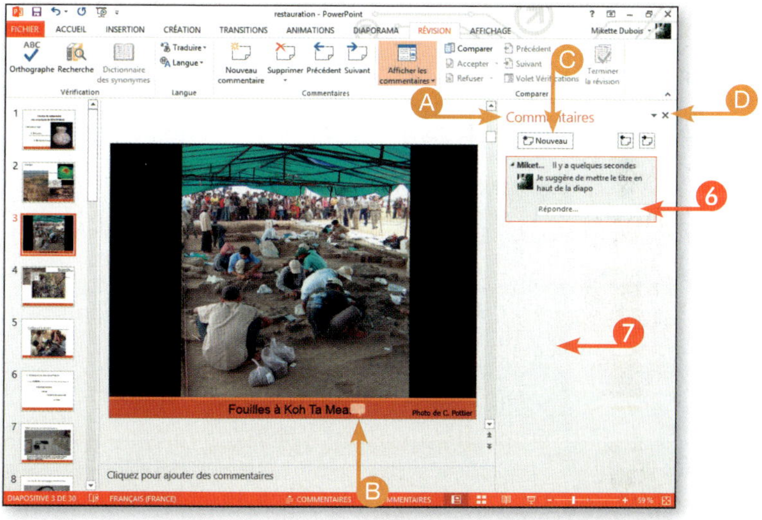

A Le volet Commentaires s'affiche avec un bloc pour le nouveau commentaire.

B Une icône de bulle apparaît dans la diapositive.

6 Tapez le commentaire ici.

7 Une fois la saisie terminée, cliquez en dehors du bloc de commentaire ou appuyez sur Tab.

C Vous pouvez ajouter un autre commentaire dans la même diapositive en cliquant le bouton **Nouveau**.

D Vous cliquerez × pour fermer le volet Commentaires.

RÉVISEZ UNE PRÉSENTATION

Il est possible de modifier ou de supprimer un commentaire. Commencez par cliquer le texte du commentaire à modifier afin d'activer une zone de saisie. Changez le texte à votre convenance, puis cliquez en dehors du bloc de commentaire. Pour supprimer un commentaire, cliquez-le du bouton droit dans la diapositive et choisissez **Supprimer le commentaire**. Vous pouvez aussi le supprimer depuis le volet Commentaires. Survolez le commentaire ou sa réponse avec le pointeur ⇖ jusqu'à voir apparaître la croix ×. Cliquez ×. La suppression d'un commentaire entraîne la suppression de ses réponses.

RÉPONDEZ À UN COMMENTAIRE

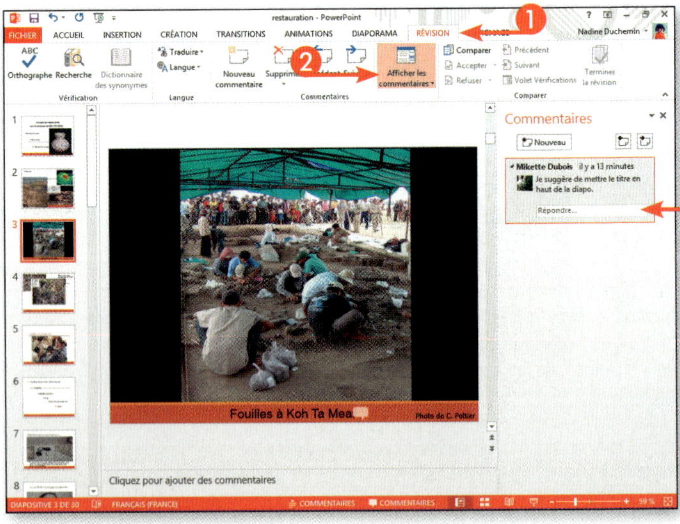

1 Cliquez l'onglet **Révision**.

2 Cliquez **Afficher les commentaires**.

Le volet Commentaires apparaît.

3 Cliquez le champ **Répondre** du commentaire auquel vous souhaitez répondre.

4 Tapez votre réponse.

5 Appuyez sur Tab ou cliquez en dehors du bloc de commentaire.

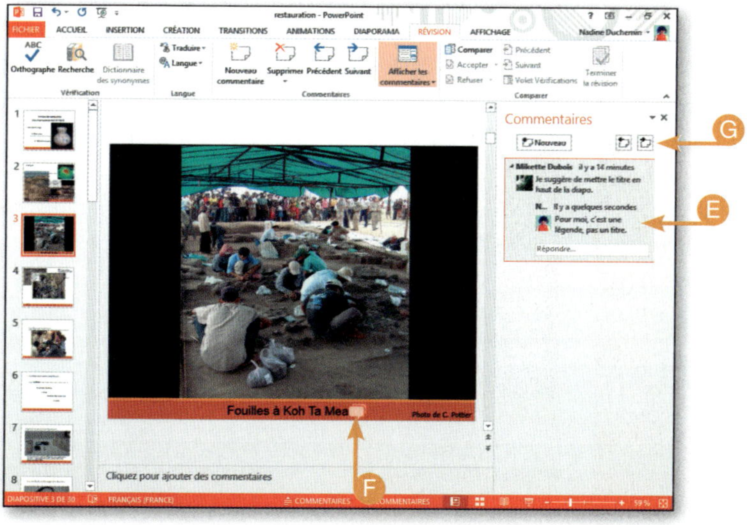

E PowerPoint affiche votre réponse sous le commentaire et ajoute un autre champ Répondre.

F Une icône de bulle symbolisant la réponse vient se superposer à la bulle du commentaire.

G Pour lire le commentaire suivant ou précédent, cliquez ou .

ENREGISTREZ UNE PRÉSENTATION SUR CD

Vous enregistrerez votre présentation PowerPoint sur un CD pour la partager avec d'autres personnes. Avec la fonction Package de présentation pour CD-ROM, PowerPoint regroupe sur un CD la présentation avec tous les fichiers nécessaires : illustrations, photos, son, vidéo et les éventuels fichiers liés contenus dans la présentation. Le CD contient aussi une visionneuse PowerPoint pour les destinataires qui n'auraient pas PowerPoint sur leur ordinateur.

ENREGISTREZ UNE PRÉSENTATION SUR CD

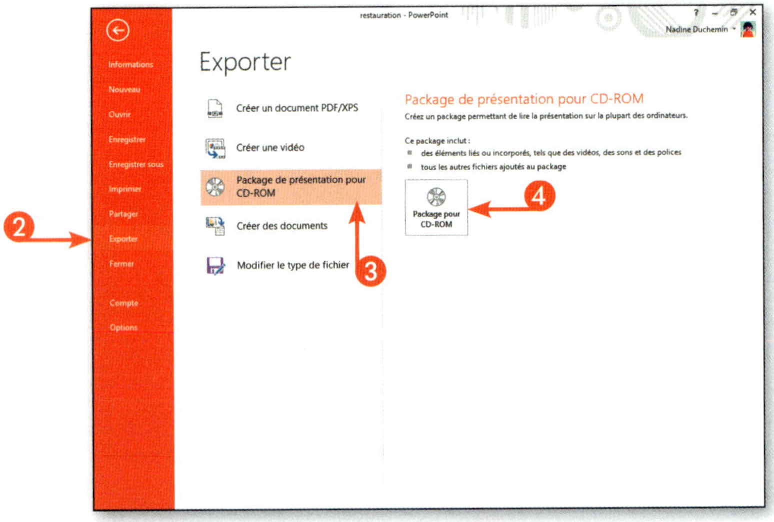

1 Cliquez l'onglet **Fichier**.

2 Cliquez **Exporter**.

3 Cliquez **Package de présentation pour CD-ROM**.

4 Cliquez **Package pour CD-ROM**.

Une autre solution consiste à enregistrer la présentation sous la forme d'un fichier vidéo WMV qui contient les commentaires audio et le minutage que vous avez enregistrés.

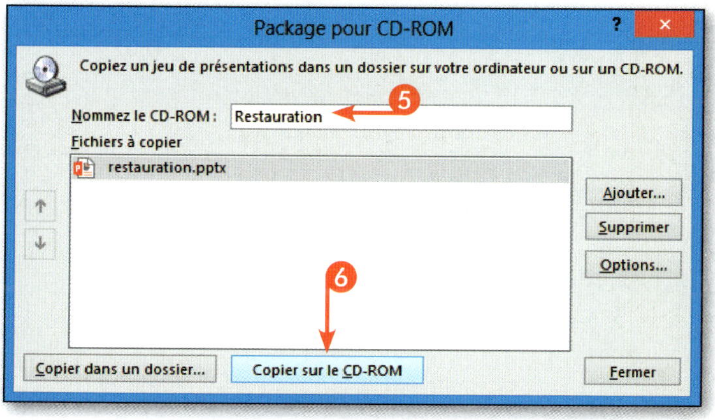

La boîte de dialogue Package pour CD-ROM s'affiche.

5 Saisissez un nom pour le CD, de seize caractères au maximum.

6 Cliquez **Copier sur le CD-ROM**.

Note. *Si un message vous invite à insérer un disque vierge, faites-le et cliquez* ***Réessayer****.*

Pour enregistrer votre présentation sous la forme d'une vidéo, cliquez l'onglet Fichier, puis Exporter. Cliquez Créer une vidéo. Choisissez la qualité de la vidéo et spécifiez si la narration et le minutage doivent être intégrés. Cliquez Créer la vidéo. Dans la boîte de dialogue Enregistrer sous, indiquez l'emplacement de sauvegarde, puis cliquez le bouton Enregistrer. PowerPoint enregistre le fichier vidéo sur votre ordinateur.

ENREGISTREZ UNE PRÉSENTATION SUR CD (SUITE)

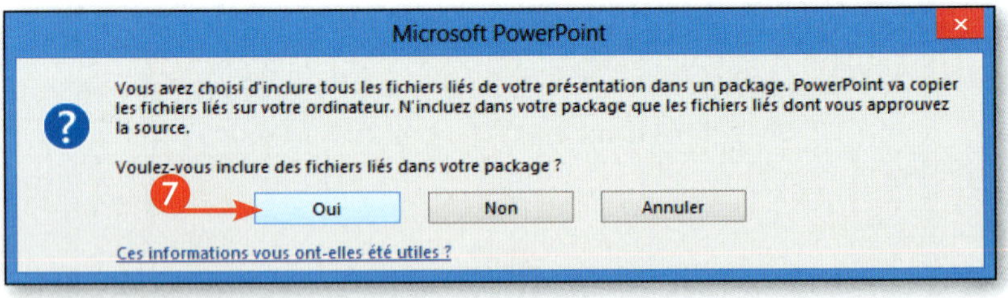

Si la présentation contient des fichiers liés, PowerPoint vous demande si vous souhaitez les placer sur le CD.

7 Si vous savez ces fichiers dépourvus de virus, cliquez **Oui**.

PowerPoint copie les fichiers de la présentation.

En fonction de la taille de la présentation, le processus de création peut durer plusieurs minutes.

Lorsque le processus de copie est terminé, une boîte de dialogue apparaît.

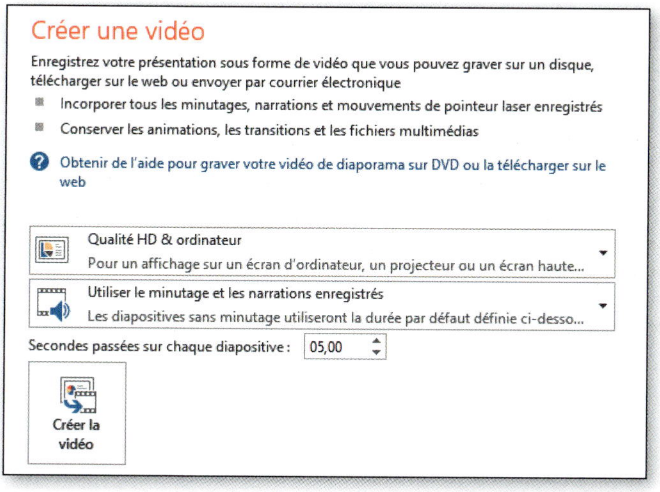

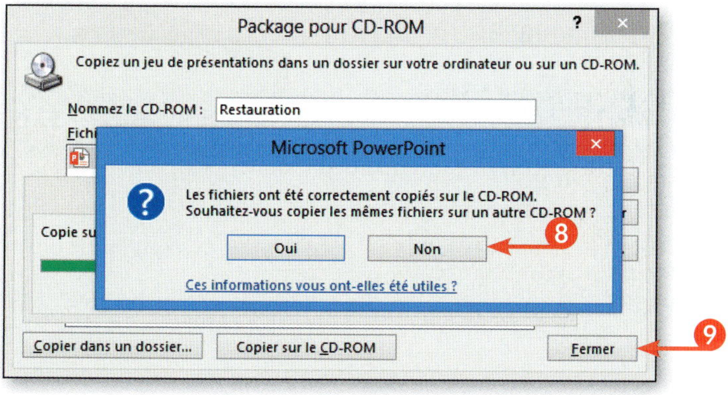

8 Cliquez **Non**.

Note. *Si vous souhaitez graver d'autres CD, cliquez* ***Oui****.*

9 Cliquez **Fermer**.

La boîte de dialogue Package pour CD-ROM se ferme.

Access est un programme de base de données populaire que vous utilisez pour cataloguer et gérer une grande quantité de données. Il permet de gérer des éléments allant d'une simple table à une grande liste d'informations.

Si vous ne connaissez pas Access, prenez le temps de vous familiariser avec les termes de base du programme.

Bases de données

Une *base de données* est un ensemble d'informations. Vous en utilisez tous les jours : l'annuaire du téléphone, les programmes TV... Les bases de données que vous possédez sont par exemple votre liste de contacts avec les adresses et les numéros de téléphone. On peut aussi citer les inventaires de produits, les factures clients et les listes de salariés.

Tables

La *table* est le cœur de n'importe quelle base de données Access. Il s'agit d'une liste d'informations organisées en colonnes et en lignes. Dans l'exemple d'une base de données de clients, la table peut lister les noms, adresses, numéros de téléphone, noms de société, titres et adresses de courriel des clients. Vous pouvez utiliser plusieurs tables dans votre base de données Access. Par exemple, vous en aurez une pour lister les informations client et une autre pour les produits de la société.

N°	Nom	Prénom	Téléphone
1	Allet	Nicole	0123568954
3	Amine	Leila	0154857854
4	Briand	David	0698874565
5	Bromond	Lola	0187543245

Enregistrements et champs

Chacune des entrées que vous faites dans une table Access s'appelle un *enregistrement*. Les enregistrements apparaissent toujours sous la forme de ligne dans une base de données. Dans chaque ligne, vous organisez les informations en colonnes appelées *champs*. Par exemple, dans une liste de clients, vous placez des champs pour le prénom, le nom, la société, le titre, l'adresse, la ville, le code postal, le numéro de téléphone et l'adresse de courriel. Les noms de champ apparaissent en haut de la table.

Nom	Prénom	Téléphone	Courriel	Secteur
Allet	Nicole	0123568954	nicole.allet@hotmail.fr	B

Formulaires

Vous pouvez saisir les enregistrements de votre base de données directement dans une table Access ou simplifier le processus en utilisant un *formulaire*. Ce dernier vous permet de présenter les champs de la table dans un format facile à lire avec des zones à remplir et de saisir les enregistrements les uns après les autres. Les formulaires permettent d'accélérer la saisie, en particulier lorsque d'autres personnes ajoutent des informations dans la base de données.

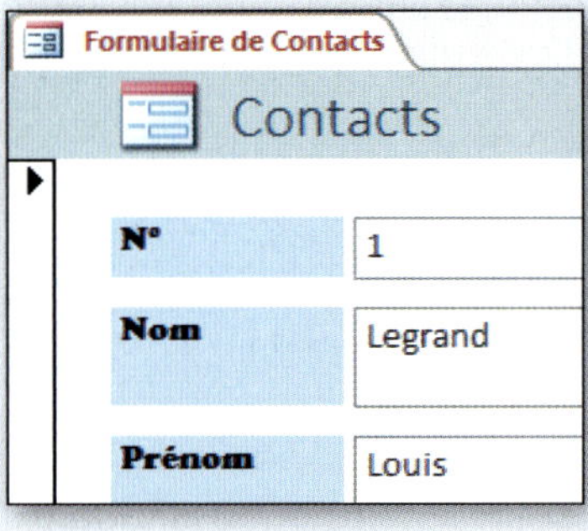

États et requêtes

Vous utilisez les états pour synthétiser les données de vos tableaux et pour créer des impressions avec des informations pertinentes, par exemple, les dix meilleurs vendeurs et le produit le plus vendu. Vous utilisez les requêtes pour trier et filtrer les données. Par exemple, vous choisissez de voir uniquement une partie des champs de votre table et vous les filtrez pour qu'ils correspondent à certains critères.

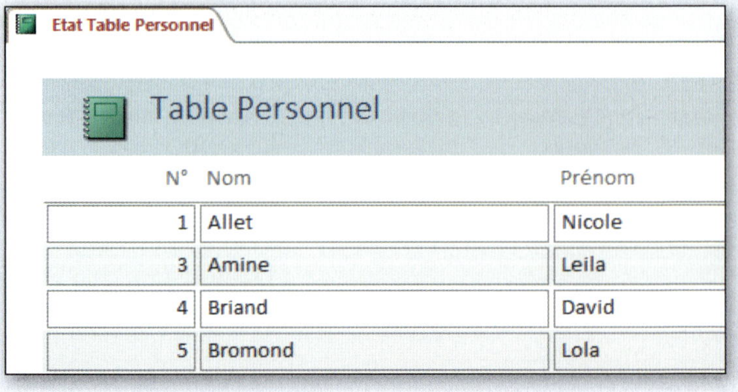

Planifier une base de données

La première opération pour créer une base de données Access consiste à décider des données qu'elle doit contenir. Quelles sortes d'action souhaitez-vous accomplir sur vos données ? Comment souhaitez-vous les organiser ? Quels types de champs sont nécessaires pour vos enregistrements ? Quelles sortes d'états ou de requêtes envisagez-vous de créer ? Notez sur un papier la façon dont vous souhaitez grouper les informations dans les tables et comment lier ces dernières entre elles. En planifiant à l'avance votre base de données, vous gagnez du temps au moment de sa création.

Tables nécessaires :

Contacts

Champs nécessaires :

Nom

Secteur

Téléphone

Etats nécessaires :

Etat qui regroupe tous les champs

Etat qui liste uniquement le nom et le téléphone

Formulaires nécessaires :

Liste de contacts : toutes les informations de toutes les entrées

Informations sur les contacts : toutes les données d'une entrée

CRÉEZ UNE BASE DE DONNÉES À PARTIR D'UN MODÈLE

Vous pouvez créer des applications Web – un nouveau type de base de données conçue avec Access et publiée en ligne – ou des bases de données de bureau en utilisant n'importe quel modèle prédéfini d'Access. Créez par exemple des bases de données pour gérer des contacts, des biens ou des tâches. Vous pouvez également rechercher de nouveaux modèles plus sophistiqués sur Office.com.

CRÉEZ UNE BASE DE DONNÉES À PARTIR D'UN MODÈLE

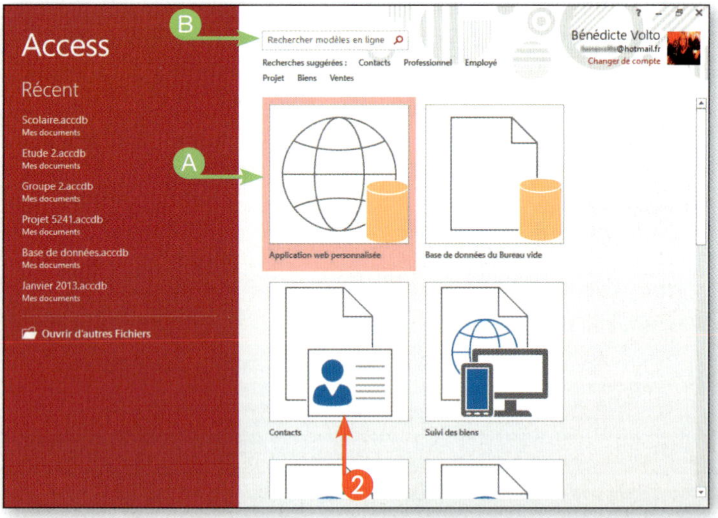

❶ Démarrez Access.

Note. *Si le programme est déjà ouvert, vous pouvez créer une nouvelle base de données en cliquant l'onglet* ***Fichier****, puis* ***Nouveau****.*

Ⓐ Des modèles sont proposés dans l'écran d'accueil d'Access ou dans l'écran Nouveau.

Ⓑ Vous pouvez télécharger des modèles sur le site Office.com en tapant des mots-clés ici.

❷ Cliquez un modèle.

Note. *Pour créer une base de données, choisissez un modèle pour le Bureau (page vide dans l'icône du modèle).*

Lorsque vous créez une nouvelle base de données en utilisant un modèle, celle-ci contient des tables et des formulaires prédéfinis et dans lesquels vous insérez vos données. Vous contrôlez la structure de votre base de données en choisissant les tables et les champs à utiliser.

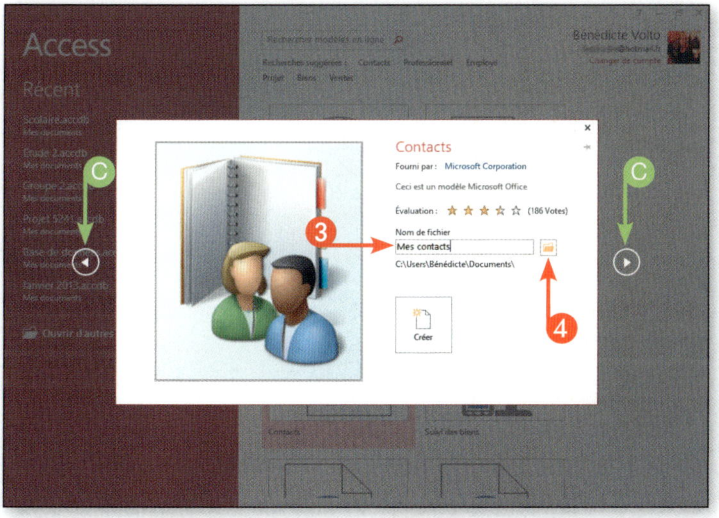

Une fenêtre s'affiche avec les informations sur le modèle.

C Pour afficher le modèle précédent ou suivant, cliquez ces boutons.

3 Tapez le nom dans le champ **Nom de fichier**.

4 Si vous voulez changer le dossier dans lequel la base de données est enregistrée, cliquez le bouton .

CRÉEZ UNE BASE DE DONNÉES À PARTIR D'UN MODÈLE

Pour déterminer les champs dont vous avez besoin dans votre base de données, faites une petite planification. Évaluez les informations que vous souhaitez conserver ainsi que les types d'états et de requêtes à générer.

CRÉEZ UNE BASE DE DONNÉES À PARTIR D'UN MODÈLE (SUITE)

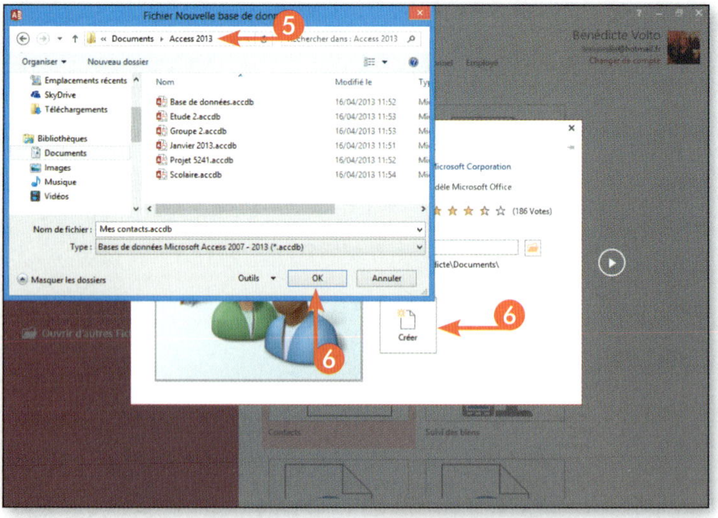

Access affiche la boîte de dialogue Fichier Nouvelle base de données.

5 Localisez et sélectionnez le dossier dans lequel vous souhaitez stocker le fichier de base de données.

6 Cliquez **OK**.

7 Cliquez **Créer**.

Pour de meilleurs résultats, utilisez les champs suggérés, vous pourrez toujours supprimer, par la suite, ceux que vous n'utilisez pas.

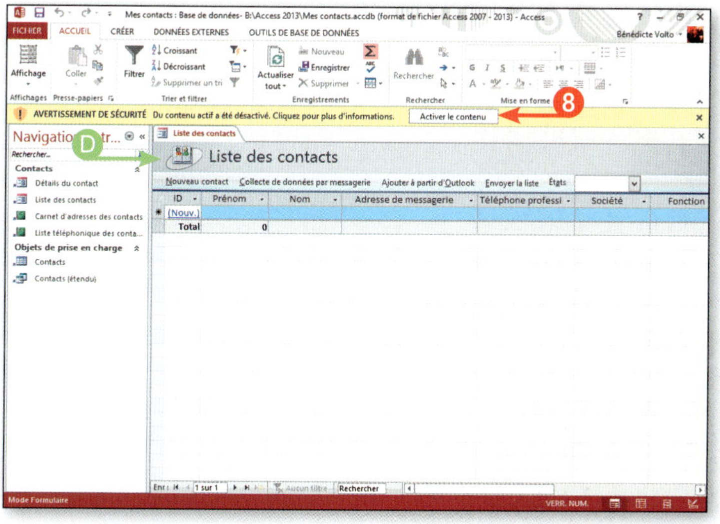

D Access télécharge le modèle et crée une nouvelle base de données, vide, prête à recevoir des données.

8 Pour masquer l'avertissement de sécurité et activer les macros de ce modèle, cliquez **Activer le contenu**.

CRÉEZ UNE NOUVELLE BASE DE DONNÉES

Access propose de nombreux modèles prédéfinis pour gérer des contacts, des biens, des projets, des tâches, *etc.*, mais d'autres sont disponibles en téléchargement sur Office.com.

CRÉEZ UNE NOUVELLE BASE DE DONNÉES

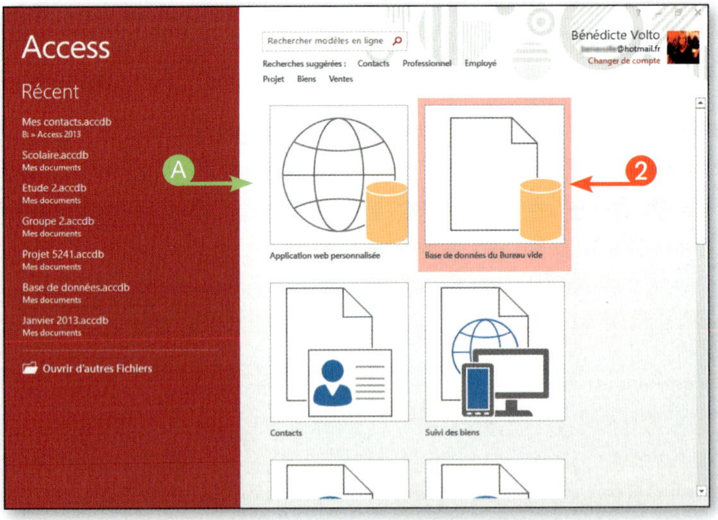

❶ Démarrez Access.

Note. *Si le programme est déjà ouvert, vous pouvez créer une nouvelle base de données en cliquant l'onglet* ***Fichier****, puis* ***Nouveau****.*

Ⓐ Des modèles sont proposés dans l'écran d'accueil d'Access ou l'écran Nouveau.

❷ Cliquez **Base de données du Bureau vide**.

Si aucun des modèles ne vous convient, créez une nouvelle base de données vierge. Vous décidez des tables, champs, formulaires et autres objets que votre base de données contiendra.

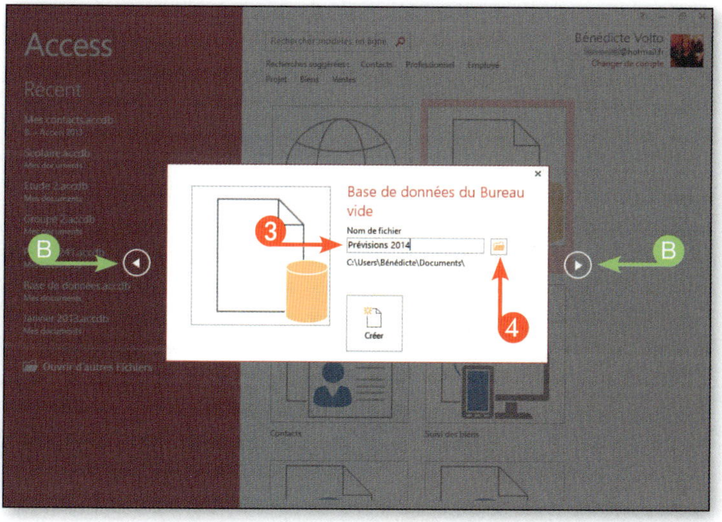

Une fenêtre s'affiche avec les informations sur le modèle.

B Pour afficher le modèle précédent ou suivant, cliquez ces boutons.

3 Tapez le nom dans le champ **Nom de fichier**.

4 Si vous voulez changer le dossier dans lequel la base de données est enregistrée, cliquez le bouton .

Sur la gauche se trouve le volet de navigation que vous utilisez pour ouvrir différents objets. Pour le réduire et augmenter ainsi l'espace de travail, cliquez le bouton « dans le coin supérieur droit du volet. Cliquez le bouton » pour ouvrir le volet.

CRÉEZ UNE NOUVELLE BASE DE DONNÉES (SUITE)

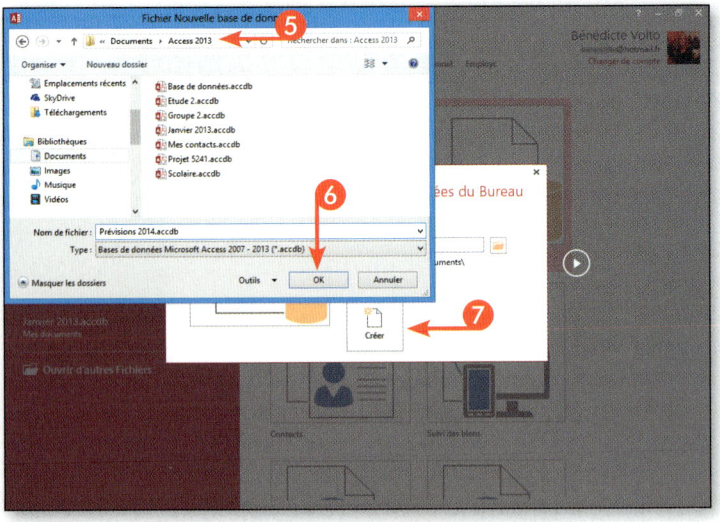

Access affiche la boîte de dialogue Fichier Nouvelle base de données.

5 Localisez et sélectionnez le dossier dans lequel vous souhaitez stocker le fichier de base de données.

6 Cliquez **OK**.

7 Cliquez **Créer**.

Pour ouvrir une base de données existante, cliquez l'onglet **Fichier ➜ Ouvrir ➜ Récents**, puis cliquez la base de données dans la liste Récents. Si elle n'y figure pas, cliquez **Ouvrir d'autres fichiers ➜ Ordinateur** ou **SkyDrive ➜ Parcourir**. Dans la boîte de dialogue Ouvrir, localisez et ouvrez le fichier recherché.

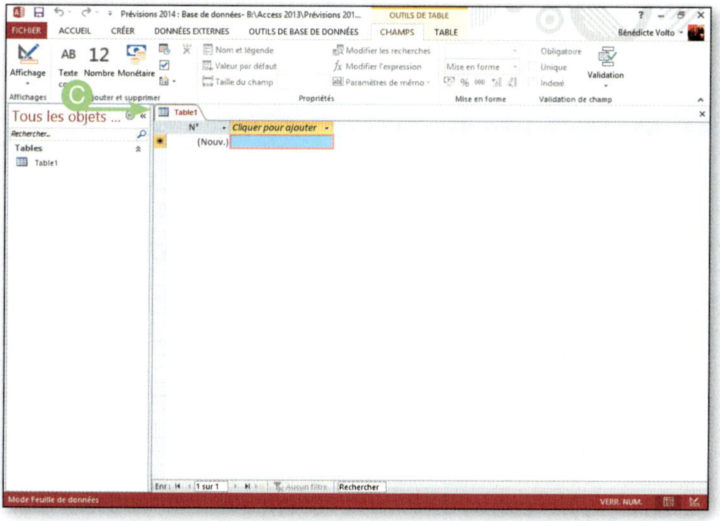

C Access crée une nouvelle base de données vide et une nouvelle table s'affiche, prête à recevoir des données.

CRÉEZ UNE NOUVELLE TABLE

Access stocke toutes les données dans des tables. Celles-ci sont constituées de lignes et de colonnes qui forment des cellules contenant les données. Vous utilisez les colonnes pour placer les champs, à savoir des éléments d'informations individuels contenus dans un enregistrement. Lorsque vous créez une nouvelle table, vous lui donnez un nom unique.

CRÉEZ UNE NOUVELLE TABLE

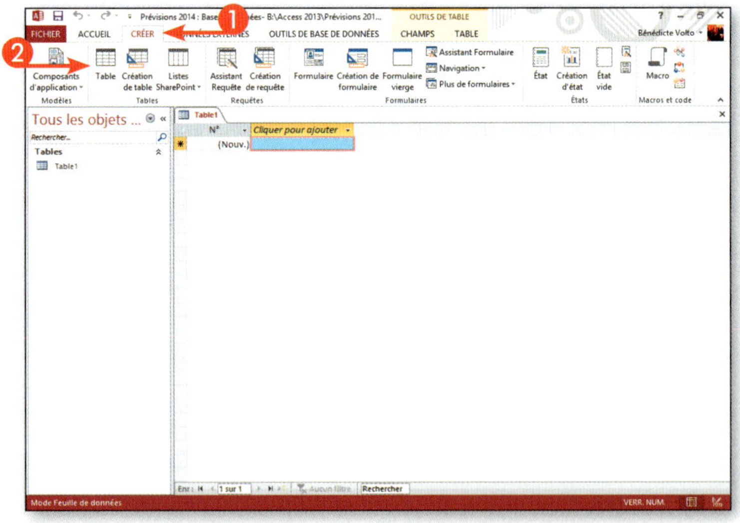

1 Avec votre base de données ouverte, cliquez l'onglet **Créer**.

2 Cliquez le bouton **Table**.

Tous les objets que vous créez apparaissent dans le volet de navigation. Pour ajouter une table à une base de données, il suffit de la double-cliquer dans le volet.

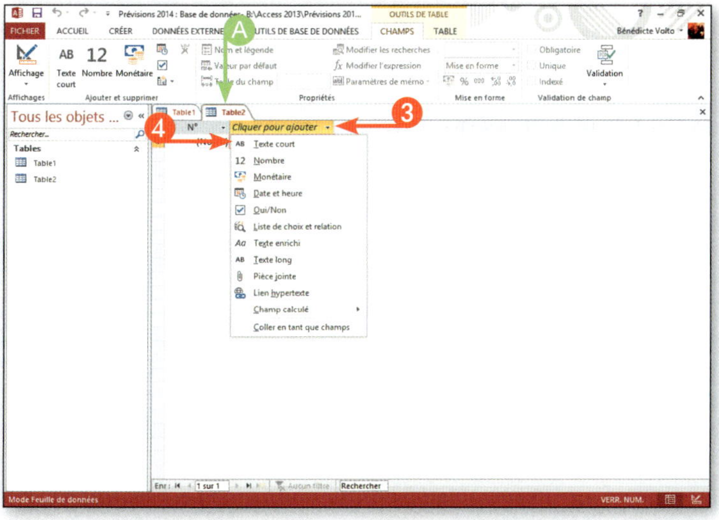

A Access crée une nouvelle table et l'affiche en mode Feuille de données.

Note. *Pour plus d'informations, consultez la section « Modifiez l'affichage des tables ».*

3 Pour nommer un champ, cliquez **Cliquer pour ajouter**, en haut de la colonne du champ.

4 Cliquez le type de fichier que vous souhaitez ajouter (ici, **Texte court**).

VILLE DU MANS
MEDIATHEQUE
LOUIS ARAGON

Pour renommer les champs d'une table, double-cliquez l'étiquette puis saisissez le nouveau nom. Quand vous avez terminé, appuyez sur Entrée.

CRÉEZ UNE NOUVELLE TABLE (SUITE)

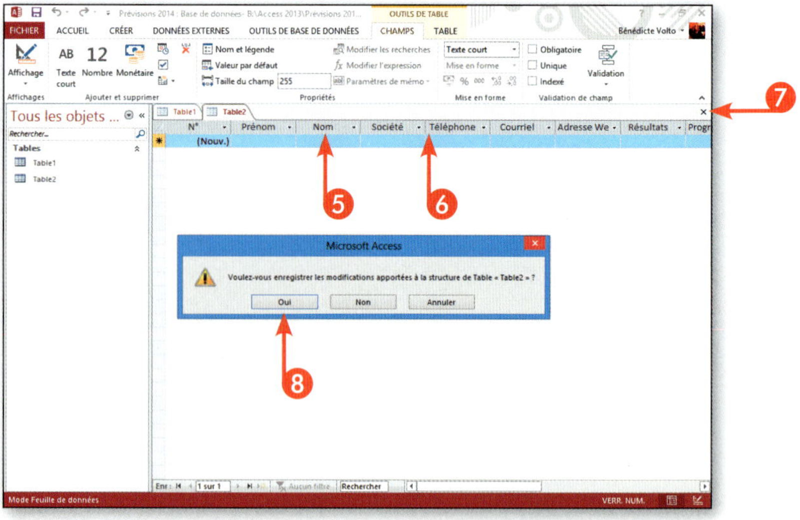

5 Saisissez un nom pour le champ, puis appuyez sur Entrée.

6 Répétez les étapes **4** à **5** pour créer d'autres champs.

7 Lorsque vous avez terminé d'ajouter des champs, fermez la table en cliquant le bouton **Fermer** (×).

Access vous demande d'enregistrer les modifications de la table.

8 Cliquez **Oui**.

Pour supprimer une table, sélectionnez-la dans le volet de navigation, appuyez sur Suppr et cliquez **Oui** à l'invite.

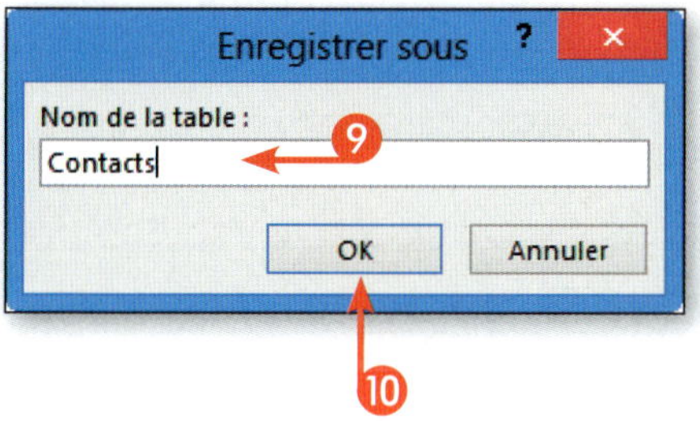

La boîte de dialogue Enregistrer sous s'affiche.

9 Saisissez un nom pour la table.

10 Cliquez **OK**.

Access place la table avec les objets de la base de données dans le volet de navigation.

Note. *Après avoir enregistré la table, vous la rouvrez en la double-cliquant dans le volet de navigation.*

MODIFIEZ L'AFFICHAGE DES TABLES

Il existe deux modes d'affichage différents pour les tables : Feuille de données et Création. En mode Feuille de données, la table s'affiche sous la forme d'une grille de lignes et de colonnes dans laquelle vous saisissez des données. En mode Création, vous voyez la structure de vos champs et leurs propriétés et vous pouvez modifier la conception de votre table.

BASCULEZ EN MODE CRÉATION

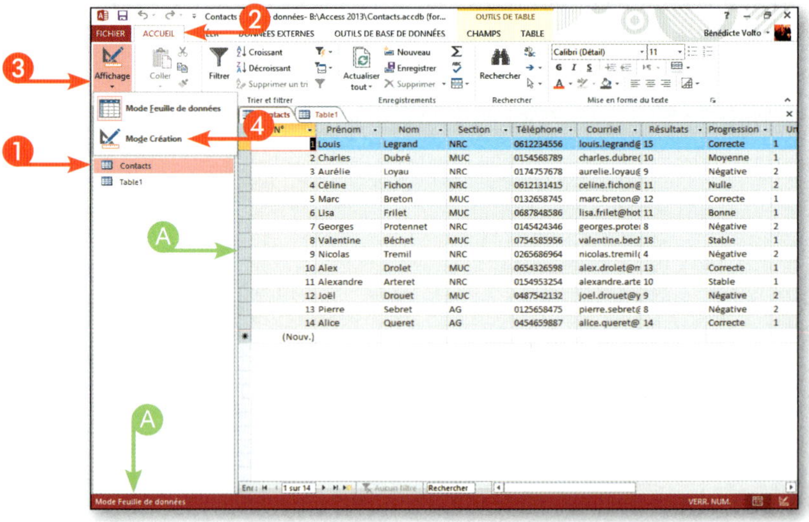

❶ Ouvrez n'importe quelle table en la double-cliquant dans le volet de navigation.

Ⓐ Access affiche par défaut la table en mode Feuille de données.

❷ Cliquez l'onglet **Accueil**.

❸ Cliquez la moitié inférieure du bouton **Affichage**.

❹ Cliquez **Mode Création**.

Note. *Pour basculer rapidement en mode Création, cliquez la moitié supérieure du bouton* ***Affichage****.*

Dans les deux cas, ajoutez des champs en tapant leur nom dans la colonne Nom du champ ou changez les noms des champs existants. Le mode Création permet en outre de changer le type de données d'un champ.

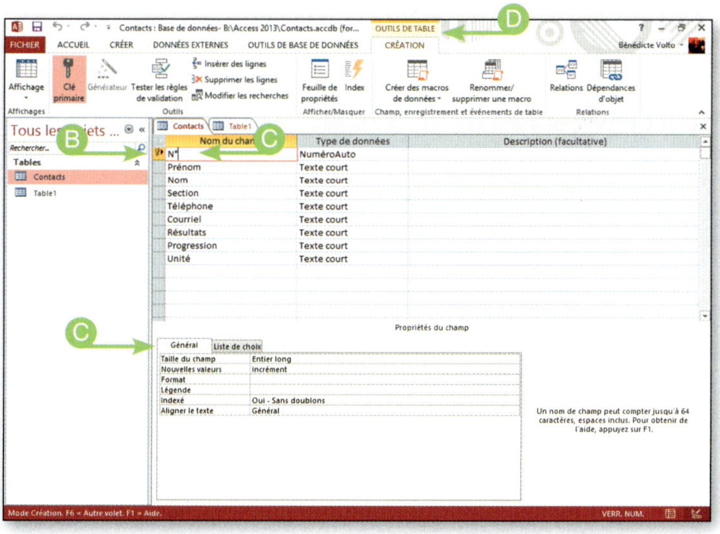

B Access affiche la table en mode Création.

C Les propriétés du champ sélectionné dans la table apparaissent au bas de la fenêtre.

D Access affiche l'onglet Outils de table.

MODIFIEZ L'AFFICHAGE DES TABLES

Tous les objets Access s'affichent en mode Création, mais d'autres modes sont disponibles, selon l'objet sélectionné dans le volet de navigation. Par exemple, les états s'affichent en mode État, Aperçu avant impression, Page et Création.

BASCULEZ EN MODE FEUILLE DE DONNÉES

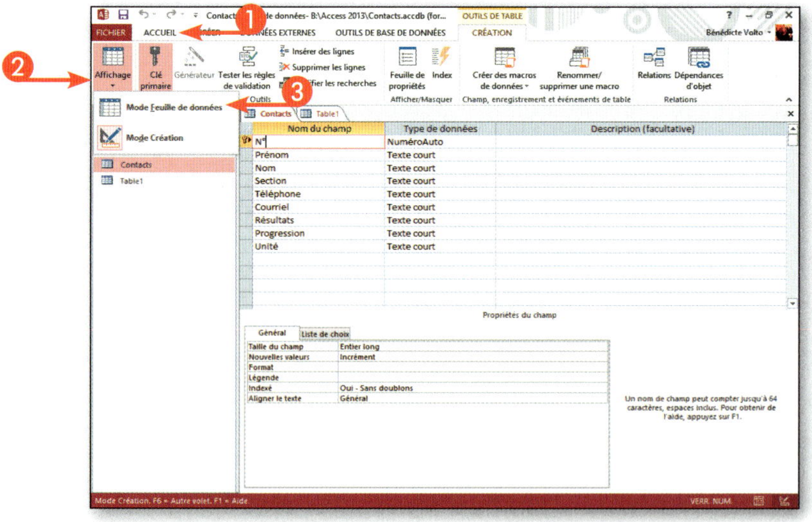

1 Cliquez l'onglet **Accueil**.

2 Cliquez la moitié inférieure du bouton **Affichage**.

3 Cliquez **Mode Feuille de données**.

Note. *Pour basculer rapidement en mode Feuille de données, cliquez la moitié supérieure du bouton* ***Affichage****.*

La section Propriétés du champ permet de modifier le champ. Vous spécifiez par exemple le nombre de caractères que le champ peut contenir ou indiquez si les champs peuvent être laissés vides.

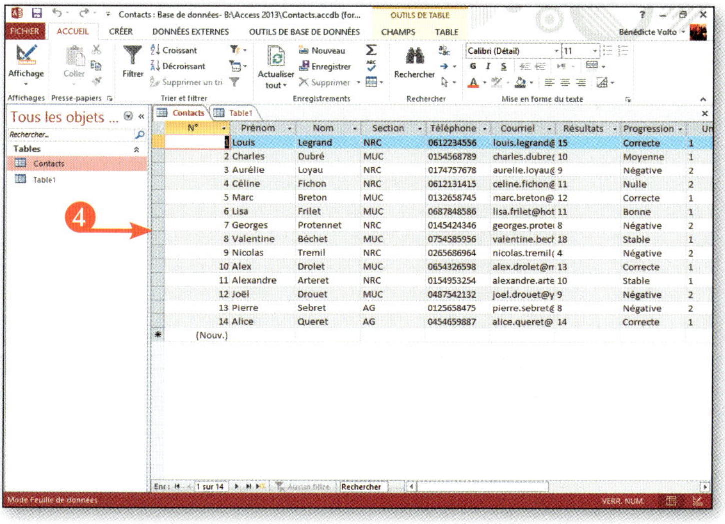

4 Access affiche la table en mode Feuille de données.

Vous ajoutez des champs dans votre table pour placer plus d'informations dans vos enregistrements. Par exemple, vous avez peut-être besoin d'ajouter un champ pour les numéros de téléphone mobile de vos contacts.

AJOUTEZ UN CHAMP DE TABLE

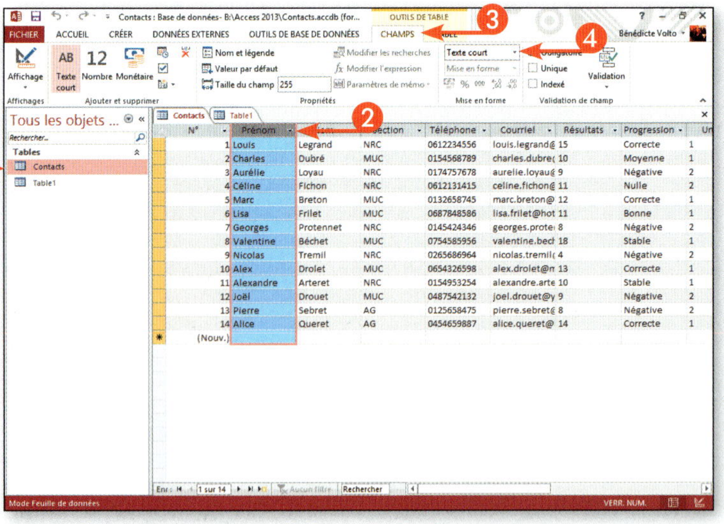

1 En mode Feuille de données, double-cliquez la table dans laquelle vous souhaitez ajouter le champ.

2 Cliquez l'en-tête de colonne où vous souhaitez insérer le nouveau champ.

Note. *Access ajoute le nouveau champ à droite de la colonne sélectionnée.*

3 Cliquez l'onglet **Champs**.

4 Dans le groupe Ajouter et Supprimer, cliquez le bouton pour le type de champ que vous souhaitez ajouter (ici, **Texte court**).

Après avoir ajouté un champ, vous le renommez en double-cliquant son étiquette, en saisissant un nouveau nom puis en appuyant sur Entrée.

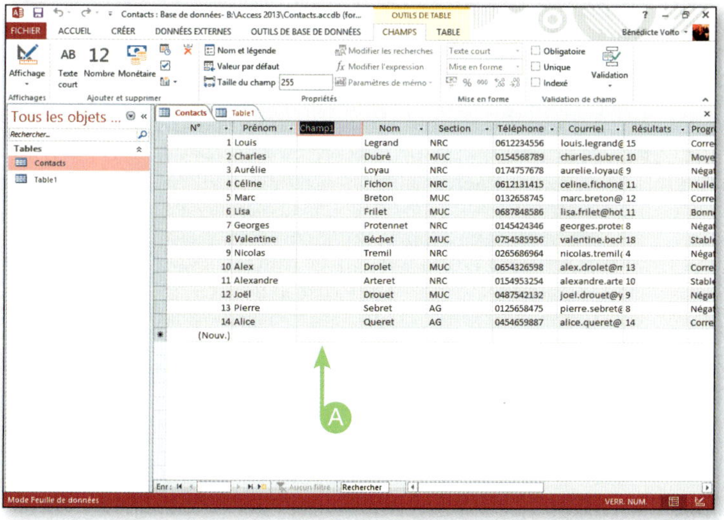

(A) Access ajoute le nouveau champ.

Note. *Comme indiqué ci-dessus, renommez le champ en le double-cliquant, en saisissant un nom et en appuyant sur* Entrée.

SUPPRIMEZ UN CHAMP DE TABLE

Vous pouvez supprimer un champ inutile dans une table. Par exemple, il est inutile de conserver un champ Numéro de page dans une base de données contenant des informations sur des contacts.

SUPPRIMEZ UN CHAMP DE TABLE

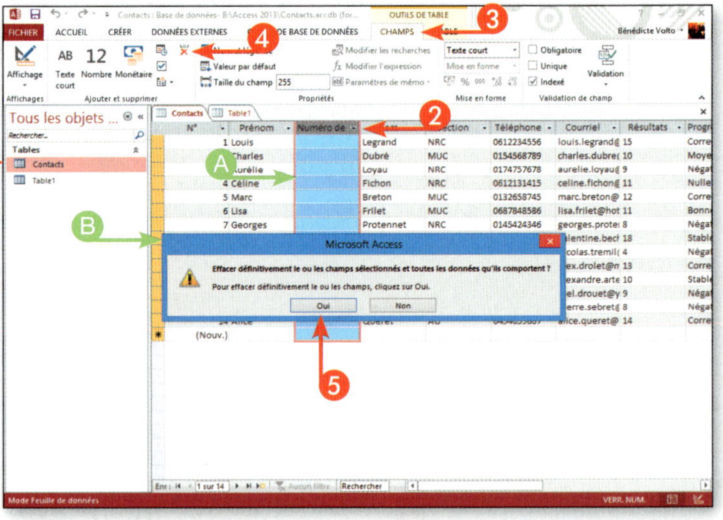

❶ En mode Feuille de données, double-cliquez la table dans laquelle vous souhaitez supprimer le champ.

❷ Cliquez l'en-tête de colonne du champ à supprimer.

Ⓐ Access sélectionne la colonne.

❸ Cliquez l'onglet **Champs**.

❹ Cliquez le bouton **Supprimer**.

Ⓑ Access vous invite à confirmer la suppression.

❺ Cliquez **Oui**.

Access supprime de façon permanente les données du champ dans tous les enregistrements. Si vous souhaitez conserver les informations du champ, masquez ce dernier (voir section « Masquez un champ de table »).

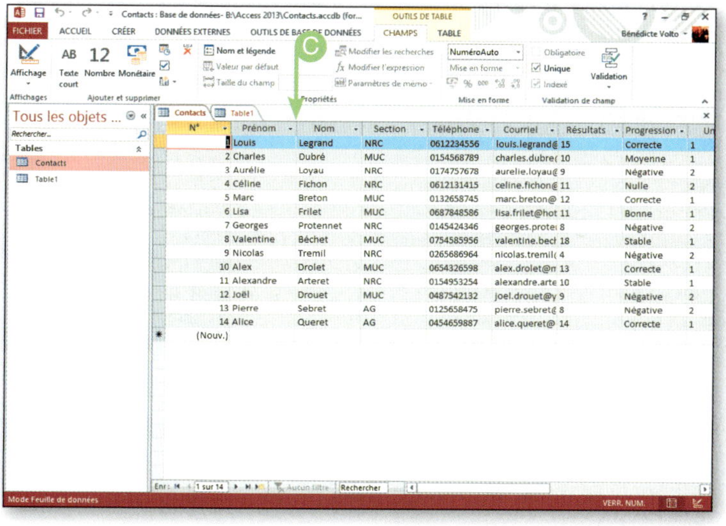

Note. *Si un message vous avertit que la suppression du champ entraîne également celle d'un index, cliquez* ***Oui****.*

Ⓒ Access supprime le champ dans tous les enregistrements de la table.

MASQUEZ UN CHAMP DE TABLE

Masquez un champ de votre table si vous ne voulez pas qu'il apparaisse toujours avec les autres. Par exemple, une table contenant un catalogue de produits pourrait inclure un champ indiquant le pays de fabrication des produits, une information qui n'est pas constamment utile. Vous pouvez également empêcher les autres utilisateurs de l'ordinateur de visionner le champ.

MASQUEZ UN CHAMP DE TABLE

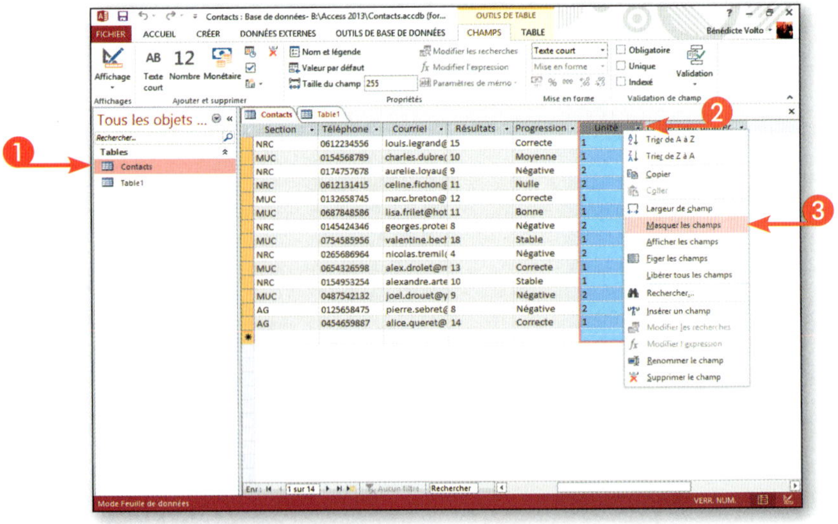

❶ En mode Feuille de données, double-cliquez la table à modifier.

❷ Cliquez du bouton droit l'en-tête de colonne du champ à masquer.

❸ Cliquez **Masquer les champs**.

Quelle qu'en soit la raison, il est très simple de masquer un champ et de l'afficher à nouveau.

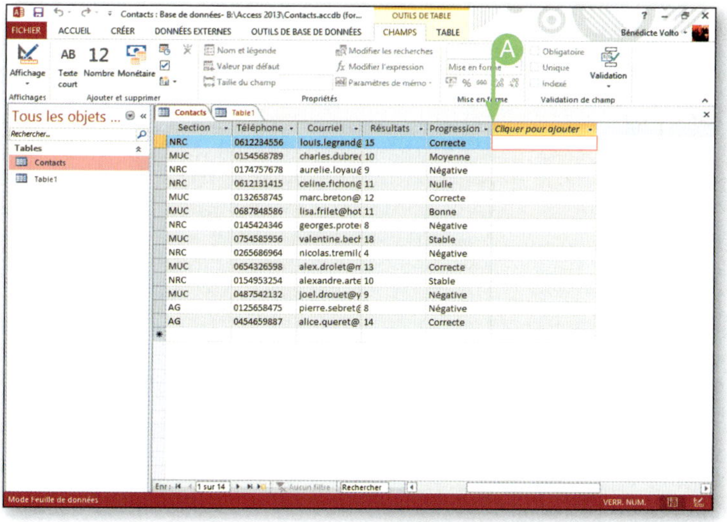

(A) Access masque le champ.

Note. *Pour afficher de nouveau le champ, cliquez du bouton droit un autre champ, puis cliquez* ***Afficher les champs****. Dans la boîte de dialogue, sélectionnez la colonne que vous souhaitez réafficher, puis cliquez* ***OK****.*

DÉPLACEZ UN CHAMP DE TABLE

Vous déplacez un champ de votre table pour réorganiser la manière dont vous souhaitez afficher et saisir les données. Par exemple, vous pouvez déplacer un champ pour qu'il apparaisse avant un autre champ et que cela corresponde à votre manière de saisir les données.

DÉPLACEZ UN CHAMP DE TABLE

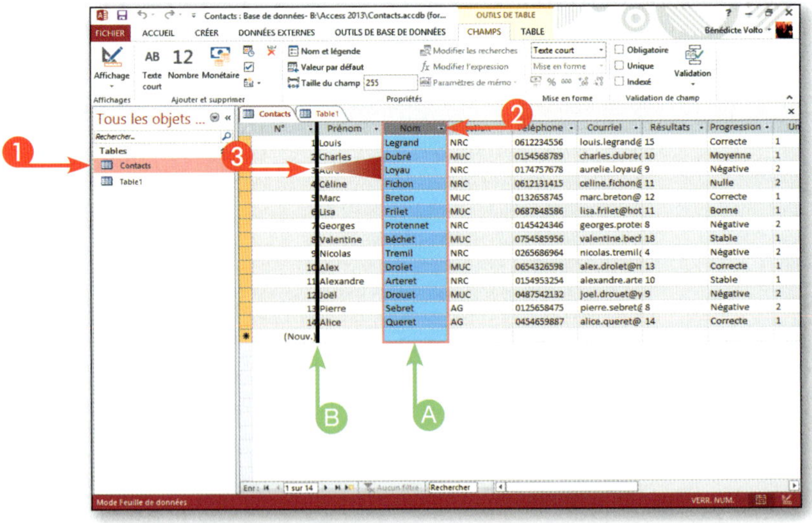

1. En mode Feuille de données, double-cliquez la table à modifier.
2. Cliquez l'en-tête de colonne du champ à déplacer.

A Access sélectionne la colonne.

3. Faites glisser la colonne vers sa nouvelle position dans la table (↖ devient ↖).

B Une ligne verticale indique le nouvel emplacement de la colonne à mesure que vous la faites glisser.

4. Relâchez le bouton de la souris.

Si vous déplacez un champ, vous changez sa position en mode Feuille de données, mais cela ne modifie pas l'ordre des champs en mode Création. Si vous créez un formulaire après avoir déplacé des champs, ceux du formulaire apparaissent à leur emplacement d'origine.

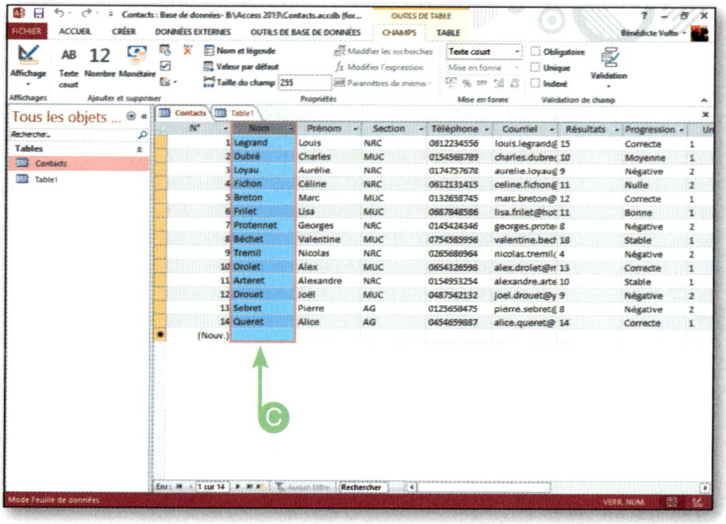

Ⓒ Access déplace le champ à son nouvel emplacement.

CRÉEZ UN FORMULAIRE

L'une des manières de saisir des données dans votre base de données consiste à les saisir directement dans une table. Vous pouvez aussi créer un formulaire qui simplifie la saisie des données. Les champs sont affichés de manière à les lire facilement. Lorsque vous créez un formulaire pour une table, Access insère tous les champs dans le formulaire.

CRÉEZ UN FORMULAIRE

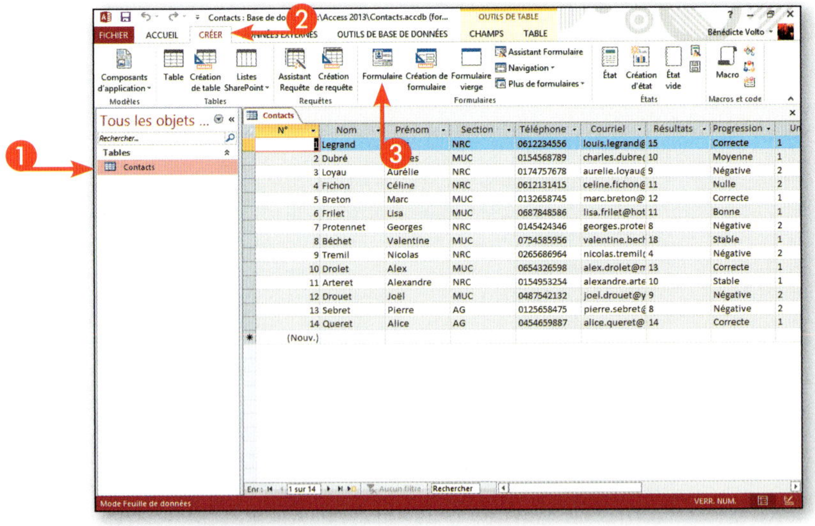

1. En mode Feuille de données, double-cliquez la table à modifier.
2. Cliquez l'onglet **Créer**.
3. Cliquez le bouton **Formulaire**.

Les formulaires permettent d'entrer des enregistrements à l'unité et garantissent la précision des données, en particulier si d'autres utilisateurs ajoutent des informations à votre base de données.

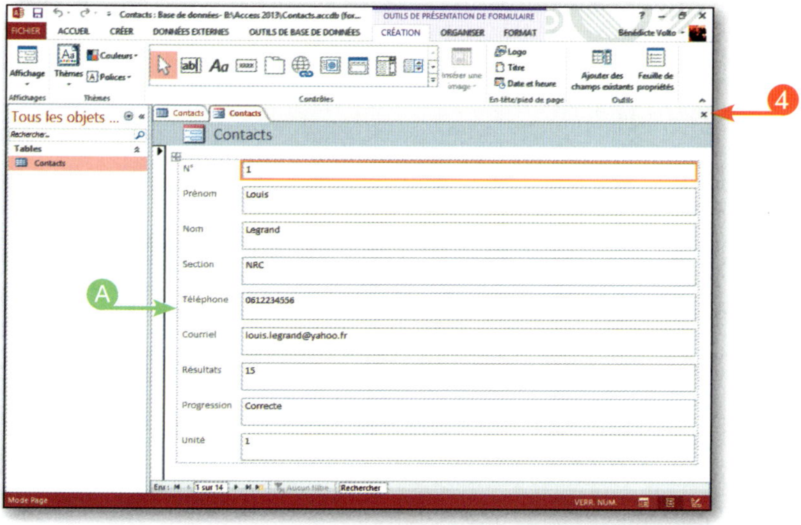

A Access crée le formulaire.

4 Cliquez le bouton **Fermer** (×) pour fermer le formulaire.

Pour supprimer un formulaire, cliquez-le dans le volet de navigation. Appuyez sur Suppr ou cliquez le bouton Supprimer dans l'onglet Accueil, puis Oui à l'invite de confirmation.

CRÉEZ UN FORMULAIRE (SUITE)

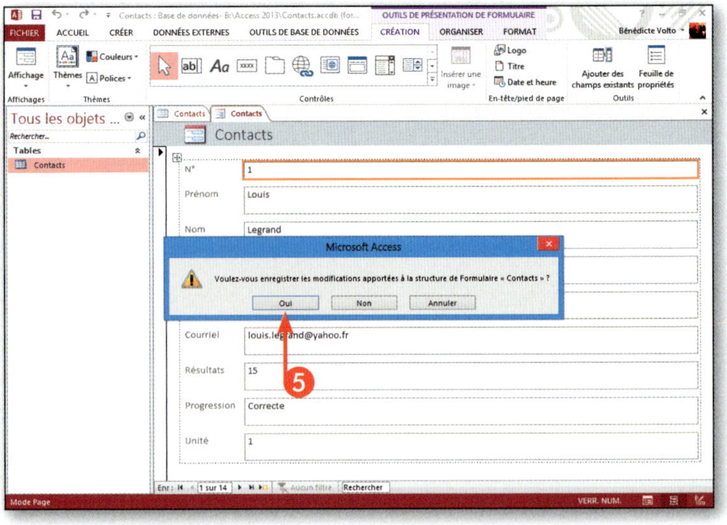

Access vous demande d'enregistrer vos modifications.

5 Cliquez **Oui**.

Pour créer un formulaire vide, dans l'onglet Créer, cliquez le bouton **Formulaire vierge**. Une liste de champs apparaît avec tous les champs de toutes les tables de la base de données. Pour ajouter un champ au formulaire, faites-le glisser de la liste vers le formulaire. Vous pouvez en ajouter autant que nécessaire.

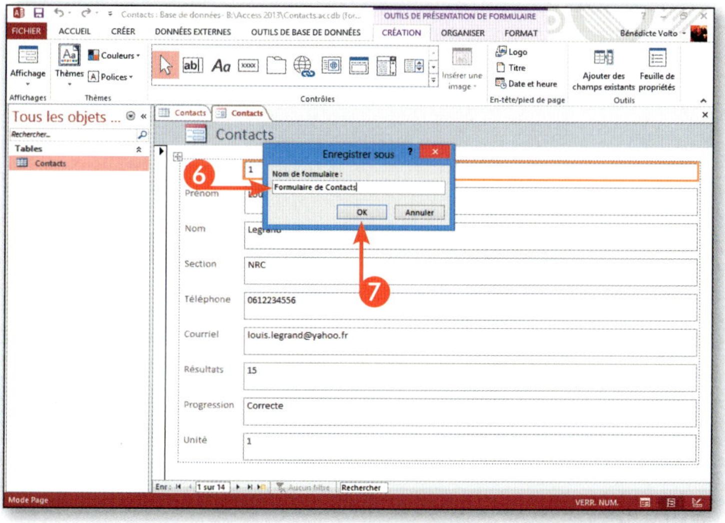

La boîte de dialogue Enregistrer sous s'affiche.

6 Nommez le formulaire.

7 Cliquez **OK**.

Access place le formulaire avec les autres objets dans le volet de navigation.

Note. *Après avoir enregistré le formulaire, vous le rouvrez en le double-cliquant dans le volet de navigation.*

Vous personnalisez votre formulaire en utilisant les modes Formulaire, Création et Page. En mode Formulaire, activé par défaut, vous entrez simplement des données. En mode Création, tous les éléments sont modifiables et vous pouvez changer la zone qui contient les données ainsi que l'étiquette qui les identifie.

BASCULEZ EN MODE CRÉATION

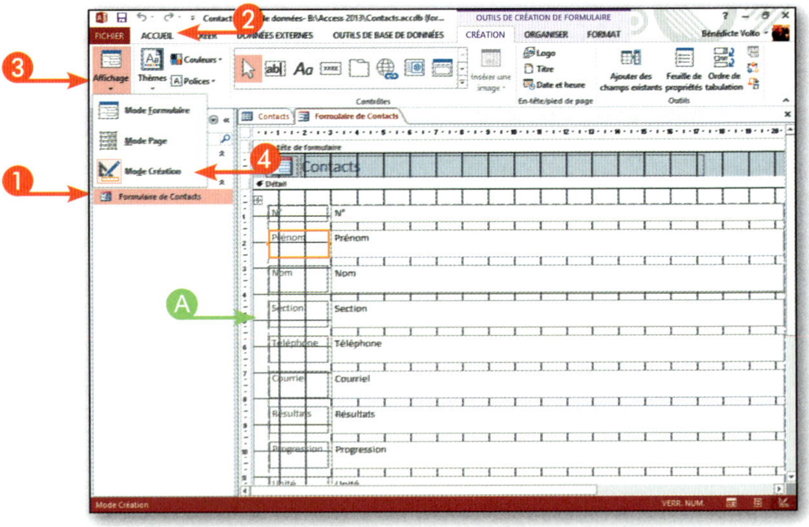

❶ En mode Formulaire, double-cliquez le formulaire à modifier.

❷ Cliquez l'onglet **Accueil**.

❸ Cliquez la moitié inférieure du bouton **Affichage**.

❹ Cliquez **Mode Création**.

Ⓐ Access affiche le formulaire en mode Création.

En mode Page, vous organisez les éléments du formulaire et vous modifiez leur taille.

BASCULEZ EN MODE PAGE

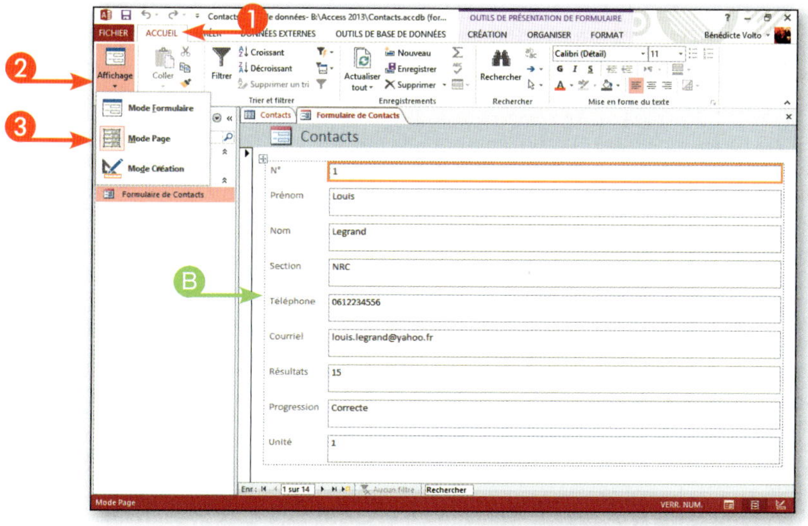

1 Cliquez l'onglet **Accueil**.

2 Cliquez la moitié inférieure du bouton **Affichage**.

3 Cliquez **Mode Page**.

B Access affiche le formulaire en mode Page.

Pour revenir au mode Formulaire, cliquez la moitié inférieure du bouton Affichage, puis **Mode Formulaire**.

DÉPLACEZ UN CHAMP DE FORMULAIRE

Vous pouvez déplacer un champ à un autre emplacement de votre formulaire. Lorsque vous sélectionnez une étiquette, Access ne sélectionne rien d'autre. Vous devez donc sélectionner l'étiquette et le contenu du champ si vous voulez les déplacer simultanément.

DÉPLACEZ UN CHAMP DE FORMULAIRE

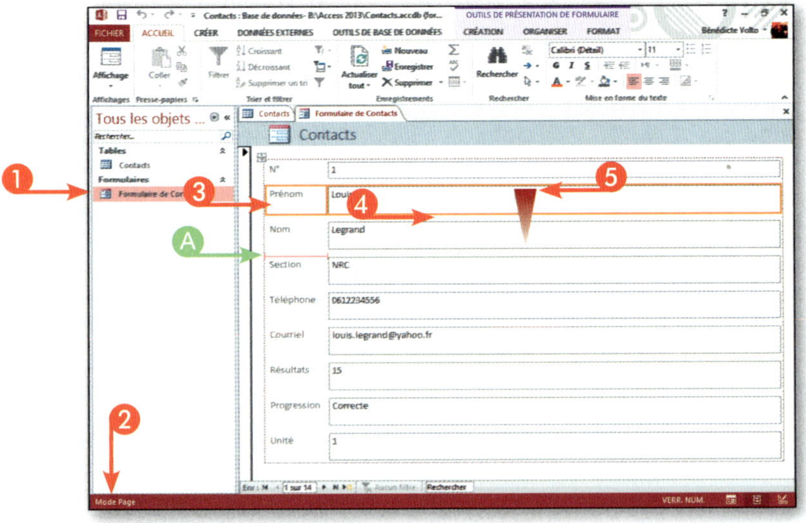

1 En mode Formulaire, double-cliquez le formulaire à modifier.

2 Basculez en mode Page (voir section précédente).

3 Cliquez l'étiquette du champ à déplacer (↖ devient ✥).

4 Cliquez le contenu du champ en maintenant enfoncée la touche Ctrl.

5 Faites glisser le champ vers sa nouvelle position dans le formulaire.

A Access vous propose un emplacement identifiable par ce symbole.

Même s'il est possible de déplacer un champ en mode Création, il est plus facile d'effectuer les modifications en mode Page.

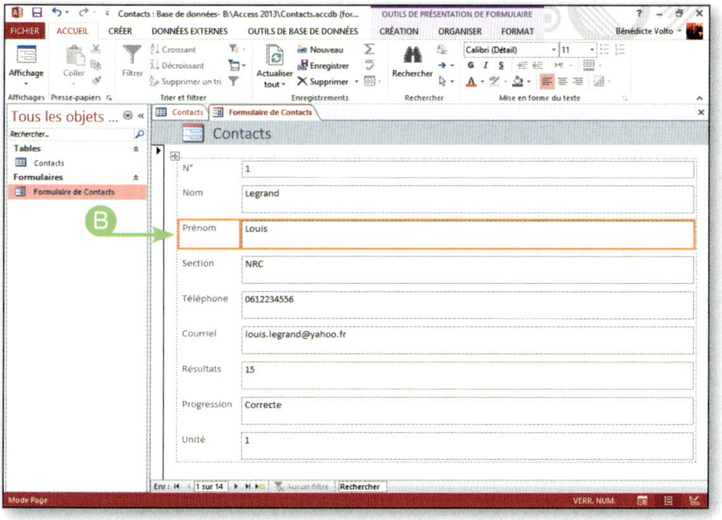

B Access déplace le champ à son nouvel emplacement.

SUPPRIMEZ UN CHAMP DE FORMULAIRE

Vous supprimez un champ qui n'est plus nécessaire dans un formulaire. Vous devez alors supprimer à la fois la zone du champ et l'étiquette. Il est plus simple de supprimer un champ en mode Page.

SUPPRIMEZ UN CHAMP DE FORMULAIRE

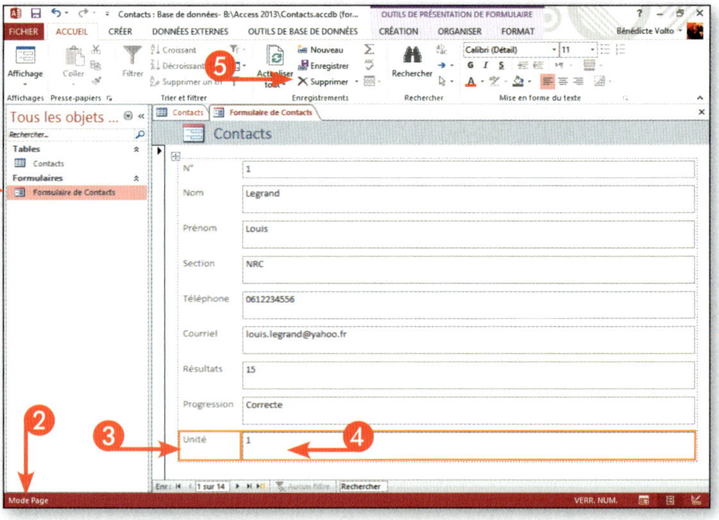

1 En mode Formulaire, double-cliquez le formulaire à modifier.

2 Basculez en mode Page (voir section « Modifiez l'affichage des formulaires »).

3 Cliquez l'étiquette du champ à supprimer (↖ devient ✥).

4 Cliquez le contenu du champ en maintenant enfoncée la touche Ctrl.

5 Appuyez sur Suppr ou cliquez le bouton **Supprimer** de l'onglet Accueil.

Lorsque vous supprimez un champ du formulaire, vous ne le supprimez pas de la table d'où il provient.

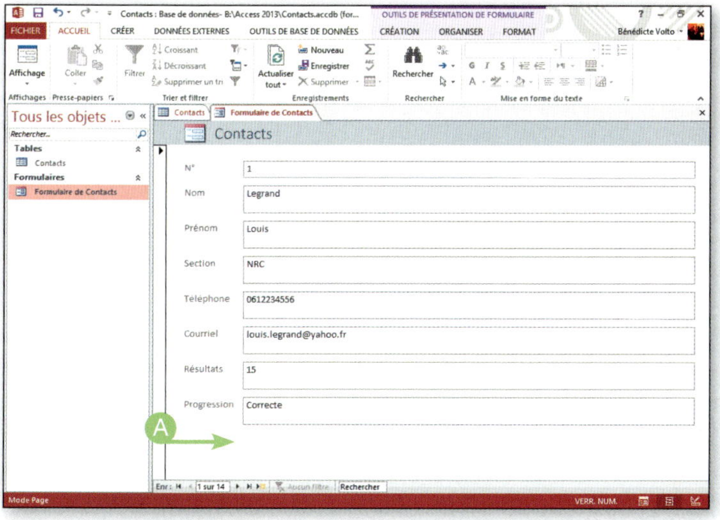

A Access supprime le champ et l'étiquette du formulaire.

METTEZ EN FORME LES CHAMPS D'UN FORMULAIRE

Pour modifier l'aspect de votre formulaire, vous appliquez une mise en forme aux champs, pour attirer l'attention sur eux et faciliter la saisie. Vous pouvez aussi changer la police et la couleur des étiquettes ou encore les agrandir.

METTEZ EN FORME LES CHAMPS D'UN FORMULAIRE

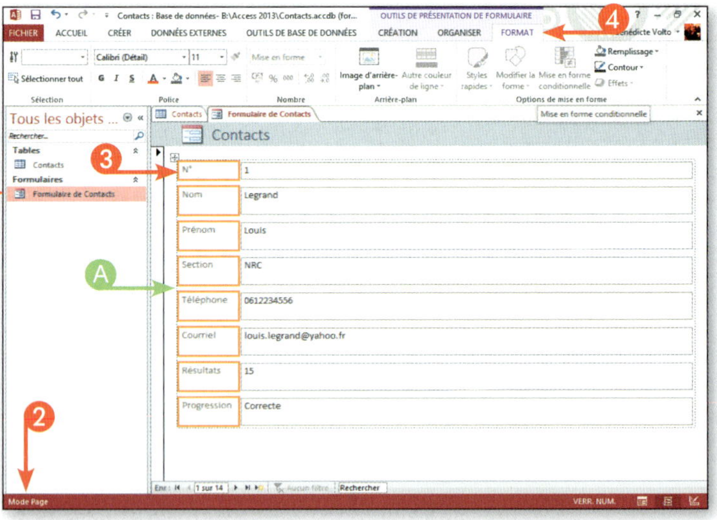

1 En mode Formulaire, double-cliquez le formulaire à modifier.

2 Basculez en mode Page (voir section « Modifiez l'affichage des formulaires »).

3 Cliquez le champ à mettre en forme afin de le sélectionner.

A Pour sélectionner plusieurs champs, maintenez enfoncée la touche Ctrl lorsque vous cliquez les champs.

4 Cliquez l'onglet **Format**.

Les modifications applicables aux champs de formulaires sont les mêmes que celles qui s'appliquent dans les documents Word, présentations PowerPoint, messages Outlook et cellules Excel.

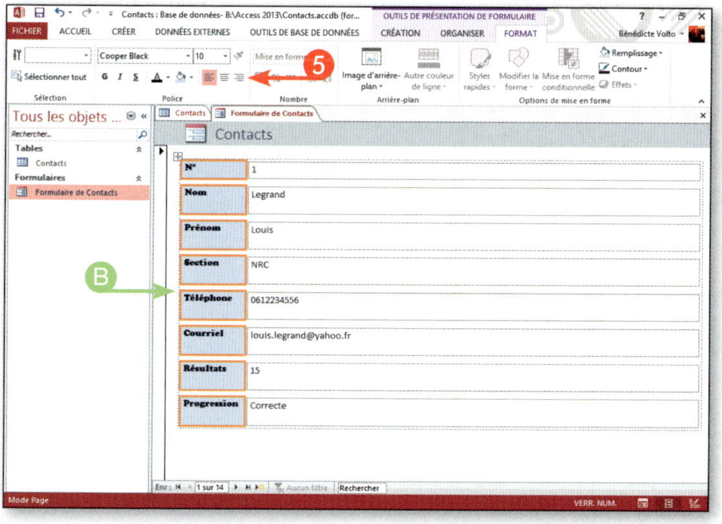

5 Utilisez les outils suivants pour modifier la mise en forme des champs :

Cliquez **Police** ▼ et choisissez une police.

Cliquez **Taille de police** ▼, puis choisissez une taille.

Cliquez ▼ à droite du bouton **Couleur de police** (A ▾) et choisissez une couleur dans la palette qui s'affiche.

Cliquez ▼ à droite du bouton **Couleur d'arrière-plan** (▾) et choisissez une couleur dans la palette qui s'affiche.

B Access met en forme le texte des champs sélectionnés.

AJOUTEZ UN ENREGISTREMENT DANS UNE TABLE

Vous commencez à construire votre base de données en ajoutant des enregistrements. Tous les nouveaux enregistrements que vous ajoutez apparaissent à la fin de la table. À mesure que votre table augmente, vous utilisez les boutons de navigation du clavier pour la parcourir. Appuyez sur la touche Tab pour vous déplacer d'une cellule à l'autre ou sur les touches fléchées du clavier. Pour retourner à la cellule précédente, appuyez sur Maj + Tab.

AJOUTEZ UN ENREGISTREMENT DANS UNE TABLE

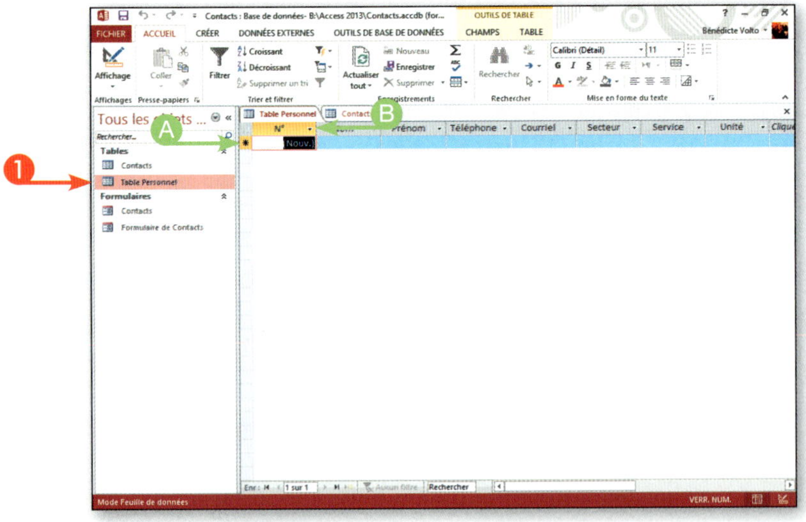

1 Dans le volet de navigation, double-cliquez la table dans laquelle vous souhaitez ajouter l'enregistrement.

A Access ouvre la table et place le curseur dans la première cellule de la première ligne vide.

B Par défaut, le premier champ de chacune des tables est un champ d'identification contenant un numéro unique. Cette valeur est placée automatiquement.

Les enregistrements des tables se modifient en mode Feuille de données.

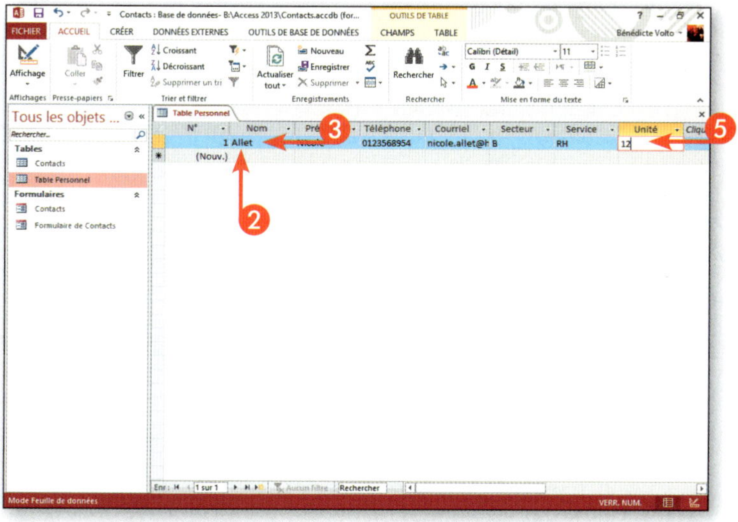

❷ Cliquez dans la deuxième cellule de la première ligne vide.

❸ Saisissez les données souhaitées dans la cellule sélectionnée.

❹ Appuyez sur Tab.

Access inscrit le numéro d'identification et ajoute l'enregistrement.

❺ Répétez les étapes **3** et **4** pour remplir la totalité de la ligne.

❻ Appuyez sur Tab ou sur Entrée pour aller à la ligne, ou sur l'enregistrement suivant.

AJOUTEZ UN ENREGISTREMENT DANS UNE TABLE

Une clé primaire sert à identifier chaque enregistrement de manière unique dans une table. Il s'agit généralement par défaut du champ numéroté, créé automatiquement, qui ordonne les enregistrements entrés dans la base de données.

AJOUTEZ UN ENREGISTREMENT DANS UNE TABLE (SUITE)

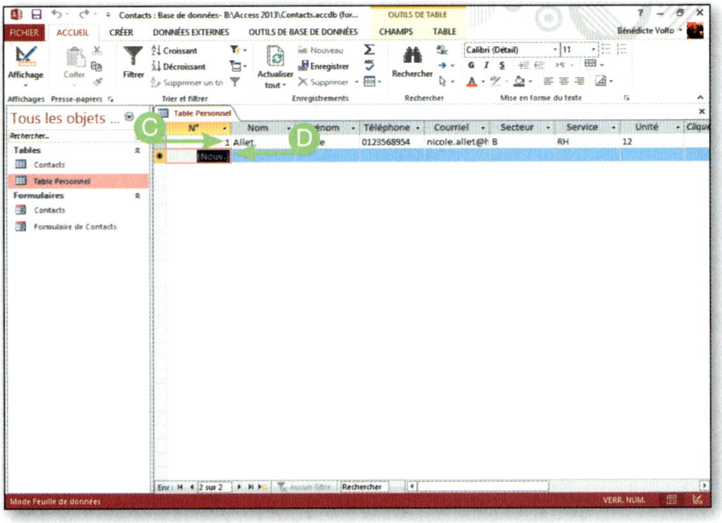

Ⓒ Access ajoute le nouvel enregistrement.

Ⓓ Access déplace le curseur dans la première cellule de la colonne suivante.

Pour désigner un autre champ (ou plusieurs) comme clé primaire, basculez en mode Création, sélectionnez le champ approprié et cliquez le bouton **Clé primaire** dans l'onglet Création.

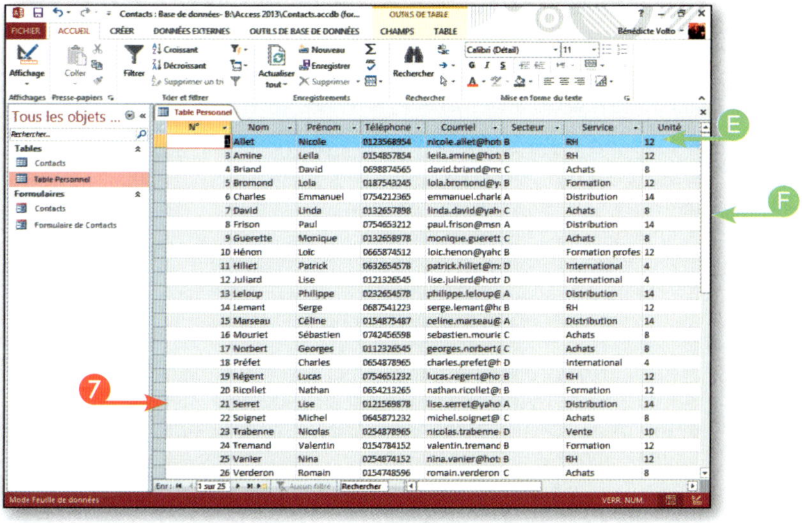

7 Répétez les étapes **3** à **6** pour ajouter d'autres enregistrements à votre table.

E Vous pouvez redimensionner une colonne en faisant glisser le bord gauche ou droit.

F Vous pouvez utiliser les barres de défilement pour afficher différentes parties de la table.

AJOUTEZ UN ENREGISTREMENT À UN FORMULAIRE

Vous utilisez les formulaires pour ajouter rapidement des enregistrements à vos bases de données Access. Les formulaires présentent vos enregistrements dans un format simple à lire et chaque champ de votre table possède une zone de saisie.

AJOUTEZ UN ENREGISTREMENT À UN FORMULAIRE

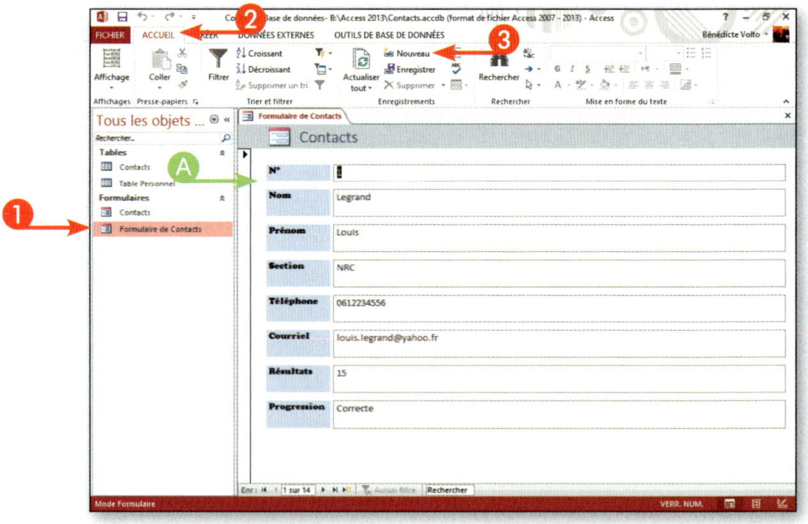

❶ Dans le volet de navigation, double-cliquez le formulaire que vous souhaitez utiliser pour ajouter un enregistrement.

Ⓐ Access ouvre le formulaire.

❷ Cliquez l'onglet **Accueil**.

❸ Cliquez le bouton **Nouveau** dans le groupe Enregistrements.

Pour localiser et modifier un enregistrement particulier dans la fenêtre du formulaire, reportez-vous à la section « Parcourez les enregistrements d'un formulaire ».

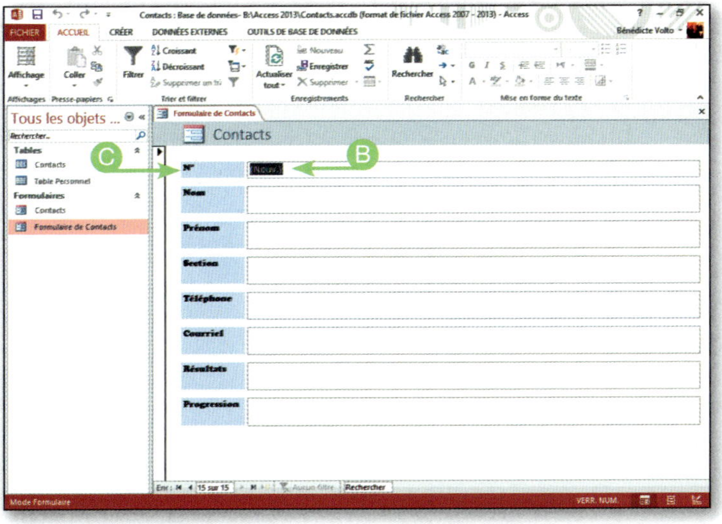

B Access ouvre un formulaire vide et place le curseur dans la première cellule du premier champ.

C Par défaut, le premier champ de chacune des tables est un champ d'identification contenant un numéro unique. Cette valeur est placée automatiquement.

4 Appuyez sur Tab.

AJOUTEZ UN ENREGISTREMENT À UN FORMULAIRE

Pour modifier un enregistrement, ouvrez le formulaire et affichez l'enregistrement à modifier en y effectuant directement les changements. Lorsque vous enregistrez vos modifications, Access met automatiquement à jour les informations de votre table. Pour savoir comment afficher un enregistrement, consultez la section « Parcourez les enregistrements d'un formulaire ».

AJOUTEZ UN ENREGISTREMENT À UN FORMULAIRE (SUITE)

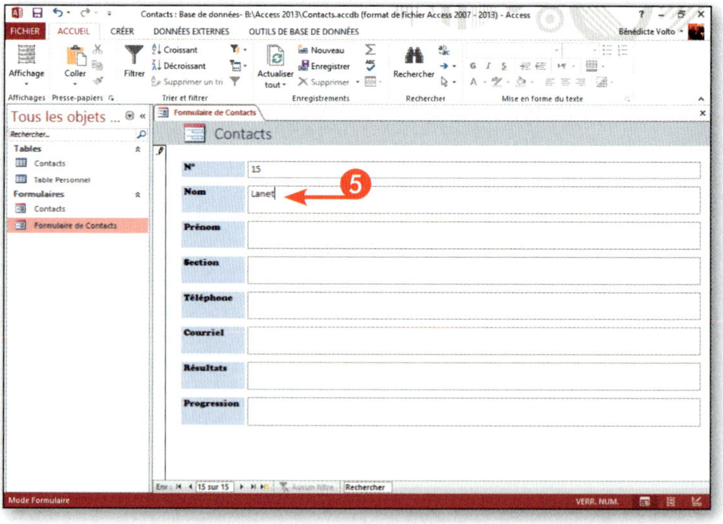

Access déplace le curseur dans la cellule suivante de la ligne.

5 Saisissez les données souhaitées dans la cellule sélectionnée.

6 Appuyez sur Tab.

Pour ajouter un nouvel enregistrement, vous pouvez également cliquer le bouton **Nouvel enregistrement (vide)** (▶✳), situé sur la barre de navigation au bas de la fenêtre du formulaire.

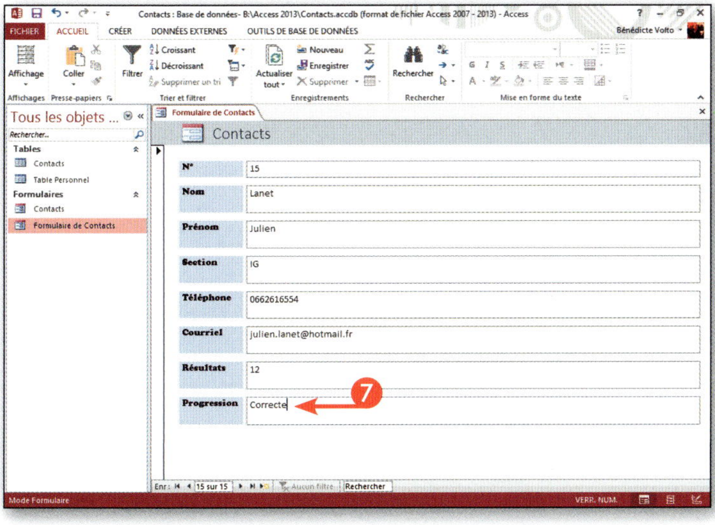

Access déplace le curseur dans le champ suivant du formulaire.

7 Répétez les étapes **5** et **6** pour remplir la totalité du formulaire.

8 Appuyez sur Entrée ou sur Tab.

Access affiche un nouvel enregistrement vide, prêt pour la saisie.

D Pour fermer la fenêtre, cliquez le bouton **Fermer** (×).

PARCOUREZ LES ENREGISTREMENTS D'UN FORMULAIRE

Vous pouvez trouver plus facile de lire ou modifier des enregistrements en mode Formulaire plutôt que de regarder une grande table contenant d'autres enregistrements. Dans un formulaire, vous pouvez vous déplacer dans les enregistrements de votre table.

PARCOUREZ LES ENREGISTREMENTS D'UN FORMULAIRE

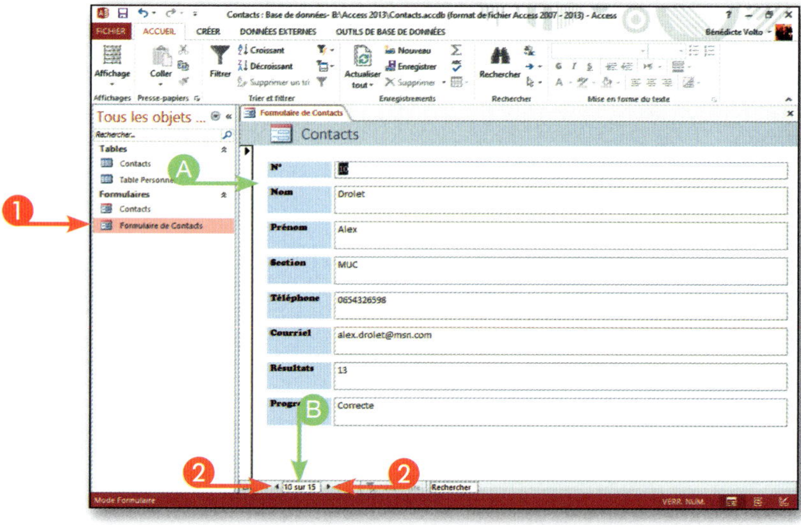

1 Dans le volet de navigation, double-cliquez le formulaire contenant les enregistrements que vous souhaitez parcourir.

A Access affiche le formulaire.

B La zone Enregistrement actuel indique l'enregistrement affiché.

2 Cliquez les boutons **Enregistrement précédent** (◂) ou **Enregistrement suivant** (▸) pour reculer ou avancer d'un enregistrement.

La fenêtre de navigation contient une barre de navigation qui donne accès aux différents enregistrements de votre base de données et qui comporte un champ Rechercher pour localiser un enregistrement spécifique.

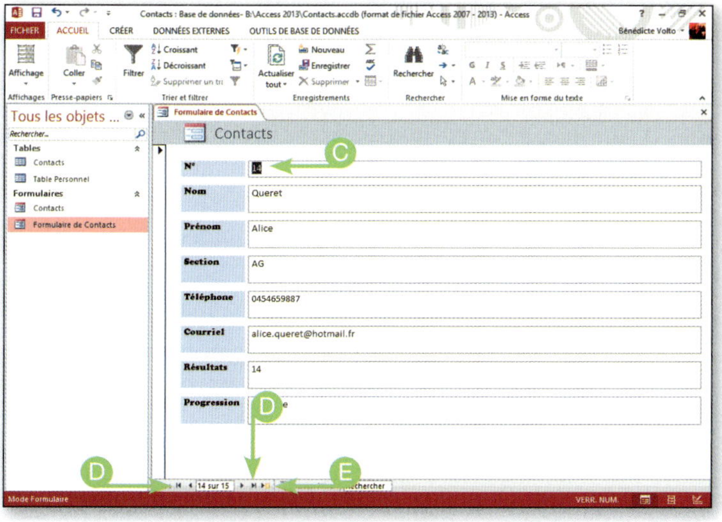

C Access affiche l'enregistrement précédent ou suivant de la base de données.

D Cliquez les boutons **Premier enregistrement** (⏮) ou **Dernier enregistrement** (⏭) pour naviguer vers les enregistrements correspondants.

E Cliquez **Nouvel enregistrement** (▶✱) pour afficher un nouvel enregistrement vide.

RECHERCHEZ UN ENREGISTREMENT DANS UN FORMULAIRE

Même si vous avez la possibilité de naviguer dans les enregistrements d'un formulaire en utilisant les différents boutons de navigation, cette méthode peut-être longue si le formulaire contient de nombreux enregistrements.

RECHERCHEZ UN ENREGISTREMENT DANS UN FORMULAIRE

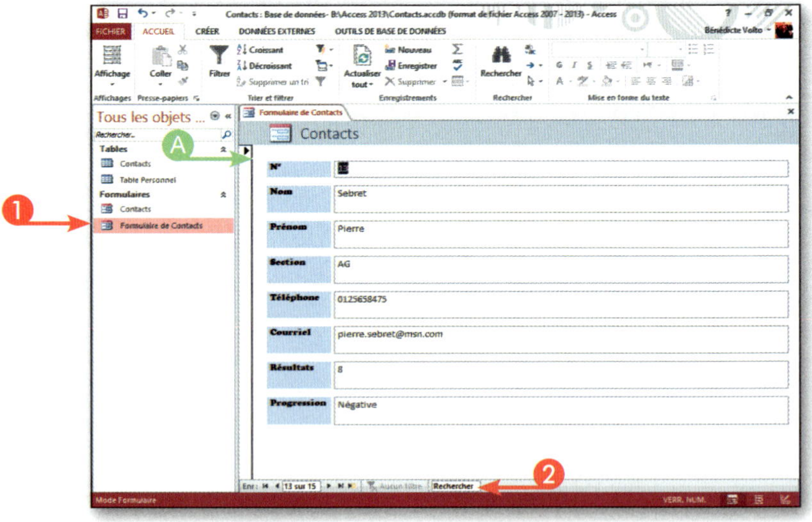

1 Dans le volet de navigation, double-cliquez le formulaire contenant les enregistrements que vous souhaitez parcourir.

A Access affiche le formulaire.

2 Cliquez le champ **Rechercher**.

Il est alors plus simple d'utiliser la fonction de recherche d'Access.

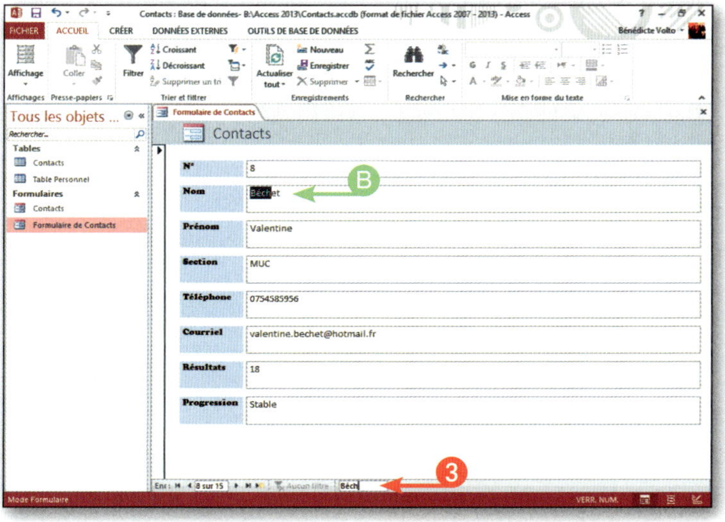

3 Saisissez un mot-clé qui se rapporte à l'enregistrement que vous recherchez (ici, le nom de la personne).

B À mesure que vous saisissez, Access affiche les enregistrements correspondants.

4 Une fois le mot-clé tapé, appuyez sur **Entrée** pour afficher l'enregistrement correspondant suivant, le cas échéant.

SUPPRIMEZ UN ENREGISTREMENT D'UNE TABLE

Vous supprimez un enregistrement de votre base de données s'il contient des données devenues inutiles. En supprimant les anciens enregistrements, vous réduirez la taille de votre base de données et en faciliterez la gestion.

SUPPRIMEZ UN ENREGISTREMENT D'UNE TABLE

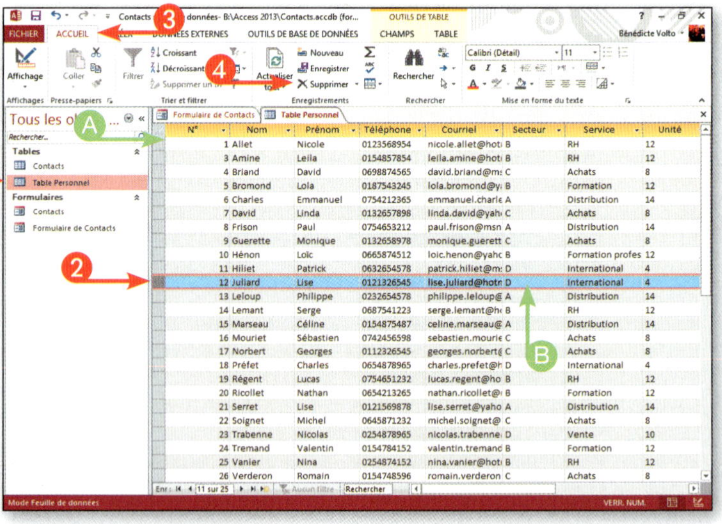

❶ Dans le volet de navigation, double-cliquez la table contenant l'enregistrement à supprimer.

Ⓐ Access ouvre la table.

❷ Placez le pointeur de la souris sur la zone grise à gauche de l'enregistrement à supprimer (↖ devient ➡), puis cliquez.

Ⓑ L'enregistrement est sélectionné.

❸ Cliquez l'onglet **Accueil**.

❹ Cliquez le bouton **Supprimer** dans le groupe Enregistrements.

Note. *Vous pouvez également cliquer du bouton droit l'enregistrement, puis cliquer* ***Supprimer l'enregistrement****.*

Lorsque vous supprimez un enregistrement, toutes les données contenues dans les champs sont définitivement supprimées.

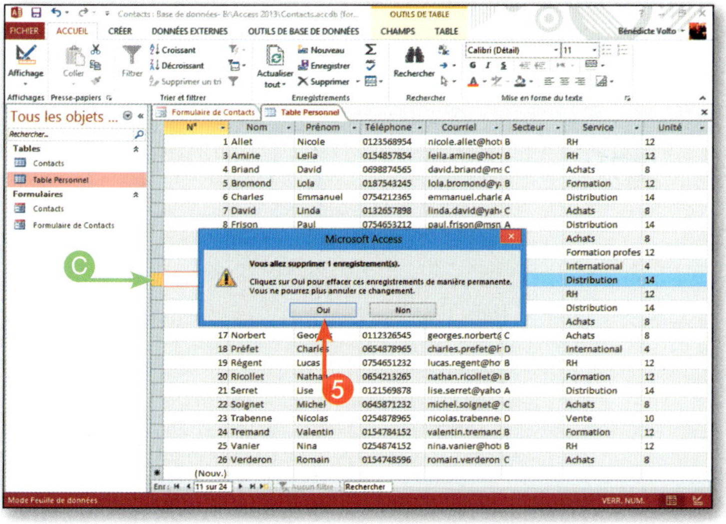

Access affiche une alerte à propos de la suppression.

5 Cliquez **Oui**.

C Access supprime définitivement l'enregistrement.

SUPPRIMEZ UN ENREGISTREMENT D'UN FORMULAIRE

En plus de pouvoir supprimer les enregistrements directement à partir d'une table, vous pouvez aussi les supprimer en utilisant un formulaire. En supprimant les anciens enregistrements, vous réduisez la taille totale du fichier de la base de données, ce qui en facilite la gestion. Lorsque vous supprimez un enregistrement, que ce soit à partir d'une table ou d'un formulaire, toutes les données des champs sont supprimées définitivement.

SUPPRIMEZ UN ENREGISTREMENT D'UN FORMULAIRE

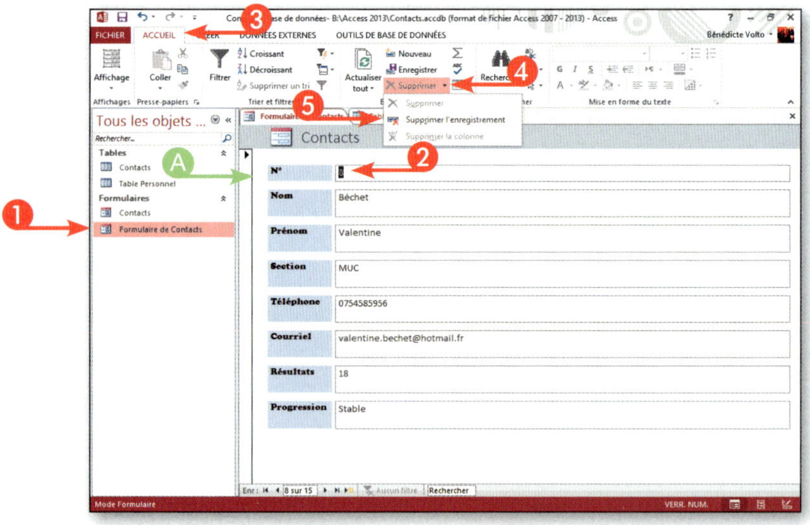

❶ Dans le volet de navigation, double-cliquez le formulaire contenant l'enregistrement que vous souhaitez supprimer.

Ⓐ Access affiche le formulaire.

❷ Naviguez jusqu'à l'enregistrement à supprimer.

❸ Cliquez l'onglet **Accueil**.

❹ Cliquez le bouton **Supprimer** ▼.

❺ Cliquez **Supprimer l'enregistrement**.

Commencez par localiser l'enregistrement à supprimer. Pour ce faire, reportez-vous aux sections « Parcourez les enregistrements d'un formulaire » et « Recherchez un enregistrement dans un formulaire ».

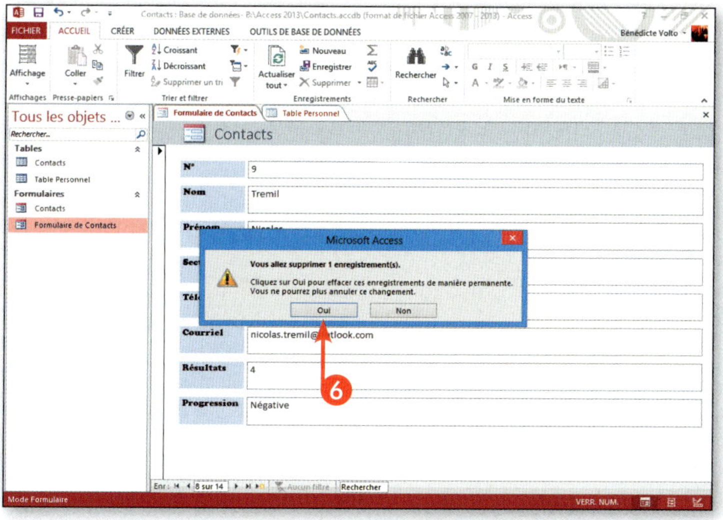

Access affiche une alerte à propos de la suppression.

6 Cliquez **Oui**.

Access supprime définitivement l'enregistrement.

TRIEZ LES ENREGISTREMENTS

En triant les enregistrements, vous organisez votre base de données dans un ordre logique qui correspond à des critères spécifiques. Par exemple, s'il s'agit d'une base de données de contacts, vous pouvez les trier par code postal. Vous effectuez le tri dans un ordre croissant ou décroissant.

TRIEZ UNE TABLE

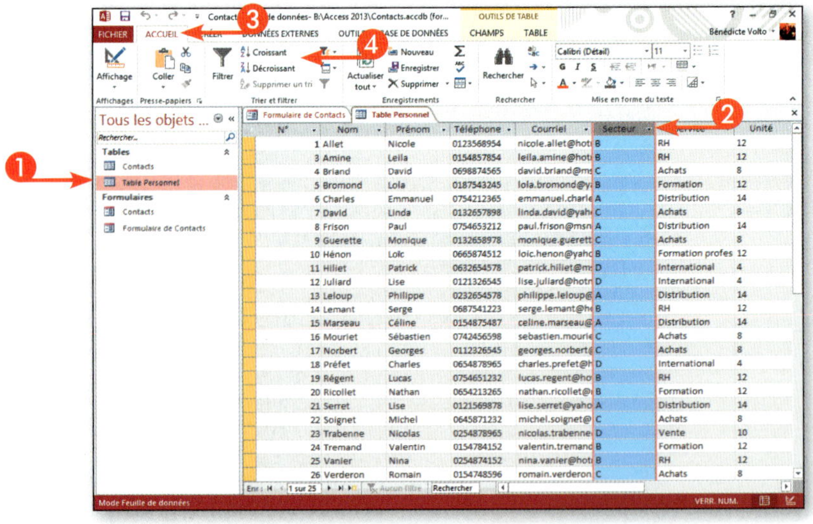

❶ Ouvrez la table que vous souhaitez trier.

❷ Placez le pointeur de la souris sur l'en-tête de colonne du champ avec lequel vous souhaitez effectuer le tri (⇱ devient ⬇), puis cliquez.

❸ Cliquez l'onglet **Accueil**.

❹ Cliquez un bouton de tri :

Cliquez **Croissant** pour trier les enregistrements dans l'ordre croissant.

Cliquez **Décroissant** pour trier les enregistrements dans l'ordre décroissant.

Le tri peut s'effectuer dans une table ou dans un formulaire et n'a aucun effet sur l'ordre dans lequel les enregistrements apparaissent dans un formulaire ou dans une table associés.

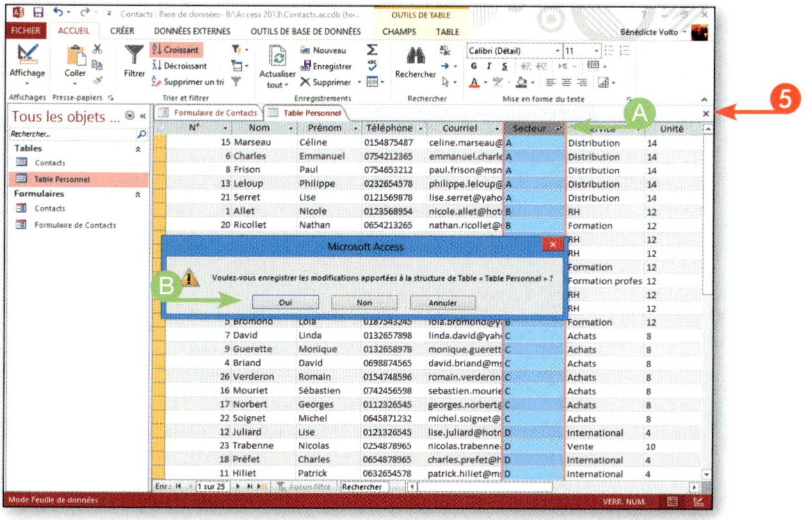

Access trie les enregistrements de la table en fonction du champ que vous avez choisi.

A Dans cet exemple, les enregistrements sont triés sur le secteur dans l'ordre croissant.

5 Cliquez × pour fermer la table.

B Dans la boîte de dialogue qui s'affiche, cliquez **Oui** si vous souhaitez conserver ce tri de façon permanente. Cliquez **Non** pour conserver l'ordre d'origine.

Pour supprimer un tri, cliquez le bouton Supprimer un tri, placé dans le groupe Trier et filtrer de l'onglet Accueil. Cela restaure l'ordre de tri d'origine de la table. Vous pouvez aussi utiliser cette technique pour supprimer un ordre de tri d'une requête ou d'un état (ces deux éléments sont traités par la suite dans ce chapitre).

TRIEZ UN FORMULAIRE

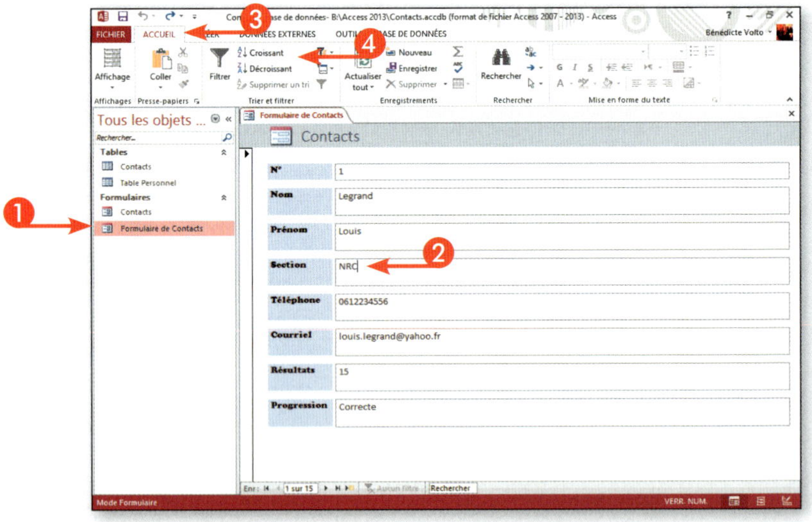

❶ Ouvrez le formulaire que vous souhaitez trier.

❷ Cliquez dans le champ à utiliser pour le tri.

❸ Cliquez l'onglet **Accueil**.

❹ Cliquez un bouton de tri :

Cliquez **Croissant** pour trier les enregistrements dans l'ordre croissant.

Cliquez **Décroissant** pour trier les enregistrements dans l'ordre décroissant.

Si vous choisissez un champ qui comporte des enregistrements vides, ces derniers apparaissent en première position si vous avez défini l'ordre croissant et en dernière position si l'ordre est décroissant.

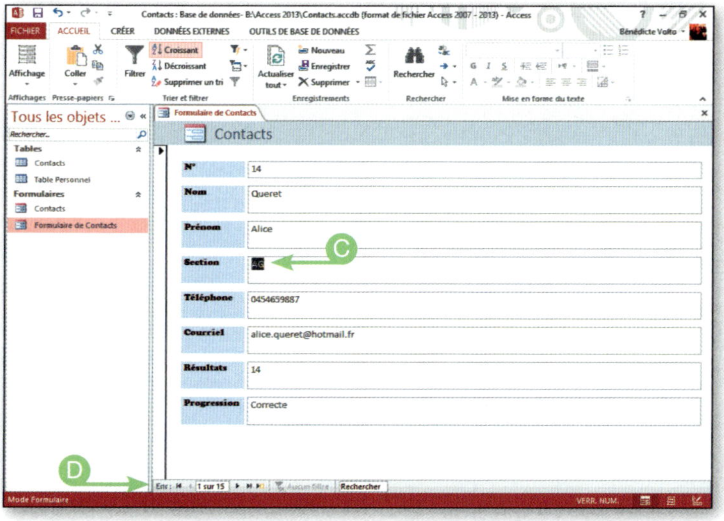

Access trie les enregistrements de la table en fonction du champ que vous avez choisi.

C Dans cet exemple, les enregistrements sont triés sur la section dans l'ordre croissant.

D Utilisez les boutons de navigation pour afficher les enregistrements triés.

FILTREZ LES ENREGISTREMENTS

Vous utilisez un filtre pour afficher uniquement les enregistrements qui correspondent à des critères que vous spécifiez. Par exemple, vous pouvez afficher tous les clients qui ont acheté un produit particulier où toutes les personnes de la base de données, dont l'anniversaire est en juin. Vous pouvez aussi filtrer pour exclure des enregistrements qui ne correspondent pas aux critères spécifiés.

APPLIQUEZ UN FILTRE SIMPLE

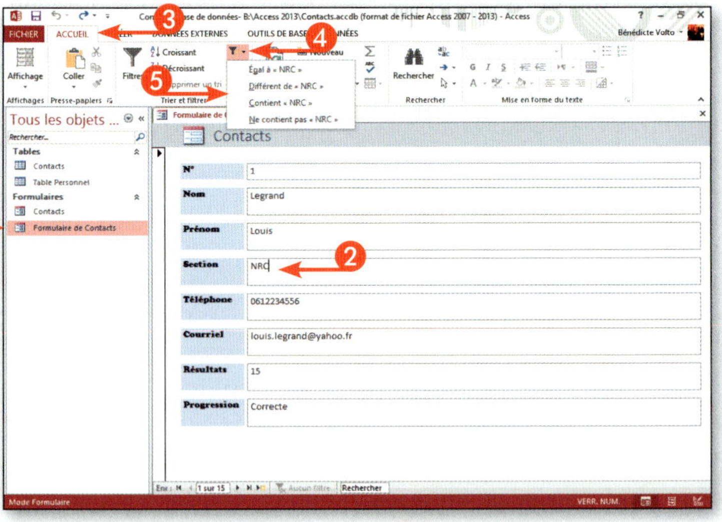

❶ Ouvrez le formulaire à filtrer.

❷ Cliquez dans le champ à utiliser pour le filtre.

❸ Cliquez l'onglet **Accueil**.

❹ Cliquez le bouton **Sélection**.

❺ Cliquez un critère.

Vous pouvez appliquer un filtre simple sur un champ ou filtrer à l'aide de plusieurs champs.

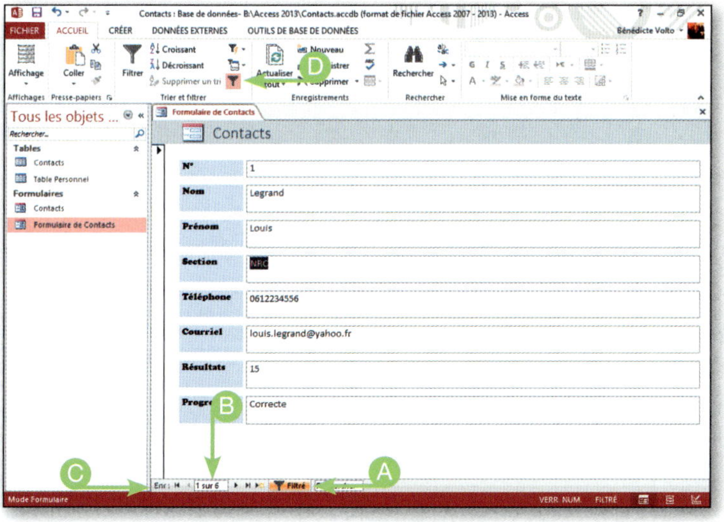

Ⓐ Access filtre les enregistrements.

Ⓑ Dans cet exemple, Access trouve six enregistrements correspondant aux critères.

Ⓒ Utilisez les boutons de navigation pour afficher les enregistrements.

Ⓓ Pour annuler un filtre, cliquez le bouton **Supprimer le filtre**.

FILTREZ LES ENREGISTREMENTS

Le critère OU permet d'afficher des enregistrements qui correspondent au moins à l'un des critères spécifiés. Par exemple, vous pouvez configurer votre filtre pour afficher les enregistrements avec le code postal 75000 ou 06000.

FILTREZ PAR FORMULAIRE

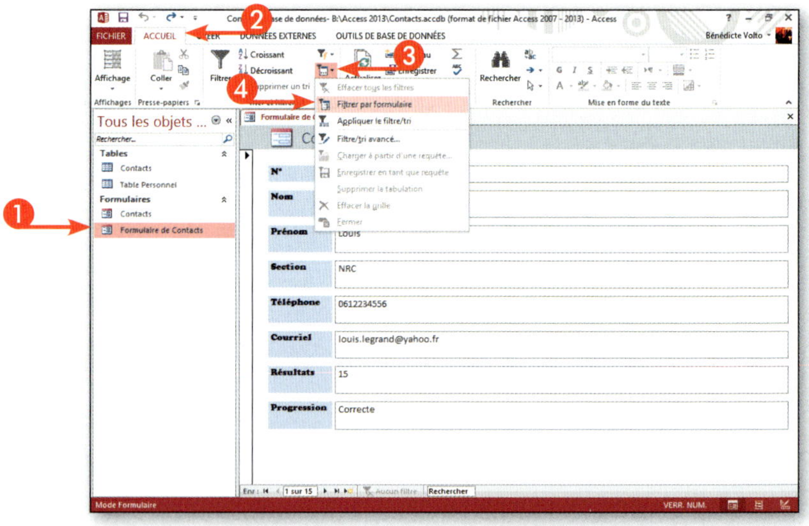

1 Ouvrez le formulaire à filtrer.

2 Cliquez l'onglet **Accueil**.

3 Cliquez le bouton **Options de filtre avancé**.

4 Cliquez **Filtrer par formulaire**.

Pour appliquer un filtre de manière à exclure des champs, cliquez le bouton **Sélection** de l'onglet Accueil, puis choisissez une option d'exclusion.

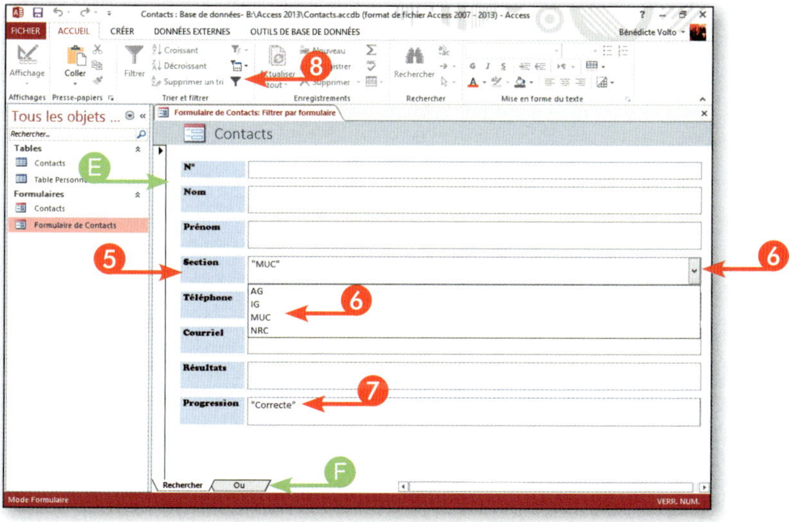

E Un formulaire vide s'affiche.

5 Cliquez dans le champ à utiliser pour le filtre.

6 Cliquez ▾ qui s'affiche et choisissez un critère.

7 Répétez les étapes **5** et **6** pour ajouter d'autres critères.

F Vous pouvez créer un critère OU en utilisant les onglets au bas du formulaire.

8 Cliquez le bouton **Appliquer le filtre**.

Pour supprimer le filtre, cliquez de nouveau le bouton **Appliquer le filtre** (devenu Supprimer le filtre). Ensuite, cliquez **Avancé**, puis **Effacer tous les filtres**.

EFFECTUEZ UNE REQUÊTE

Vous utilisez une requête pour extraire des informations d'une base de données. Les requêtes sont similaires aux filtres, mais elles offrent un meilleur contrôle en ce qui concerne l'affichage des enregistrements. Utilisez l'Assistant Requête pour vous aider à sélectionner les champs que vous souhaitez utiliser.

EFFECTUEZ UNE REQUÊTE

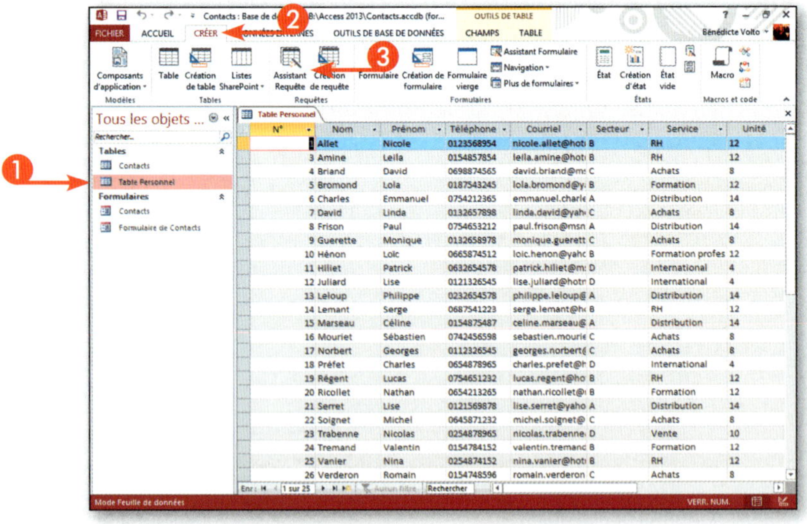

1 Ouvrez la table à utiliser pour la requête simple.

2 Cliquez l'onglet **Créer**.

3 Cliquez le bouton **Assistant Requête**.

Les requêtes permettent en outre d'obtenir des informations provenant de plusieurs tables, pour réaliser, par exemple, un publipostage, mais cette procédure dépasse la portée de ce livre.

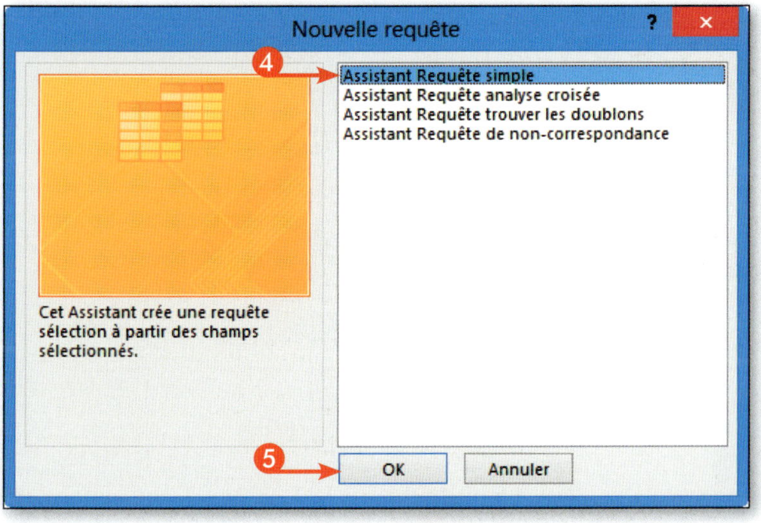

La boîte de dialogue Nouvelle requête s'affiche.

4 Cliquez **Assistant requête simple**.

5 Cliquez **OK**.

EFFECTUEZ UNE REQUÊTE

Les relations entre les tables vous permettent de combiner des informations. Par exemple, vous pouvez définir une relation entre une table contenant des informations des clients et une autre table contenant des commandes de clients. Vous pouvez ensuite créer une requête pour lister les clients ayant commandé un produit précis.

EFFECTUEZ UNE REQUÊTE (SUITE)

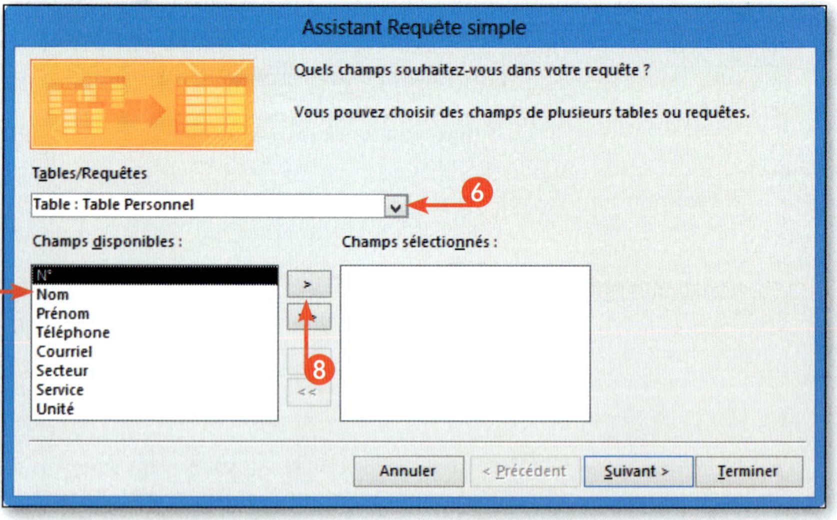

L'Assistant Requête simple s'affiche.

6 Cliquez **Tables/Requêtes** puis choisissez la table contenant les champs à utiliser pour la requête.

7 Dans la liste Champs disponibles, cliquez le champ à utiliser.

8 Cliquez le bouton **Ajouter** (>).

Pour définir une relation, cliquez l'onglet **Outils de base de données**, puis **Relations**. (Si vous avez créé votre base de données à l'aide d'un modèle, certaines relations existent déjà.)

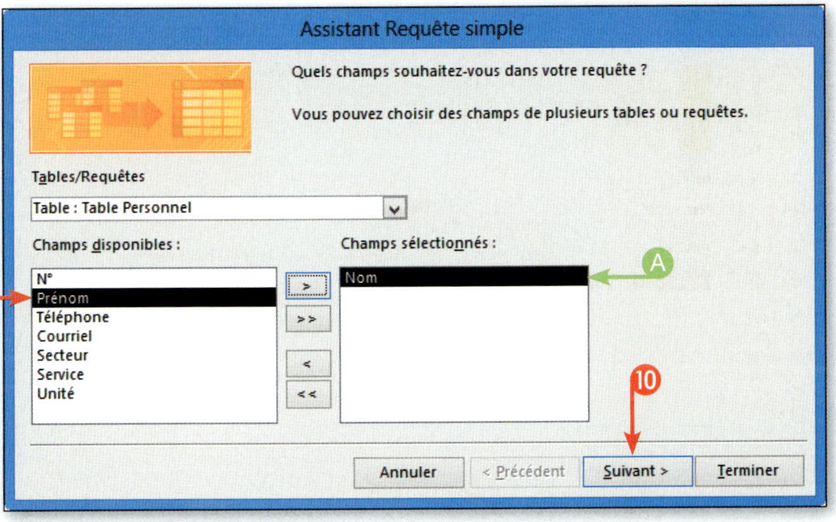

A Le champ s'ajoute à la liste Champs sélectionnés.

9 Répétez les étapes **7** et **8** pour ajouter plus de champs à votre requête.

Vous pouvez répéter l'étape **6** pour choisir des champs d'une autre table.

Note. *Lorsque vous ajoutez des champs d'une autre table, les tables doivent posséder une relation.*

10 Cliquez **Suivant**.

Pendant la création de la nouvelle requête, l'assistant vous demande de la nommer avec un nom unique. Toutes les requêtes que vous créez sont enregistrées dans le volet de navigation.

EFFECTUEZ UNE REQUÊTE (SUITE)

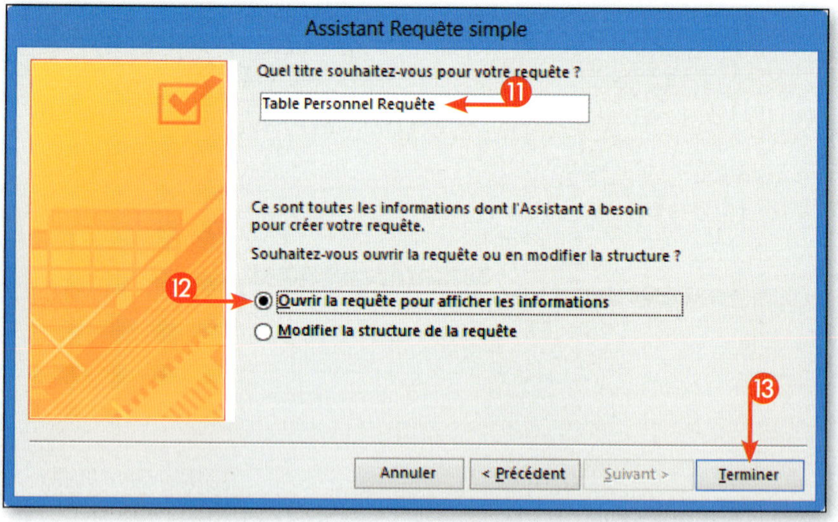

⑪ Nommez la requête.

⑫ Cliquez l'option **Ouvrir la requête pour afficher les informations**.

⑬ Cliquez **Terminer**.

Vous ouvrez une requête pour l'exécuter de nouveau ou vous l'ouvrez en mode Création pour la modifier.

AJOUTEZ UN CRITÈRE À UNE REQUÊTE

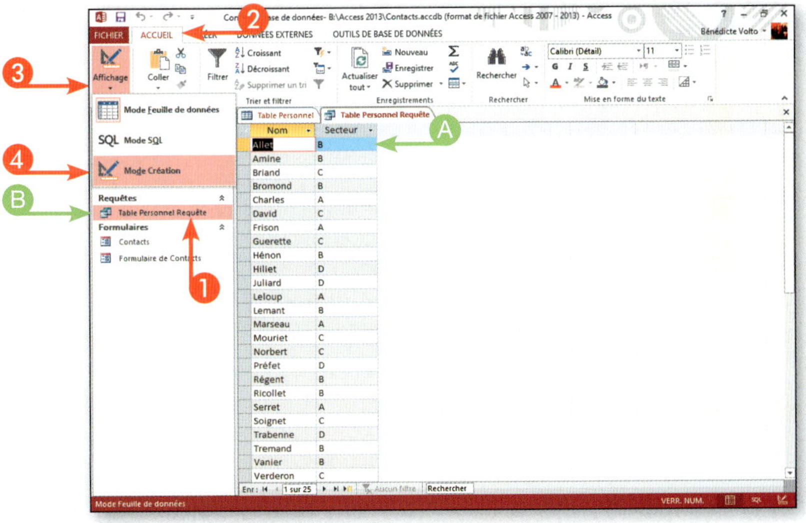

A Une feuille de données s'affiche et liste les champs.

B La requête apparaît dans le volet de navigation.

1 Double-cliquez la requête dans le volet de navigation.

2 Cliquez l'onglet **Accueil**.

3 Cliquez la moitié inférieure du bouton **Affichage**.

4 Cliquez **Mode Création**.

Vous ajoutez une table à votre requête en basculant en mode Création. Cliquez l'onglet Créer des Outils de requête du Ruban, puis cliquez le bouton Afficher la table. Dans la boîte de dialogue qui s'affiche, choisissez la table à ajouter.

AJOUTEZ UN CRITÈRE À UNE REQUÊTE (SUITE)

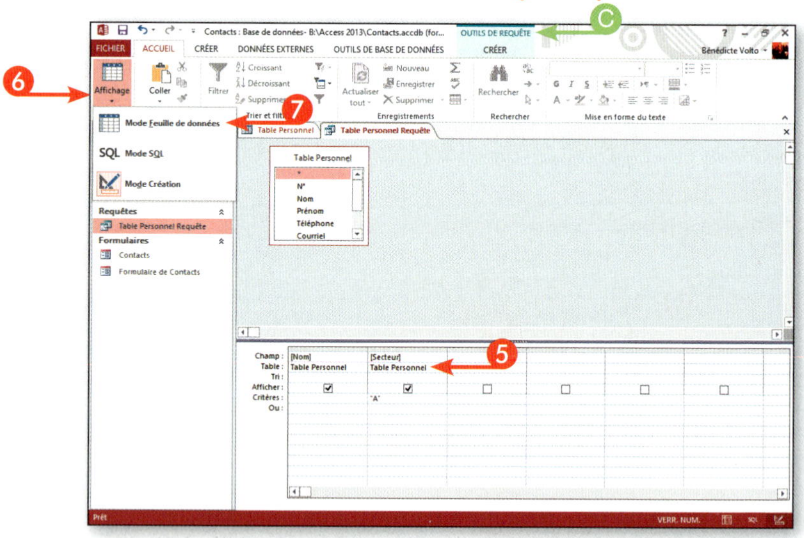

Ⓒ Access affiche l'onglet Outils de requête.

❺ Cliquez dans le champ Critères puis saisissez le type de données à afficher.

Cet exemple montre un critère sur le secteur.

❻ Cliquez de nouveau la moitié inférieure du bouton **Affichage**.

❼ Cliquez **Mode Feuille de données**.

L'Assistant Requête crée différents types de requête : la requête analyse croisée affiche les informations dans un format de feuille de calcul, la requête trouver les doublons sélectionne les enregistrements possédant des valeurs de champs dupliquées et la requête de non-correspondance sélectionne les enregistrements d'une table qui n'a aucun enregistrement correspondant dans une autre table.

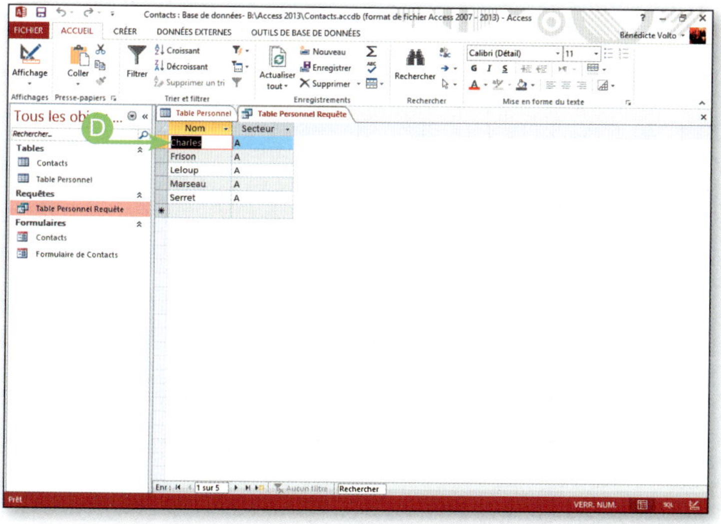

D L'affichage montre uniquement les enregistrements correspondant aux critères.

CRÉEZ UN ÉTAT

Vous créez un état en utilisant une ou plusieurs tables. Il peut s'agir d'un état simple qui contient tous les enregistrements d'une table ou d'un état personnalisé, contenant les données de plusieurs tables. Pour utiliser les champs de plusieurs tables, celles-ci doivent posséder une relation (voir section « Effectuez une requête »).

CRÉEZ UN ÉTAT SIMPLE

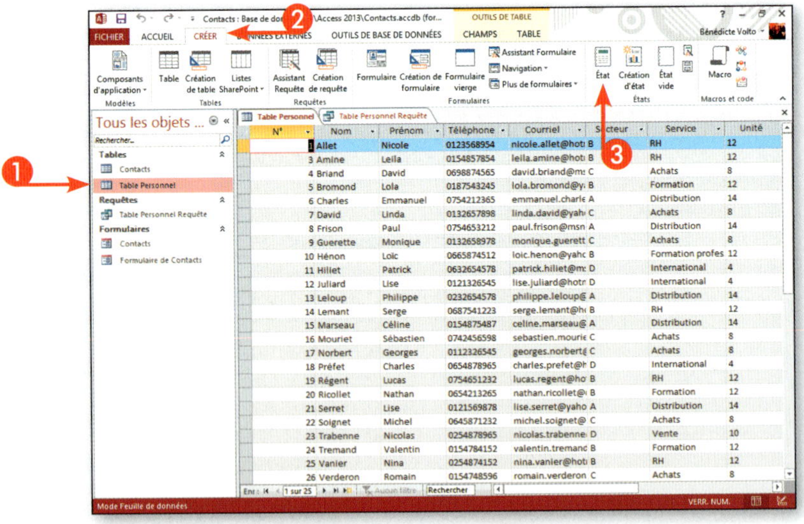

1 Ouvrez la table avec laquelle vous souhaitez créer un état.

2 Cliquez l'onglet **Créer**.

3 Cliquez le bouton **État**.

Pour créer un état personnalisé, utilisez l'Assistant État, qui vous guide tout au long des étapes nécessaires pour transformer les données complexes de la base de données en impressions simples à lire.

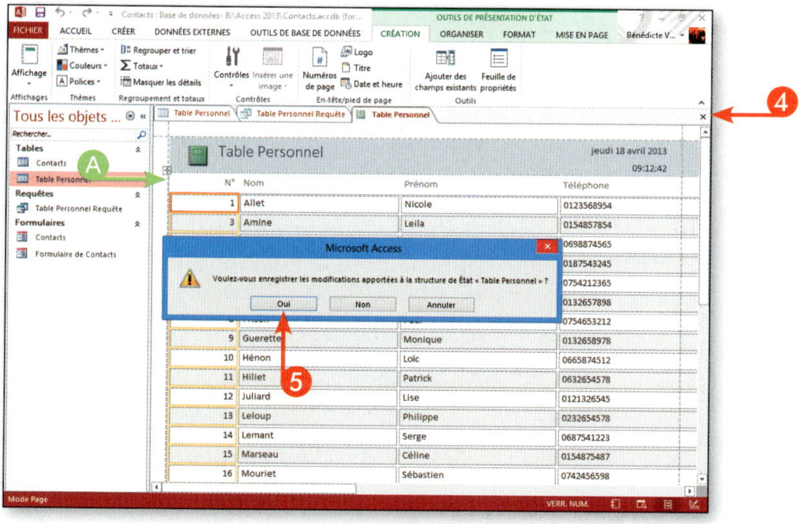

A Access crée un état simple en utilisant la table sélectionnée.

4 Cliquez × pour fermer l'état.

5 Cliquez **Oui**.

6 Dans la boîte de dialogue qui s'affiche, nommez l'état et cliquez **OK**.

CRÉEZ UN ÉTAT

Lorsque vous êtes dans l'assistant, vous supprimez des champs en cliquant le bouton Précédent jusqu'à ce que vous reveniez au premier écran. Cliquez ensuite le champ à supprimer dans la liste Champs sélectionnés, puis cliquez le bouton Supprimer (<) pour retirer le champ. Pour retirer tous les champs, cliquez le bouton Supprimer tous les champs (<<).

CRÉEZ UN ÉTAT PERSONNALISÉ

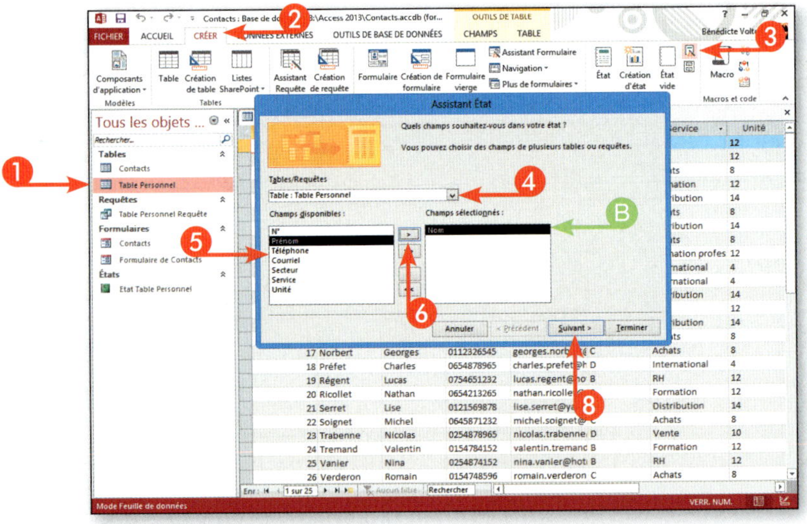

1 Ouvrez la table avec laquelle vous souhaitez créer un état.

2 Cliquez l'onglet **Créer**.

3 Cliquez le bouton **Assistant État**.

L'Assistant État s'affiche.

4 Cliquez **Tables/Requêtes** ▾ puis choisissez la table contenant les champs à utiliser pour l'état.

5 Dans la liste Champs disponibles, cliquez le champ à utiliser.

6 Cliquez le bouton **Ajouter** (>).

B Le champ s'ajoute à la liste Champs sélectionnés.

7 Répétez les étapes **5** et **6** pour ajouter plus de champs à votre état.

8 Cliquez **Suivant**.

Pour choisir des champs provenant de plusieurs tables, répétez l'étape 3 de cette section dans chaque table à utiliser.

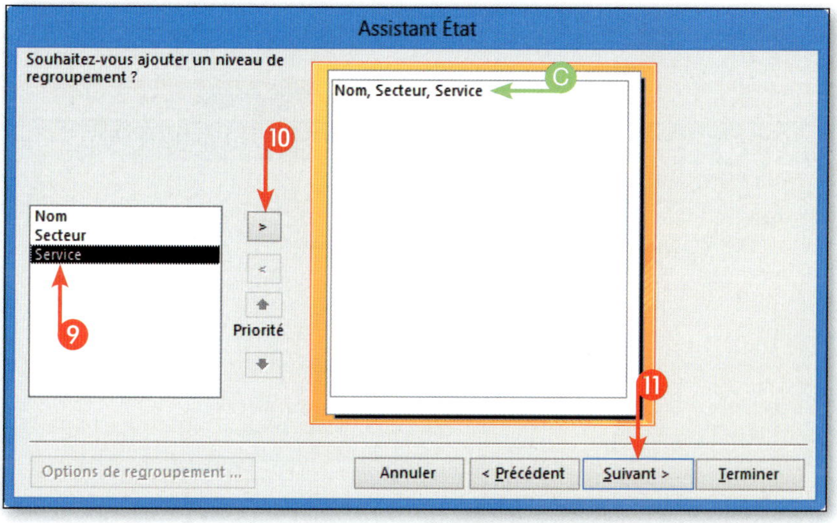

9 Vous pouvez cliquer le champ que vous souhaitez utiliser pour grouper les données.

10 Cliquez le bouton **Ajouter** (>).

C Un aperçu du regroupement s'affiche.

11 Cliquez **Suivant**.

L'assistant vous guide pour la création d'un état et au cours des différentes étapes, vous indiquez si vous souhaitez trier les données et vous définissez l'aspect de votre état, grâce aux options Verticale, Tabulaire et Justifié, en orientation Portrait ou Paysage.

CRÉEZ UN ÉTAT PERSONNALISÉ (SUITE)

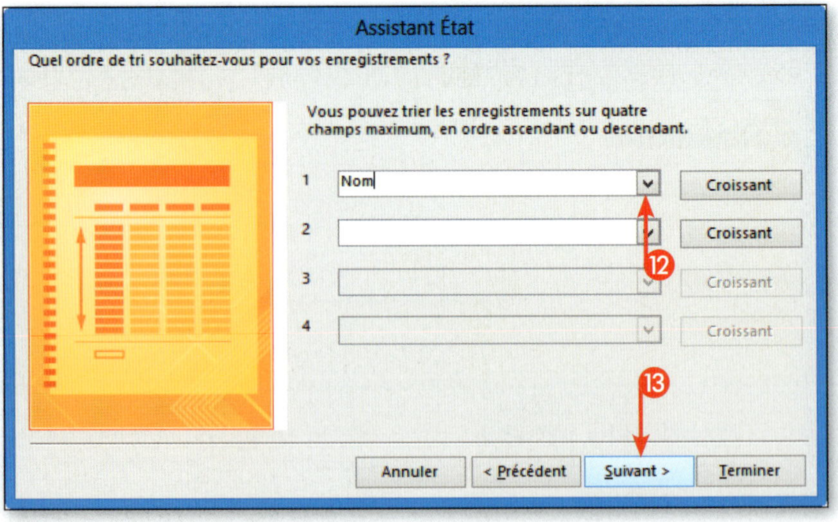

⓬ Pour trier vos données, cliquez le premier ⌄ puis cliquez le champ à utiliser pour le tri.

Ajoutez d'autres champs si nécessaire.

Note. *Par défaut, les champs sont triés dans l'ordre croissant. Cliquez le bouton* ***Croissant*** *pour basculer en ordre décroissant.*

⓭ Cliquez **Suivant**.

D'autres options permettent de modifier l'état en activant le mode Création. Une fois l'état terminé, vous pouvez l'imprimer.

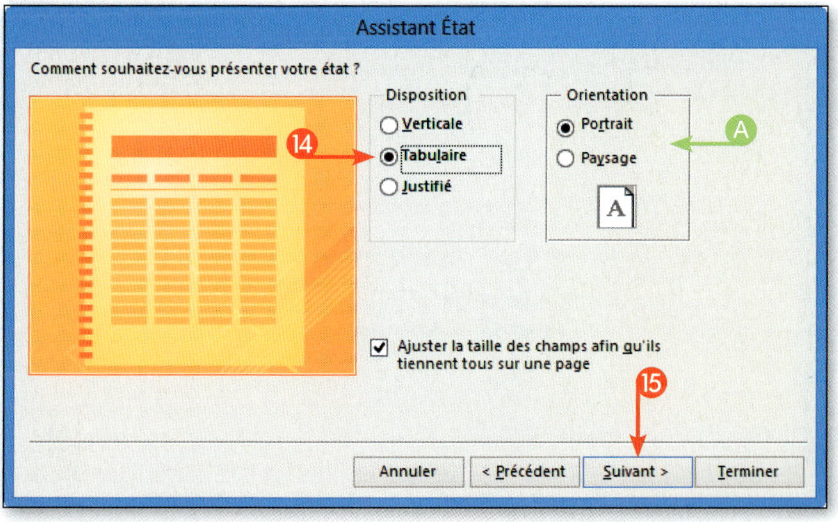

⓮ Cliquez une option de mise en forme.

Ⓐ Vous pouvez modifier l'orientation des pages en utilisant ces options.

⓯ Cliquez **Suivant**.

Pour imprimer un état à partir de l'aperçu, cliquez le bouton Imprimer dans l'onglet Aperçu avant impression du Ruban. Vous pouvez aussi cliquer le bouton Fichier puis Imprimer pour ouvrir la boîte de dialogue Imprimer et modifier les options d'impression.

CRÉEZ UN ÉTAT PERSONNALISÉ (SUITE)

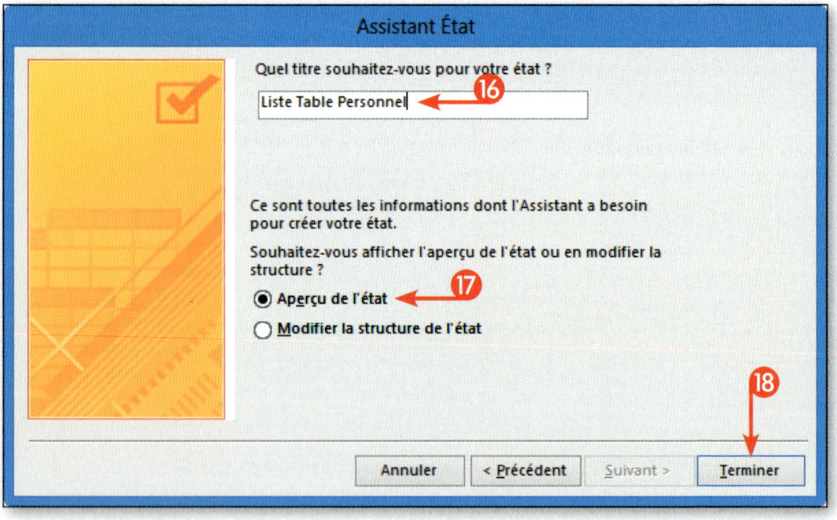

16 Nommez l'état.

17 Cliquez l'option **Aperçu de l'état**.

18 Cliquez **Terminer**.

Pour personnaliser un état, activez le mode Création. Vous pouvez modifier la mise en forme des champs ou encore déplacer des champs.

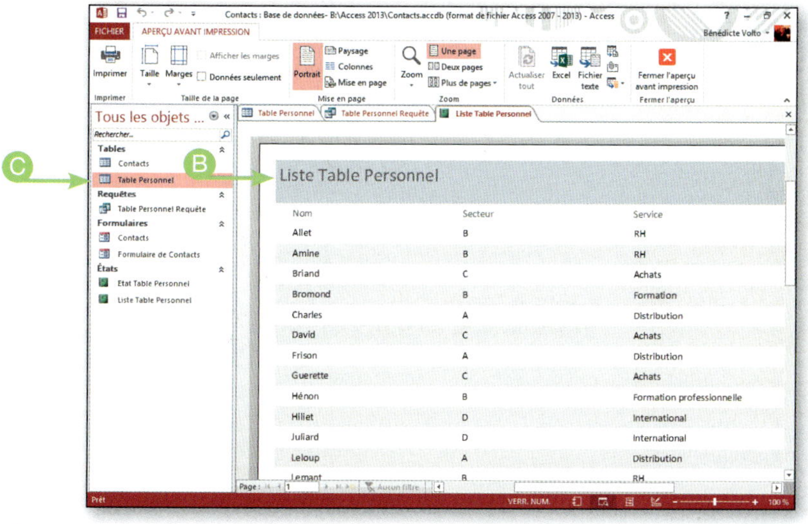

B Access crée l'état et l'affiche en mode Aperçu.

C L'état apparaît dans le volet de navigation.

INDEX

F

VILLE DU MANS
MEDIATHEQUE
LOUIS ARAGON